Michael Klein-Landeck

Freie Arbeit bei Maria Montessori und Peter Petersen

Impulse der Reformpädagogik

herausgegeben von

Prof. Dr. Harald Ludwig

(Westfälische Wilhelms-Universität Münster)

Band 1

LIT

Michael Klein-Landeck

Freie Arbeit bei Maria Montessori und Peter Petersen

LIT

D 6

Gedruckt auf alterungsbeständigem Werkdruckpapier entsprechend
ANSI Z3948   DIN ISO 9706

Die Deutsche Bibliothek – CIP-Einheitsaufnahme

Klein-Landeck, Michael:
Freie Arbeit bei Maria Montessori und Peter Petersen – 3. Aufl. /
Michael Klein-Landeck. – Münster : LIT, 2001
   (Impulse der Reformpädagogik ; 1.)
   Zugl.: Münster (Westf.), Univ., Diss., 1997
   ISBN 3-8258-3563-4

© LIT VERLAG Münster – Hamburg – Berlin – London
   Grevener Str. 179   48159 Münster   Tel. 0251–23 50 91   Fax 0251–23 19 72
   e-Mail: lit@lit-verlag.de   http://www.lit-verlag.de

Editorial

Reformpädagogische Erziehungs- und Bildungskonzepte haben bereits seit längerer Zeit wieder Konjunktur. Die Zahl der Kindergärten und Schulen, die sich an den pädagogischen und didaktischen Konzepten bestimmter Reformpädagogen wie Maria Montessori, Peter Petersen, Célestin Freinet, Rudolf Steiner u.a. orientieren, nimmt ständig zu. Noch mehr pädagogische Einrichtungen versuchen, ohne eine solche spezifische Ausrichtung Elemente reformpädagogischer Konzeptionen aufzugreifen und für die Gestaltung heutiger Erziehung und Bildung fruchtbar zu machen. In vielen Bundesländern sind Richtlinien und Lehrpläne neu bearbeitet worden und fordern ausdrücklich zur Realisierung solcher Elemente in Unterricht und Schulleben auf. Man denke etwa an Freie Arbeit, an Wochenplanarbeit, an Gruppen- und Projektunterricht, an die Pflege des Gesprächs im „Kreis", an ein „Lernen mit allen Sinnen", an stärkere Berücksichtigung ästhetischer Bildung und handwerklicher Betätigung, an die Forderung nach Öffnung der Schule und einer besseren Verknüpfung von Schule und Leben, an die Betonung des Prinzips der Selbsttätigkeit, aber auch der Notwendigkeit meditativer Elemente für die pädagogische Arbeit u. a. m.

Auch in der außerschulischen Jugendbildung und in der Erwachsenenbildung zeigen sich Tendenzen einer Rückbesinnung auf reformpädagogische Ansätze. Bemerkenswert ist, daß diese Erneuerung der Reformpädagogik in Theorie und Praxis nicht nur Deutschland betrifft. Sie ist vielmehr ein europäisches, ja ein weltweites Phänomen. Insbesondere in den ehemals kommunistischen Ländern Osteuropas zeigt sich ein intensives Interesse an reformpädagogischen Konzepten. Eine reformpädagogische Aufbruchstimmung ist in diesen Ländern - wie auch in den neuen Bundesländern Deutschlands - unübersehbar.

In der deutschen Erziehungswissenschaft wird die Reformpädagogik, von der man sich in den 60er Jahren weitgehend abgewendet hatte, seit Ende der 70er Jahre erneut intensiv erörtert. Wie nicht anders zu erwarten, ist die Beurteilung dieser Epoche der Pädagogikgeschichte in der erziehungswissenschaftlichen Literatur nicht einheitlich. Das Spektrum reicht von der pauschalen Ablehnung oder Ignorierung über differenzierte Sichtweisen verschiedener Art bis zur unreflektierten Verherrlichung. Für die einen hat Reformpädagogik als historische Epoche in den fünf Jahrzehnten von etwa 1890 bis zum Beginn des Zweiten Weltkriegs die Bedeutung einer neuen pädagogischen Klassik für die Erziehungsdiskussion, für die anderen handelt es sich um „Schnee vom vergangenen Jahrhundert", wieder andere bestreiten, daß man von Reformpädagogik überhaupt im Sinne einer relativ abgrenzbaren Epoche der Pädagogikgeschichte sprechen könne.

Dies alles verweist darauf, daß wir offenbar vor der Aufgabe einer erstmaligen umfassenden Aufarbeitung jener pädagogischen Theorie und Praxis stehen, die wir als „Reformpädagogik", als „reformpädagogische Bewegung" o. ä. in einem spezifischen Sinne zu bezeichnen gewohnt sind. Hierzu soll die mit diesem Band neu eröffnete Reihe „Impulse der Reformpädagogik" beitragen. Sollte zutreffen, was manche meinen, daß eine gewisse modische Aktualität reformpädagogischer Erziehungs- und Bildungskonzepte heute bereits wieder im Abklingen begriffen sei, so wäre dies für die genannte Aufgabe eher förderlich. Denn jenseits schnell wechselnder pädagogischer Moden und des Verständnisses reformpädagogischer Konzepte als pädagogischer Heilslehren geht es um eine kritisch-konstruktive Auseinandersetzung mit Ansätzen, Problemstellungen und Lösungsversuchen dieser ungemein ergiebigen Epoche der Pädagogikgeschichte und um ihre Aneignung und Fruchtbarmachung für unsere Zeit.

Grundlage einer kritischen Auseinandersetzung kann nur sein, im Sinne aufgeklärter geisteswissenschaftlicher Hermeneutik auf einer differenzierten Quellenbasis ein angemessenes Verständnis reformpädagogischer Theorie und Praxis zu erarbeiten. Hier scheint durchaus noch Nachholbedarf zu bestehen. Für viele Reformpädagogen ist dies allerdings schon deshalb schwer zu realisieren, weil es an Textausgaben fehlt und erst recht kaum wissenschaftlich-kritische Editionen vorliegen. Vergleichende Untersuchungen zu verschiedenen reformpädagogischen Ansätzen können zu einer Vertiefung des Verständnisses beitragen und zugleich die Heterogenität und den Variationsreichtum reformpädagogischen Denkens deutlich machen. Differenzierte komparative Arbeiten zur Reformpädagogik, die über pauschale Betrachtungen unterschiedlicher Konzepte hinausgehen, scheinen jedoch noch weitgehend zu fehlen. Neue Fragestellungen und Perspektiven können dazu verhelfen, einseitige Verständnishorizonte zu überwinden.

Mit einem bloßen Bemühen um hermeneutische Erschließung kann man sich freilich nicht begnügen. Kritische Auseinandersetzung bedeutet zugleich, das hermeneutisch zu Ermittelnde auf unseren heutigen Forschungs- und Erkenntnisstand zu beziehen, auch in den Perspektiven sozialwissenschaftlicher und empirischer Forschung, und in systematischer Reflexion, welche auch ideologiekritische Fragestellungen einbezieht, erforderlichenfalls einer Korrektur, Modifikation oder Weiterentwicklung zu unterziehen. Viele Reformpädagogen, nicht immer jedoch ihre Anhänger, haben die Vorläufigkeit und Relativität ihrer Bemühungen und Konzepte durchaus gesehen. Peter Petersen etwa hat betont, sein Jena-Plan sei eine „Ausgangsform", mit welcher der Pädagoge seine Arbeit beginnen könne. Für Montessori, Reichwein, Freinet, Dewey, Geheeb, Hahn und viele andere Reformpädagogen kann man Entsprechendes sagen. Petersen hat sogar eine eigenständige „pädagogische Tatsachenforschung" zur Kontrolle und Weiterentwicklung seines Konzeptes entworfen und verwandt. Auch für Montessori ist eine Überprüfung durch Beobachtung und empirische Erprobung unumgehbares Element pädagogischen Denkens und Handelns. Hinzu kommen bei den meisten Reformpädagogen unterschiedlich ausgeprägte Bemühungen um eine kritische Analyse des Bildungswesens und der Situation ihrer Zeit.

Konstruktiv wird die Auseinandersetzung mit reformpädagogischen Ansätzen, wenn sie diese auf dem Fundament hermeneutisch-kritischer Bearbeitung auf aktuelle Problemlagen bezieht und als Anstöße und Hilfen zu deren Bewältigung versteht. So dürfte etwa unstrittig sein, daß die zunehmende Pluralisierung und Mischung unterschiedlicher Lebensformen und Wertorientierungen in modernen (und gegebenenfalls postmodernen) Gesellschaften, vielfach verstärkt durch die neuen Medien, und die damit verknüpfte Heterogenität der Voraussetzungen für Bildungsbemühungen bei jungen Menschen und Erwachsenen zu einer stärkeren Individualisierung in allen Bildungseinrichtungen nötigt. Diesem Anliegen haben sich Reformpädagogen mit besonderer Intensität gewidmet und vielfältige Bildungs- und Unterrichtsformen in dieser Perspektive entwickelt. Die Formen des freien Arbeitens bei Maria Montessori und Peter Petersen stellen sicherlich ein besonders hervorragendes Beispiel dafür dar. Sie in hermeneutisch-kritischer Auseinandersetzung und vergleichender Perspektive differenziert zu erarbeiten und auf die aktuelle Problemsituation zu beziehen ist das Anliegen des vorliegenden ersten Bandes der Reihe „Impulse der Reformpädagogik".

Es handelt sich um eine Dissertation, die im Aufgabenbereich des Herausgebers „Reformpädagogik unter besonderer Berücksichtigung der Montessori-Pädagogik" an der Universität Münster entstanden ist. Dem Autor dieser Untersuchung, Michael Klein-Landeck, ist es gelungen, die Konzepte freien Arbeitens bei Montessori und Petersen im Kontext relevanter allgemeinpädagogischer Grundlagen der beiden Pädagogen in ihrer Eigenart, aber auch in ihrer relativen Nähe, in bisher nicht erreichter Differenzierung und quellenkritischen Fundierung herauszuarbeiten und für die aktuelle Situation neue Perspektiven zu eröffnen. Durch den Einbezug praktischer Beispiele und deren Analyse bleibt Klein-Landeck dabei nicht bei allgemeinen Überlegungen stehen, sondern erreicht zugleich die Ebene konkreter Realisierung. Angesichts der Diffusheit der aktuellen Diskussion in pädagogischer Theorie und Praxis zu Problemen freien Arbeitens stellt diese in einer wissenschaftlich anspruchsvollen, aber gut verständlichen Sprache geschriebene Arbeit einen wichtigen Beitrag zur Klärung und Weiterentwicklung dieses Problemkreises dar.

Weitere in Vorbereitung befindliche Bände dieser Reihe „Impulse der Reformpädagogik" werden versuchen, im Sinne kritisch-konstruktiver Auseinandersetzung das Anregungspotential reformpädagogischer Konzepte für weitere Aspekte aktueller Problemlagen zu erschließen, beispielsweise für die angesichts der zunehmenden Multikulturalität und Globalisierung unserer Lebenssituation unabweisbare Aufgabe interkultureller Erziehung und Friedenserziehung, die im Hinblick auf die Ökologieproblematik dringend erforderliche stärkere ökologische Profilierung der Pädagogik für alle pädagogischen Handlungsfelder oder die im Zusammenhang mit wachsendem Bewußtsein für eine Gleichberechtigung gesellschaftlicher Randgruppen sich ergebende Notwendigkeit einer ausgeprägteren integrativen Dimension in unserem Bildungswesen. Es ist dem LIT Verlag und seinem Cheflektor Dr. Michael J. Rainer dafür zu danken, daß diese Reihe in das Verlagsprogramm aufgenommen wird und damit ein angemessenes Umfeld für deren historische und zugleich gegenwarts- und praxisbezogene wissenschaftliche Intentionen gefunden worden ist.

Münster/Altenberge, im November 1997 *Harald Ludwig*

Vorwort

Gegenwärtig läßt sich ein wachsendes Interesse an den Schulmodellen und Unterrichtskonzeptionen der reformpädagogischen Bewegung in den ersten Dekaden dieses Jahrhunderts verzeichnen. Da sich diese Epoche im Hinblick auf die Entwicklung neuer pädagogischer Denkansätze und Konzepte zur Verbesserung bestehender Unterrichtspraxis als besonders fruchtbar erwies, erkennen viele reformwillige Pädagogen und Bildungspolitiker in ihr einen bedeutsamen Bezugsrahmen für die Analyse auch der heutigen Erziehungs- und Bildungssituation und einen Ansatzpunkt zu deren Reform. Für sie lassen sich durch die Beschäftigung mit der Reformpädagogik wichtige Anregungen und Hinweise in bezug auf eine pädagogisch angemessenen Gestaltung von Schule und Unterricht an der Schwelle zum 21.Jahrhundert gewinnen.

Vor diesem Hintergrund ist auch die derzeitige „Renaissance" der Freiarbeit zu sehen, deren Wurzeln in der Reformpädagogik liegen. Das zunehmende schulstufen- und schulformenübergreifende Interesse an dieser Unterrichtsform tritt zeitgleich mit dem unüberhörbaren Ruf nach innerer Schulreform auf, die nicht zuletzt in Anbetracht einer zunehmenden Pluralität der Lebensformen und Heterogenität der Schülerschaft als unabdingbar erachtet wird. Nicht wenige sehen in der Freiarbeit den Quellpunkt einer neuen Unterrichtsgestaltung, welche die traditionelle Lehrerdominanz zugunsten einer gesteigerten Eigenverantwortung der Schüler für individuelle Lernprozesse abbaut.

Die Bandbreite dessen, was innerhalb einer kaum zu überschauenden „Freiarbeitspädagogik" jeweils unter Freiarbeit verstanden wird, ist sehr groß und reicht von Lernspielen oder Stillarbeit über Wochenplan und fächerübergreifendes Lernen bis hin zum Projektunterricht. Angesichts dieses diffusen Erscheinungsbildes ist es das Anliegen meiner Untersuchung, ein differenziertes Bild der Unterrichtsform Freiarbeit zu entwickeln. Dies geschieht im Rückgriff auf zwei ihrer bedeutendsten Vertreter: Maria MONTESSORI und Peter PETERSEN. Die von ihnen realisierte Freiarbeitspraxis wird an ausgesuchten Beispielen analysiert und in ihren jeweiligen Begründungszusammenhang, d. h. den anthropologischen, bildungstheoretischen und erziehungsphilosophischen Horizont, eingebettet. Diese Einordnung methodisch-didaktischer Fragen in einen klar umrissenen Sinnhorizont macht eine umfassende Gesamtdarstellung der pädagogischen Konzeptionen MONTESSORIS und PETERSENS erforderlich. In einer vergleichenden Analyse läßt sich dabei Gemeinsames und Trennendes herausarbeiten und eine Abgrenzung der Freiarbeit von anderen Ansätzen zur Öffnung des Unterrichts vornehmen. Schließlich wird nach dem Beitrag der Freiarbeit zur weiteren Humanisierung von Schule und Unterricht gefragt.

V

Diese Studie wurde von der Philosophischen Fakultät der Westfälischen Wilhelms-Universität Münster im Sommersemester 1997 als Dissertation angenommen. Mein besonderer Dank gilt Herrn Prof. Dr. Harald Ludwig für die Anregung, kritische Begleitung und hilfreiche Förderung meiner Untersuchung. Dies gilt insbesondere für die freundliche Bereitschaft, mir die MONTESSORI-Dokumentation sowie das PETERSEN-Archiv der Universität Münster für Forschungsarbeiten zur Verfügung zu stellen. Gleichfalls möchte ich Frau Prof. Dr. Hildegard Holtstiege und Herrn Prof. Dr. Günter Schulz-Benesch für manche Anregung und ermutigende Inspiration danken. Daß diese Arbeit als erster Band der Reihe „Impulse der Reformpädagogik" (Herausgeber: H. Ludwig) erscheinen kann, verdanke ich der freundlichen Bereitschaft des LIT-Verlages in Münster, sie in sein Verlagsprogramm zu übernehmen.

Altenberge/Münster, im Oktober 1997   *Michael Klein-Landeck*

Vorwort zur zweiten Auflage

Bereits wenige Monate nach Erscheinen des vorliegenden Bandes ist eine Neuauflage von „Freie Arbeit bei Maria Montessori und Peter Petersen" notwendig geworden. Diese erfreuliche Tatsache belegt nachdrücklich das starke Interesse an dieser wichtigen Thematik und die große Nachfrage nach einer systematischen Aufarbeitung und Darstellung der behandelten pädagogischen Konzeptionen. Anläßlich zahlreicher Gespräche in Seminaren, bei Lehrerfortbildungen und Tagungen fand ich die von mir im Vorwort zur ersten Auflage sowie vom Herausgeber der Reihe „Impulse der Reformpädagogik", Herrn Prof. Dr. H. Ludwig, im Editorial zu diesem Band vertretene Auffassung bestätigt, daß eine Intensivierung des Dialogs zwischen Montessori- und Jenaplan-Pädagogen wünschenswert wäre und die jeweilige Erziehungs- und Unterrichtspraxis bereichern könnte.

Den Gedanken, von den großen Schulpädagogen unseres Jahrhunderts um der Kinder willen nicht nur das mit Mut Geschaffene, sondern auch den Mut zu schaffen zu übernehmen, wurde von dem im Dezember 1997 verstorbenen Münsteraner Erziehungswissenschaftler Günter Schulz-Benesch mit Engagement vertreten. Diesem Anliegen bleibt der Verfasser vorliegender Schrift weiterhin verpflichtet.

Mein besonderer Dank gilt Herrn Michael Haist für seine Hilfe bei der redaktionellen Überarbeitung des Manuskripts.

Münster, im Oktober 1998   *Michael Klein-Landeck*

Inhaltsverzeichnis

X

1. Problemgeschichtliche Einordnung, Ziele und methodische Aspekte der Untersuchung: Freie Arbeit im Spiegel der aktuellen schulpädagogischen Diskussion

Zweifelsohne sind Begriffe wie „Freiarbeit" oder „Freie Arbeit" in der neueren Fachliteratur allgegenwärtig und beleben mit steigender Tendenz sowohl die aktuelle schulpädagogische Diskussion als auch einen expandierenden Arbeitsmittelmarkt, an dem sich geradezu ein „Geschäft mit der Freien Arbeit" (KAISER 1992, S. 99) abzeichnet. Daß sie zum „pädagogischen Modewort" (STAPPERT 1988, S. 1) oder „Zauberwort" (G. ZIMMERMANN 1994, S. 6) geworden sind, mag damit zusammenhängen, daß Begriffe wie „frei" oder „Freiheit" generell einen besonderen Klang haben und überwiegend positive Assoziationen hervorrufen. Das allgemeine Interesse an Konzeptionen Freier Arbeit tritt zudem zeitgleich mit dem sich verstärkenden Ruf nach einer pädagogisch motivierten Schulrefom auf. Nach Ansicht der Kritiker hat die moderne Schule zwar das Leiden der Schüler insgesamt gemindert, ihre „elementare Unbekömmlichkeit" (v. HENTIG 1993, S. 9) hingegen längst noch nicht überwunden. Darüber hinaus sehen sich zahlreiche Lehrer angesichts einer Zunahme antriebsarmer oder verhaltensauffälliger Schüler sowie wachsender gesellschaftlicher Ansprüche an den Erziehungsauftrag der Schule veranlaßt, gewohnte Unterrichtswege zu verlassen und Alternativen zu erproben. Für viele stellt sich die dringliche Frage, wie Schule und Unterricht heute pädagogisch angemessen neu zu denken und zu realisieren sind.

In diesem Kontext erfreuen sich Freiarbeit oder Freie Arbeit als „Inbegriff einer neuen Unterrichtsgestaltung" (KRIEGER 1994, S. IX) ständig wachsender Beliebtheit. Dabei werden diese meist synonym verwandten Termini, von denen sich ersterer aus sprachökonomischen Gründen derzeit durchzusetzen scheint, oft undifferenziert als Sammelbegriff für eine Vielzahl konzeptionell divergierender Bestrebungen benutzt, welche sich selbst das Etikett „frei" anheften und deren gemeinsamer Nenner oft nur darin besteht, daß sie sich als Alternative zur methodischen Monokultur des lehrerzentrierten Frontalunterrichts verstehen. Als ihr wesentliches Kennzeichen gilt daher ein Abbau der Lehrerdominanz zugunsten der stärkeren Eigenverantwortung der Schüler für ihre Lernprozesse, wovon man sich insgesamt „mehr Befriedigung auf beiden Seiten" (BÖNSCH 1980, S. 136) erhofft. Von den vielfältigen Bemühungen um die Öffnung des Unterrichts werden dem Oberbegriff „Freiarbeit" oft so unterschiedliche Konzeptionen wie Materialgeleitetes Lernen, Wochenplanunterricht, Projektmethode oder Lernzirkel subsumiert (vgl. AKADEMIE [Hg.] 1994, S. 220ff), so daß der Begriff an Randschärfe verliert und vieldeutig wird. Die Warnung vor einer Entwicklung der Freien Arbeit „zur modischen Farce" (SCHULZ-BE-NESCH 1993, S. 57) ist daher durchaus ernst zu nehmen.

Angesichts dieses diffusen Erscheinungsbildes wird mit Recht auf die Schwierigkeit hingewiesen, alle Differenzierungen des Begriffes „Freiarbeit" in definitorischer Hinsicht zu berücksichtigen (vgl. BASTIAN 1993, S. 7). Die aus praxisorientierten wie theoretischen Publikationen durchscheinende Heterogenität der Freiarbeit-Konzepte reicht vom Angebot unverbindlicher Lernspiele in arbeitsrhythmisch bedingten Zeiten des Leistungsabfalls und dem Randstundendasein zur Erledigung von Übungsaufgaben über die Einrichtung mehrstündiger Arbeitsphasen nach Wochenplan bis hin zu umfassenden, anthropologisch begründeten und methodisch-didaktisch ausgearbeiteten Modellen. Terminologische Schwankungen ergeben sich dabei, oft sogar innerhalb einer Schule (vgl. KLINKE 1985, S. 118f), je nach dem, ob Freie Arbeit als Dachbegriff für eine Reihe unterschiedlicher Unterrichtsformen oder nur als erfreulicher Lückenfüller verstanden wird, ob sie der selbständigen Erarbeitung von Unterrichtsinhalten dient oder zu Übungszwecken funktionalisiert wird, ob sie in zeitlich eng begrenztem Umfang erprobt (vgl. RÜDIGER 1990, S. 28) oder als Strukturierungsprinzip für eine ganze Schule aufgefaßt wird (vgl. SATTLER 1994, S. 152). Schließlich ist jeweils zu fragen, ob ihre Beziehung zu anderen Unterrichtsformen als komplementär, alternativ oder autonom zu bezeichnen ist (vgl. GROSS 1992, S. 68).

Nach WENZEL läßt die „breite Einsatzmöglichkeit der Freiarbeit" (WENZEL 1983, S. 63) aufgrund ihrer „Anpassungsfähigkeit" (ebd., S. 65) die Realisierung solch unterschiedlicher Formen zu, so daß in der Schulpraxis ungelenkte wie gelenkte, überfachliche und fachgebundene Freiarbeit anzutreffen sind. Dies ergibt zwar ein facettenreiches Gesamtbild, führt jedoch zu erheblichen begrifflich-konzeptionellen Unklarheiten, von denen auch das Verhältnis von Freiarbeit zu anderen Unterrichtsformen tangiert wird. Für manche ist Freie Arbeit „häufig oder zum großen Teil Wochenplanarbeit" (JÜRGENS 1993, S. 48), während andere nur wenig Gemeinsames erkennen (vgl. HERZOG 1993, S. 36). Arbeit nach dem Wochenplan wird daher als Übergangsform und Vorstufe zur Freien Arbeit aufgefaßt (vgl. FISGUS/KRAFT 1994, S. 26; VAUPEL 1993, S. 21) oder als eigenwertige Unterrichtsform verstanden (vgl. HEISS-MEISSNER 1991, S. 114ff). Wenngleich in mancherlei Hinsicht heute jede „Befreiung des Lernens aus den Schnellwegen der Schultradition" (HELLER 1994, S. 62) als Gewinn angesehen werden mag, sind in Anbetracht der hier skizzierten Problematik doch Bemühungen um eine stärkere Differenzierung geboten. Dies dient nicht zuletzt der Identifikation ernsthafter und in der institutionellen Praxis bewährter Freiarbeit-Konzeptionen sowie deren Abgrenzung von möglicherweise kurzlebigen pädagogischen Trends.

In dieser Hinsicht erscheint ein Blick auf die reformpädagogischen Wurzeln

dieser Unterrichtsform sinnvoll. Gewöhnlich werden vor allem Maria MONTESSO-
RI, Peter PETERSEN und Célestin FREINET (vgl. SCHWERDT 1952; LANGEFELD 1988;
LANGEN 1986; KRIEGER 1994) als Begründer der Freien Arbeit angeführt, ohne daß
die von ihnen praktizierten Formen sowie deren theoretische Begründungen immer klar voneinander unterschieden werden. Vor allem der Begriff „Freiarbeit" erfährt heute oftmals eine unterschiedslose Anwendung auf die genannten Konzeptionen. Eine Initialwirkung in bezug auf das Verschwimmen dieses Terminus
kommt vermutlich der Schrift „Freiarbeit in der Grundschule" zu, in welcher PE-
TERSEN fälschlicherweise als sein Urheber bezeichnet wird (vgl. WENZEL 1983,
S. 12), obwohl er ihn in seinen Schriften gar nicht verwendet. Vielmehr benutzt er,
wie MONTESSORI, so unterschiedliche Ausdrücke wie „freie Wahl der Arbeit", „indirekte Methode", „freies Arbeiten" oder „Freie Arbeiten" (vgl. SCHULZ-BENESCH
1984, S. 100) und wird vielfach als Schöpfer des Begriffes „Freie Arbeit" gesehen
(vgl. LUDWIG 1993b, S. 5).

Die Entstehung des Terminus „Freiarbeit" läßt sich hingegen bis zu Theodor
SCHWERDT zurückverfolgen, der ihn bereits im Jahre 1933 in seiner Darstellung
des DALTON-Plans der Amerikanerin Helen PARKHURST mehrfach verwendet (vgl.
SCHWERDT 1933, S. 164; S. 182; S. 183; S. 187; S. 188). Dabei handelt es sich wohl
um die Übersetzung von „free work", eine Arbeitsform, die für die Unterrichtskonzeption der Schülerin und zeitweiligen Assistentin MONTESSORIS von zentraler
Bedeutung ist. Ab den frühen 50er Jahren führt eine pädagogische Arbeitsgemeinschaft katholischer Lehrer, die sich 1949 als „Düsseldorfer Kreis" konstituiert, ebenfalls in Anlehnung an diesen Zentralbegriff des DALTON-Plans den Ausdruck „Freiarbeit" als praktikables Stundenplankürzel ein. Die Mitglieder dieses
Kreises orientieren sich insbesondere an der Pädagogik Maria MONTESSORIS und
integrieren wesentliche Elemente ihrer unterrichtsmethodischen Konzeption in die
eigene Schularbeit. Im Herbst 1950 beginnt Günter SCHULZ-BENESCH im 7. Schuljahr einer Düsseldorfer Volksschule mit der Einführung täglicher Freiarbeit. Weitere Klassenversuche folgen in anderen Städten und ab Ostern 1957 kann ein kom-
pletter Schulversuch durchgeführt werden (vgl. SCHULZ-BENESCH 1964, S. 56ff;
ders. 1977b, S. 5). Der Begriff „Freiarbeit" wird in der Folgezeit im rasch an-
wachsenden Kreis der MONTESSORI-Pädagogen und in zahlreichen Publikationen
verwendet, allerdings zunehmend auch verwässert. In den nachfolgenden Kapiteln
dieser Arbeit wird er daher vornehmlich zur Kennzeichnung der Freien Arbeit im
Sinne MONTESSORIS verwandt.

Klarer als dies tendenziell der Fall ist, sollte angesichts des schillernden
Nebeneinanders vielfältiger Ausprägungsformen Freier Arbeit zwischen den

unterschiedlichen Konzeptionen differenziert werden. Vor dem Hintergrund dieser Aufgabe sind neuerdings die Bemühungen von HELLER und WEDEKIND hervorzuheben, verschiedene Arbeitsformen als kontext- und anspruchsbezogen eigenwertige Etappen auf dem Weg zu wirklich freiem, selbstbestimmtem Lernen anzusehen und diese in hierarchischer Systematik je nach inhaltlichem und zeitlichem Freiheitsgrad anzuordnen (vgl. HELLER 1994; WEDEKIND 1995). Im Anschluß an diese beiden Autoren lassen sich folgende, besonders bedeutsame Ansätze unterscheiden:

Lernzirkel

Die Idee des Lernzirkels ist dem für den Sportunterricht charakteristischen Trainingszirkel entlehnt. Dabei handelt es sich um eine auch in anderen Unterrichtsfächern und auf allen Schulstufen praktizierbare Methode, nach der auf einem „Parcours" vielfältige, sich inhaltlich ergänzende Arbeitsangebote in Form didaktisch aufbereiteter Lernmaterialien ausgelegt werden. Die Schüler wählen frei aus, mit welcher Aufgabe sie beginnen und bearbeiten alleine oder mit einem Partner innerhalb des vorgegebenen Zeitrahmens von einer bis zu etwa vier Stunden möglichst alle Stationen. Die Lösungen zu den Aufgaben, die je nach Leistungsstärke der Lerngruppe in ein Fundamentum sowie ein Additum aufgegliedert sind, sollten von den Schülern kontrolliert werden können. Trotz der recht engen thematischen Vorgaben stellt der Lernzirkel ein angemessenes Übungsfeld für das selbsttätige Lernen der Schüler dar, da er in bezug auf individuelles Lerntempo und Arbeitsweise einen Spielraum gewährt sowie häufig einen multisensoriellen Zugang zu den Unterrichtsgegenständen erlaubt (vgl. FAUST-SIEHL 1995, S. 29; THOM 1994, S. 430).

Wochenplanarbeit

Die Arbeit nach Wochenplan, oft irrtümlich als das Kernstück des Jena-Plans Peter PETERSENS angesehen, geht im wesentlichen auf den französischen Reformpädagogen Célestin FREINET zurück. In der heutigen Grundschularbeit wird darunter meist ein Arbeitsplan verstanden, in welchem der Lehrer die im Verlaufe der Woche zu erledigenden Pflichtaufgaben sowie fakultative Zusatzaktivitäten festlegt. Damit kann diese Unterrichtsform durchaus als „Einstiegssituation" in Formen freien Arbeitens sowie als geeigneter „Ausstieg aus tradierten Gewohnheiten" (CLAUSSEN 1995, S. 20) betrachtet werden. Indem für die Bearbeitung der Aufgaben gewisse Zeiten im Klassenstundenplan ausgewiesen werden, bleiben die Schüler in ihrer inhaltlichen Wahl zwar stark gebunden, sind aber im Vergleich zum Lernzirkel deutlich freier in der Zeiteinteilung sowie bei der Wahl von Arbeitsplatz und -partner. Bei Lernanfängern, die oft den Zeitrahmen einer ganzen Woche noch nicht richtig überblicken können, ist die Arbeit mit einem Tagesplan zunächst zweckmäßiger. Hier wird das Pensum so angelegt, daß es sich in beliebiger Reihenfolge etwa innerhalb einer Unterrichtsstunde bewältigen läßt. Nach und nach werden die Schüler dann an die selbständige Einteilung auch grösserer Zeiträume herangeführt.

Schriftliche Tages- und Wochenpläne enthalten Informationen zu den benötigten Hilfsmitteln wie Bücher, Karteien oder Arbeitsblätter. Sie werden jedem Kind ausgehändigt oder für alle sichtbar aufgehängt. Größere Entscheidungsspielräume werden dabei durch die Individualisierung von Arbeitspensen geschaffen. Da eine vertiefte Auseinandersetzung mit den Möglichkeiten und Grenzen der Wochenplanarbeit hier nicht geleistet werden kann, sei zumindest auf das Problem hingewiesen, daß ohne inhaltliche Mitbestimmung der Schüler und aufgrund der alleine vom Lehrer gesetzten Zeitgrenzen schnell arbeitende wie auch leistungsschwächere Kinder leicht demotiviert werden können bzw. nicht im gewünschten Maße zu eigeninitiierten Lernprozessen finden (vgl. WEDEKIND 1995, S. 110). In dieser Hinsicht unterscheiden sich die meisten der heute praktizierten Formen der Wochenplanarbeit stark von FREINETS ursprünglicher Konzeption, die sich durch ihren individualisierenden Charakter auszeichnet: FREINET sieht etwa die freie Entscheidung und selbstverantwortliche Planung der individuellen Arbeitspensen durch die Schüler zu Wochenbeginn vor (vgl. FREINET 1979, S. 82ff; S. 117ff; S. 205ff).

Freiarbeit

Über diesen relativ engen Entscheidungsrahmen weist die Freiarbeit hinaus, da sie dem Schüler wesentlich mehr inhaltliche und zeitliche Freiheit zugesteht. Hier beziehen sich HELLER und WEDEKIND auf die Unterrichtskonzeption Maria MONTESSORIS, welche den besonderen Fähigkeiten und Interessen der Kinder durch weitestgehende Individualisierung von Lernprozessen Rechnung trägt und den Schwerpunkt des schulischen Lernens auf die Freie Arbeit legt. Gegenwärtig werden an den MONTESSORI-Grundschulen etwa zehn bis fünfzehn Stunden Freier Arbeit wöchentlich angeboten. Auf der Basis
- freier Arbeitswahl
- angemessener Bewegungsfreiheit
- Kooperations- und Kommunikationsfreiheit sowie der
- Möglichkeit relativ freier Zeiteinteilung

stellt Freiarbeit im Sinne MONTESSORIS eine wichtige Unterrichtsform im Dienst
der individuellen Förderung und bestmöglichen Entfaltung der kindlichen Persönlichkeit dar. Neben den genannten Freiheiten enthält sie allerdings immer zugleich auch die Verpflichtung zur Einhaltung bestimmter Regeln, so daß sich niemand der Arbeit entziehen oder die der anderen stören darf. Obwohl die Freiheit
des einzelnen aufgrund pädagogischer Erwägungen und schulischer Rahmenbedingungen nie absolut, sondern stets nur relativ sein kann, ist sie hier doch deutlich größer und somit der Grad der Schülerselbständigkeit höher als bei Lernzirkel oder Wochenplanarbeit.

Projektarbeit

Noch größere zeitliche, inhaltliche und vor allem methodische Freiheitsgrade verbinden sich nach HELLER und WEDEKIND mit den verschiedenen Formen des Projektunterrichts, insofern man darunter nicht die heute weit verbreitete Projektwoche versteht, bei welcher der größte Teil der Planung und Organisation in der Hand
der Lehrer liegt, während sich die Schüler nur wahlweise einzelnen Arbeitsgruppen anzuschließen brauchen. Gemäß der ursprünglichen Idee handelt es sich bei
der Projektarbeit jedoch um ein vornehmlich vom Schüler gesteuertes und ver-
antwortetes, „praxis- und handlungsorientiertes Unterrichtsvorhaben, das in der
Regel mit Tätigkeiten und Erkundungen außerhalb der Schule verbunden ist" (WE-
DEKIND 1995, S. 111) und eine stark gesellschaftspolitische Ausrichtung aufweist.
In seiner Hochform wählt die Lerngruppe gemeinsam ein Thema aus, organisiert
selbständig die Planung, Durchführung und Evaluation der Arbeitsprozesse und
führt das gesamte Vorhaben zu einem sich in Gestalt vorzeigbarer Arbeitsproduk-
te manifestierenden erfolgreichen Abschluß. Diese Form des Projekts, von dem in
verschiedener Hinsicht auch das Gruppenunterrichtliche Verfahren Peter PETER-
SENS inspiriert ist, kommt nach WEDEKIND „dem freien, selbstbestimmten Lernen
eines Menschen am nächsten" (ebd.).

     Vor dem hier skizzierten Hintergrund einer terminologischen und konzeptio-
nellen Vielfalt heute diskutierter und praktizierter freier Unterrichtsformen stellt
sich einer Untersuchung zum Thema „Freie Arbeit bei Maria Montessori und Peter Petersen" die Aufgabe, die Konzeptionen zweier bedeutender Reformpädagogen zu analysieren, bei denen die Freie Arbeit jeweils das Herzstück der Unterrichtspraxis darstellt. Dies gilt grundsätzlich auch für namhafte Pädagogen wie
Célestin FREINET oder Hugo GAUDIG. Die Eingrenzung des Untersuchungsgegen-
standes auf die Freie Arbeit bei Montessori und Petersen läßt sich jedoch u. a.
durch die außerordentliche Resonanz ihres Gesamtwerkes legitimieren, welches

Montessori zu Weltruhm gelangen ließ und auch PETERSEN internationale Geltung verschaffte.

Ihr großer Einfluß auf die Entwicklung des deutschen Bildungswesens ist heute unbestritten, wenn auch nicht immer explizit benannt. So haben etwa die pädagogisch-didaktischen Prinzipien Peter PETERSENS auf unübersehbare Weise die Gestalt der Grundschule mitgeprägt, während sich die von der MONTESSORI-Pädagogik ausgehenden Impulse und Einflüsse im Primarbereich und in der Vorschulerziehung bemerkbar machen. Allein in Deutschland und den Niederlanden existieren gegenwärtig knapp 300 ausgewiesene MONTESSORI-Schulen, etwa ebenso viele Einrichtungen arbeiten nach dem Jena-Plan (vgl. KLASSEN/SKIERA [Hg.] 1993, S. 13; S. 19). Die Ideen beider Pädagogen werden mit kontinuierlich wachsendem Interesse rezipiert und der Trend weist deutlich in die Richtung, Anregungen aus ihren Ansätzen zu übernehmen, für die Regelschule fruchtbar zu machen und mit ihnen auch die Diskussion um eine humane Weiterentwicklung der Sekundarschule zu bereichern (vgl. GROSS [Hg.] 1992; HEIMBRING 1992; IMS [Hg.] 1988; JONES 1987; LANDESINSTITUT [Hg.] 1993; MAYER 1992; MEYER [Hg.] 1991; ORTLING 1982; SCHULZ-BENESCH 1982b).

Die Untersuchung der Freien Arbeit bei MONTESSORI und PETERSEN soll unter diesen Fragestellungen erfolgen:

– Was wird jeweils unter Freier Arbeit verstanden?
– Wie wird Freie Arbeit als Bildungsgrundform legitimiert?
– Welche Gestalt erhält sie in der pädagogischen Praxis?
– Welche Gemeinsamkeiten und Unterschiede sind zu erkennen?
– Welcher Stellenwert kommt Freier Arbeit im Sinne MONTESSORIS und PETERSENS in der heutigen Schul- und Unterrichtspraxis zu?

Zu diesem Zweck wurden zunächst (Kap. 1) ein knapper Überblick über die gegenwärtig diskutierten und praktizierten Freiarbeitsformen vermittelt sowie die leitenden Fragen dieser Studie in die aktuelle schulpädagogische Diskussion eingeordnet. In zwei Einzelanalysen sollen anschließend Theorie und Praxis der Freien Arbeit bei Maria MONTESSORI (Kap. 2) und Peter PETERSEN (Kap. 3) herausgearbeitet werden. Freie Arbeit wird dabei jeweils im Horizont ihres erziehungsphilosophischen bzw. anthropologischen Begründungszusammenhanges untersucht, wobei die Begriffe „Freiheit" und „Arbeit" einer besonders kritischen Reflexion unterzogen werden. Nachfolgend sollen die konkreten Realisierungsformen Freier Arbeit bei MONTESSORI und PETERSEN an ausgewählten Beispielen erläutert werden. Ziel der systematisch-komparativen Analyse (Kap. 4) ist es, die

Pädagogik Maria MONTESSORIS und Peter PETERSENS unter dem Aspekt der Freien
Arbeit zu vergleichen und dabei Gemeinsames und Trennendes herauszuarbeiten.
Ebenfalls sollen hier die Möglichkeiten einer unterrichtsmethodischen Ergänzung
und wechselseitigen Bereicherung beider Ansätze erörtert werden.

Schließlich folgt der Versuch (Kap. 5), eine befriedigende Antwort auf die
Frage nach der Aktualität der Freien Arbeit, d. h. ihren Möglichkeiten und Grenzen im pädagogischen Handlungsfeld Schule zu geben. Dabei steht die Überlegung im Mittelpunkt, ob es sich bei diesem Phänomen um eine kurzlebige Mo-
deerscheinung handelt oder, so der Anspruch der Reformpädagogen, um eine prinzipiell zeitlose, besonders kind- und sachgerechte Unterrichtsform, die bei allen
Betroffenen zu „Mehr Lust auf Schule" (HEITKÄMPER) führen kann. Es ist zu klären, ob Freie Arbeit der Inbegriff einer Schulreform „von unten" ist oder als historische Konzeption den heutigen Anforderungen an das Bildungswesen gar nicht
mehr genügen kann. Somit gilt es begründet zu entscheiden, ob Freiarbeit „Schnee
vom vergangenen Jahrhundert" (BÖHM u. a. [Hg.] 1994) ist oder gar Chiffre für die
Didaktik einer Schule von morgen.

In bezug auf das pädagogische Denken und Handeln Maria MONTESSORIS und
Peter PETERSENS wird eine Vielzahl irriger Auffassungen und Vorurteile kontinuierlich tradiert. Dies liegt einerseits an einer in der Vergangenheit teilweise ungünstigen Editionslage, andererseits an der nicht immer hinreichenden Vertraut-
heit der Kritiker mit der Unterrichtspraxis der beiden Pädagogen. Noch stärker
dürfte sich in dieser Hinsicht der charakteristische Sprachduktus MONTESSORIS
und PETERSENS auswirken, d. h. ihre Neigung zu bildhaften, oft drastischen und
Mißverständnisse geradezu provozierenden Formulierungen und Übertreibungen.
Dazu finden sich bisweilen Widersprüchlichkeiten sowie Uneindeutigkeiten in ihren Schriften, welche sich auch im Horizont ihrer gesamten pädagogischen Reflexion oft nur ansatzweise auflösen lassen (vgl. für MONTESSORI z. B. SCHULZ-BE-
NESCH 1977a). Da diese häufig der Auslöser kontroverser Diskussionen waren und
heute noch sind, wird zu Recht von einem andauernden „Streit um Montessori"
(SCHULZ-BENESCH) bzw. dem „Dilemma der Petersen-Pädagogik" (SEYFARTH-
STUBENRAUCH) gesprochen.

In methodischer Hinsicht wird daher eine hermeneutisch-kritische Vorgehensweise zu verfolgen sein. Die vorliegende Studie basiert vor allem auf einem
intensiven Quellenstudium, welches sich des Verfahrens der „konstruktiven Interpretation" (HOLTSTIEGE) bedient. Dies geschieht in bewußter Abgrenzung gegenüber solchen Interpreten, die isolierte Passagen aus den Schriften PETERSENS und

MONTESSORIS auswählen, um auf ihnen ihre oft verzerrenden und einseitigen Interpretationen zu entwickeln. Viele Aussagen der beiden Reformpädagogen sind jedoch nur angemessen zu verstehen, wenn man sie vor dem Hintergrund ihrer Gesamtkonzeption betrachtet und in diesen größeren Zusammenhang einordnet. In diesem Kontext sei hier besonders die oft groteske Formen annehmende Deutung des Erzieherverständnisses bei MONTESSORI und PETERSEN erwähnt. Vor allem aber wird die MONTESSORI-Pädagogik häufig als Individualitätspädagogik apostrophiert, welche ihrer Aufgabe der sozialen Erziehung nicht angemessen nachkomme. Peter PETERSEN hingegen gilt vielen als Vertreter einer Gemeinschaftspädagogik, die den einzelnen Menschen hinter der Gruppe völlig zurücktreten läßt.

Eine sorgfältige, „konstruktive" Interpretation der Originalschriften wird daher im Mittelpunkt dieser Untersuchung stehen, deren Forschungsbeitrag u. a. darin besteht, durch die vergleichende Analyse beider Konzeptionen eine Klärung solcher Fragen herbeizuführen. Die gewonnenen Erkenntnisse werden darüber hinaus durch eine umfassende Berücksichtigung neuerer, auch empirischer Untersuchungsergebnisse ergänzt und in den Kontext der aktuellen Forschungslage gestellt. In angemessenem Umfang sind schließlich auch eigene Praxiserfahrungen vor allem im Bereich der MONTESSORI-Pädagogik einzubeziehen, insofern sie der Zielsetzung dieser Arbeit dienen. Insgesamt soll auf diesem Wege ein möglichst differenziertes Bild von Theorie und Praxis der Freien Arbeit bei Maria MONTESSORI und Peter PETERSEN entstehen, welches einen Beitrag zur gegenwärtigen Diskussion leistet und allen an Freiarbeit Interessierten zu einem besseren Verständnis dieser Unterrichtsform verhilft. Wenn sich daraus auch konstruktive Anregungen für die weitere Humanisierung von Schule und Unterricht gewinnen lassen, ist ein wesentliches Anliegen der Arbeit erreicht.

2. Die Pädagogik Maria Montessoris

2.1 Anthropologische und bildungstheoretische Grundlagen der Montessori-Pädagogik

2.1.1 Zum Menschenbild Maria Montessoris

Der Erziehungskonzeption Maria MONTESSORIS liegt ein christlich-personales Menschenbild zugrunde, nach welchem der Mensch als von Anbeginn an geistbegabtes Wesen und Subjekt seiner Selbst (vgl. 1992, S. 21)[2] in den Mittelpunkt aller pädagogischen Bemühungen gestellt ist. Mit dieser Auffassung steht die Pädagogin nach OSWALD „in der großen Tradition der abendländischen Anthropologie" (OSWALD 1958, S. 14). Grundsätzlich bilden Geist und Leib für sie eine integrative Einheit sich wechselseitig beeinflussender Größen. Dabei gilt ihr erzieherisches Interesse vorrangig dem menschlichen Geist, da ihm beim Aufbau der Persönlichkeit die „Oberherrschaft" (1995, S. 45) zukommt. „Wenn das Werk des Menschen auf dieser Erde mit seinem Geist, seiner schöpferischen Intelligenz verbunden ist, müssen", so stellt MONTESSORI fest, „Geist und Intelligenz den Mittelpunkt der individuellen Existenz (...) bilden" (1984, S. 56).

In Übereinstimmung mit den Erkenntnissen moderner anthropologischer Forschung ist MONTESSORI davon überzeugt, daß der Mensch ein Sonderwesen innerhalb der Schöpfung darstellt. Während das Verhalten des Tieres weitgehend prädeterminiert ist, zeichnet sich der Mensch durch ein sehr hohes Maß an Unspezialisiertheit und Weltoffenheit aus, was aus Sicht der Gehirnforschung heute auf die ausgeprägte Plastizität seines Nervensystems (vgl. DICHGANS 1994; HÜHOLDT 1995; VESTER 1978; WILLS 1996) zurückgeführt wird. Während die Entwicklung des Tieres vorwiegend durch angeborene Instinkte gesteuert wird, bedarf der

---

[1] „Ich bitte die lieben Kinder, die alles können, mit mir zusammen für den Aufbau des Friedens zwischen den Menschen und in der Welt zu arbeiten"

[2] Im zweiten und dritten Kapitel werden die Schriften Montessoris bzw. Petersens nur durch die Jahreszahl angegeben.

Mensch als instinktreduziertes Wesen auf seinem Weg zu personaler Entfaltung der Interaktion mit seiner dinglichen Umwelt und vor allem des mitmenschlichen Dialoges. Da es offenbar keine psychologische Vererbung oder fixierte menschliche Natur gibt (vgl. MALSON u. a. 1972, S. 14f; S. 39), stellt die Ontogenese weder einen rein biologischen Vorgang noch einen Prozeß der Prägung durch Umwelteinflüsse dar, sondern einen aktiv vom Menschen zu leistenden und zu gestaltenden Prozeß. Zur Verdeutlichung dieser Vorstellung, die MONTESSORI etwa mit PORTMANN, STERN, HASSENSTEIN oder PIAGET teilt (vgl. OSWALD 1958; LASSAHN 1978; MISSMAHL-MAURER 1994), verwendet sie häufig das Bild des sich auf Kosten seiner Umwelt entwickelnden Kindes (vgl. 1995, S. 44). Diese Überzeugung von der Selbstverwirklichungskraft des Menschen bildet den Kernpunkt ihrer Anthropologie, von der her sich erst ihr pädagogischer Ansatz angemessen erschließen läßt und deren Modernität und Aktualität durch neuere Forschungen weitestgehend bestätigt werden.

Nach MONTESSORI verläuft der menschliche Entwicklungsprozeß, wie oben angedeutet, innerhalb eines geistigen Raumes. Seine Geistigkeit bildet den Quellpunkt der individuellen Existenz und gilt als zentrierende und strukturierende Instanz aller menschlichen Funktionsbereiche. Somit entwickeln sich zunächst wesentliche psychische Funktionen, während etwa der Bewegungsapparat erst allmählich gezielt einsetzbar wird: „Beim Menschen hängt", so MONTESSORI, „das Leben des Leibes vom Leben des Geistes ab"[3] (1976, S. 33). Mit dieser Grundposition folgt sie nicht, anders als viele ihrer Zeitgenossen, der Vorstellung DARWINS vom Menschen als dem letzten und qualitativ höchsten Glied einer langen Evolutionskette. Vielmehr deuten ihrer Ansicht nach menschliche Wesensmerkmale wie das Fehlen prästabilisierter artspezifischer Verhaltensweisen, damit verbunden die extreme Hilflosigkeit des Neugeborenen und die lange Kindheit, geradezu auf einen biologischen Rückschritt im Vergleich zu den höheren Säugetieren. Allerdings ist dem Menschen infolge seiner mangelnden Festgelegtheit prinzipiell auch erst die Möglichkeit und Aufgabe gegeben, zu freiem und sittlichem Handeln zu gelangen, d. h. wertbestimmte Entscheidungen zu treffen und sein Leben in eigener Verantwortung zu führen. Erst diese in ihrer Geistigkeit wurzelnde Freiheit ist die Ursache der Verschiedenheit der Menschen.

---

3) Sämtliche Hervorhebungen in Zitaten werden vom Verfasser in Kursivschrift wiedergegeben.

Aufgrund dieser Verfaßtheit muß der Mensch nach MONTESSORI ein doppel-
tes embryonales Leben führen. Bereits 1916 prägt sie den Begriff des Psychischen
oder Geistigen Embryos, der, nachhaltig gestützt durch PORTMANNS (1969) Forschungen über das extrauterine Frühjahr des Neugeborenen, auf die ontogeneti-
sche Bedeutung der ersten Lebensperiode hinweist. Mit diesem Terminus bezeichnet die Pädagogin die erste postnatale, besonders formative Lebensperiode,
in der das Menschenkind in psychischer Hinsicht eine ebenso schöpferische Tätigkeit entwickeln muß, wie während seiner physischen Embryonalphase. Das
Fehlen ererbter Anpassungsschemata wird dadurch kompensiert, daß es über eine
unbegrenzte Adaptionsfähigkeit verfügt (vgl. 1966f, S. 87f), die ihm die biologische und soziale Anpassung an jede materielle und sozio-kulturelle Umgebung
ermöglicht. Dies sichert letztlich sein vitales Überleben. Nach MONTESSORI liebt
jedes Kind daher seinen Geburtsort unabhängig von den dortigen Lebensbedingungen und kann „anderswo nie gleich glücklich sein" (1984, S. 58).

In diesem Sinne gilt ihr die gesamte Kindheit als derjenige Raum, in welchem
sich die aktive Anpassung des Menschen an seine neue Umgebung vollzieht. Die
ersten zwei Lebensjahre sind dabei von zentraler Bedeutung, vollziehen sich doch
hier die fundamentalen Entwicklungsvorgänge. Da Erziehung nach MONTESSORIS
Verständnis dazu dient, dem Kind leben zu helfen (vgl. 1928, S. 5), muß sie bereits unmittelbar nach der Geburt einsetzen. Die erste Sorge gilt daher dem Psychischen Embryo, denn bereits jetzt äußern sich diejenigen Potentialitäten, welche
die enorme schöpferische Arbeit des personalen Selbstaufbaus leiten müssen. In
Analogie zum Schutzbedürfnis des physischen Embryos ist auch der Psychische
Embryo auf eine behütende und wachstumsfördernde Umgebung angewiesen
(vgl. 1995, S. 44), in welcher er seine vitale Aufgabe der Anpassung an die vorge-
fundenen Lebensbedingungen erfüllen kann.

2.1.2 Die Teleologie menschlichen Entwicklungsgeschehens

Nach MONTESSORI läßt sich menschliches Entwicklungsgeschehen als das Errin-
gen „sukzessiver Grade von Unabhängigkeit" (1984, S. 77) auffassen. Dieses Streben setzt bereits unmittelbar nach der Geburt ein und beginnt mit der vorwiegend
ganzheitlichen Aufnahme von Sinneseindrücken, durch die sich das Neugeborene
allmählich ein erstes, rudimentäres Welt- und Selbstbild aufbaut. Die Zeit um den
sechsten Lebensmonat stellt einen besonders markanten Einschnitt in diesem Prozeß dar, denn mit der Fähigkeit, feste Nahrung aufzunehmen, demonstriert das

Kind gewissermaßen den bereits erreichten Grad seiner Selbständigkeit. Die Geh-
versuche im Alter von etwa zwölf Monaten kommen der „Befreiung aus einem
zweiten Gefängnis" (ebd., S. 80) gleich und durch den Zuwachs an Sprachkom-
petenz ist es immer weniger auf die Interpretation seiner Bedürfnisse durch Erwachsene angewiesen. Das Streben nach funktioneller Unabhängigkeit „hängt von
den exakten Befehlen der Natur ab und muß ihr folgen" (ebd., S. 81), so daß eine
sensorielle Deprivation wie auch der Versuch, diesen Prozeß durch äußere Eingriffe zu beschleunigen, zur Behinderung der geistigen Entwicklung und Schädi-
gung der kindlichen Persönlichkeit führen müssen. Wenn aber jede sich aufbauende Funktion zu ihrer Festigung der vollständigen Inanspruchnahme bedarf, kann
sich ein Kind nach Überzeugung MONTESSORIS nur in Freiheit gesund entwickeln.

Diesem Drang nach Unabhängigkeit liegt eine im Menschen angelegte Lebenskraft zugrunde, d. h. ein *élan vital* (BERGSON), den MONTESSORI im Anschluß
an den Psychologen Percy NUNN als *Horme* bezeichnet. Hierunter läßt sich ein
schöpferischer Antrieb verstehen, dessen „differenzierte und spezialisierte Arten
oder Grade die nebule darstellen" (1984, S. 74) und der das Kind veranlaßt, sich
selbst unbewußt aufzubauen. Der menschliche Organismus gilt ihr dabei als dynamische Einheit, deren Struktur sich im Laufe der Kindheit durch aktive Erfahrungen verändert, d. h. die gesamte psycho-physische Entwicklung wird geleitet
durch ein freies Zusammenwirken von *Absorbierendem Geist*, den *Nebule* sowie
den *Sensiblen Phasen* (vgl. ebd., S. 89; vgl. Kap. 2.1.3 dieser Arbeit). Die *Horme*,
so ist vorläufig festzuhalten, äußert sich dergestalt, daß in allen Phasen menschlicher Entwicklung besondere Empfänglichkeiten auftreten, welche unter der Voraussetzung freier Betätigungsmöglichkeit die Kondensierung angelegter Potentialitäten zu konkreten Entwicklungsfortschritten anregen und somit den Erwerb von
Kenntnissen und Fertigkeiten ermöglichen.

Anstelle genetisch prästabilisierter Verhaltensweisen verfügt der Mensch über
dynamische Entwicklungsmöglichkeiten, welche MONTESSORI mit dem aus der
astronomischen Fachsprache entlehnten Begriff als *Nebule* (Nebelflecke) bezeichnet. Dort sind damit diejenigen Gasanhäufungen gemeint, aus denen sich in
sukzessiven Veränderungsprozessen von Dichte und Aggregatzustand die Him-
melskörper gebildet haben (vgl. 1984, S. 73). Im vorliegenden Kontext sind unter
Nebule unbestimmte Anregungen voller potentieller Energien zu verstehen, d. h.
„geheimnisvolle Potenzen, vergleichbar denen der Gene, die sich in der Keimzel-
le befinden und den Bau der künftigen Gewebe lenken können" (1966b, S. 81).
Auch MALSON spricht davon, daß der Mensch in psychischer Hinsicht zunächst
aus nichts anderem zu bestehen scheint als aus „Virtualitäten so flüchtig wie

Dunst" (MALSON u. a. 1972, S. 10). Das in ihm Angelegte ist daher nebelhaft unbestimmt und setzt zu seiner spezifischen Realisierung eine konkrete Umgebung voraus.

DICHGANS stimmt dieser Auffassung zu, nach der die menschlichen Potentialitäten im Hinblick auf ihre funktionale Spezifikation bzw. selektive Ausprägung von konkreten Umwelteindrücken abhängen. In „kritischen Phasen" oder „sensiblen Entwicklungsperioden" (DICHGANS 1994, S. 229), d. h. zeitlich begrenzten Phasen der Plastizität, stellen sich die für den Aufbau bestimmter Teilfunktionen relevanten festen Verdrahtungen des Nervensystems ein, während ungenutzte Potenzen abgebaut werden. So ist etwa im Menschen keine spezifische Muttersprache angelegt, sondern nur ein allgemeines Sprachpotential, welches in einer konkreten Sprachwirklichkeit materialisiert wird. Da während einer bestimmten Entwicklungsphase aus diesem heraus prinzipiell jede beliebige Sprache leicht hervorgebracht werden kann, entspricht die *Sprach-Nebula* in gewisser Weise CHOMSKYS Idee einer „universal grammar" (vgl. HEILAND 1994, S. 115). Analog zum Muttersprachenerwerb erfolgt, angeregt durch entsprechende *Nebule,* der Aufbau anderer Funktionen wie auch die Übernahme sozialer Verhaltensmuster (vgl. 1984, S. 74).

Der Mensch verfügt nach MONTESSORI über einen „inneren Bauplan der Seele und über vorbestimmte Richtlinien für seine Entwicklung" (1995, S. 44), welche sich durch ihre Zielstrebigkeit auf die in ihm angelegte Gestalt hin auszeichnen. Nach ihrer Erkenntnis lassen sich bestimmte Regelmäßigkeiten erkennen und teilweise so präzise vorhersagen, als bestünde ein genauer Zeitplan für den Erwerb von Kompetenzen, deren Differenzierung und funktionaler Verbindung (vgl. ebd., S. 197f). Allerdings verschließt sich diese Teleologie der Entwicklung der menschlichen Erkenntnis, da ihre Richtlinien ein „Schöpfungswunder" sind, welches lediglich den „Schlüssel" (ebd., S. 44) zum rätselhaften und geheimnisvollen Dasein des Kindes darstellt. Wenn MONTESSORI zur Kennzeichnung der weitgehenden Universalität von Entwicklungsverläufen den organologisch anmutenden Begriff des *Bauplanes* verwendet, ist damit keineswegs deren völlige Determiniertheit angezeigt. Vielmehr anerkennt die Pädagogin die prinzipielle Labilität dieser Prozesse, wenn sie etwa konstatiert, daß unangemessene Eingriffe und schädliche Einflüsse besonders in den ersten Lebensjahren die Beachtung natürlicher Entwicklungsgesetze bzw. die Realisierung des *Bauplanes* durchaus verhindern können (vgl. ebd.).

In ihrer theoretischen Auseinandersetzung mit dem Reifungstheoretiker Arnold GESELL stellt sie mit Nachdruck fest, daß die geistige Entwicklung des Menschen nicht alleine nach biologischen Gesetzen erfolgt (vgl. 1984, S. 87ff), sondern auf einem Interdependenzverhältnis von Lernprozessen und Reifungsvorgängen beruht. Aber erst in der Interaktion mit seiner Umwelt baut sich das Individuum auf und vollendet sich. Der Mensch gilt MONTESSORI daher als aktiver Baumeister und konstruktiver Bildner der eigenen Persönlichkeit und somit als Schöpfer seiner selbst. Daß menschliche Entwicklungsprozesse auf einem komplexen Wechselspiel der drei Faktoren Anlage, Umwelt und Eigenaktivität beruhen, zeigt sich eindrucksvoll am Schicksal sog. *wilder Kinder,* auf welche sie gelegentlich Bezug nimmt (vgl. 1966b, S. 79; 1984, S. 87). In extremer Isolation zu Opfern unfreiwilliger Deprivationsexperimente geworden, enthüllen diese Wesentliches über die *conditio humana* und rücken MONTESSORIS Theorie des *Bauplanes* in ein anderes Licht. Denn wenn die konkreten Lebensbedingungen des Menschen einen so entscheidenden Faktor darstellen, daß ein Kind, wie im Falle dieser *Wolfskinder,* unter gewissen Umständen kaum noch Ähnlichkeit mit seinen Artgenossen aufweist, kann der *Bauplan der Seele* im Sinne MONTESSORIS kein biologisches Programm sein.

Bis heute wird jedoch immer wieder der Vorwurf des Naturalismus erhoben und MONTESSORI eine biologistische Entwicklungsauffassung unterstellt (vgl. FUCHS 1989, S. 109; NEUHAUS-SIEMON 1996, S. 21). Häufig wird die Pädagogin als Vertreterin einer uneingeschränkten Selbstentfaltungsideologie angesehen, welche die menschliche Entwicklung als reines Naturphänomen im Sinne der Entfaltung von Anlagen nach biologischen Gesetzmäßigkeiten deutet und eine rein negative Erziehung befürwortet. Weinstock etwa gilt MONTESSORI als „Testamentsvollstreckerin Ellen Keys" und ihrer „pädagogische(n) Naturheilkunde" (WEINSTOCK 1963, S. 25) und auch für BÖHM ist sie ROUSSEAU nahestehenden, naturalistischen Denkansätzen verbunden. In diesem Kontext wird oft geltend gemacht, MONTESSORI reflektiere nicht hinreichend die pädagogische Bedeutung von zwischenmenschlichem Dialog und personaler Begegnung. Durch die weitgehende Mediatisierung von Umwelt und Erzieher gelange sie „nicht zum vollen Verständnis des Erzieher-Zögling-Verhältnisses als eines echten Ich-Du-Bezuges" (BÖHM 1991, S. 179). Darauf, daß MONTESSORI den Erzieher mitnichten auf die „Rolle des Dieners und Vollstreckers des Bauplanes" (BUCK 1955, S. 330) reduziert, wird allerdings an anderer Stelle (Kap. 2.3.7) noch ausführlicher eingegangen.

Tatsächlich scheinen manche Äußerungen der Pädagogin durch ihren „biologistischen Wortsinn" (SCHULZ[-BENESCH] 1961, S. 26) solche Vorwürfe geradezu herauszufordern. Die Mißdeutbarkeit ihrer Aussagen über den *Bauplan der Seele* rührt jedoch nach Ansicht dieses ausgewiesenen MONTESSORI-Kenners zu einem großen Teil von der Leidenschaftlichkeit ihres Kampfes für die Freiheit des Kindes her (vgl. ebd., S. 30). In den weltweit gehaltenen Vorträgen, auf die ja viele ihrer Schriften zurückgehen, zieht MONTESSORI immer wieder Begriffe und Bilder aus den Naturwissenschaften heran, um dem Publikum geistige Zusammenhänge anschaulich zu verdeutlichen. Die in biologischen Analogien benutzten Termini verwendet sie jedoch stets und eindeutig in einem anthropologisch-pädagogischen Sinn. Gleichwohl ist mit OSWALD einzuräumen, daß ein Ausdruck wie derjenige der „quasigesetzmäßigen Erscheinung" (OSWALD 1970, S. 42) zur Bezeichnung desselben Phänomens präziser und weniger ambivalent wäre als der des *Bauplanes*. Zudem beziehen sich diese Biologismen oft mehr auf formale Übereinstimmungen als auf inhaltliche Parallelen. MONTESSORIS organologische Terminologie stößt daher besonders dann an Grenzen, wenn es um die Frage nach der Freiheit des Menschen geht.

Allerdings widerlegt SCHULZ-BENESCH schon früh den Verdacht einer dem Biologismus verwandten Position, so daß diese Kritik heute als überholt gelten darf. Aufgrund seiner differenzierten Analyse zentraler Dimensionen der MONTESSORI-Pädagogik gelangt er zu dem Schluß: „Weder 'Bauplan' noch 'Umwelt' determinieren in Montessoris Pädagogik die Erziehung. Vielmehr gründet sie sich auf die Anerkennung der Freiheit des Menschen als einer geistigen Person" (SCHULZ[-BENESCH] 1961, S. 30), deren Hinführung zur sittlichen Freiheit die gesamte Erziehungspraxis dient. Zu dieser Einschätzung gelangt auch LASSAHN, der im Lichte neuerer Forschungsergebnisse den Vorwurf des Biologismus als unhaltbar bezeichnet. Daraus, daß MONTESSORIS Ansatz die biologische Entwicklung des Menschen berücksichtigt, lasse sich nicht ableiten, daß ihre Pädagogik falsch sei: „Das wäre erst der Fall, wenn die angenommene biologische Entwicklung falsch ist. Aber genau das ist nicht der Fall" (LASSAHN 1978, S. 483). Auch er stellt den interaktionistischen Grundcharakter ihrer Konzeption heraus und betont, daß MONTESSORI völlig im Einklang mit den Erkenntnissen der modernen Entwicklungspsychologie die herausragende Bedeutung kindlicher Selbstorganisation für den Entwicklungsverlauf erkennt.

Schließlich meint auch nach OELKERS der Ausdruck *Bauplan der Seele* bei MONTESSORI „gerade keine biogenetische Determination" (OELKERS 1992, S. 127), sondern die innere und für jeden einzelnen einmalige Teleologie des Geistwesens Mensch. So gehe es ihr keineswegs um das natürliche Wachsenlassen des Kindes, sondern vielmehr um eine erzieherische Hilfe beim Aufbau geistiger Ordnung im Sinne der Entwicklung kognitiver Strukturen und differenzierter Handlungsschemata. Nach KRATOCHWIL läßt aber gerade diese Auffassung Maria MONTESSORI als „pädagogische Realistin" (KRATOCHWIL 1992, S. 123) erscheinen.

2.1.3 Die Theorie der Sensiblen Phasen

MONTESSORI erkennt in der Persönlichkeitsentwicklung drei klar abgrenzbare Abschnitte, welche „fortschreitenden Aufbaucharakter" (HOLTSTIEGE 1994, S. 74) aufweisen und als weitgehend irreversibel anzusehen sind. Ihnen lassen sich jeweils mehrere elementare Empfänglichkeiten (Sensibilitäten) zuordnen, deren angemessene Förderung das Fundament für die optimale Entfaltung aller Potentialitäten bildet. Jeder Abschnitt muß, eine ähnliche Vorstellung findet sich in den Stufenkonzepten FREUDS, ERIKSONS oder PIAGETS, möglichst vollständig durchlebt werden, da einzelne Sensibilitäten nur in begrenztem Umfang förderbar bleiben. Allerdings ist anzumerken, daß solche Phasenkonzepte primär orientierenden Charakter haben und Altersangaben keineswegs verabsolutierbar sind. Gewisse Empfänglichkeiten lassen sich zudem nicht einem einzigen Entwicklungsabschnitt zuordnen, sondern weisen zeitlich über ihn hinaus. Auch treten sie nie statisch nebeneinander auf, sondern stehen in einem dynamischen Interdependenzverhältnis. Bevor diese drei Entwicklungsabschnitte mit ihren jeweils dominierenden Empfänglichkeiten skizziert werden, ist auf Begriff und Bedeutung der Sensiblen Phasen einzugehen.

Aufgrund systematischer Beobachtungen gelangt MONTESSORI zu der anthropologisch bedeutsamen Annahme von Zeiten in der menschlichen Entwicklung, welche für den Aufbau bestimmter Funktionen geradezu prädestiniert sind. Dabei handelt es sich um eine Erkenntnis, welche nach LASSAHN durch neuere Forschungsergebnisse auf eindrucksvolle Weise bestätigt wird (vgl. LASSAHN 1978, S. 487), so daß der Begriff der *Sensiblen Phase* oder *Sensitiven Periode* heute zu einem feststehenden Terminus geworden ist (vgl. R. FISCHER 1996; HOLTSTIEGE 1994, S. 68ff; HOLTZ 1996; PICKENHAIN 1995). Dieser geht auf den holländischen Biologen Hugo DE VRIES zurück, der MONTESSORI auf Parallelen zwischen den von ihr erforschten Entwicklungsphänomenen und seinen Theorien über Empfänglichkeitsperioden bei Schmetterlingslarven hinweist und ihr die Übernahme seines Begriffes nahelegt (vgl. Kramer 1989, S. 305f). Im rein anthropologischen Sinne bezeichnet der Terminus, so MONTESSORI, eine Entwicklungsphase von spezifischer Lernbereitschaft, die von vorübergehender Dauer ist und dem Menschen den relativ mühelosen Erwerb bestimmter Kompetenzen oder Eigenschaften ermöglicht (vgl. 1995, S. 46ff).

Während einer solchen Phase gesteigerter Sensibilität „schießt die schöpferische Natur ihre Pfeile nach ganz bestimmten Zielen ab" (ebd., S. 69). Sie läßt sich darüber hinaus mit einem Zustand elektrischer Aufladung oder auch einem Scheinwerfer vergleichen, „der einen bestimmten Bezirk des Inneren taghell erleuchtet" (ebd., S. 49). Ist eine neue Errungenschaft gemacht, so „senkt sich ein Schleier der Gleichgültigkeit und Müdigkeit über die Seele des Kindes" (ebd., S. 50), d. h. Empfänglichkeit und Begeisterung klingen wieder ab. Allerdings entstehen sofort wieder neue Lernbereitschaften und „so schreitet das Kind von einer Eroberung zur nächsten fort (...). In dieser herrlichen Geistesflamme, die brennt, ohne zu verzehren, vollzieht sich das Schöpfungswerk des geistigen Menschen" (ebd.). Als Paradigma für eine solche kritische Periode führt MONTESSORI immer wieder die Zeitspanne an, in der sich der Erwerb der Muttersprache relativ mühelos und unbewußt vollzieht.

Ist eine *Sensible Periode* jedoch verpaßt und die spezifische Empfänglichkeit abgeklungen, kann die Fähigkeit nur „mit reflektierender Tätigkeit, mit Aufwand von Willenskraft, mit Mühe und Anstrengung gemacht werden" (ebd.). Dies läßt sich am Zweitsprachenerwerb belegen, der sich ab einem gewissen Alter nur mit großem Lernaufwand und meist wenig perfekten Resultaten vollzieht. MONTESSORIS Feststellung, daß einmal versäumte Gelegenheiten, sich „auf natürliche Weise eine bestimmte Fähigkeit anzueignen" (ebd., S. 49), für immer vorbei seien, bedeutet nicht, daß diese Chancen irreversibel vertan sind. Der Akzent liegt vielmehr auf dem Aspekt der „Natürlichkeit" bzw. Leichtigkeit ihres Erwerbs. Gleichwohl gilt, daß sich ein Hemmnis oder die versäumte Förderung früher und elementarer Sensibilitäten besonders nachteilig auswirkt, wie dies etwa die Psychoanalyse hinsichtlich der emotionalen Entwicklung nachweist.

Alles pädagogisch-didaktische Handeln muß sich nach MONTESSORI daher an den *Sensiblen Phasen* des jungen Menschen orientieren und ihm ideale Entwicklungsmöglichkeiten bereiten. Der Erwachsene vermag aber nur indirekt, d. h. durch das Schaffen förderlicher Wachstumsbedingungen, auf die kindliche Entwicklung einzuwirken. Daher kommt ihm die fundamentale Aufgabe der *Vorbereitung der Umgebung* zu (vgl. Kap. 2.1.4; Kap. 2.2.4). Diese pädagogisch gestaltete Umgebung hat keine prägende Kraft in milieutheoretischem Sinne, sondern bietet dem Kind wichtige Entwicklungsanreize. Seine inneren Empfänglichkeiten wählen dabei aus der Vielfalt der Eindrücke gezielt diejenigen Elemente, welche dem Aufbau seiner Persönlichkeit zu einem gegebenen Zeitpunkt besonders zuträglich sind. In diesen „Empfänglichkeitsbeziehungen zwischen Kind und Umwelt" liegt nach MONTESSORI „der Schlüssel zu der geheimnisvollen Tiefenschicht, in der sich das wunderbare Wachstum des geistigen Embryos vollzieht" (1995, S. 52).

Unbewußt strebt das Kind fortwährend einen Zustand harmonischen Gleichgewichts seiner Kräfte und Energien an, welchen die Ärztin und Pädagogin als „Gesundheit" oder „Normalität" (ebd., S. 55) bezeichnet. Behinderungen seiner schöpferischen Aufbautätigkeit führen hingegen zu Reaktionen, die irrtümlicherweise oft als Launen interpretiert werden, in Wahrheit jedoch den Ausdruck unbefriedigter Bedürfnisse darstellen und als Alarmsignale der kindlichen Psyche sehr ernst zu nehmen sind. Da grobes Fehlverhalten des Erwachsenen aber zu seelischen Fehlentwicklungen oder Deviationen führt, sollte er sich nach MONTESSORI zum gewissenhaften Erforscher der kindlichen Seele machen „anstelle des blinden Bändigers, des tyrannischen Richters, der er dem Kinde gegenüber für gewöhnlich ist" (ebd., S. 78).

2.1.3.1 Erster Entwicklungsabschnitt (0-6 Jahre)

Die ersten sechs Lebensjahre gelten MONTESSORI als „wichtigste Zeit des Lebens" (1984, S. 20) und grundlegende Phase der Menschwerdung, da das Kind hier in einer Art „Schöpfung, die vom Nullpunkt ausgeht" (ebd., S. 21) bzw. „vom Nichts aus oder was als Nichts erscheint" (ebd., S. 46) einen wesentlichen Teil des personalen Selbstaufbaus vollbringt. Das Bild der postnatalen *Tabula Rasa*, welches im zweiten Teil des letzten Zitates bereits eingeschränkt wird, läßt sich angesichts der bereits angedeuteten Forschungserkenntnisse der modernen Entwicklungspsychologie nicht halten. Allerdings will MONTESSORI mit diesen etwas überspitzten Formulierungen verdeutlichen, daß im Neugeborenen nicht schon das fertige, wenn auch verkleinerte Abbild des Erwachsenen vorliegt. Damit stellt sie zugleich die Großartigkeit der Leistung des Kindes heraus. So betrachtet sie diesen ersten Entwicklungsabschnitt als von elementarer Bedeutung für den Aufbau geistiger Kompetenzen, der emotionalen Grundgestimmtheit wie der gesamten basalen Persönlichkeit. Hier wird im günstigen Falle eine normale Entwicklung grundgelegt, während bei defizitären Bedingungen Notwendiges versäumt und Fehlentwicklungen angebahnt werden können.

Allerdings betrachtet MONTESSORI diese labile Periode nicht vordringlich unter dem Aspekt von Störungen, sondern in bezug auf die Frage nach dem angemessenen pädagogischen Handeln. Da die erste postnatale Zeit vor allem der würdigen Ankunft des Kindes in der Welt dient, gilt es zunächst durch liebevolle Pflege und Fürsorge „die geistige Geburt des Menschen zu hüten" (1995, S. 37). Nach MONTESSORI wird im Körper des Neugeborenen ein Geist Fleisch, so daß sie in diesem Zusammenhang auch von der „Inkarnation" (ebd., S. 38) als einem Erwachen geistiger Energien spricht. Da diese die Koordination der verschiedenen psycho-physischen Funktionen zur Einheit der Persönlichkeit steuern, müssen Mutter und Säugling in der ersten Zeit „wie ein einziger Körper" (1984, S. 97) in einem symbioseähnlichen Verhältnis leben. Nur so läßt sich der kindliche Geist pflegen und das Kind wohlbehütet von einer Existenzweise zur anderen hinübergeleiten.

Erste Unterphase (0-3 Jahre)

Diese unbewußt schöpferische Periode ist nach MONTESSORI wesentlich durch die Tätigkeit des *Absorbierenden Geistes* gekennzeichnet, der die Art der kindlichen Begegnung mit der Welt bestimmt. Beruhen Erkenntnisprozesse des Erwachsenen vorwiegend auf bewußter Verstandestätigkeit und aktivem Zugriff auf sein Gedächtnis, verfügt das Kleinkind über eine altersspezifische, „privilegierte Geistesform" (ebd., S. 23), der „Bewußtheit, kritische Reflexivität, willentliche Steuerung, ausgeprägte Individualität" (OSWALD 1970, S. 15) noch weitgehend fehlen. Diese Geisteskraft, über die MONTESSORI 1946 erstmals spricht (vgl. 1994, S. 357), wird vornehmlich durch innere Sensibilitäten aktiviert und arbeitet „ganzheitlich auffassend, ist stark emotional bestimmt, fast unendlich aufnahme- und anpassungsfähig, fast unermüdlich und gleichsam hungrig in die Welt hinaus gerichtet" (OSWALD 1991, S. 8). Mit ihrer Hilfe absorbiert das Kind vielfältige Eindrücke aus seiner Umgebung, die sich gewissermaßen in seinem Geist inkarnieren und diesen nachhaltig formen. Es schafft sich im Umgang mit den Dingen, so MONTESSORI, sein „geistiges Fleisch" (1984, S. 23) und assimiliert die charakteristischen Verhaltensweisen seiner kulturellen Umgebung.

Ihrer Ansicht nach läßt sich die Wirkweise des *Absorbierenden Geistes,* etwa was die Leichtigkeit, Ganzheitlichkeit und Exaktheit anbelangt, mit der Eindrücke aufgenommen werden, mit der eines Photoapparates vergleichen (vgl. 1966b, S. 85; 1992, S. 96). Offenbar, so führt sie aus, müssen diese Bilder „in der Dunkelheit des Unbewußten verborgen bleiben und durch geheimnisvolle Sensibilitäten fixiert werden, ohne daß etwas davon nach außen sichtbar wird. Erst wenn diese geheimnisvolle Erscheinung sich vollzogen hat, kommt die schöpferische Erwerbung ans Licht des Bewußtseins und bleibt mit all ihren Einzelheiten unauswischbar darin verankert" (1966b, S. 86). Mit diesem Phänomen korrespondiert daher die *Mneme,* ein „höheres natürliches Gedächtnis" (1984, S. 60) mit Sitz im

Unbewußten, in dem das Absorbierte fixiert bleibt. Wie dem Bewußtsein des Erwachsenen das gezielt abrufbare Gedächtnis entspricht, verfügt das Kleinkind über diese vitale, leib-seelische Gedächtnisform. Durch sie kann in früher Kindheit unbewußt Absorbiertes im Menschen wirksam bleiben und später bewußte Vorgänge im positiven wie negativen Sinne beeinflussen. Daher heißt es bei MONTESSORI: „Das, was vom Kind geformt wird, bleibt für immer in der Personalität erhalten" (ebd.). Erst im Alter von etwa drei bis vier Jahren ist nach ihrer Überzeugung „die Schwelle des bewußten Gedächtnisses" (1966b, S. 41) erreicht.

Auch die Wirkkraft des *Absorbierenden Geistes* nimmt in dem Maße ab, in welchem die Reflexionsfähigkeit des Kindes zunimmt. Nach MONTESSORI ist dies der Zeitpunkt, wenn es sich als Eigenwesen erkennt und beginnt, durch die Aktivität der Hand die unbewußt gesammelten Eindrücke zu analysieren, um so zu bewußter Selbst- und Welterkenntnis fortzuschreiten: „Es wird so durch das Werk seiner Hände und seiner Erfahrung zum Menschen: erst durch das Spiel, und dann durch die Arbeit. Die Hände sind das Werkzeug der menschlichen Intelligenz" (1984, S. 24).

Weitere Kennzeichen dieser ersten Lebensjahre sind die Sensibilitäten für Bewegung, Ordnung und Sprache, die weitgehend zeitgleich bestehen und komplex ineinanderwirken. Das Kind äußert sein Bedürfnis nach Entwicklung der Grob- und Feinmotorik durch die oft mehrfach wiederholte Ausführung elementarer Handlungen wie dem Treppensteigen oder dem Ein- und Ausräumen von Schubladen. Diesem Drang gilt es nach MONTESSORI ebenso Rechnung zu tragen wie der sich schon im ersten Lebensjahr zeigenden Sensibilität für Sprache. Nach ihrer Überzeugung läßt sich die „verborgene Arbeit der Belebung der eigenen Sprachorgane" (1995, S. 57) besonders wirksam durch ein gutes sprachliches Vorbild, das Arrangement vielfältiger Sprechanlässe sowie die Möglichkeit zur freien Entwicklung der Artikulationsfähigkeit unterstützen.

Die Sensibilität für Ordnung gilt ihr als eine der „wichtigsten und geheimnisvollsten sensiblen Perioden" (ebd., S. 59), denn bereits von Geburt an sucht das Kind in seiner Umwelt nach geistigen Strukturelementen, die ihm als Kompaß in der Welt dienen können. Es handelt sich hier um ein vitales Bedürfnis, das auf den Gewinn von Orientierung und Sicherheit abzielt und sich über die Sphäre des Gegenständlichen hinaus erstreckt. So dienen geordnete und stabile Vertrauensbeziehungen dem Kind als Basis für den Aufbau des für seine Gesamtentwicklung unerläßlichen Urvertrauens. Im umfassenden Sinne bedeutet Ordnung daher, so MONTESSORI, „sich in seiner Umwelt zurechtzufinden und sie in allen ihren Einzelheiten zu besitzen" (ebd., S. 63). Da aber nur die Kenntnis der Beziehungen zwischen den Dingen und die sinnstiftende Einsicht in Zusammenhänge etwas zum geistigen Besitz werden läßt, ist Ordnung für das Kind wie der Boden auf dem es steht. Ohne sie befände es sich „in der Lage eines Menschen, der zwar Möbel besitzt, aber keine Wohnung, um sie darin aufzustellen" (ebd., S. 66). Schließlich, dies sei abschließend erwähnt, ist die Sensibilität für Ordnung auch unter dem Aspekt des inneren Orientierungssinnes bedeutsam, mit dessen Hilfe sich körperliche Funktionen in ihrem Zusammenwirken lokalisieren lassen. Nach MONTESSORI kann auch er sich nur bei entsprechender Übung und Inanspruchnahme angemessen ausbilden.

Zweite Unterphase (3-6 Jahre)

Um das dritte Lebensjahr vollzieht das Kind den Übergang vom „unbewußten Schöpfer" zum „bewußten Arbeiter" (vgl. 1984, S. 148), denn nun strebt es nach der Analyse bisher vorwiegend ganzheitlich absorbierter Eindrücke. Gezielte Sinnesübungen mit den von MONTESSORI zur Befriedigung dieses Bedürfnisses vorgesehenen Entwicklungsmaterialien (vgl. Kap. 2.2.2) unterstützen in dieser Phase eine bewußtere Weltaneignung und die Ausweitung der bereits erlangten Unabhängigkeit. Die Pädagogin spricht daher auch von einer „Periode der 'aufbauenden Vervollkommnung'" (1984, S. 150) bzw. der „Realisierung und der Perfektionierung" (ebd., S. 161) vorhandener Fähigkeiten. Durch entsprechende Betätigungen soll das Kind nun zu einer Integration aller Kräfte gelangen, so daß diese in den Dienst der funktionellen Einheit der Persönlichkeit gestellt werden können. Vollzog sich in den ersten Lebensjahren also die Entwicklung psycho-physischer Energien noch teilweise unabhängig voneinander, sollen diese nun in zunehmendem Maße zweckmäßig zusammenwirken.

Die diagnostische und therapeutische Funktion angeleiteter Sinneserfahrung wird neuerdings, wie einst von MONTESSORI, von KÜKELHAUS verstärkt herausgearbeitet. Er erkennt die Lebensführung in der modernen Gesellschaft mit ihren einseitigen Belastungen als Ursache für die Blockierung menschlicher Wahrnehmungsfähigkeit und sinnlicher Entfaltungsmöglichkeit. Wenn unmittelbare Erfahrung aber immer seltener wird, degenerieren die Sinne und psychosomatische Erkrankungen nehmen zu, denn „was uns erschöpft, ist die durch Gleichförmigkeit erzwungene Nicht-Inanspruchnahme der Vielfalt unserer körperlichen und sinnenhaften Fähigkeiten und Kräfte. Was uns erfrischt und aufbaut, ist deren Inanspruchnahme" (KÜKELHAUS/ZUR LIPPE 1994, S. 43). Der Entsinnlichung des Lebens setzt KÜKELHAUS die Idee eines „Erfahrungsfeldes" für Sinne und Bewegung entgegen, welches ein Wiederentdecken der Einheit von Körper und Geist fördern kann. Durch diesen Ansatz wird die Aktualität von MONTESSORIS Konzeption einer Sinneserziehung für diese Altersstufe nachhaltig bestätigt.

Desweiteren läßt sich in dieser Phase eine besondere Sensibilität für soziales Zusammenleben erkennen, da sich Kinder gerne in freien Spielgruppen organisieren, „verbunden durch geheimnisvolle Bande" (1984, S. 209). Eine solche Gemeinschaft konstituiert sich aufgrund des unbewußten Zusammengehörigkeitsgefühls ihrer Mitglieder, so daß MONTESSORI von einer „Kohäsionsgesellschaft" spricht. Darunter versteht sie eine Verbindung, die sich „aus einem spontanen Bedürfnis gebildet hat, geleitet durch eine innere Kraft und angeregt durch einen sozialen Geist" (ebd., S. 210). Dieser Empfänglichkeit will MONTESSORI in erster Linie durch die Ermöglichung der freien Gruppenbildung innerhalb altersgemischter Kindergemeinschaften entsprechen.

2.1.3.2 Zweiter Entwicklungsabschnitt (6-12 Jahre)

Angesichts tiefgreifender Persönlichkeitsveränderungen bezeichnet MONTESSORI das Alter von sechs bis zwölf Jahren als zweiten Abschnitt der Kindheit. In dieser recht harmonischen „Periode der Gesundheit, der Kraft und der Stabilität" (ebd., S. 17) sind drei Empfänglichkeiten und Merkmale bedeutsam: das Bedürfnis des Kindes nach einer Erweiterung seines Aktionsradius, die Entwicklung von Abstraktionsvermögen und Vorstellungskraft sowie die Sensibilität für moralische Fragen.

Das Kind drängt nun verstärkt auf die Ausweitung seines räumlichen, sozialen und geistigen Horizontes. Da es in der Regel vielseitig interessiert ist und etwas leisten möchte, sind ihm mannigfaltige Lerngelegenheiten anzubieten. Daneben gilt es, umfangreiche Sozialkontakte und eine größere Unabhängigkeit von der Familie zu ermöglichen, denn der Beginn dieser Phase ist zugleich der Übergang „vom sozialen Embryo zum sozialen Neugeborenen" (ebd., S. 211). Verschiedentlich verweist MONTESSORI in diesem Kontext auf die Rolle der Pfadfinderbewegung. Diese eignet sich ihrer Ansicht nach besonders zur Befriedigung der sozialen Bedürfnisse des Kindes, welches in diesem Alter bereit und imstande ist, sich einer organisierten und gemeinsamen Idealen verpflichteten Vereinigung anzuschließen. Es bemüht sich nun verstärkt, allgemeinverbindliche Prinzipien kennenzulernen und zu beachten.

Von bildungstheoretischer Bedeutung ist die Tatsache, daß das Kind nun „geboren wird für das Problem von Ursache und Wirkung" (1966a, S. 35) und seine kognitive Entwicklung durch den Übergang vom Konkreten zum Abstrakten gekennzeichnet ist. Zunehmend möchte es das im wörtlichen Sinne Unfaßbare begreifen können und komplexere Zusammenhänge verstehen. Nach MONTESSORI ist daher jetzt der Keim für die Wissenschaften zu legen, indem man Einsichten in elementare Strukturen vermittelt und zu der Erkenntnis verhilft, „daß alles im Universum miteinander verbunden ist" (ebd., S. 46). Dies läßt sich insbesondere durch das Studium exemplarisch ausgewählter Details erzielen, so daß MONTESSORI als wesentliches Unterrichtsprinzip formuliert: „Einzelheiten lehren bedeutet Verwirrung stiften. Die Beziehung unter den Dingen herstellen bedeutet Erkenntnisse vermitteln" (ebd., S. 90). Zwar behält das selbsttätige Lernen mit konkreten Materialien weiterhin seinen Stellenwert (vgl. Kap. 2.2.2; 2.2.3), jedoch erweist sich nun „der Besitz realer Dinge und ein wirklicher Kontakt mit ihnen" (ebd., S. 45) als besonders bildungswirksam, so daß ein Wandel gegenüber der starken Materialgebundenheit des ersten Entwicklungsabschnittes erforderlich wird. Nun rücken auch Gespräch, Naturbeobachtung, Vorhaben oder die gemeinsame Lektion mehr in den Vordergrund, wenngleich letztere immer nur eine Arbeits- und Sozialform neben anderen darstellt (vgl. 1995, S. 144 Anm.).

Die moralische Sensibilität des Kindes äußert sich in seiner Aufgeschlossenheit gegenüber den Fragen nach Gut und Böse. Zunehmend sucht es nun nach Kriterien zur Bewertung eigener und fremder Handlungen, so daß MONTESSORI bemerkt: „Wenn es bis jetzt von großer Wichtigkeit war, beim Gehen niemanden anzustoßen, so ist es nun um so wichtiger, niemand zu beleidigen" (1966a, S. 33). Da die Entwicklungsprozesse des moralischen und des sozialen Bewußtseins eng miteinander verknüpft sind, sollte das Kind während dieser für die ethische Grundorientierung fundamentalen Phase in lebendige Gemeinschaften eingebunden sein. Sittliche Erziehung muß, so MONTESSORI, auf der Grundlage sozialer Erfahrungen erfolgen und daher rückgebunden sein an das Erleben von Beziehungen, die an das Gewissen appellieren. Daher steht für sie fest: „Die Moral hat gleichzeitig eine praktische Seite, die die sozialen Beziehungen regelt, und eine geistige Seite, die das erwachende Gewissen des Individuums leitet" (ebd., S. 39).

2.1.3.3 Dritter Entwicklungsabschnitt (12-18 Jahre)

Der dritte Entwicklungsabschnitt zeichnet sich durch starke psychische Veränderungen des Heranwachsenden aus und ist infolge auftretender Unsicherheiten,

Ängste und Zweifel als Phase erhöhter Labilität anzusehen. Charakteristisches Merkmal ist die soziale Sensibilität in Verbindung mit einem ausgeprägten Streben nach Unabhängigkeit. Vielfach tritt der Jugendliche gegenüber Erwachsenen in Distanz, da er sich um ein neues Verhältnis zu sich selbst und den Mitmenschen bemüht. Dabei entwickelt er oftmals starke soziale Gefühle für einzelne Idole, gesellschaftliche Subgruppen oder für die Menschheit als solche, so daß sich mit MONTESSORI hier wiederum (vgl. Kap. 2.1.3.2) von der „Wiedergeburt" eines „soziale(n) Neugeborene(n)" (ebd., S. 98) sprechen läßt. Sie fordert Verständnis für die Situation und Bedürfnisse des Jugendlichen und warnt davor, ihn zu eng an die Familie zu binden. Er bedarf in dieser Phase größerer Freiheit zur Selbstfindung und Weiterentwicklung, so daß seine Freiräume angemessen zu erweitern sind.

Infolge der physiologisch bedingten Labilität und angesichts beängstigender, nicht immer klarer zukünftiger Anforderungen hat der Jugendliche ein starkes Bedürfnis nach Verständnis, Geborgenheit und Sicherheit. Dieses äußert sich teilweise in dem Wunsch nach Identifikation mit den Mitgliedern der *peer-group* und der Unterordnung unter ihre Regeln. Zugleich strebt er nach einer Stärkung seines Selbstwertgefühls, welche sich primär durch persönliche Erfolgserlebnisse und soziale Anerkennung erzielen läßt (vgl. HOLTSTIEGE 1982, S. 33). Dieser fundamentalen Sensibilität für „Selbstwert und Menschenwürde" (OSWALD 1958, S. 88) will MONTESSORI in ihrer „Erfahrungsschule des sozialen Lebens" (vgl. 1966a, S. 91ff) angemessen Rechnung tragen. Dort soll das Studium der Schüler verstärkt auf die zivilisatorischen Leistungen der Menschheit gerichtet werden, um bei ihnen das Verständnis und die Solidarität zu wecken, die MONTESSORI als Bedingung für eine friedvolle Zukunft der Weltgemeinschaft erachtet.

2.1.4 Zum Begriff der Erziehung bei Maria Montessori

Als zentrales Anliegen MONTESSORIS läßt sich ihre Forderung nach einer „Strukturveränderung der Erziehung" (1989, S. 47) verstehen, und zwar durch die Einführung einer Methode, „die 'der menschlichen Natur, die sich entwickelt', folgt" (1984, S. 69). Dazu bedarf es intensiver und exakter Beobachtungen durch den Erwachsenen, denn nur auf der Basis einer gründlichen Kenntnis des Kindes lassen sich nach ihrer Auffassung pädagogisch angemessene Entscheidungen treffen. In diesem Kontext steht für MONTESSORI fest, daß die menschliche Personalität auf allen Entwicklungsstufen eine Einheit darstellt. Daher muß sich ein universelles, für alle Lebensalter gültiges Erziehungsprinzip denken lassen, welches für sie nur das der Selbsttätigkeit des jungen Menschen in Freiheit sein kann (vgl. 1966b,

S. 16). Auf der Grundlage dieses Prinzips muß sich jedoch alles erzieherische Handeln, wie bereits ausgeführt, an den jeweiligen phasenspezifischen Besonderheiten orientieren, so daß *Entsprechung* als wichtiger Schlüsselbegriff der MONTESSORI-Pädagogik gelten darf.

Da die Mißachtung vitaler Bedürfnisse des Kindes zu Fehlentwicklungen führen und nachhaltige Schädigungen hervorrufen kann, muß eine besondere Fürsorge bereits mit der Geburt beginnen. Zunächst ist das Kind vor allem auf „Milch und Liebe" (ebd., S. 93) angewiesen, d. h. die lebensnotwendige Nahrung sowie die altruistische Zuneigung der Mutter. Auf die sehr modernen Aussagen MONTESSORIS zum Stillen oder zu kindgerechten Trage- und Pflegetechniken, welche sie in ihrem Spätwerk entfaltet, kann an dieser Stelle nicht weiter eingegangen werden. Allerdings ist festzuhalten, daß sie die Hauptaufgabe des Erwachsenen mit steigendem Alter des Kindes in der qualifizierten Vorbereitung einer altersgemäßen, von progressiven Interessen gestalteten und psychisch stimulierenden Umgebung sieht (vgl. Kap. 2.2.4). Diese soll das Kind für Umwelterfahrungen offen machen und ihm auf allen Entwicklungsstufen weitgehende Handlungsfreiheit gewähren, denn nur „durch die Freiheit und die Erfahrungen in der Umwelt kann sich der Mensch entwickeln" (1984, S. 83) und vervollkommnen. Jeder Versuch, das Kind von der aktiven Auseinandersetzung mit der Welt abzuhalten, käme einer Mißachtung natürlicher Gesetzmäßigkeiten gleich.

Nach MONTESSORI hat das unmittelbare pädagogische Einwirken des Erwachsenen auf das Kind zugunsten einer indirekten Erziehung zurückzutreten. Den eigentlichen Kern ihrer Pädagogik bildet daher die kindgemäße *Vorbereitung der Umgebung,* die sie als entscheidende Grundlage für die Selbsterziehung (autoeducazione) des jungen Menschen ansieht. Alle Erziehungsbemühungen müssen darauf gerichtet sein, dem oft zitierten „Bildungs-Urschrei" (KRATOCHWIL 1992, S. 132) des Kindes: „Hilf mir, es allein zu tun!" (1995, S. 201) zu entsprechen und ihm eine Umgebung zu bereiten, in der es selbständig handeln und zunehmend unabhängig werden kann. Diese Idee der Selbsterziehung, welche in freien und eigentätigen Lernprozessen des Kindes aktualisiert wird, geht im wesentlichen auf MONTESSORIS bedeutsame Unterscheidung von Zentrum und Peripherie zurück.

Danach bildet die Psyche das unantastbare Zentrum und vollständig zu respektierende „Geheimnis des Kindes" (1932, S. 42). Nur über die empirisch zugängliche Peripherie, d. h. Sinne und Bewegungen, steht es in Kontakt zur Welt und alleine durch deren beobachtbare Äußerungen läßt sich auf innere Vorgänge schließen. Nach MONTESSORI muß daher auch die Erziehung, verstanden als Hilfe zur Selbsterziehung bzw. als Dienst am kindlichen Geist, an der Peripherie ansetzen. Explizit spricht sie von der Leitidee einer „peripherischen Belehrung" (ebd., S. 44), in deren Zentrum das Lernmaterial zur selbsttätigen Erschließung von Inhalten steht, so daß das Kind letztlich „den Angelpunkt seiner eigenen Erziehung" (1973, S. 120) bildet. Dabei wird der Erwachsene keineswegs überflüssig, erweist sich diese Konzeption der Selbsterziehung in der Praxis letztlich doch, so ein früher Kritiker MONTESSORIS, „als eine liebevoll vorbereitete und mütterlich regulierte Erziehung" (BARBERA 1919, S. 57). Seiner Überzeugung nach entbehrt diese durch Erwachsenen und Umgebung „virtuell geleitete Selbsterziehung" (ebd., S. 62) keinesfalls der herzlichen Fürsorge durch den reiferen Menschen.

2.1.5 Zum Begriff der Bildung bei Maria Montessori

In den deutschsprachigen Ausgaben der Werke MONTESSORIS findet sich der Begriff der Bildung in zweierlei Bedeutungskontexten. Zum einen bezieht er sich auf unterrichtlich zu vermittelnde Kenntnisse und kognitive Fähigkeiten, während er in seiner umfassenderen Bedeutung weit über das intellektuelle Moment hinausgeht und auf die gesamte Entwicklung der menschlichen Persönlichkeit bezogen ist. In diesem Sinne bezeichnet Bildung den Prozeß und das Ergebnis der spontanen Selbstverwirklichung des Kindes aufgrund eigener schöpferischer Leistung und ist daher für das Verständnis von Theorie und Praxis der MONTESSORI-Pädagogik zentral.

So versteht MONTESSORI unter „Bildungserwerb" (1976, S. 107; vgl. 1966a, S. 39; 1984, S. 5) zunächst die systematische Aneignung von Kulturtechniken und Sachwissen im schulischen Unterricht. Dabei hält sie den planvollen Aufbau kognitiver Strukturen und systematischer Kenntnisse, die dem Menschen flexibel verfügbar sind und rationale Entscheidungen ermöglichen (vgl. 1976, S. 194), für besonders relevant. Schulische Bildungsprozesse machen es notwendig, daß Fachwissenschaften und Fachdidaktiken exemplarisch ausgewählte Inhalte anbieten und die erforderlichen „Mittel zur Kultur, zur höheren Bildung" (ebd., S. 84) organisieren. MONTESSORI stellt also nicht nur Überlegungen zur Reform der Unterrichtsmethodik an, sondern weist der Schule einen klaren Bildungsauftrag zu, der auf die umfassende Entwicklung intellektueller Kräfte und Fähigkeiten des jungen Menschen abzielt. Diese „innere Bildung" (ebd., S. 186) steht für sie letztlich im Dienste menschlicher Freiheit. Ihre Ausarbeitungen zur inhaltlichen Seite schulischer Bildung beziehen sich auf alle Altersstufen und werden im Rahmen der Kosmischen Erziehung in größere und überfachliche Zusammenhänge gestellt, auf die an anderer Stelle noch eingegangen wird (vgl. Kap. 2.1.7).

Bildung nach dem hier skizzierten Verständnis entspricht somit im wesentlichen der Herstellung eines *geordneten Gedankenkreises* (HERBART) durch die
geistige Begegnung mit Kulturinhalten. Dabei gibt MONTESSORI in ihren Schulen
dem Kind die Freiheit, unter verschiedenen Anspruchsniveaus und Schwierig-
keitsgraden zu wählen, um so eine weitgehend individualisierte und jedem gerecht
werdende „Bildungsentwicklung" (1989, S. 169) zu ermöglichen. Mit Nachdruck
verweist sie auf den großen Wissensdurst freier Kinder, dem durch ein von „inneren Gesetzen der geistigen Bildung" (1966b, S. 55) geleitetes Lernen in besonderem Maße Rechnung getragen wird. Dennoch stellt MONTESSORI unmißverständlich fest, daß mit steigendem Bildungsniveau der Anleitung durch den Lehrer eine immer größere Bedeutung zukommt. Diese bezieht sich jedoch stärker auf die
Anregung von Interessen als auf eine direkte Belehrung im traditionellen Sinne
(vgl. ebd., S. 57).

In seiner weiteren Bedeutung meint MONTESSORIS Bildungsbegriff den Ge-
samtvorgang personaler Menschwerdung und bezeichnet den individuellen Konstruktionsprozeß der kindlichen Persönlichkeit. Allerdings verweisen OSWALD und
SCHULZ-BENESCH auf editorische Schwierigkeiten (vgl. 1966b, S. 7f; 1976, S. 36
Anm.; S. 278 Anm.; 1994, S. 339f Anm.), die sich infolge terminologischer
Schwankungen ergeben. MONTESSORI benutzt in diesem Kontext „unbekümmert
wechselnd die Termini: formazione, construzione, creazione" (1984, S. 13 Anm.),
welche sich nicht immer problemlos wiedergeben lassen.

Davon bleibt freilich die Bedeutung ihrer anthropologischen Kernaussage un-
berührt, derzufolge das Kind der alleinige „Bildner seiner Persönlichkeit" (1988,
S. 7) ist und „Innere Bildung" (1976, S. 75), „*innerer Aufbau*" (1994, S. 339) oder
„Persönlichkeitsbildung" (1995, S. 188) maßgeblich sein eigenes Werk ist. MON-
TESSORIS Entwicklungsverständnis kommt besonders in dem Bild zum Ausdruck,
nach welchem das Kind durch seine schöpferische Arbeit das noch weiche Wachs
selbst formt (vgl. 1988, S. 8). So akzentuiert der Terminus „formazione" bei ihr
nicht die intellektuelle Dimension, sondern bezeichnet die allseitige Verwirklichung der im Menschen angelegten Möglichkeiten. Indes ist diese Auffassung von
der Selbstverwirklichungskraft des Kindes insofern zu relativieren, als trotz dessen Leistung auch für MONTESSORI der erziehende Erwachsene in gewisser Weise
konstitutiv bleibt, denn nicht „pädagogisches Nichtstun" hilft dem Kind bei der
Bewältigung seiner Entwicklungsaufgaben, sondern der „Beistand liebender Erwachsener" und die „Begegnung mit einer menschlich durchwalteten Welt" (OS-
WALD 1970, S. 39).

Abschließend ist kurz auf MONTESSORIS Unterscheidung zweier sich überlagernder Stufen im menschlichen Bildungsprozeß einzugehen: die Bildung der Individualität und die Entwicklung der Personalität. Dieser in ihren Schriften nicht immer stringent und trennscharf durchgehaltenen Differenzierung zufolge vollzieht sich in den ersten zwölf Lebensjahren, in der „Periode der individuellen Bildung" (1973, S. 62; vgl. 1966a, S. 92; 1984, S. 83; 1992, S. 99), der Aufbau der Individualität und Unabhängigkeit. Aufgabe der Erziehung ist es, „dem Kind zu helfen, seine freie Individualität in all ihren individuellen Funktionen zu entwickeln" (1973, S. 54). Nur auf dieser Grundlage kann, in verstärktem Maße etwa ab dem zwölften Lebensjahr, die Weiterentwicklung zur sittlichen, verantwortungsvoll handelnden Persönlichkeit erfolgen. Es ist anzumerken, daß auch auf dieser Altersstufe eine weitere Ausprägung individueller Merkmale erfolgt, wie ja auch die „soziale Erziehung" (ebd., S. 62) zur Persönlichkeit schon wesentlich früher beginnt. MONTESSORI setzt durch ihre Differenzierung lediglich Schwerpunkte.

Die ganzheitlich entwickelte Persönlichkeit ist für MONTESSORI der „Inbegriff der Verwirklichung menschlichen Daseins" (TIELKES 1987, S. 119) und entspricht somit ihre Zielvorstellung vom Menschen, da sie in ihr die Grundbedingung für eine friedvolle Zukunft erkennt. Vor dem Hintergrund der in ihrem Spätwerk hervortretenden pessimistischen Züge, genannt sei ihr Hinweis auf die fehlende Balance von technischer und moralischer Entwicklung (vgl. 1966a, S. 91ff), fordert MONTESSORI eine Humanisierung der Gesellschaft durch die Höherentwicklung des einzelnen. Da die Gesellschaft sich auf Einzelwesen gründet, kann es ohne deren Höherentwicklung keine positive Gesamtentwicklung geben.

Als einen möglichen Ansatzpunkt betrachtet sie die Erziehung Jugendlicher, die in besonderer Weise zur Entstehung von Achtung und Solidarität unter den Menschen beitragen soll. In der von ihr projektierten Sekundarschule sollen junge Menschen individuelle Fähigkeiten in ein echtes Gemeinschaftsleben einbringen und sich so zu sozialen Wesen entwickeln können. Daher sind nach Ansicht der Pädagogin insgesamt „zwei Dinge notwendig: die Entwicklung der Individualität und die Anwendung der individuellen Aktivität auf ein soziales Leben" (1989, S. 76). Diese Idee sozialer Erziehung setzt einen institutionellen Rahmen voraus, in dessen Zentrum nicht primär Ausbildungsinteressen stehen, sondern die Entwicklung des jungen Menschen zur Persönlichkeit. Nach MONTESSORI gilt: „Wir können nicht eine Gesellschaft, die droht in Trümmer zu zerfallen, mit Menschen aufrechterhalten, die nur darauf vorbereitet sind, sich ihren Lebensunterhalt durch einen Beruf zu verdienen: es werden *Menschen* benötigt" (1973, S. 62).

2.1.6 Das Phänomen der Polarisation der Aufmerksamkeit

Von zentraler Bedeutung für das Verständnis des kindlichen Selbstbildungspro-
zesses ist das anthropologische Phänomen der *Polarisation der Aufmerksamkeit*.
Im Kinderhaus von San Lorenzo macht MONTESSORI, begleitet von einem unver-
geßlichen Eindruck, wie man ihn „bei einer Entdeckung verspürt" (1976, S.
70), die überraschende Beobachtung, daß kleine Kinder zu intensiver Konzentration
imstande sind, wenn sie sich mit phasengemäßen Gegenständen ihrer Wahl beliebig lange befassen dürfen. Das Beispiel des dreijährigen Mädchens, welches ver-
sunken mit den Zylinderblöcken arbeitet und sich durch keinen äußeren Störver-
such ablenken läßt, wird von MONTESSORI mehrfach angeführt (vgl. 1976, S. 69f;
1979, S. 21f; 1995, S. 124), um auf diese Fähigkeit aufmerksam zu machen.

Als besonders bemerkenswert erscheinen ihr die psychischen Vorgänge, welche das Auftreten dieses Phänomens begleiten. In der freien Tätigkeit mit Lernmaterialien zeigen Kinder regelmäßig Qualitäten, „von denen wir glaubten, daß
sie der Natur des Kindes fremd seien wie Geduld und Ausdauer bei der Arbeit;
oder auf moralischem Gebiet Gehorsam, Sanftmut, liebevolles Wesen, Freundlichkeit, Heiterkeit" (1976, S. 72f). Sie wirken freudiger, mitteilsamer, ausge-
glichener und offenbaren „außergewöhnliche innere Qualitäten, die an die höchsten Bewußtseinsphänomene erinnern, wie die der Bekehrung. Es schien, als hätte sich in einer gesättigten Lösung ein Kristallisationspunkt gebildet, um den sich
dann die gesamte chaotische und unbeständige Masse zur Bildung eines wunderbaren Kristalls vereinte" (ebd., S. 70).

Da ein so konzentriertes Kind sich fast völlig von der Außenwelt abschließt,
jedoch stets „erfrischt und ausgeruht, voll Lebenskraft" (1995, S. 125) aus seiner
Arbeit hervorgeht, erkennt MONTESSORI in der *Polarisation der Aufmerksamkeit*
als dem „empirisch zugänglichen Zentrum des Lernprozesses" (HOLTSTIEGE 1987,
S. 87) schlechterdings den „Schlüssel der Pädagogik" (1992, S. 45). Sie gilt ihr als
Ansatzpunkt, von dem aus man die kindliche Entwicklung wirksam fördern kann
und dadurch „die Lösung des Erziehungsproblems möglich macht" (ebd., S. 44;
vgl. 1976, S. 69). Wenn die Organisation des gesamten psychischen Lebens mit
diesem Phänomen beginnt, müssen nach MONTESSORI hier die geistige, seelische
und moralische Entwicklung des Menschen ihren Ursprung nehmen. Vor dem
Hintergrund dieser Überzeugung wendet sie sich der systematischen Erforschung
äußerer Bedingungen zu, welche ein Zustandekommen der Konzentration begünstigen, um daraus erfahrungsbegründete Konsequenzen für eine kindorientierte

Erziehung ableiten zu können. Im Zuge dieser Untersuchungen entwickeln sich allmählich die Konturen ihrer Methode, in der das sog. MONTESSORI-Phänomen, dessen Bedeutsamkeit nach ihren Worten bereits von PESTALOZZI erkannt, besonders aber von ihr verwertet wurde (vgl. 1988, S. 26ff; 1992, S. 44; 1995b, S. 15f), zum Grundstein für die Organisation von Lernprozessen wird.

Zusammenfassend läßt sich unter *Polarisation der Aufmerksamkeit* ein Vorgang tiefer Konzentration verstehen, der durch den aktiven und intensiven Kontakt zwischen dem kleinen Kind und einem phasengemäßen Gegenstand entsteht. Dieser Prozeß stellt keine Reaktion des Kindes auf äußere Reize dar, sondern ist als freier Ausdruck seines Geistes inneren Ursprungs. Als wesentliche Bedingung seines Zustandekommens gilt das komplexe Zusammenspiel geeigneter Lernangebote, einer kindgerechten Umgebung sowie des angemessenen Erzieherverhaltens (vgl. 1995, S. 142). Das Prinzip der freien Wahl der Tätigkeit soll die Bindung der Aufmerksamkeit durch möglichst vollständige Inanspruchnahme begünstigen und auf diesem Wege zu meditativer Sammlung führen. Wenn das Kind dabei ganz in seiner Arbeit aufgeht und sich temporär von seiner Umgebung löst, erfolgen nach MONTESSORI bildungswirksame Prozesse.

2.1.6.1 Die Verlaufsform des Konzentrationsprozesses

Dies setzt allerdings ein Durchlaufen aller drei Phasen des als Einheit anzusehenden Arbeitszyklus voraus, dessen idealtypischen Verlauf MONTESSORI graphisch darstellt. Diese „schematische(n) Behelfe" (1992, S. 47, Anm. 31; vgl. 1976, S. 96ff) geben zwar nur Durchschnittswerte an, veranschaulichen jedoch verschiedene Stufen psychischer Entwicklung und Veränderungen in der Arbeitsweise von Kindern. Ist die Arbeit anfänglich noch ungeordnet und wenig konstant, bildet sich in der Regel allmählich die „charakteristische Durchschnittskurve der normalen geordneten Arbeit ersten Grades" (1976, S. 105) heraus. Diese kann mit zunehmender Konzentrationsdauer und einer wachsenden Befähigung zu immer anspruchsvollerer Aufgabenwahl, willkürlicher Aufmerksamkeit und Bindung an getroffene Entscheidungen angehoben werden, bis sie schließlich geradlinig und fast parallel zur Ruhelinie verläuft. Somit korrelieren die Anhebung des Niveaus und die Streckung der Kurve mit der Qualität der geistigen Arbeit und, so MONTESSORI, der gesamten Persönlichkeitsentwicklung: „Die andauernde Arbeit wird wie der Atemrhythmus: ruhig und den physischen Organismus belebend" (ebd., S. 107).

Während der *Vorbereitungsphase* erfolgen die interessengeleitete Wahl einer Aufgabe und die Vorbereitung des Arbeitsplatzes. Auch die Einführung eines neuen Materials oder die vertiefende Wiederholung einer bereits bekannten Übung haben hier ihren Ort. In der anschließenden *Phase der großen Arbeit* vertieft sich das Kind ausdauernd in seine Aufgabe. Es kommt nach MONTESSORI zum „Versenken der Seele in sich selbst" (1992, S. 43) und einem Fortschritt in der inneren Aufbauarbeit, insofern die Arbeit alle Energien auf diese eine Tätigkeit hin zu konzentrieren vermag. Über den Wissenserwerb hinaus erfolgt hier das aktive Üben geistiger Grundoperationen sowie die Entwicklung von Planungskompetenz, konstanter Arbeitshaltung und kritischem Reflexionsvermögen. Da sich allerdings kein Kind stundenlang zu konzentrieren vermag, fordert MONTESSORI zumindest „täglich *eine wirkliche Arbeit*" (1976, S. 104).

Am Ende des dreigliedrigen Aktivitätszyklus erfolgt eine für den Bildungsprozeß relevante *„gedankenvolle(n) Pause"* bzw. „kontemplative Periode" (ebd., S. 102), in der das Kind sein Werk betrachtet, neue Erkenntnisse in bekannte Zusammenhänge einordnet und bestehendes Wissen reorganisiert. MONTESSORI spricht hier vom „Stadium der Entdeckungen" (ebd., S. 105). Der gelungene Abschluß einer Arbeit spornt zu weiteren Leistungen an und fördert die Ausbildung intrinsischer Motivation nachhaltig. Darüber hinaus lassen sich auch soziale Wirkungen feststellen, denn nach einer Zeit relativer Zurückgezogenheit öffnen sich die Kinder einander, zeigen Interesse, Hilfsbereitschaft und „Herzlichkeit" (ebd., S. 93). Die in solchen Vorgängen tiefer Konzentration erfolgenden Bildungsprozesse lassen sich daher nicht auf die kognitive Dimension reduzieren, sondern umfassen die ganze Persönlichkeit. Durch den Erwerb innerer Ordnung wird das Kind dabei zunehmend „Herr über seine Handlungen" (ebd., S. 103).

2.1.6.2 Deviation und Normalisation

Die im Menschen angelegten Kräfte entfalten sich zunächst partiell unabhängig voneinander. Erst allmählich werden die verschiedenen Funktionsbereiche integriert, so daß sie gemeinsam im „Dienst der Personalität" (1984, S. 181) wirken können. Ihre Zusammenführung erfolgt, wie bereits erwähnt, vor allem zwischen dem dritten und dem sechsten Lebensjahr und kann pädagogisch gefördert werden.

Allerdings spricht MONTESSORI in diesem Kontext auch von einer verborgenen bzw. verschütteten Natur des Kindes (vgl. 1988, S. 25; 1995, S. 152), die selbst den meisten Pädagogen und Psychologen unbekannt sei. Allgemein als normal angesehene kindliche Verhaltensweisen wie Trägheit, Besitzgier, ausschweifende Phantasie, Abhängigkeit oder Zerstörungswut (vgl. 1984, S. 176ff; 1995, S. 165f) gelten ihr hingegen als Fehlentwicklungen bzw. Deviationen. Sie deuten ihrer Überzeugung nach auf zerrissene Persönlichkeiten, deren Einzelentwicklungen nicht in Richtung auf funktionelle Einheit organisiert sind: „Die Hand bewegt sich ohne Zweck; der Geist entfernt sich von der Wirklichkeit; die Sprache versucht Gefallen an sich selbst zu finden; der Körper bewegt sich ohne Ordnung. Diese getrennten Energien, die nie Befriedigung finden, bewirken unzählige Kombinationen abwegiger Entwicklung, die die Ursache für Konflikte und Störungen ist" (1984, S. 182).

MONTESSORI interpretiert diese Erscheinungen jedoch nicht als irreversible Charaktermängel, sondern als Folge defizitärer Entwicklungsverläufe, die sich auf falsches Erzieherverhalten, Erfahrungsdeprivation oder die Unterdrückung freier Entfaltung zurückführen lassen. Ihrer Ansicht nach kann man solche Fehlentwicklungen anhalten und sogar rückgängig machen, wenn man das Kind in eine ihm gemäße Umgebung versetzt und ihm die Möglichkeit zu freier Betätigung gibt (vgl. ebd., S. 183; 1988, S. 25). Diesen Prozeß, der zum Zustand des Gleichgewichts in der Persönlichkeitsorganisation führt, bezeichnet MONTESSORI als *Normalisation*. Ihr langjähriger Mitarbeiter E. M. STANDING nennt als typische Eigenschaften des normalisierten Kindes u. a. die Liebe zu Arbeit und Stille, Ordnungsliebe, Konzentrationsfähigkeit, Unabhängigkeit, Initiative, Selbstdisziplin und Hilfsbereitschaft (vgl. STANDING o. J., S. 113ff). In ihrer Gesamtheit stellen sie die besonderen Qualitäten des von MONTESSORI „entdeckten" Kindes dar, für dessen Würde und Rechte sie sich zeit ihres Lebens einsetzt. Seltener erwähnt die Pädagogin die kindliche Vorliebe für überschwengliche Gefühlsbekundungen. Allerdings kennt auch sie das vor Freude strahlende Kind, „das hüpft, das schreit, wenn es von etwas beglückt ist, das in die Hände klatscht, läuft, laut grüßt, überschwenglich dankt, zu allen zärtlich ist, sich allen nähert, alles bewundert, sich allem anpaßt" (1995, S. 143).

MONTESSORI bezieht sich in diesem Zusammenhang stark auf das sozialwissenschaftliche Konstrukt des *homme moyen* von Adolphe QUETELET. Bei diesem *mittleren Menschen* handelt es sich ursprünglich um einen mit Hilfe statistischer Verfahren ermittelten und dann zur Norm erhobenen Durchschnittsmenschen, der von seinem Urheber zum „Inbegriff von Schönheit, geistiger Höhe und sittlicher Vollkommenheit" (BÖHM 1991, S. 103f) erhoben wird. MONTESSORI greift in gewisser Weise auf diese Vorstellung des vollkommen entwickelten Menschen zurück, ohne jedoch die Phänomene *Normalisation* und Sittlichkeit zur Kongruenz bringen zu wollen (vgl. Kap. 2.3.2). Eindeutig stellt sie fest: „Ordnung bedeutet nicht notwendig Gutsein" (1966b, S. 47). Allerdings bringt das *normalisierte* Kind, welches über die Qualitäten des *mittleren Menschen* verfügt, die wesentlichen Voraussetzungen zur Sittlichkeit mit. In diesem Sinne kann die innere Ordnung des Kindes nicht als sittliche Tugend, sondern lediglich als „Ursprung des Gutseins" (1994, S. 338) aufgefaßt werden. Das geordnete Kind ist in erster Linie das psychisch gesunde Kind. Es ist nicht notwendigerweise gut im moralischen Sinne. Seelische Gesundheit stellt daher für MONTESSORI „keine moralische Kategorie" (OSWALD 1974, S. 18) dar, sondern die ideale Grundlage für eine auf ihr aufbauende (sittliche) Erziehung.

Normalität als „psychische Gesundheit der Kinder" (1966b, S. 48) bzw. das „harmonische Gleichgewicht zusammenwirkender Energien" (1995, S. 55) gilt es pädagogisch in Sorge zu nehmen und zu erhalten. Allerdings ist auch die Rekonstruktion einer fehlentwickelten Persönlichkeit möglich. Dies setzt kompensierende Maßnahmen voraus, welche das Nachholen von Versäumtem ermöglichen und die Sammlung und Ordnung kindlicher Energien begünstigen. Aus diesem Grunde gilt nach MONTESSORIS bekanntem Wort: „Der Weg, auf dem die Schwachen sich stärken ist der gleiche wie der, auf dem die Starken sich vervollkommnen" (1976, S. 166). Zwar verläuft der Gesundungsprozeß individuell verschieden, jedoch verflüchtigen sich nach ihren Erkenntnissen die negativen Verhaltensweisen doch stets mit dem kontinuierlichen Auftreten konzentrierter Arbeit in Freiheit. Statt dessen zeigen sich zunehmend Eigenschaften des *normalisierten* Kindes wie innere Selbstdisziplin und adäquates Sozialverhalten. In diesem Sinne kann die *Normalisation* als fundamentale Voraussetzung für Erziehungsprozesse aufgefaßt werden, ohne indes die speziellen Aufgaben sozialer und sittlicher Erziehung überflüssig zu machen.

2.1.7 Das Konzept der Kosmischen Erziehung

Diese anthropologischen Grundannahmen und bildungstheoretischen Überlegungen werden in MONTESSORIS Spätwerk in eine umfassende Weltsicht eingebettet, deren Basis die Evolutionstheorie einerseits und ökologisches Denken andererseits bilden. Ansatzweise bereits in den frühen Schriften, verstärkt ab dem Jahre 1935 (vgl. 1979, S. 132) nimmt die Pädagogin im Rahmen ihrer *Kosmischen Theorie* zunehmend die Wechselbeziehungen von Gott, Welt und Menschheit in den Blick und stellt ihre Ideen einer größeren Öffentlichkeit vor. Damit geht sie über die bisher vorrangige Betrachtung des einzelnen Kindes und seiner Menschwerdung deutlich hinaus.

Nach dem zentralen Gedanken der *Kosmischen Theorie* stellt das Universum eine dynamische Einheit dar, in welcher in einem komplexen Interdependenzverhältnis alles miteinander verknüpft ist und sich in einem Fließgleichgewicht befindet. In Abgrenzung zu DARWIN, der das Selektionsprinzip und die ihm zugrundliegenden Mechanismen als treibende Kraft des Evolutionsprozesses deutet, geht MONTESSORI von der Wirksamkeit eines *kosmischen Planes* aus, welcher der Gesamtentwicklung Ziel, Richtung und damit auch Sinn verleiht. Dieses teleologische Verständnis der Evolution verbindet sie mit einer theologischen Deutung, derzufolge dieser *kosmische Plan* als „Wille Gottes" (1993, S. 94) die Welt zu einer *creatio continua* macht. Die Schöpfung stellt somit keine statische Größe dar, sondern einen fortlaufenden Prozeß.

Als die ihn lenkende, *kosmische* Kraft ist nach MONTESSORI die Liebe anzusehen, eine umfassende und die Welt regulierende Energie göttlichen Ursprungs. Der *kosmische Plan* gilt ihr daher als „eine zentrale Idee von höchst veredelnder Inspiration" (ebd., S. 35).

Innerhalb der Schöpfung nimmt der Mensch eine Sonderstellung ein. Als Naturwesen ist er aus ihr hervorgegangen und zunächst auf Selbst- und Arterhaltung bedacht. Als kulturfähigem und kulturabhängigem Wesen kommt ihm jedoch die Aufgabe zu, am Erhalt des harmonischen Gleichgewichts und der dynamischen Weiterentwicklung des gemeinsamen Schöpfungsplanes mitzuwirken. Nach MONTESSORIS christlichem Verständnis ist der Mensch Hauptagent Gottes auf Erden. Durch seine Arbeit gestaltet, verfeinert und verbessert er die Natur und schafft dadurch Kultur. Um die Überlegenheit des vom Menschen Geschaffenen auszudrücken (vgl. LUDWIG 1992a, S. 18), bezeichnet sie mit den Begriffen „Super-Natur" (1973, S. 47) oder „Supra-Natur" (1979, S. 137) das Insgesamt seiner zivilisatorischen Leistungen. Aufgrund dieses Beitrages zum Schöpfungswerk zählt MONTESSORI „Gottes ersten Stellvertreter auf der Erde" (1993, S. 56) zu den „grossen kosmischen Kräften" (1984, S. 46). Die Erfüllung seiner *kosmischen Mission* durch verantwortungsvolle Weltgestaltung ist demnach eine anthropologische Notwendigkeit. Wesentliche Aufgabe des Menschen ist in diesem Rahmen daher das sittliche Bemühen um die Herbeiführung von ökologisch verantwortbarem Fortschritt und die Bewahrung des Friedens unter den Menschen.

So gilt für sie der Gedanke der Einheit und Verbundenheit nicht nur in bezug auf die Natur. Auch im menschlichen Bereich ist alles in vielfältigen Wechselbeziehungen miteinander verwoben. Weltweite Kommunikation, Handel, Verkehr und Tourismus führen zu einer wachsenden Komplexität sozialer Gebilde bis hin zur vollkommenen Angewiesenheit aufeinander. In dieser „Einzige(n) Nation" (1973, S. 49) leben, so MONTESSORI, alle als „Bürger der großen Nation der Menschheit" (1989, S. 45) zusammen. Damit bringt sie die Überlegung zum Ausdruck, daß sämtliche Einzelentwicklungen innerhalb von Gesellschaften oder ganzen Kulturkreisen in eine globale Gesamtentwicklung eingebettet sind und sich jede Veränderung in einem Teil der Welt prinzipiell auch auf die Menschen am anderen Ende auswirkt. Die Bedrohung durch Armut und Selbstzerstörung stellen daher für sie Probleme der gesamten Menschheit dar, nicht einzelner Menschengruppen. Daher erhält die *Kosmische Theorie* Maria MONTESSORIS neben ihrer ökologischen Ausrichtung eine ausgeprägte friedenserzieherische Dimension, die an dieser Stelle jedoch nicht weiter ausgeführt werden kann.

Trotz seines Eingebundenseins in den *kosmischen Plan* bleibt nach Ansicht MONTESSORIS die Freiheit des Menschen grundsätzlich gewahrt. Infolge seiner anthropologischen Nichtfixiertheit besteht ein Raum für freie Entscheidungen, so daß er den Schöpfungsplan nach eigenen Plänen gestalten, Teilprozesse verändern bzw. kontrollieren kann. Diese Sonderstellung liegt in folgender Tatsache begründet: „Wenn Gott die Wesen intelligent bewegt, gibt Er dem Menschen Intelligenz selbst" (1993, S. 17). Nach MONTESSORIS Überzeugung wird der Mensch im Rahmen des gemeinsamen Schöpfungsplanes nicht vollkommen determiniert, denn kraft seiner Intelligenz ist er in die Lage versetzt, Entscheidungen zu treffen und zwischen Gut und Böse zu wählen. Davor, daß er sich möglicherweise für das Böse entscheidet und es zum Fehlschlagen der menschlichen Evolution in einer globalen Katastrophe kommt, warnt MONTESSORI in ihren späten Schriften eindringlich.

Aus dieser Option folgt für sie aber auch die Notwendigkeit einer moralischen Höherentwicklung der Menschheit (vgl. 1966a, S. 117). Daher muß die *Kosmische Erziehung* zum „Grundstein der Schulerziehung" (1993, S. 42) werden, die fortan „eine neue Form intellektueller Bildung vermittelt und neue Gefühle der Menschlichkeit kultiviert" (ebd., S. 26). Im Zentrum dieser Konzeption steht die Integration aller Bildungsbemühungen in einem einheitlichen, universalen Lehrplan, dessen fundamentales Bildungsprinzip und oberste Leitidee „die Wechselbeziehung aller Dinge und ihre Zentrierung in dem kosmischen Plan" (1993, S. 100) darstellt und „der den Verstand und das Gewissen aller Menschen in Harmonie vereinen kann" (ebd., S. 26f). *Kosmische Erziehung* im Sinne MONTESSORIS kann somit als ein integrierendes Gesamtcurriculum für alle Bildungsstufen aufgefaßt werden, durch das alles pädagogische Handeln eine übergeordnete Zielperspektive erhält.

Das bedeutet, daß sämtliche Bemühungen um die intellektuelle und moralische Entwicklung junger Menschen auf diese universale Perspektive hingeordnet werden. Dabei sind die Bildungsinhalte nach MONTESSORI nie isoliert, sondern im Zusammenhang darzubieten, so daß das Prinzip des fächerübergreifenden Lernens einen besonderen Stellenwert erhält und die Idee der *Kosmischen Erziehung* letztlich „zur zentrierenden Achse der übrigen Schularbeit" (LUDWIG 1992a, S. 23) wird. *Kosmische Erziehung* im Sinne MONTESSORIS akzentuiert somit keineswegs einseitig die kognitive Dimension, denn es geht ihr um eine „Erziehung zur Demut" (BUYTENDIJK). Daher sind das Wecken von ökologischem Bewußtsein und Verantwortlichkeit, von Gefühlen der Mitmenschlichkeit und Handlungsbereitschaft die erklärten Anliegen MONTESSORIS. Letztlich geht es um die Vereinigung von Verstandes- und Gewissensbildung mit dem Ziel der Entwicklung einer „world-mindedness" (KILPATRICK), d. h. eines universellen Weltethos.

2.2 Grundzüge der Montessori-Methode

2.2.1 Zum Begriff der Montessori-Methode

Aus den oben skizzierten pädagogischen Grundannahmen lassen sich nach MONTESSORI lediglich Leitlinien für didaktisches Handeln deduzieren, jedoch keine Unterrichtsmethode im engeren Sinne, auch wenn sie zunächst selbst von ihrer „Methode" spricht. Anläßlich eines 1937 in Kopenhagen gehaltenen Vortrages konstatiert sie jedoch unmißverständlich, sie habe „keine Erziehungsmethode entwickelt" (1973, S. 119). Später führt sie diesen Gedanken dahingehend aus, daß es sich bei ihrer Pädagogik um keine variabel anwendbare Unterrichtstechnik handele, sondern um eine umfassende „'Hilfe für die menschliche Person, ihre Unabhängigkeit zu erobern'" (1966b, S. 16). Ihr Ansatz sei daher weder als abgeschlossen noch als ein auf ewig fixiertes Verfahren zu betrachten. Da MONTESSORI jeden Dogmatismus ablehnt, erwartet sie von den Leiterinnen ihrer Schulen eine reflektierte Anwendung der Grundlagen ihrer Methode (vgl. 1992, S. 67; vgl. JORDAN 1971, S. 20). So bemerkt sie gelegentlich: „Es ist nicht nötig, daß die Untersuchungsarbeit ganz vollendet wird. Es genügt, die Idee zu verstehen und nach ihren Angaben voranzuschreiten" (1966b, S. 28).

Das Wesen Freier Arbeit im Sinne MONTESSORIS läßt sich daher nicht von einem verengten Methodenverständnis her erschließen, sondern ist im wesentlichen

„die Folge der Tatsache, daß wir der Entwicklung psychischer Phänomene Beistand geleistet haben, die unbeachtet und daher jahrtausendelang unerkannt geblieben waren" (1994, S. 359). Die Entdeckung bisher weitgehend verborgener Eigenschaften des Kindes bildet den Angelpunkt für ihre gesamte pädagogische Arbeit, deren oberste Aufgabe die ganzheitliche Förderung der Entwicklung durch eine dem jungen Menschen „möglichst objektiv entsprechende Pädagogik oder Methode" (OSWALD 1958, S. 12) ist. Vor diesem Hintergrund ist zu verstehen, wenn MONTESSORI noch in hohem Alter beklagt, daß die Menschen stets mehr auf ihre Methode schauten als sich um ein echtes Verständnis des Kindes zu bemühen: „Die Leute sahen auf meinen Zeigefinger und bissen zum Schluß hinein" (1966b, S. 46).

Zu Beginn ihres pädagogischen Wirkens stehen systematische Beobachtungen und anthropometrische Messungen von Kindern im Mittelpunkt. Allerdings erkennt MONTESSORI schon bald, daß auf der Basis morphologischer Untersuchungen alleine keine Erziehungsreform zu erzielen sei (vgl. 1994, S. 5). Ihre empirischen Forschungen werden zunehmend durch ein intuitiv-verstehendes Schauen abgelöst, welches auf der Beobachtung spontaner kindlicher Äußerungen in Freier Arbeit beruht und ein angemessenes Verständnis der sich offenbarenden Wesenszüge anstrebt (vgl. ebd., S. 53). Dieser fundamentale Methodenwandel um das Jahr 1907 wird offenbar durch ein Schlüsselerlebnis im Kinderhaus von San Lorenzo ausgelöst und führt die Pädagogin von der eher positivistisch geprägten Untersuchungsweise stärker zur Phänomenbeobachtung (vgl. SCHULZ-BENESCH 1980, S. 24ff). In dieser Tagesstätte (casa dei bambini) an der Via dei Marsi 58 in Rom werden etwa fünfzig Vorschulkinder betreut, die infolge der Berufstätigkeit beider Elternteile sonst unbeaufsichtigt wären. MONTESSORI erhält hier die Gelegenheit, ihre in der Arbeit mit geistig Zurückgebliebenen entwickelten Erziehungsideen bei gesunden Kindern zu erproben. Während sich eine junge Erzieherin mit den Kleinen beschäftigt, studiert MONTESSORI deren Umgang mit ihrem Lernmaterial (vgl. 1960, S. 7ff).

Die Kinder entwickeln ein starkes Interesse an ihren Arbeitsmitteln und ziehen sie schon bald dem gewohnten Spielzeug vor. Sie zeigen ungeahnte Konzentrationsleistungen und verändern sich auch positiv in sozialer Hinsicht. MONTESSORI nimmt fortlaufend kleinere Veränderungen am Material vor, um es ganz den Bedürfnissen dieser Kinder anzupassen. Daneben entwirft sie ständig neue Lernmittel und erweitert so nach und nach die Angebote. Die in diesem experimentellen Stadium gewonnenen Erkenntnisse sind auch für sie teilweise so überraschend, daß sie einmal bemerkt: „Ich begann meine Arbeit wie ein Bauer, der brauchbares Saatgut besitzt und dem man einen fruchtbaren Acker zur Verfügung gestellt hat, auf dem er nun nach Belieben säen kann. Aber so war es nicht: sobald ich an die Schollen jenes Ackers rührte, fand ich Gold statt Korn: diese Schollen verbargen einen kostbaren Schatz. Es zeigte sich, daß ich gar nicht der Bauer war, der ich zu sein vermeint hatte: ich war Aladin und hielt, ohne es zu wissen, die Wunderlampe in den Händen, die mir den Zugang zu verborgenen Schätzen erschloß" (1995, S. 120). MONTESSORI gelangt zunehmend zu der Überzeugung, daß das Prinzip der Selbsterziehung des Kindes in Freiheit zur Leitidee einer neuen Pädagogik werden muß (vgl. Kap. 2.1.4), da sich nur in selbstgewählten freien Aktivitäten seine Kräfte und Funktionen zum jeweils optimalen Zeitpunkt entwickeln lassen.

Zusammenfassend ist daher festzuhalten, daß MONTESSORI keine Erziehungsmethode a priori bestimmt, um sie dann auf das Kind anzuwenden. Ihre Konzeption leitet sich vielmehr aus der systematischen Beobachtung und umfassenden Kenntnis kindlicher Entwicklungsprozesse ab, welche sie indirekt unterstützen will. Daher gilt nach einer pointierten Bemerkung MONTESSORIS: „Es handelt sich um die Methode des Kindes, nicht um die Montessori-Methode" (1946, 2. Vorl., 4. Sept.).

2.2.2 Das Materialkonzept Maria Montessoris

In einer Abhandlung aus dem Jahre 1934 schreibt MONTESSORI: „Das kleine Kind hat das intensive Bedürfnis nach *tätigen Sinneseindrücken*. Wir bieten dem Kind Gegenstände dar, die ihm die Möglichkeit geben, viel klarer und viel leichter zu einer Befriedigung dieses Bedürfnisses zu kommen" (1988, S. 13). Nach ihren Beobachtungen strebt das etwa dreijährige Kind verstärkt nach einer Analyse der in den ersten Lebensjahren unbewußt absorbierten Umwelteindrücke. MONTESSORI will ihm mit den Sinnesmaterialien, die sie auch als „Entfaltungsmaterial" (1992, S. 33), „Entwicklungshilfsmittel" (1976, S. 82) oder *„Entwicklungsmittel"* (ebd., S. 86) bezeichnet, geordnete Bilder und Reize anbieten, die ihm zu Klarheit und geistiger Ordnung verhelfen. Die Struktur dieser Materialien und die in ihnen materialisierten Eigenschaften sollen vom Kind eigentätig erfaßt werden können, so daß seine vielfältigen Sinneseindrücke geklärt und die kognitive Entwicklung nachhaltig gefördert werden. Die Entfaltungsmittel sind daher Hilfsmittel für das Kind und keine Anschauungsmittel in der Hand des Lehrers. Sie kommen in erster Linie den kindlichen Entwicklungsbedürfnissen entgegen und dienen nicht der möglichst präzisen Abbildung der Realität.

Dies ist zu berücksichtigen, will man MONTESSORIS Äußerung richtig verstehen, daß die Entwicklungsmaterialien „kein Ersatz für die Welt" (1988, S. 14) sein oder diese repräsentieren sollen. Diese „*materialisierten Abstraktionen*" (1994, S. 194) stellen vielmehr die Eigenschaften der Dinge wie Größe, Form oder Farbe dar und werden so zum „Helfer und Führer (...) für die innere Arbeit des Kindes. Wir isolieren das Kind nicht von der Welt, sondern wir geben ihm ein Rüstzeug, die ganze Welt und ihre Kultur zu erobern. Es ist wie ein Schlüssel zur Welt und ist nicht mit der Welt selbst zu verwechseln" (1988, S. 14). Daher werden Entwicklungsmittel von Kindern auch anders verwendet als Spielzeug. Während etwa beim Konstruktionsmaterial die Herstellung eines konkreten Gegenstandes das äußerliche Ziel bildet, welches die Aktivität hervorruft, ermöglichen die Sinnesmaterialien bestimmte Übungen, die beliebig oft wiederholt und nur durch die Befriedigung psychischer Bedürfnisse beendet werden. In der Praxis des MONTESSORI-Kinderhauses nehmen sie neben herkömmlichen Spiel-, Bastel- und Konstruktionsmaterialien eine zentrale Stellung ein, ohne diese zu verdrängen. Vielmehr sollen sich beide Gruppen sinnvoll ergänzen (vgl. HELMING 1987, S. 43).

Zur Herkunft dieser Materialien ist anzumerken, daß eine Begegnung, welche MONTESSORI im Jahre 1897 als Assistentin an der Psychiatrischen Klinik der Universität Rom mit geistig zurückgebliebenen Kindern hat (vgl. 1960, S. 7ff), ihr die Bedeutung von Sinneserfahrungen für die kognitive Entwicklung aufschließt. In dem durch dieses Schlüsselerlebnis ausgelösten Studium lernt sie die Schriften der französischen Ärzte Jean-Marc ITARD und Edouard SEGUIN kennen. Sie liest über ITARDS Bemühungen um den verwildert aufgefundenen „Victor von Aveyron" sowie SEGUINS Arbeit mit geistig Behinderten. Dieser Schüler ITARDS entwickelt eine Reihe von Hilfsmitteln zur Übung der Sinne und der Bewegung, an die MONTESSORI in ihrer Arbeit an der römischen Scuola Ortofrenica, einem heilpädagogischen Institut mit Ausbildungsstätte für Sonderschullehrer, später anknüpft. Über den Einfluß der beiden französischen Ärzte auf die eigene Arbeit und ihre ersten Versuche sagt sie später einmal: „Diese ganze Vorbereitungsarbeit diente zur 'Fixierung' der heute bekannten Methode, ist aber auch der Schlüssel zu ihrer Fortsetzung" (1976, S. 82).

MONTESSORI experimentiert systematisch mit diesem sensorischen Material, modifiziert es und paßt es den Lernbedürfnissen ihrer Schüler an. Diese erzielen allgemein als Wunder gepriesene Erfolge, denn einige von ihnen lernen sogar lesen und schreiben und bestehen die an Elementarschulen üblichen Prüfungen (vgl. KRAMER 1989, S. 111). Sie überlegt nun, ob sich die Sinnesmaterialien vielleicht auch als „wahrer Schlüssel für die Erziehung normaler Kinder erweisen" (1995, S. 120) könnten. In San Lorenzo erhält sie die Gelegenheit, den Gebrauch der von ITARD und SEGUIN übernommenen und von ihr weiterentwickelten Materialien durch gesunde Kinder zu erforschen. Dabei entstehen immer neue Übungen und

Materialien, je nach Häufigkeit ihrer Anwahl sowie der Art der durch sie ausgelösten Tätigkeit, der kurzfristigen Verhaltensänderungen und dauerhaften Entwicklungsfortschritte der Kinder. Aus diesen Versuchen gewinnt MONTESSORI Kriterien für die Bestimmung geeigneter Entwicklungsmittel, die sie sukzessiv zu einem strukturierten Materialsystem zusammenfügt.

2.2.2.1 Übungen und Entwicklungsmaterialien für das Kinderhaus

Als der „psychologische Führer der neuen Erziehung" (1988, S. 30) und Richtmaß für die Entwicklung eines kohärenten Materialangebotes gelten MONTESSORI die in den *Sensiblen Phasen* offenbarten Bedürfnisse, denn sie signalisieren, zu welchem Zeitpunkt sich eine spezifische Funktion optimal fördern läßt. Dies ist sehr bedeutsam, denn ein Interesse ist vor allem dann bildend, wenn es inneren Motiven entspringt, mit Ausdauer verfolgt wird und so „den Aufbau der inneren Persönlichkeit lenkt" (1976, S. 77). Wenn nachfolgend ein knapper Überblick über die Entwicklungsmaterialien und Übungen im Kinderhaus gegeben wird, so ist zugleich anzumerken, daß eine dogmatische Beschränkung auf die Vorgaben MONTESSORIS in der heutigen Praxis unangebracht ist. Das Gebot der optimalen Förderung jedes einzelnen Kindes schließt die Erprobung und Adaption neuer Arbeitsmittel nicht aus, insofern sich diese sinnvoll in die Arbeit integrieren lassen (vgl. VAN EWIJK 1982; ders. 1986/1988).

Zu den charakteristischen Lernangeboten zählen die Übungen des täglichen Lebens, Bewegungs- und Stilleübungen sowie die Arbeit mit den Sinnesmaterialien. Hinzu tritt später, vorwiegend jedoch in der Grundschule, das didaktische Material für Sprache, Mathematik, Biologie, Erdkunde, Musik, Religion und Kosmische Erziehung. Da viele Kinder bereits im Vorschulalter ein reges Interesse am Rechnen und Lesen bekunden, werden ihnen schon im Kinderhaus entsprechende Angebote gemacht.

Übungen des täglichen Lebens

Zu den ersten Aktivitäten im Kinderhaus zählen die Übungen des täglichen Lebens, worunter MONTESSORI eine Vielfalt häuslicher und pflegerischer Arbeiten versteht. Diese entsprechen in besonderem Maße der Sensibilität für Bewegung und fördern die Entwicklung einer koordinierten Grob- und Feinmotorik. Darüber hinaus dienen sie auch der Charakterentwicklung (vgl. 1994, S. 71f) und tragen zur fortschreitenden Unabhängigkeit des Kindes bei, da es sich für die Lebensführung elementare Fertigkeiten aneignet und diese selbständig verrichten lernt. Insgesamt läßt sich unterscheiden zwischen:

1. Übungen des praktischen Lebens
1.1 Übungen zur Pflege der eigenen Person
1.2 Übungen zur Pflege der Umgebung
2. Übungen des sozialen Lebens

Viele dieser Übungen beinhalten Handlungen, deren Beherrschung dem Kleinkind Schwierigkeiten bereitet. Vorrangige Aufgabe der Leiterin ist daher die *pädagogische Analyse*, i. e. die Elementarisierung komplexer Bewegungsabläufe. Diese Trennung von Hindernissen „bis zur äußersten Grenze des Möglichen" (1988, S. 31) ist allerdings stärker am lernenden Subjekt orientiert als an der objektiven Sachstruktur. Die einzelnen Schritte sind dem Kind so langsam und exakt vorzuführen, daß es die Bewegungen wahrnehmen und später korrekt reproduzieren kann. Dabei lassen sich aufeinanderfolgende „Stufen des Tuns" (MONTESSORI-VEREINIGUNG 1992, Bd. 1, S. 10) identifizieren: Für das jüngere Kind sind viele Handlungen im wesentlichen Selbstzweck. Es wiederholt eine Übung aus Freude an der Bewegung und ohne ein äußeres Ziel zu verfolgen. Erst allmählich entwickelt sich das Interesse an Exaktheit und Vollständigkeit ihres Ablaufes. In zunehmendem Maße wird sich das Kind des Nutzens dieser Tätigkeit bewußt und erlebt seine wachsende Handlungskompetenz. Schließlich setzt es die erworbene Fähigkeit zum Wohle der Umgebung oder der Gruppengemeinschaft ein.

Bewegungs- und Stilleübungen

Diese Übungsgruppen fördern die Bewegungskoordination des Kindes und dienen der inneren Wahrnehmung von Stille und Sammlung. Nach MONTESSORI sind Bewegungen die „Werkzeuge des Willens" desjenigen Menschen, der sie vollkommen zu steuern vermag. Daher sollen gezielte Übungen die motorische Entwicklung unterstützen und zum kontrollierten Einsatz physischer Energien befähigen. Durch das „Gehen auf der Linie" etwa finden Kinder ein sicheres Gleichgewicht und vervollkommnen ihren Gang. Aufgrund der möglichen Steigerung des Schwierigkeitsgrades läßt diese Übung sehr komplexe Koordinations-, Konzentrations- und Balanceübungen zu. Letztlich stehen Bewegungsübungen im Dienst der kindlichen Unabhängigkeit (vgl. 1994, S. 91), da hier die Motorik der Kontrolle durch den Verstand unterstellt wird und somit zu einem „Teil der funktionellen Einheit der menschlichen Persönlichkeit" (ebd., S. 93) wird. Insgesamt bedarf MONTESSORIS Angebot an gymnastischen und rhythmischen Übungen heute allerdings, gemäß den Bedürfnissen und Voraussetzungen der Kinder, einer angemessenen Erweiterung (vgl. SCHMUTZLER 1994, S. 139). Diese Frage läßt sich hier jedoch nicht vertiefen. Im Hinblick auf die Bedeutung der Stilleübungen, auf die ebenfalls nicht weiter eingegangen werden kann, sei besonders auf die differenzierte Studie von HOLTSTIEGE verwiesen (vgl. HOLTSTIEGE 1995b).

Sinnesübungen

Zur differenzierten Übung der kindlichen Wahrnehmungsfähigkeit legt MONTESSORI insgesamt neun Gruppen von Sinnesmaterialien vor. Es handelt sich um Entfaltungsmittel zur Unterscheidung von Dimensionen, Farben, Formen, Oberflächen, Gewichten, Geräuschen, Gerüchen, Geschmacksqualitäten und Temperaturen. Neben der Verfeinerung der Sinneswahrnehmung sollen mit diesen Materialien stets auch Bewegungskoordination und sprachliche Ausdrucksfähigkeit gefördert werden. Manche Übungen ermöglichen zudem bereits einen unbewußten Erwerb mathematischer Einsichten. Vor allem aber ist das Sinnesmaterial, so MONTESSORI, „wie eine Turnhalle, in der der Geist seine Übungen durchführt" (1976, S. 146).

Die kontinuierlich geübte Klassifikation und Seriation von Sinneseindrücken trägt dem intensiven Ordnungsbedürfnis des Kindes Rechnung und fördert die Entwicklung eines strukturierten Weltbildes. Der kindliche Geist gleicht dabei zunehmend den „gut geordneten Regalen einer Bibliothek oder denen eines reichen Museums" (ebd., S. 193). Damit ist das umfassende Ziel der Grundlegung des kindlichen Intellekts durch die Bildung geistiger Ordnungskategorien angesprochen, dem die Sinnesübungen nach MONTESSORI letztlich dienen. Da eine differenzierte Wahrnehmungsfähigkeit die Basis hierzu darstellt, konstatiert sie: „Es gibt keine Intelligenz ohne eine feine Fähigkeit der Unterscheidung" (1991, S. 58). Durch die Sinnesübungen werden somit eine „einzigartige *Leichtigkeit und Genauigkeit* im Denken (...) und eine *Schnelligkeit* des Verstehens" (1976, S. 156) bewirkt, welche der Pädagogin als wesentliche Kennzeichen der Intelligenz gelten.

2.2.2.2 Didaktische Materialien für die Schule

Daneben entwickelt sie Arbeitsmittel für zentrale schulische Lernbereiche, so daß am Sinnesmaterial angeeignete Grundkenntnisse differenzierter behandelt und in größere Zusammenhänge gestellt werden können. Für die Mathematik bedeutet das etwa, daß bisher indirekte Erfahrungen mit den Zahlen nun die Basis für eine Einführung in die Grundrechenarten bilden. Beim didaktischen Material rückt daher der Aspekt der Vermittlung von Sachwissen und Kulturinhalten stärker in den Vordergrund. Nach MONTESSORI ist den Kindern jeder Unterrichtsgegenstand in einem System von wissenschaftlichen Selbstlernmitteln anzubieten. Dies setzt über die grundsätzlichen lernpsychologischen Erwägungen hinaus die Mitarbeit von Fachdidaktikern voraus, so daß „die *Gesamtheit der notwendigen und ausreichenden Mittel* festgelegt wird, die die *Selbsterziehung* hervorrufen. Darin besteht die experimentelle Vorbereitungsarbeit, die jenes Entwicklungsmaterial festlegt, jene äußeren Abdrücke, die zur Entwicklung des inneren Lebens notwendig sind und die in ihrem Aufbau *genau* den psychischen *Aufbau*bedürfnissen entsprechen müssen" (ebd., S. 86).

Die freie, individuelle Arbeit mit solchen Materialien wird oft als MONTESSORI-Methode bezeichnet. Diese Etikettierung weist einerseits auf etwas Charakteristisches hin, andererseits beinhaltet sie eine unangemessene Reduktion auf nur einen, wenn auch wesentlichen Teil ihrer Pädagogik. MONTESSORI votiert keineswegs für eine undifferenziert auf allen Entwicklungsstufen anwendbare „Arbeitsmittelpädagogik". So warnen Kenner mit Recht vor der Gefahr, ihre Konzeption auf die didaktischen Materialien zu reduzieren, denn: „Im Mittelpunkt der Montessori-Pädagogik steht nicht das Material, sondern das Kind" (HELLBRÜGGE 1984, S. 143; vgl. K. AURIN 1956, S. 130; HELMING 1987, S. 40; S. 49; HOLTZ 1994, S. 9). Für MONTESSORI selbst stellen die Materialien lediglich einen „*Ausgangspunkt*" (1976, S. 82) für die geistige Bildung dar, die auf den höheren Stufen kognitiver Entwicklung gehobenere und „umfassendere methodische Intelligenzübungen" (ebd., S. 83) erfordert. Daher stellt sie mit Nachdruck fest: „Die Aufmerksamkeit des Kindes darf nicht an die Gegenstände gefesselt werden, wenn der delikate Vorgang der Abstraktion beginnt" (ebd., S. 79), da eine nicht phasengemäße Bindung an das Material die Entwicklung seiner Vorstellungskraft behindern und geistige Retardierung bewirken könnte.

Zur Verdeutlichung dieses Zusammenhanges benutzt MONTESSORI die Metaphern der aufsteigenden Leiter oder des umgekehrten Kegels, die bei den ursprünglichen psychischen Bedürfnissen des Kleinkindes ansetzen. Der Kegel erweitert und vertieft sich nachfolgend durch den Einbezug der „Grundlagen der Kultur" (ebd., S. 85), die nun stärker in ihrem Eigenrecht anzuerkennen sind. Dabei löst und erhebt sich der kindliche Geist sukzessive von dem auf früheren Entwicklungsstufen unabdingbaren „materiellen Teil" (ebd., S. 83). So heißt es bei ihr: „Die höhere äußere Organisation baut sich nicht nur auf dem psychologischen Teil auf, sondern berücksichtigt auch den Kulturinhalt selbst" (ebd., S. 86). An anderer Stelle vergleicht sie den materiellen Teil der Umgebung mit einem Flugplatz, der „nicht das Bewegungsfeld für das Flugzeug ist, sondern nur der Platz zum Aufstieg von der Erde" (1926, S. 86), zugleich aber auch sicherer Ort der Ruhe und Zuflucht, an den das Flugzeug stets wieder zurückkehren kann.

Im Grundschulalter beginnt das Abstraktionsvermögen des Kindes bei der Erarbeitung und Verarbeitung von Wissen eine zentrale Rolle zu spielen. Begriffe sollen nach MONTESSORI nun primär durch die Meditation am exemplarisch ausgewählten Detail und über die Rekonstruktion des Ganzen mit Hilfe der Vorstellungskraft gebildet werden. Dieses Prinzip macht vor allem im Sachunterricht eine Materialisierung von Inhalten oft unnötig und löst die Selbstunterrichtung mit konkretem Material weitgehend ab. Während das Arbeitsmittel in Sprache und Mathematik seinen Stellenwert beibehält, werden in anderen Lernbereichen direkte Erfahrungen durch originale Begegnung (ROTH), Exkursion und Experiment immer bedeutsamer. Wesentlich bleibt allerdings auch hier das Gebot der freien Selbsttätigkeit des Kindes, da nur sie dem Lernenden über ein „'ergriffenes Ergreifen'" (WAGENSCHEIN 1966, S. 10f) zu vertieftem Verständnis und echter geistiger Freude verhilft (vgl. 1976, S. 203f).

2.2.2.3 Grundeigenschaften der Materialien

Allen Materalien ist gemeinsam, daß sie wesentlichen Entwicklungsbedürfnissen des Kindes entsprechen, weiterführende Interessen wecken, kulturspezifische Bildungsfortschritte ermöglichen und den Prozeß seiner Verselbständigung fördern. Dazu müssen sie jedoch die von MONTESSORI formulierten und nachfolgend genannten Kriterien erfüllen (vgl. 1994, S. 115ff). Neben dem zentralen Auswahlprinzip der Isolation der Schwierigkeit nennt MONTESSORI vier grundlegende pädagogisch-didaktische Eigenschaften:

Isolierung einer einzigen Eigenschaft bzw. Schwierigkeit im Material

Das Prinzip der Isolierung einer Eigenschaft und ihrer graduellen Abstufung im Material ist von fundamentaler Bedeutung, da erst die Klarheit der Unterschiede die Basis für das Interesse des Kindes am Differenzieren bildet (vgl. 1994, S. 115) und ihm zu geistiger Ordnung verhilft. In jeder Materialgruppe dominiert daher ein gemeinsames Merkmal wie Farbe oder Länge in verschiedenen Nuancierungen, ohne daß andere Qualitäten die Aufmerksamkeit des Kindes ablenken. So unterscheiden sich etwa die Geräuschdosen einer Serie nicht durch ihr Äußeres, sondern nur durch ihre Lautstärke. Das jüngere Kind übt sich zunächst im Differenzieren extremer Merkmalsausprägungen (laut-leise), bevor es allmählich zu den Feinabstufungen übergeht. Auch beim Identifizieren gleicher Merkmale in „doppelten Serien" dient die Isolation einer Schwierigkeit der Ausbildung des kindlichen Wahrnehmungsvermögens und somit seiner geistigen Entwicklung.

Die vier pädagogisch-didaktischen Materialeigenschaften

Die elementaren Kriterien der Begrenzung, Ästhetik, Aktivität und Fehlerkontrolle beziehen sich, über die Arbeitsmittel zur Selbstunterrichtung hinaus, auf den gesamten materiellen Teil der erzieherischen Umgebung.

1. Gemäß dem Prinzip der quantitativen Begrenzung des Angebotes ist jeweils nur ein Exemplar eines Arbeitsmittels im Gruppenraum vorhanden, denn die Überschaubarkeit seiner Umgebung hilft dem Kind dabei, innere Ordnungsstrukturen aufzubauen. Äußere Unordnung bewirkt hingegen Entmutigung: „Die Einfachheit ist es, die zur Entdeckung führt (...). Je größer der unnütze Überfluß im Verstand ist, umso mehr trübt er die Klarheit, zerstreut er die Kräfte und macht nicht nur Denken und Handeln schwierig oder unmöglich, sondern auch die Wahrnehmung der Wirklichkeit, das Sehen" (1976, S. 212). Die sozialerzieherische Relevanz dieses Prinzips zeigt sich darin, daß es zum Entstehen von Geduld, Rücksichtnahme und Kooperation unter den Kindern beiträgt, denn sie müssen lernen aufeinander zu warten und Absprachen zu treffen.

2. Kinder haben ein Anrecht auf ästhetisch gestaltetes Lernmaterial, dem durch ansprechende Form- und Farbgebung besondere Anziehungskraft zukommt. Nach MONTESSORI regt diese „Stimme der Gegenstände" (1992, S. 38f; vgl. 1994, S. 95), zur Aktivität an und appelliert zugleich an das Gewissen. Die Aufforderung zum pfleglichen Umgang fördert neben einem ästhetischen Bewußtsein daher auch die Entwicklung eines Verantwortungsgefühls für die Umgebung.

3. Die Ermöglichung eigeninitiierter Konzentrationsprozesse ist ein wesentliches Kennzeichen der Materialien. Sie müssen so beschaffen sein, daß variantenreiche Wiederholungen der Übungen und selbständig erzielte Lernerfolge möglich sind. So lassen sich kontinuierlich neue Errungenschaften machen und bestehende Fähigkeiten optimieren. Etwas überspitzt bemerkt MONTESSORI einmal in diesem Kontext: „Ein Mensch ist das, was er ist, nicht wegen der Lehrer, die er hatte, sondern durch das, was er selbst gewirkt hat" (1913, S. 161).

4. Die im Material angelegte Möglichkeit der Fehlerselbstkontrolle macht das Kind vom Erwachsenen weitgehend unabhängig und begünstigt die Entwicklung einer selbständigen Arbeitsweise. Auch dieses Merkmal gilt als bedeutsames Kennzeichen der gesamten erzieherischen Umgebung: „Von den Möbeln bis zu dem Entwicklungsmaterial sind alle Gegenstände Verräter, vor deren warnender Stimme man nicht fliehen kann. Helle Farben und Glanz verraten Flecken, die Möbel in ihrer Leichtigkeit verraten die noch unvollkommenen und grobschlächtigen Bewegungen durch Umfallen oder dadurch, daß sie geräuschvoll über den Boden gezogen werden. So wird die gesamte Umgebung zu einem strengen Erzieher" (1994, S. 117). Allerdings läßt sich eine Entwicklungslinie von der rein mechanischen Korrektur durch das Material, wie etwa bei den Zylinderblöcken, über die optische Kontrolle durch die Entdeckung von Disharmonien zu geistig immer anspruchsvolleren Formen nachzeichnen. Da die Fehlerkorrektur bei manchen Arbeitsmitteln, vor allem im Bereich der Mathematik, auf erheblichen intellektuellen Leistungen des Kindes beruht (vgl. 1928, S. 60; 1976, S. 77f), kommt es zu einer Verlagerung vom äußerlichen Mechanismus hin zur inneren Aktivität, die mit steigendem Komplexitätsgrad der Inhalte einer angemessenen Unterstützung durch den Erwachsenen bedarf.

2.2.3 Weitere Arbeitsformen bei Maria Montessori

Der zentrale Stellenwert der individuellen Freiarbeit mit didaktischem Material ist in der MONTESSORI-Praxis unbestritten, äußert sich die Pädagogin doch wiederholt kritisch zu der Schwierigkeit, den divergierenden Lernbedürfnissen im traditionellen Klassenunterricht gerecht zu werden. Die Dezimierung der Schülerzahlen in den Klassen hält sie jedoch für keine adäquate Lösung dieses Kernproblems (vgl. 1989, S. 161ff). Vielmehr favorisiert sie eine grundsätzliche Reorganisation schulischer Lehr- und Lernprozesse: „Aber das soll nicht heißen, daß man das Kind nichts mehr lehren soll und das Kind allein lassen soll, damit es allein lernen kann. Zwischen diesen beiden Dingen gibt es einen Mittelweg" (1995b, S. 81). Mit der Freiarbeit ist ihre unterrichtsmethodische Konzeption daher längst nicht hinreichend erfaßt. Die Pädagogin fordert keineswegs die völlige Abschaffung klassengebundener Lernformen, sondern votiert, was in der MONTESSORI-Rezeption oft vergessen wird, für methodische Ausgewogenheit im Sinne einer Mannigfaltigkeit und Variabilität der Arbeitsformen, die jeweils in bezug auf die Sachanforderungen sowie die Interessen und Fähigkeiten der Kinder festzulegen sind.

Wenn als wichtigste Lernform in ihren Einrichtungen häufig das individuelle, materialunterstützte Arbeiten identifiziert wird, liegt dies einesteils daran, daß sie diese Form der Freiarbeit stets positiv von herkömmlichen Unterrichtsverfahren abgrenzt und besonders konturiert herausstellt. Es ist andererseits aber zu bedenken, daß sie deren Wert vor allem im Horizont ihrer Überlegungen zur erzieherischen Entwicklungshilfe im Elementar- und Primarbereich hervorhebt. Dabei wird gelegentlich übersehen, daß MONTESSORI im Rahmen der Kosmischen Erziehung (vgl. Kap. 2.1.7) sowie in ihrem „Erdkinderplan" (vgl. 1966a, S. 91ff) eine erhebliche Erweiterung des Methodenrepertoires vornimmt und besonders in ihrem Spätwerk die Bedeutung der Gruppenarbeit stärker herausstellt. Aber selbst im Kinderhaus spielen, wie etwa der Stellenwert von Tanz, Musik, Spiel oder Gartenarbeit im Rahmen ihrer religionspädagogischen Praxisversuche in Barcelona belegt, mannigfaltige Aktivitäten eine bedeutsame Rolle (vgl. 1995b, S. 51ff).

Auch in ihren internationalen Ausbildungskursen weist MONTESSORI immer wieder auf den erforderlichen Wechsel der Bildungs- und Sozialformen hin und äußert sich gelegentlich selbst positiv über das Auswendiglernen (vgl. SCHULZ-[-BENESCH] 1961, S. 144) sowie den Wert von Lektionen: „Diese aber stellen weder das einzige noch auch nur das hauptsächlichste Unterrichtsmittel dar. Sie dienen lediglich zu besonderen Darlegungen und Tätigkeiten" (1995, S. 144 Anm.). Auch im materialunterstützten Lernen selbst sind Gemeinschaftsaktivitäten der Kinder prinzipiell angelegt und offengehalten, so daß die MONTESSORI-Praxis bis heute den „Gleichgewichtstendenzen" des Menschen im Hinblick auf Arbeitsformen und -inhalte Rechnung trägt und die Freiarbeit „zum Quell- und Bündelpunkt einer 'Arbeit in Freiheit' in verschiedensten methodischen Formen wird, deren Wahl sich entscheidend 'vom Kinde aus' ergibt" (SCHULZ-BENESCH 1984, S. 105).

Vom Kinderhaus bis zur Sekundarstufe besitzt das Prinzip der freien Wahl der Arbeit und des eigentätigen Lernens Gültigkeit. Somit wird, da der Heranwachsende stets „ein und derselbe bleibt" (1966a, S. 125), eine stufenübergreifende Kontinuität ohne unterrichtsmethodische Zäsur hergestellt. Allerdings gibt MONTESSORI auch zu bedenken: „Die Prinzipien, die während der ersten Periode nützlicherweise angewandt werden, sind nicht dieselben, die man während der zweiten Periode anwenden muß" (ebd., S. 24). Ist im Kinderhaus die Einzelarbeit so bedeutsam, weil sich bestimmte Entwicklungsfortschritte nur alleine erzielen lassen, treten doch im Grundschulalter qualitativ anderswertige Lernbedürfnisse des Kindes hinzu. Da es sich die Welt nun zunehmend auch mit Hilfe der Vorstellungskraft erschließen kann und will, verliert das Lernmaterial als „Schlüssel zur Welt" allmählich an Bedeutung und andere Formen der Welterschließung rücken in den Vordergrund.

Die Gestaltung einer dem Schulkind angemessenen Umgebung muß der Erweiterung seiner Personalität Raum geben und ihm die Welt selbst darbieten: „Veranlassen wir das Kind zu wandern, zeigen wir ihm die Dinge in ihrer Wirklichkeit, anstatt Gegenstände anzufertigen, die Begriffe darstellen, und sie in einen Schrank einzuschliessen" (ebd., S. 44). Da die lebendige Begegnung mit der Realität durch Exkursionen und Besuche in besonderem Maße die geistige Entwicklung des Kindes und das Entstehen von Interessen fördert, wird „der Aufbruch (la sortie) (...) neuer Schlüssel zur Intensivierung der Bildung" (ebd., S. 45). Als weitere Momente treten das selbsttätige Lernen in Labor und Schülerbücherei sowie Gruppenarbeit und Lektion hinzu (vgl. 1946, 40. Vorl., 11. Dez.). Anstelle der Isolierung von Eigenschaften wird jetzt das Entdecken von Zusammenhängen zur Leitidee unterrichtlicher Arrangements. Die Befriedigung des kindlichen Interesses auf der Ebene der Vorstellungskraft rückt damit in den Mittelpunkt, während das Handeln auf der Ebene des Tastsinns an Bedeutung verliert (vgl. 1966a, S. 49).

Am Beispiel der *Kosmischen Erziehung* läßt sich das hier Ausgeführte exemplarisch verdeutlichen und die Problematik einer unreflektierten Übertragung für das Kinderhaus gültiger Prinzipien auf die Schule aufzeigen. Nach MONTESSORI gilt es in dieser Hinsicht mit Hilfe spannender, panoramaartiger Überblicke und geeigneter Anschauungsmaterialien etwa über die Lebewesen des Meeres wirksam an die Phantasie des Kindes zu appellieren. Diesem Zweck können auch Mythen und Märchen dienen, insofern sie einen realistischen Kern aufweisen (vgl. 1993, S. 57; S. 59ff; S. 171). Insgesamt gewinnt die dramaturgisch ansprechende Erzählung des Erwachsenen an Bedeutung, da auch sie kindliche Interessen zu wecken vermag. Diese lassen sich in Einzelarbeiten, gemeinsamen Projekten oder Experimenten aufgreifen und vertiefen. MONTESSORI macht dazu unterrichtspraktische Vorschläge, wie man Sechsjährigen die Schöpfungsgeschichte sinnlich erfahrbar machen oder sie physikalische Gesetzmäßigkeiten in Experimenten nachvollziehend „entdecken" lassen kann (vgl. ebd., S. 44; 1989, S. 126f). An anderer Stelle erwähnt sie auch den Schulgarten (vgl. 1994, S. 329) als wichtiges Erfahrungsfeld für Kinder.

Über die räumliche und inhaltliche Erweiterung des kindlichen Horizontes hinaus wird auch eine Ausweitung auf der sozialen Ebene notwendig. Dezidiert betont MONTESSORI die Bedeutung der Gruppe für altersgemäße Lernprozesse, wenn sie feststellt: „Es scheint, daß das wahre Verständnis mit der Diskussion, der Kritik und der Zustimmung der anderen einhergeht" (1966a, S. 128). Weiter heißt es: „Das Studieren und Nachdenken rufen nach der Gruppe" (ebd.) und besonders derjenige, der sich „einer für ihn zu schwierigen Arbeit hingibt, der hat das Be-

dürfnis, sich mit anderen Individuen zu verbinden; aber selbst zum Verstehen ist
die Hilfe der anderen notwendig" (ebd.). Schließlich merkt sie unmißverständlich
an: „Die Gruppe bringt neue Kräfte hervor. Sie regt Energien an. Die menschliche
Natur bedarf der Gesellschaft, sowohl für das Denken als auch für das Handeln"
(ebd., S. 129).

Sind also dem Schulkind „stärker variierte Tätigkeiten und die Möglichkeit,
in Gruppen zu arbeiten" (ebd.) anzubieten, müssen sich Einzelarbeit und gebundene Unterrichtsformen sinnvoll ergänzen und wechselseitig befruchten. Aus dem
Klassenunterricht können sich Impulse für individuelle Studien oder gemeinsame
Projekte ergeben, während in umgekehrter Richtung oft bestimmte Einzelarbeiten
auch regelrechte „didaktische Infektionen" (SCHULZ-BENESCH 1964, S. 72) der
ganzen Klasse auslösen. Diese flexible Handhabung verschiedener Arbeitsformen
wird von den meisten MONTESSORI-Pädagogen heute befürwortet und realisiert
(vgl. ELSNER 1989, S. 149; ESSER/WILDE 1989, S. 154ff; K. FISCHER 1964, S. 10;
IMS [Hg.] 1995, S. 32; SCHMUTZLER 1993, S. 18), so daß zur MONTESSORI-Schule
der Fach-, Förder- und Gruppenunterricht ebenso gehören wie die individuelle
Freiarbeit. Eine gewisse Entwicklung zeichnet sich dabei wie folgt ab: Einzelarbeit wird zunehmend durch das Lernen in der Gruppe ergänzt, die Materialübung
wird durch größere Arbeitsvorhaben ersetzt und an die Stelle der materialisierten
Abstraktion tritt die konkrete Lebenswirklichkeit bzw. die symbolisch vermittelte
Welt. Daher läßt sich keineswegs von einer einheitlichen MONTESSORI-Methode
sprechen, insbesondere nicht in dem verengten Sinne, welche einen Unterricht
nach den Prinzipien der italienischen Pädagogin auf das Lernen mit Arbeitsmitteln
reduzieren will.

2.2.4   Das Konzept der Vorbereiteten Umgebung

2.2.4.1 Begriff und Strukturelemente der Vorbereiteten
Umgebung

Die Vorbereitung der Umgebung und die Vorbereitung der Erzieherin bilden zusammen das „praktische Fundament" (1988, S. 21) der MONTESSORI-Pädagogik.
Anstatt nach traditionellem Verständnis zu belehren, tritt der Erwachsene als „Bin-
destrich" (1966b, S. 55) vermittelnd zwischen Kind und Sache. Dabei kommt ihm
als erste Aufgabe die Vorbereitung und Pflege einer kindgerechten Lernwelt zu, in
der bildungswirksame Kontakte erfolgen können. Für die spezifische Gestalt die-

ser *Vorbereiteten Umgebung* führt MONTESSORI Begründungen psychohygieni-
scher, sozialerzieherischer und unterrichtsmethodischer Art an. Wenn sie die *Vorbereitete Umgebung* dabei gelegentlich als „die Gesamtheit all der Dinge, die das
Kind frei in ihr auswählen und so lange benutzen kann, wie es will, also gemäß
seinen Neigungen und seinem Bedürfnis nach Tätigkeit" (1994, S. 72) bestimmt,
akzentuiert sie jedoch vor allem die anthropologische Dimension.

Wie bereits ausgeführt, ist die Entwicklung menschlicher Potentialitäten nach
MONTESSORI an eine Anregungsumwelt rückgebunden, die optimale Entfaltungsmöglichkeiten bietet. Allerdings kann das Kind „in der komplizierten Welt des Erwachsenen kein ihm gemäßes Leben führen" (1992, S. 37), denn es bleibt von vielen Arbeits- und Lebensvollzügen ausgeschlossen und seine Grundbedürfnisse
werden häufig unterdrückt. MONTESSORIS Kritik gipfelt in der Formulierung, daß
die Beziehung zwischen Kind und Erwachsenem durch „Kampf" (1988, S. 6) bzw.
„Krieg" (1989, S. 10) geprägt ist. Gewöhnlich bieten weder Elternhaus noch Schule eine adäquate Umgebung. Letztere wird gar mit einem „lebenslänglichen Zuchthaus" (1979, S. 111) verglichen, welches zu Passivität zwingt und junge Menschen
körperlich wie seelisch deformiert. Die Implikationen eines solchen Defizits an
kindgemäßem Entfaltungsraum sind fatal, denn: „Wenn ein Mensch nicht in einer
geeigneten Umgebung lebt, dann kann er nicht alle seine Fähigkeiten normal entwickeln" (1992, S. 55).

Dringliche Aufgabe ist demnach das Schaffen einer Umgebung, welche einerseits der Individuallage des Kindes gerecht wird und andererseits die Eigenqua-
litäten der kulturspezifischen Wirklichkeit erschließen hilft. *Vorbereitete Umgebung* im Sinne MONTESSORIS meint daher einen nach pädagogisch-didaktischen
Prinzipien organisierten und „von 'progressiven Interessen'" (1984, S. 185; vgl.
1966b, S. 52f) gestalteten Lebens- und Erfahrungsraum, der die heranwachsende
Persönlichkeit bei ihrem Selbstaufbau durch aktive Auseinandersetzung mit den
Bildungsinhalten unterstützt. Er sollte sich (vgl. HOLTSTIEGE 1994, S. 157) von der
verkleinerten Umgebung des Vorschulkindes über die *Erweiterte Welt* des Grundschulkindes hin zur *Supernatürlichen Umgebung* des Jugendlichen wandeln, denn:
„Je vollkommener die Umgebung dem Kind entspricht, desto mehr kann die Tätigkeit des Belehrenden zurücktreten" (1992, S. 37).

Das Konzept der *Vorbereiteten Umgebung* erschöpft sich allerdings nicht in
der räumlich-sachlichen Dimension, sondern meint vor allem „ein menschlich
durchwaltetes, reiches und 'lebensvolles' Kulturmilieu im umfassendsten Sinne"
(OSWALD 1968, S. 63), welches entscheidend durch die Menschen geprägt wird.

Mit SCHMUTZLER lassen sich daher personale (Erzieher, alters- und leistungshete-
rogene Gruppe), materielle (didaktisches Material, weitere Bildungsangebote) sowie strukturell-dynamische Dimensionen (pädagogische und methodisch-didaktische Prinzipien) unterscheiden (vgl. SCHMUTZLER 1994, S. 123f), welche erst
durch ihr komplexes Zusammenwirken eine *Vorbereitete Umgebung* im Sinne
MONTESSORIS ausmachen.

2.2.4.2 Gestalt der Vorbereiteten Umgebung in Kinderhaus und Schule

Da sich menschliche Entwicklung „im direkten Verhältnis zur Anziehungskraft der
Umgebung" (1984, S. 91) vollzieht, skizziert MONTESSORI bereits für die erste Le-
bensphase konkrete Vorstellungen und Forderungen. Ihr Hauptaugenmerk richtet
sich indes auf die Frage, wie Kinderhaus und Schule zu einem Ort der Freiheit des
Kindes zu machen sind (vgl. 1976, S. 135). Angesichts der Vielzahl relevanter Va-
riablen läßt sich keineswegs von einem einheitlichen Gesicht der MONTESSORI-
Einrichtungen sprechen, so daß hier nur auf einige Gemeinsamkeiten eingegangen
werden kann. Detaillierte Beschreibungen finden sich besonders in MONTESSORIS
frühen Schriften (vgl. 1928, S. 14ff; 1976, S. 276ff; 1992, S. 57ff; 1994, S. 53f),
auf die hier verwiesen sei.

Stets fördert eine *Vorbereitete Umgebung* jedoch die ganzheitliche Entwicklung des Kindes durch die Bereitstellung vielfältiger Lernangebote. Durch ihre
wohnliche Gestaltung vermittelt sie Geborgenheit und unterstützt die Ausbildung
des ästhetischen Sinnes. Daneben begünstigt sie den Aufbau innerer Ordnung
durch ihre klare Strukturierung nach Funktions- und Sachbereichen. Da diese miteinander korrelierenden Kriterien universale Merkmale der *Vorbereiteten Umgebung* sind, sollen sie, im Anschluß an MONTESSORIS Sprachgebrauch, nach dem
beide Einrichtungen als Schule bezeichnet werden, unter den Chiffren „Schule als
Haus für Kinder", „Schule als geordnete Umgebung", „Schule als Ort der Bewegungserfahrung" und „Schule als attraktiver Entfaltungsraum" nachfolgend kurz
erläutert werden.

Schule als Haus der Kinder

Die Schule soll ein wirkliches Heim sein, eine „ruhige und gesunde Umgebung"
(1988, S. 20) in der sich das Kind wohlfühlt. Dazu gehört auch eine geschmack-

volle Ausstattung, denn MONTESSORI erkennt „eine mathematische Beziehung zwischen der Schönheit der Umgebung und der Tätigkeit des Kindes" (1992, S. 57). Im Gegensatz zu manchem Vertreter der traditionellen Schule geht sie davon aus, daß Ästhetik die Konzentrationsfähigkeit nicht beeinträchtigt, „im Gegenteil, die Schönheit regt gleichzeitig die Sammlung an und bietet dem müden Geist Ruhe" (1976, S. 139). Alle Einrichtungsgegenstände sind den Größen- und Kräfteverhältnissen der Kinder angepaßt. Zudem haben sie auch in quantitativer Hinsicht ein gewisses Maß, da „Interesse und Konzentration in dem Grade wachsen, wie Verwirrendes und Überflüssiges ausgeschieden wird" (1995, S. 127).

Im Rahmen von MONTESSORIS Konzeption des Kinderhauses als Ganztageseinrichtung handelt es sich um ein großes Haus mit Garten, welches über Waschräume, Küche, Turnsaal sowie Eß-, Wohn- und Schlafzimmer verfügt. Insbesondere für die Arbeitsräume gilt, „daß das 'psychische' Klassenzimmer doppelt so groß sein muß wie das 'physische'. Uns allen gibt ein Raum, der zu seiner größeren Hälfte leer ist, ein Gefühl der Erleichterung" (1976, S. 137). Aufgrund ihres Heimcharakters fordert die Schule zur Übernahme von Verantwortung auf, so daß durch die *Vorbereitung der Umgebung* ein essentieller Beitrag zur sittlich-sozialen Erziehung geleistet wird. In dieser kindgemäßen Lern- und Lebenswelt regt „*die Stimme der Dinge*" (1994, S. 95) zum pfleglichen Umgang mit den Räumen, den Gegenständen, Tieren und Pflanzen, aber auch miteinander an. Auf dieser Grundlage erfolgen, so MONTESSORI, freiwillige Bindungen an die immanenten Wesensgesetze der Wirklichkeit und es entwickelt sich „ein großartiges *Gemeinschaftsleben*" (ebd., S. 72).

Schule als geordneter Raum

Die Funktion einer geordneten Umgebung für die geistige Entwicklung des Menschen wurde bereits herausgestellt. Wenn Ordnung dem Kind „eine Basis zu seinem inneren Aufbau" (1988, S. 14) gibt, ist sie auch in der Schule relevant, da sie ein wirklich freies Handeln ermöglicht. In diesem Kontext läßt sich zwischen der inneren Ordnung (systematischer, sachlogischer Aufbau) und der äußeren Ordnung der *Vorbereiteten Umgebung* (quantitative Begrenzung, übersichtliche Anordnung) differenzieren. Ihre erzieherische Wirksamkeit wird nach MONTESSORI besonders dann evident, wenn sich die beginnende innere Ordnung eines Kindes in dem beobachtbaren Bestreben manifestiert, die äußere Ordnung der Umgebung zu erhalten.

Die Bildungsangebote sind daher auf allen Stufen so auszuwählen und zu strukturieren, daß Kinder selbständig tätig werden können, ohne die Orientierung

zu verlieren. Da mangelnde Übersichtlichkeit die Freiheit der Wahl deutlich behindert, ist dem Prinzip der Beschränkung auf das Wesentliche bei der Adaption
neuer Arbeitsmittel besondere Beachtung zu schenken. Aus der Sicht heutiger
Unterrichtspraxis können auch die Gliederung des Raumes nach Funktionsberei-
chen oder die Verwendung von Kartons und Sammelmappen zur Unterbringung
von Lernmaterialien der Herstellung von Ordnung dienen. Schließlich tragen auch
gemeinsam vereinbarte Freiarbeitsregeln, feste Begrüßungsrituale sowie rhythmi-
sierte Tages- und Wochenverläufe dazu bei, daß ein Kind Sicherheit gewinnt und
seine Schule als wirklichen Lebensraum ansieht.

Schule als Ort der Bewegungserfahrung

Die Perfektionierung der Motorik ist nach MONTESSORI jedem Kind ein elementa-
res Bedürfnis. Daher muß die *Vorbereitete Umgebung* mit den körperlichen Proportionen übereinstimmen und seinen Aktivitäten angepaßt sein. Sie muß dem
Streben nach Bewegung und zunehmender Unabhängigkeit Rechnung tragen, d. h.
etwa in Gestalt der Übungen des täglichen Lebens sinnvolle Aufgaben anbieten
und zielgerichtete Aktivitäten anregen. Durch solche Betätigungen erlangen Kinder „eine frühzeitige Geschicklichkeit, die fast wunderbar erscheint" (1988, S. 40).
Neben beweglichem Mobiliar animieren aber auch zerbrechliche Gegenstände das
Kind zur kontrollierten Ausführung seiner Bewegungen. Jedes unnötige Geräusch
und jeder Schaden geben ihm Rückmeldung über deren Zweckmäßigkeit (vgl.
1992, S. 58), so daß die Umgebung zum wichtigen Erziehungsmittel wird. Diese
Wirkung kann sie jedoch nur auf der Basis kindlicher Bewegungsfreiheit entfalten, welche somit zum konstitutiven Prinzip der Freiarbeit wird. Diese Unterrichtsform setzt die freie Bewegung der Schüler geradezu voraus, so daß sie sich
Arbeitsmaterialien holen und wieder fortbringen können, die Leiterin oder Mitschüler aufsuchen, um Fragen zu stellen oder inhaltliche Probleme zu erörtern. In
vielen Einrichtungen dürfen die Kinder auch andere Fachräume aufsuchen und
sich eigenverantwortlich im gesamten Schulgebäude bewegen.

Schule als attraktiver Entfaltungsraum

Die *Vorbereitete Umgebung* muß ein reichhaltiges Angebot zur freien Betätigung
von Interessen enthalten, wobei den didaktischen Materialien und Übungen des
täglichen Lebens ein zentraler Stellenwert zukommt. Eine besonders *normalisie-
rende* Kraft schreibt MONTESSORI den Betätigungen im Bereich der Tier- und
Pflanzenpflege oder der Gartenarbeit zu (vgl. 1994, S. 81ff). Weitere Aktivitäts-
momente sind im Kinderhaus durch herkömmliche Spielsachen, Bücher, Puppen,

Rollen- und Bewegungsspiele, religiöse und musisch-künstlerische Angebote oder gemeinsame Feiern gegeben. Hervorhebenswert ist vor allem die Tatsache, daß auch für die spontanen Interessen des Vorschulkindes an Sprache und Mathematik entsprechende Angebote bereitgehalten werden. Es ist ein typisches Kennzeichen der MONTESSORI-Pädagogik, daß diese Sensibilität nicht mit Blick auf den späteren Schuleintritt unterdrückt wird, sondern im Rahmen der Freien Arbeit mit entsprechendem Material zur Entfaltung gelangen kann (vgl. 1928, S. 80ff; 1994, S. 207ff).

Diese grundsätzlichen Erwägungen treffen insofern auch auf die Umgebung des Grundschulkindes zu, als auf verschiedene Weise dem Drang nach Erweiterung seines Horizontes entsprochen wird. Das erfordert u. a. auch eine Öffnung gegenüber außerschulischen Lernorten. Das Konzept der *Vorbereiteten Umgebung* ist daher kein statisches Phänomen, sondern bezeichnet eine dynamisch der Individuallage des Kindes entsprechende Größe. Als geeignete Umgebung des jugendlichen Schülers erachtet MONTESSORI, wie bereits erwähnt, eine internatsähnliche Sekundarschule auf dem Land. Auf ihren Entwurf einer „Erfahrungsschule des sozialen Lebens" (1966a, S. 91ff) kann an dieser Stelle jedoch nicht weiter eingegangen werden.

Abschließend läßt sich feststellen, daß für viele Pädagogen und Bildungspolitiker die Umgestaltung des traditionellen, uniformen Klassenraumes zur multifunktionalen Lernlandschaft das zentrale Moment gegenwärtiger Reformansätze darstellt, da hier ein geeigneter Ausgangspunkt für die Etablierung offener Unterrichtsformen gesehen wird. Der Hauptakzent liegt dabei auf der Dezentralisierung pädagogischer Räume zum Wohle der weitgehenden Selbststeuerung von Aktivitäten durch die Schüler. MAYER-BEHRENS etwa apostrophiert in diesem Sinne das kindgerechte Klassenzimmer als *„Zentralraum der Schulreform"* (MAYER-BEHRENS 1987, S. 13). Dieser Auffassung liegt die bereits von MONTESSORI vertretene Erkenntnis zugrunde, daß ein Klassenraum stets „Spiegel des pädagogischen Konzepts" (E. RÖBE 1991, S. 31) ist und als wesentlicher Träger pädagogisch-didaktischer Intentionen die Befindlichkeit und das Miteinander der Menschen entscheidend prägt. Auch für H. RÖBE ist daher die Frage der Raumgestaltung „eine der signifikantesten Größen, welche unser Handeln, aber auch unser Fühlen und Denken zu bestimmen vermag" (H. RÖBE 1991, S. 137).

In der aktuellen Diskussion herrscht weitgehende Einigkeit darüber, daß die Wiederentdeckung des pädagogischen Raumes mit der Renaissance reformpädagogischer Schulkonzeptionen korreliert. Als impulsgebende Vorläufer heutiger

Ansätze werden gewöhnlich die *Vorbereitete Umgebung* MONTESSORIS, die *Arbeitsateliers* bei FREINET und die *Schulwohnstube* PETERSENS genannt. GÖHLICH beispielsweise erkennt in MONTESSORIS Konzept der erzieherischen Umgebung ein besonders wichtiges Vorbild aktueller Schulraum-Reform, wenngleich er mißverständlich formuliert, ihr hauptsächliches Interesse gelte der „Disziplinierungspotenz des Klassenzimmers" (GÖHLICH 1993, S. 116). MONTESSORIS weitreichenden Vorstellungen sind, dies kann nur angedeutet werden, nicht zuletzt deswegen höchst aktuell, weil man derzeit nach praktikablen Auswegen aus dem Dilemma sucht, daß den Schülern in scheinbar steigendem Maße das lange Stillsitzen schwerfällt. Es bleibt jedoch fraglich, ob gelegentliche Auflockerungsübungen oder die Einführung von Sitzbällen den motorischen Bedürfnissen der Kinder ebenso gerecht werden können, wie das von ihr postulierte Prinzip echter Bewegungsfreiheit.

Zusammenfassend läßt sich daher sagen, daß MONTESSORIS Konzept der *Vorbereiteten Umgebung* auch heute höchst bedeutsam ist und zunehmend für die Regelschule entdeckt, dort jedoch nur im Ansatz umgesetzt wird. Allerdings lassen verschiedene Probleme materieller, räumlicher wie rechtlicher Natur die Umgestaltung des Klassenzimmers zur *Vorbereiteten Umgebung* leicht zur „Daueraufgabe" (MAYER-BEHRENS 1987, S. 58; vgl. ESSER/WILDE 1989, S. 78ff) für alle Beteiligten werden.

2.3 Freies Arbeiten nach Maria Montessori

2.3.1 Zum Begriff der Arbeit bei Maria Montessori

Der Begriff der Arbeit darf als ein Schlüsselbegriff MONTESSORIS angesehen werden. Nach ihrer Überzeugung ist der Mensch ein „Arbeiter par excellence" (1995, S. 192), denn Arbeit stellt eine „innere Neigung der menschlichen Natur" (ebd., S. 189) bzw. einen grundlegenden Trieb des Menschen (vgl. 1973, S. 36) dar. Diese große Spannweite des Begriffes weist deutlich über die heute übliche, vorrangig ökonomische Betrachtungsweise hinaus. MONTESSORIS Arbeitsbegriff bezieht sich nicht ausschließlich auf die Erwerbsarbeit im Dienste vitaler Selbsterhaltung, sondern schließt die Bedeutung der Arbeit für menschliche Selbstverwirklichung und Lebenserfüllung mit ein. Der Fortschritt der gesamten Zivilisation ist ihrer Überzeugung nach an diesen inneren Drang gebunden, der den Menschen gestalterisch in der Welt tätig werden läßt. Sein Bestreben ist so stark, daß er selbst ohne die Notwendigkeit der Existenzsicherung aktiv würde, „weil er genauso arbeitet, wie er atmet, und weil es sich um eine Form des Lebens handelt" (1979, S. 106).

2.3.1.1 Die zwei Grundformen der Arbeit

Im Hinblick auf das anthropologische Grundphänomen der Arbeit differenziert MONTESSORI zwischen zwei gleichwertigen Formen, welche in einem polaren Spannungsverhältnis aufeinander bezogen sind. In besonders ausgeprägter Weise zeigt sich das existentielle Bedürfnis nach Tätigkeit beim Kind, dessen Verhältnis zur Arbeit durch einen „Naturtrieb" (1995, S. 189) bestimmt wird. Da es sich nur durch spontane Aktivität aufbauen kann, ist seine Arbeit in erster Linie auf die „Inkarnation der Individualität" (1989, S. 32) ausgerichtet. Beim Erwachsenen hingegen zeigt sich ein inneres Streben danach, produktiv zu arbeiten und sich durch das Kulturschaffen im weitesten Sinne auszudrücken und zu entfalten.

Darüber hinaus erhält die Arbeit als *kosmischer Auftrag* nach MONTESSORI eine transzendente Dimension. Aufgrund seiner Sonderstellung innerhalb der Schöpfung kommt dem Menschen die spezifische Aufgabe zu, durch seine Arbeit verändernd auf die Natur einzuwirken, ihre Beschränkungen zu überwinden und Hervorbringungen zu verfeinern. Kraft seiner Intelligenz erfüllt er diese *kosmische Mission*, indem er über der Natur ein *super-natürliches* Gebäude errichtet. Dies stellt, so MONTESSORI, einen bedeutsamen Weg dar „um Gott zu *lieben*, zu *erkennen* und ihm zu *dienen*" (1979, S. 109). Allerdings hat eine „verhängnisvolle Entgleisung" (1995, S. 192) der gesellschaftlichen Entwicklung dazu geführt, daß dieser ursprüngliche Schaffensdrang des Menschen weitgehend verborgen bleibt bzw. sich fehlentwickelt und seine Arbeit nur selten ihren kreativen Zweck erfüllt. Infolge der großen Diskrepanz zwischen technischem Fortschritt und sittlicher Entwicklung der Menschheit vollzieht sich die Umwandlung der Natur nicht unter Beachtung des ökologischen Gleichgewichts im Sinne einer Bewahrung der Schöpfung, sondern es erfolgt eine rücksichtslose Ausnutzung ihrer Ressourcen.

Zudem wird Arbeit unter ungünstigen sozialen Bedingungen zur harten und widerwärtigen „Zwangsarbeit" (ebd., S. 190) im Dienst der Existenzsicherung degradiert. Anstatt gemeinsamen Idealen zu dienen und somit „die größte Ausweitung der menschlichen Seele" (1979, S. 107) zu sein, wird Arbeit auf den Aspekt der Erwerbsarbeit reduziert, mit der individuelle materielle Ziele verfolgt werden. Da der Mensch unter diesen Voraussetzungen nicht primär arbeitet, „um sich zum

Werkzeug von etwas Großem und Erhabenem zu machen" (1989, S. 89), erfüllt er seine *kosmische Aufgabe* nur „mit Anstrengung und Schmerz anstatt mit Freude und Erleichterung" (1973, S. 45). Nach Ansicht MONTESSORIS erfüllt lediglich die aus inneren Motiven inspirierte Tätigkeit des Erfinders oder Künstlers den Arbeitenden mit schöpferischer Energie. Von der Mehrzahl wird die Arbeit hingegen abgelehnt, weil sie stark von äusseren Umständen bestimmt ist und nicht als Chance zur Selbstverwirklichung erfahren wird. Als wesentliche Kennzeichen der Arbeitsweise des Erwachsenen, die sich bei idealtypischer Betrachtung in vielerlei Hinsicht von der des Kindes unterscheidet, gelten nach MONTESSORI die bewußte Ausrichtung auf äußere Ziele und materielle Belohnung. Es handelt sich um eine willensbestimmte Aktivität, die meist dem Grundsatz der Ökonomie folgt (vgl. 1988, S. 47) und kollektiv organisiert ist. Zu ihrer Bewältigung werden in der Regel soziale Übereinkünfte getroffen. Als bedeutsames Prinzip läßt sich hier die Arbeitsteilung zum Zwecke der Rationalisierung nennen, die jedoch oft zu negativen Erscheinungen wie Entfremdung und Ausbeutung führt.

Nach MONTESSORI arbeitet auch das Kind. Sein Ziel liegt jedoch „in seinem Inneren und nicht in der Außenwelt" (ebd., S. 6), denn sein Streben gilt dem schöpferischen Selbstaufbau durch aktive Auseinandersetzung mit der Welt: „Der Mensch bildet sich durch Arbeit" (1995, S. 189). Mit der Verwendung dieses Begriffes unterstreicht sie die Ernsthaftigkeit und Bedeutsamkeit dieser unbewußten, durch innere Antriebe stimulierten kindlichen Aktivität. Anderwärts formuliert sie besonders pointiert: „Das Werk des Wachstums macht das eigentliche Leben des Kindes aus: 'Arbeiten oder sterben'" (ebd., S. 200). Seine Arbeit ist nicht durch rationale Zielstrebigkeit geprägt, sondern durch das Phänomen der Wiederholung frei gewählter Tätigkeiten. Ohne des Anreizes äußerer Belohnungen zu bedürfen, führt das Kind seine „Elementarhandlungen ohne logischen Zweck" (ebd., S. 92) solange aus, bis eine gewisse innere Befriedigung erreicht ist, weil eine Fähigkeit perfektioniert oder neu erworben wurde. Diese Entwicklungsarbeit kann nur spontan vom ihm selbst vollbracht werden, so daß eine Arbeitsteilung vollkommen sinnlos wäre. Obwohl sein Kraftaufwand infolge der Wiederholungstendenz sehr hoch ist, beendet das Kind im Gegensatz zum Erwachsenen seine Arbeit doch meist „erfrischt und energiegefüllt" (ebd., S. 199).

Mit zunehmendem Alter rückt jedoch der Aspekt der Weltgestaltung in den Vordergrund. Die zielgerichtete Werkvollendung wird immer wichtiger, während der Impuls zur Selbstgestaltung und inneren Vervollkommnung weiterhin präsent bleibt (vgl. 1976, S. 107). Allerdings kann nach MONTESSORI nur das Kind, das sich in einer ihm angepaßten Umgebung entwickelt, den schöpferisch handelnden Erwachsenen hervorbringen. Daher korrespondieren für sie beide Arbeitsformen miteinander und stellen keine wesensverschiedenen, sondern entwicklungsbedingt unterschiedliche Ausprägungen des menschlichen Tätigkeitsdranges dar. Auch läßt sich ihre idealtypische Differenzierung nicht verabsolutieren, denn in der Arbeit des Erwachsenen können durchaus kreative Elemente und die innere Beteiligung erhalten bleiben, welche die kindliche Arbeitsweise kennzeichnen. Die Aktivität des Kindes wiederum ist nicht immer nur unbewußte Spontaneität, sondern ab einem gewissen Alter kann es ebenso zielstrebig äußeren Zielen nachgehen wie der Erwachsene.

Allerdings lehnt MONTESSORI es ab, vom kleinen Kind eine ökonomische Arbeitsweise zu verlangen, da dies gewöhnlich Widerwillen und Vermeidungstendenzen hervorruft und seine Entwicklungsarbeit keinen Zeitdruck verträgt. Dieser ist auch insofern unangemessen, als jedes Kind im Laufe der Zeit von alleine zum zielbewußten Arbeiten gelangt (vgl. 1988, S. 12), wenn es seine ursprüngliche Arbeitsfreude in einer anregenden Lernumgebung entfalten kann. Dies setzt hinreichende Freiräume und den unbedingten Verzicht auf jede überflüssige Hilfe voraus, lautet doch der ausdrückliche Wunsch des Kindes: „Hilf mir, es allein zu tun" (1995, S. 201).

2.3.1.2 Das Verhältnis von Spiel und Arbeit

MONTESSORIS Arbeitsbegriff und ihre Einschätzung des Spiels haben in der Forschungsgeschichte immer wieder Diskussionen ausgelöst. Anhand einschlägiger Zitate macht SCHMUTZLER (1976) auf die lange Tradition der Kritik an ihrer Spielauffassung aufmerksam, die im „MONTESSORI-FRÖBEL-Streit" gegen Ende der 20er Jahre einen ersten Höhepunkt erreicht. Dem wiederholt erhobenen Vorwurf des Intellektualismus zufolge überträgt MONTESSORI die Arbeitsauffassung des Erwachsenen einseitig auf das Kind und verkennt die Bedeutung von Spiel und Phantasie. Vorschulkinder werden in ihren Einrichtungen verfrüht an intellektuelle, fremdbestimmte Arbeit herangeführt und ihrer Freiheit beraubt. So wie Sergius HESSEN die vermeintlich monotone Sinnesgymnastik mit dem Entwicklungsmaterial anprangert (vgl. HESSEN 1926, S. 93), kritisieren andere führende Pädagogen (vgl. HECKER/MUCHOW 1927, S. 107ff; KLOSTERMANN 1927, S. 400ff) die Vernachlässigung schöpferischer Aktivitäten und die Verzweckung des Spiels bei MONTESSORI. In diesem Sinne bemerkt SCHEUERL über MONTESSORI: „Kindsein wird im Grunde als ein Unglück angesehen" (SCHEUERL 1954, S. 30) und noch in

den 60er Jahren wird ihr Menschenbild gelegentlich als das des „homo technicus
und oeconomicus" (WEINSTOCK 1963, S. 38) bezeichnet.

Mit STANDING ist festzuhalten, daß es sich bei dieser Streitfrage in nicht un-
erheblichem Maße um ein definitorisches Problem handelt (vgl. STANDING o. J.,
S. 201). Zahlreiche Mißverständnisse rühren daher, daß MONTESSORI in ihren
Schriften nicht immer terminologisch einheitlich formuliert sowie zu Übertreibungen und metaphorischer Sprache neigt. Von den Kritikern werden jedoch oft
nur isolierte Äußerungen aufgegriffen, in denen sie das Spiel negativ kennzeichnet und die Arbeit als besonders positiv hervorhebt. Betrachtet man aber ihr lite-
rarisches Gesamtwerk sowie die von ihr begründete Erziehungspraxis, läßt sich
keine grundsätzliche Ablehnung des kindlichen Spiels entdecken. Schon in dem
sehr frühen Entwurf eines Tagesablaufes für das Kinderhaus sind Zeiten für das
freie Spiel ausgewiesen (vgl. 1913, S. 112) und auch in anderen Werken finden
sich eindeutige Hinweise auf ihre Wertschätzung des Spiels (vgl. 1928, S. 60f,
S. 97f, S. 106f; 1984, S. 128; 1994, S. 299; S. 329; 1995b, S. 51ff).

Allerdings beobachtet MONTESSORI, daß Kinder oftmals die Sinnesmaterialien
oder die Arbeiten des praktischen Lebens dem traditionellen Spielzeug vorziehen.
Dies läßt sie zu der Vermutung gelangen, „im Leben des Kindes sei Spielen vielleicht etwas Untergeordnetes, zu dem es nur dann seine Zuflucht nimmt, wenn ihm
nichts Besseres, von ihm höher Bewertetes zur Verfügung steht" (1995, S. 127).
An anderer Stelle heißt es: „Wir glauben, das Kind sei glücklich, wenn es spielt;
es ist hingegen glücklich, wenn es arbeitet" (1973, S. 122). Damit macht die Pädagogin geltend, daß sich Kinder keineswegs immer nur im Phantasiespiel an eine
uneigentliche Welt verlieren wollen, sondern vielmehr auch realistische Zugänge
zur Lebenswirklichkeit und die Befriedigung geistiger Interessen suchen. Da sie
oft ohne herkömmliches Spielzeug „ruhiger, gesünder und fröhlicher" (1984,
S. 151) sind, sollte man ihnen in verstärktem Maße ernsthafte, herausfordernde
Tätigkeiten ermöglichen, anstatt sie ständig zur reinen Spielerei zu verurteilen
(vgl. 1976, S. 27).

Vor dem Hintergrund dieser Aussagen ist der pauschale Vorwurf unhaltbar,
MONTESSORI unterdrücke die schöpferische Kreativität des Vorschulkindes. Nachweislich lehnt sie das Spiel nur dann ab, wenn es seine Phantasie „sinnlos und irr"
(1992, S. 19) umherschweifen und hypertrophieren läßt (phantasy). Davon grenzt
sie positiv die konstruktive, schöpferische Seite der Einbildungskraft ab (imagi-
nation), welche den kindlichen Drang nach Eroberung der Wirklichkeit unterstützt. Die im englischen Sprachraum übliche Begriffsdifferenzierung kennzeich-

net deutlich die Position MONTESSORIS, die nach SCHMUTZLER völlig zutreffend postuliert, „daß die Phantasie ihr Fundament in der Realität haben muß" (SCHMUTZLER 1975, S. 333). Demnach bewertet sie nur deren allzu phantastische, weltfremde Seite als negativ, nicht jedoch ihre in der Wirklichkeit wurzelnde kreative Dimension. Als Spiele im positiven Sinne gelten MONTESSORI etwa lustbetonte Gruppenaktivitäten mit den Arbeitsmitteln, humorvolle Materialeinführungen oder auch Rollenspiele.

Ihre Entdeckung des zu tiefer Konzentration fähigen Kindes führt MONTESSORI jedoch insgesamt zu gewissen Einseitigkeiten in ihrer Einschätzung der musisch-künstlerischen Erziehung (vgl. SCHULZ[-BENESCH] 1961, S. 55) sowie zur mangelnden Einbindung des freien Phantasiespiels in ihre Konzeption. Da Spiel und Arbeit nach allgemeinem Konsens jedoch beide zu ihrem Recht kommen müssen, sind entsprechende Ergänzungen und Korrekturen dieser theoretischen Mängel in der Praxis der MONTESSORI-Pädagogik notwendig und seit jeher vorgenommen worden (vgl. HELMING 1959, S. 9; HOLTSTIEGE 1994, S. 197ff; OSWALD 1958, S. 36; SCHULZ[-BENESCH] 1961, S. 67). Nach Kurt AURIN trifft daher der Vorwurf einer Vernachlässigung von Spiel und Phantasie nur denjenigen MONTESSORI-Praktiker, „der einen sinnvollen und fruchtbaren Wechsel zwischen mehr sachbetontem Studium der Wirklichkeitsbereiche mit freigestaltendem Tätigsein" (K. AURIN 1956, S. 134) nicht angemessen zu realisieren weiß. Diese Verbindung beider Momente erscheint aber in der heutigen Zeit notwendiger denn je, da Kinder immer mehr Spielräume verlieren und sämtliche Bildungseinrichtungen verstärkt Aufgaben übernehmen müssen, die traditionell von der Familie erfüllt wurden.

Ungeachtet dieser scheinbar polaren Gegensätzlichkeit im Denken der italienischen Pädagogin existiert bei ihr aber eine oft übersehene Nähe der Phänomene Spiel und Arbeit. Die Merkmale, welche dem Spiel heute weithin zugeschrieben werden, entsprechen auf bemerkenswerte Weise dem Wesen kindlicher Arbeit nach MONTESSORIS Verständnis. Die Übungen des täglichen Lebens oder die Beschäftigung mit didaktischem Material enthalten wesentliche Spieleigenschaften, so daß JORDAN mit Recht ausführt: „Spielen kann lernen sein und lernen darf spielen sein" (JORDAN 1971, S. 15). Dies zeigt sich etwa daran, daß die Materialarbeit einen kreativen Umgang in Form schöpferischer Variationen durchaus erlaubt und teilweise herausfordert, wenngleich MONTESSORI dabei nicht immer explizit von Spiel spricht (vgl. K. AURIN 1956, S. 134f; HELMING 1987, S. 76; SCHULZ[-BENESCH] 1961, S. 62f). Wesentliche Parallelen zwischen der Arbeit bei MONTESSORI und dem Spiel nach heutiger Auffassung bestehen darin, daß der subjektive Zweck der Tätigkeit, durch die gleichzeitig ein objektiver Sinn erfüllt wird, dem Kinde jeweils weitgehend unbewußt bleibt. Auf beiden Ebenen bewirkt die mit spontaner Aktivität verknüpfte Funktionslust eine Wiederholungstendenz, so daß das Kind die Tätigkeit nicht als ermüdend, sondern als belebendes Vergnügen empfindet.

Schließlich ist zu betonen, daß MONTESSORI den Eigenwert der Gegenstände respektiert. Sie lehnt eine völlige Zweckentfremdung etwa der Kuben des Rosa Turmes konsequent ab, da nur ihre sachgerechte Verwendung der kindlichen Entwicklung dient. Gegen das konstruktive Spiel mit Bauklötzen hingegen hat sie prinzipiell nichts einzuwenden. Es zeigt sich, zusammengefaßt, daß MONTESSORI das Spiel besonders dann schätzt, wenn es den Realitätsbezug des Kindes und damit seine Persönlichkeitsentwicklung fördert, indem es Kenntnisse und Fähigkeiten steigern hilft. Ihre Beurteilung ist negativ, wenn die Beschäftigung aus ziellos wechselnden Handlungen besteht, die das Kind von der Realität wegführen.

2.3.1.3 Der Stellenwert der Arbeit im Jugendalter

Wenn MONTESSORI ein Ineinandergreifen der beiden Arbeitsformen in dem Sinne fordert, daß sich die aktive Mitgestaltung der *Super-Natur* aus der kreativen Entwicklungsarbeit des Kindes ergibt, stellt die „'Erfahrungsschule des sozialen Lebens'" (1966a, S. 99) den besonderen institutionellen Rahmen dar, innerhalb dessen sich dieser Übergang pädagogisch begleitet vollziehen kann.

Während der Hauptakzent *Kosmischer Erziehung* im Grundschulalter auf der Natur liegt, erfolgt in der Sekundarschule eine Verlagerung des Schwerpunktes auf die kulturelle Dimension. Jugendliche sollen für die geistigen Errungenschaften der Menschen sensibilisiert werden, damit sie Achtung vor ihrer schöpferischen Arbeit und Bewunderung vor ihrem Gehorsam gegenüber den *kosmischen Gesetzen* entwickeln (vgl. 1979, S. 140ff). Vor allem sollen sie ihre eigene Verpflichtung erkennen und die Herausforderung der *kosmischen Mission* annehmen. Dieses Bewußtsein ist jedoch weniger auf theoretisch-intellektuellem Wege, als vielmehr durch praktische Arbeit und die Erfahrung eines sozialen Zusammenlebens aufzubauen. Dabei sind für MONTESSORI manuelle und intellektuelle Arbeiten gleichbedeutend. Es ist sogar ihr erklärtes Anliegen, den traditionellen Gegensatz von Kopf- und Handarbeit zu überwinden: „Jede Arbeit hat Adel. Die einzige unwürdige Sache ist es, ohne Arbeit zu leben" (1966a, S. 100). Hingegen beklagt sie den generellen Mißstand, „daß die intellektuellen Arbeiter *verkrüppelte* Menschen sind und die Arbeiter *geköpfte*" (1973, S. 63). Entgegen solcher Einseitigkeit fordert die Pädagogin eine umfassende, allseitige Bildung aller Heranwachsenden, denn:

„Menschen, die Hände, aber keinen Kopf haben, und Menschen, die einen Kopf, aber keine Hände haben, sind in der modernen Gesellschaft in gleicher Weise fehl am Platze" (1966a, S. 95).

In ihrer Sekundarschule auf dem Land sollen daher geistige und praktisch-handwerkliche Arbeiten einander abwechseln. Zunächst erhält die Erschließung persönlicher Ausdrucksformen einen hohen Stellenwert, so daß dem Streben Jugendlicher nach schöpferischer Betätigung durch ein reichhaltiges Angebot an musisch-künstlerischen Arbeiten entsprochen wird. Daneben sollen sie durch bestimmte Arbeiten ansatzweise zu ihrem Lebensunterhalt beitragen. Jedoch gilt für MONTESSORI: „Sie müßten produzieren, verkaufen und arbeiten, nicht um einen Beruf zu erlernen, sondern weil die Arbeit Kontakt mit dem Leben bedeutet, Teilhabe an der Konstruktion der Super-Natur" (1989, S. 91; vgl. 1973, S. 63). Wie die Übungen im Kinderhaus stehen auch diese Arbeiten unter pädagogischen Vorzeichen, da sie vor allem lebensbedeutsame Erfahrungen ermöglichen und keinen wirtschaftlichen Zweck verfolgen sollen.

Insbesondere die produktive Arbeit mit der Erde trägt zur Verbindung von praktischer Erfahrung und theoretischem Studium bei, da die Schüler im Sinne genetischer Lernverfahren „von den Ursprüngen her in die Kultur" (1966a, S. 104) eindringen können. Dadurch gelangen sie zu lebendigen Einsichten in ökonomische Zusammenhänge und die Entwicklung von Naturwissenschaft und Technik. Zusätzlich erwerben die Jugendlichen in den Werkstätten, dem Gasthaus und einem Geschäft, welche der Schule angeschlossen sind, technisch-praktische Fertigkeiten und eignen sich betriebswirtschaftliche Grundkenntnisse an. In allen Bereichen dieses umfassenden Betätigungsfeldes sind die Grundlagen und Bezüge der Arbeit wissenschaftlich zu klären und ihre ethischen Implikationen zu reflektieren. Nur so wird dem einzelnen Schüler die große Verantwortung des Individuums der Menschheit und dem ganzen Universum gegenüber einsichtig und läßt sich eine „neue individuelle und soziale Moral" (ebd., S. 117) kultivieren, die nach MONTESSORI dringend erforderlich ist.

2.3.2 Zum Begriff der Freiheit bei Maria Montessori

Das „Prinzip Freiheit" wird weithin als zentrale Kategorie der MONTESSORI-Pädagogik angesehen. Allerdings äußert sich MONTESSORI zur Frage nach dem Wesen menschlicher Freiheit nicht theoretisch-systematisch, sondern eher sporadisch anläßlich der Erörterung praktischer Erziehungsfragen. Gemäß ihrem pädagogischen Anspruch, dem jungen Menschen optimale Entwicklungshilfe zu leisten, kreist ihr Denken vornehmlich um die Formen der gelebten Freiheit des Kindes. Da Freiheit für sie nicht in erster Linie Gegenstand philosophischer Reflexion ist, wird bisweilen kolportiert, daß sie „gegenüber dem Problem der sittlichen Freiheit blind bleibt" (HARTH-PETER 1996, S. 102). Andere sehen in ihr hingegen geradezu eine „Vorkämpferin der Freiheitspädagogik" (OSWALD 1983, S. 59). Kontrovers wird auch diskutiert, ob die Kinder bei MONTESSORI wirklich das wollen was sie tun, oder ob sie tun und lassen dürfen was sie wollen (vgl. 1984, S. 228). Angesichts solch divergierender Standpunkte wird mit Recht darauf hingewiesen, daß die Italienerin in nichts so sehr mißverstanden wird, wie in bezug auf den Stellenwert der Freiheit in Theorie und Praxis ihrer Pädagogik (vgl. STANDING o. J., S. 174).

2.3.2.1 Freiheit als Entwicklungsfreiheit

Nach MONTESSORI ist dem Kind „Freiheit zu geben, damit es sich zu einem freien Menschen entwickeln kann" (1932, S. 44). Für sie ist der Mensch das freiheitsfähige und auf die Erringung von Freiheit angelegte Wesen, so daß Freiheit das seine Würde konstituierende höchste Gut darstellt. Zugespitzt postuliert MONTESSORI daher als Wesensbestimmung des Menschen: „frei sein oder sterben" (1984, S. 84). In diesen Aussagen deutet sich eine Doppelendigkeit ihres Freiheitsbegriffes an, derzufolge die Freigabe des Kindes (Entwicklungsfreiheit) als wesentliche Voraussetzung für sein eigentliches Freiwerden (sittliche Freiheit) aufzufassen ist. Menschliche Freiheit im Sinne eines Freiseins von inneren und äußeren Zwängen sowie eines Freiseins zum Tun des Guten ist somit keine statische Größe, sondern auf dem Wege zunehmender Unabhängigkeit zu entwickeln und zu vollziehen. Gemäß dem Titel eines ihrer letzten Beiträge gilt daher nach MONTESSORI: „Die Freiheit muß aufgebaut werden" (1985). Dazu bedarf es jedoch einer freiheitlichen Grundlage.

Die von ihr für das Kind geforderte Entwicklungsfreiheit meint im biologischen Sinne die Freigabe spontaner kindlicher Aktivität, welche als Ausdruck der freiheitlichen Verfaßtheit des Menschen zu interpretieren ist. Sie soll das harmonische Körperwachstum gewährleisten und Charakter, Intelligenz und Gefühl zur höchsten individuellen Entfaltung bringen (vgl. 1976, S. 15). Ideale Entwicklungsbedingungen sind jedoch, wie MONTESSORI unablässig betont, nicht bei völliger Grenzenlosigkeit, sondern nur im Rahmen einer verantwortlich *Vorbereiteten Umgebung* vorhanden. In ihrer sozialen Dimension bedeutet Entwicklungsfreiheit, daß sich das Kind frei vom Zwang und „der erdrückenden Energie des Erwachsenen" (1988, S. 23) entfalten kann. Erforderlich ist die Beseitigung restriktiver Herrschaftsstrukturen und die Gestaltung repressionsfreier Beziehungen, denn Erziehung soll der „Befreiung des Lebens" (1994, S. 12) dienen und die Unabhängigkeit des jungen Menschen stärken. Nur auf der Grundlage von Entwicklungsfreiheit vermag er zu innerer Freiheit und Sittlichkeit zu gelangen.

Es ist ein Wesensmerkmal des Menschen, daß er sich nur „innerhalb bestimmter Grenzen realisieren kann" (1976, S. 201). Immer steht er in spezifischen zeitlich-räumlichen Situationen, welche ihn in gewissem Sinne einengen. Seine individuelle Freiheit stößt dabei fortlaufend an Grenzen, die durch die Mitmenschen sowie die Eigengesetzlichkeit der Dinge gesetzt werden und denen er sich nicht entziehen kann. Schließlich läßt sich auch eine gewisse Neigung zur Selbstbegrenzung und freiwilligen Bindung an bestimmte Orte erkennen (vgl. 1994, S. 85). Das Individuum kann somit nie in einem absoluten Sinne autonom sein, denn seine Freiheit erweist sich als relativ. Freiheit und Bindung stehen für MONTESSORI in einem unauflösbaren Spannungsverhältnis zueinander, denn Freiheit läßt sich für sie ohne den Gegenpol der Bindung schlechterdings nicht denken. OSWALD macht in diesem Kontext darauf aufmerksam, daß sich Freiheit ja erst durch dieses Eingebundensein in die verschiedenen Dimensionen der Existenz gewinnen läßt, da sie als inhaltlich bestimmte Größe immer nur „im Rahmen einer vorgegebenen Ordnung und in Korrespondenz mit dem als 'gut' Anerkannten" (OSWALD 1973, S. 4) besteht und nicht im rein formalen Sinne von Grenzenlosigkeit.

MONTESSORI erkennt, daß auch pädagogisches Handeln stets die Freiheit des Kindes begrenzt. Allerdings beantwortet sie die bekannte Frage KANTS: „Wie kultiviere ich die Freiheit bei dem Zwange?" nicht durch eine antipädagogische Leugnung erzieherischer Verantwortung. Der freie, sittlich handelnde Mensch entfaltet sich nach ihrer Überzeugung nicht in einem erziehungsfreien Raum, sondern bedarf der behutsamen pädagogischen Führung. Neuere Forschungsergebnisse der Neurophysiologie scheinen zu bestätigen, „daß Selbstbestimmung der Erwachsenen nicht ihre größte Freiheit aus dem Wildwuchs in Kindheit und Adoleszenz gewinnt, sondern an dem Reichtum an Entwicklung der individuellen neurobiologischen Natur, gezogen und behütet durch die vorangehende Generation" (DICHGANS 1994, S. 243), der in dieser Hinsicht eine große Verantwortung zukommt. Dadurch wird aber echte pädagogische Autorität legitimiert, die sich aus dem Grad der Erziehungsbedürftigkeit des Heranwachsenden ergibt und mit dessen zunehmender Selbständigkeit überflüssig wird. Ihr Stellenwert muß sich daher jederzeit am Grad individueller Freiheit und Mündigkeit messen lassen.

Daraus folgt für MONTESSORI, daß mit der Freigabe kindlicher Aktivität stets auch die Notwendigkeit gewisser Begrenzungen gegeben ist. Klar differenziert sie zwischen Freiheit und Willkür und distanziert sich damit von entsprechenden Vorurteilen: „Man glaubt, wir verlangen, das Kind in allem gewähren zu lassen, in seinen Launen, seiner Zerstörungswut und seiner Apathie" (1988, S. 19). Demgegenüber sei es die Pflicht des Erwachsenen, dem Kind dabei zu helfen zwischen Gut und Böse unterscheiden zu lernen. Beispielsweise soll er schlechte Angewohnheiten und Verstöße gegen die Regeln des Zusammenlebens durch erzieherische Eingriffe korrigieren (vgl. 1966b, S. 51; 1984, S. 242; 1992, S. 20; 1994, S. 62). Die Forderung nach Entwicklungsfreiheit führt bei ihr daher nicht zum Laissez-faire, denn „Freiheit bedeutet nicht, daß man tut, was man will" (1988, S. 23). Auch negiert sie nicht die Bedeutung eines gewissen Maßes an Disziplin. Diese soll jedoch möglichst aus dem Kind selbst heraus entstehen.

Echte Disziplin bedeutet daher nicht erzwungene Anpassung oder Unterwerfung, denn nur der Unterdrückte ist „so still wie ein Stummer und so unbeweglich wie ein Gelähmter" (1994, S. 57). Disziplin im Sinne MONTESSORIS bedeutet innere Selbstkontrolle als Fähigkeit zur freiwilligen und reflektierten Selbstbindung an die Stimme des Gewissens. Erst mit Erwerb dieser Kompetenz erlangt der Mensch seine Freiheit, die sich darin zeigt, daß er nicht mehr Sklave seiner Leidenschaften ist, sondern „Meister seiner selbst" (1988, S. 23; vgl. 1994, S. 57). Durch diese Unabhängigkeit von Impulsen und Launen beweist er, daß Freiheit und Disziplin „zwei Seiten derselben Medaille" (1984, S. 257) sind. Erläuternd bemerkt MONTESSORI, daß sich ihre Schüler auch bei vorübergehender Abwesenheit der Leiterin geordnet verhalten. Dieses Phänomen deutet sie als aktive Eigenleistung der Kinder welche belegt, daß Freiheit und Disziplin in der richtigen Umgebung miteinander verschmelzen (vgl. 1966b, S. 42ff).

Eine temporäre Einschränkung der Freiheit hält sie bei solchen Kindern für nötig, die ihre Fähigkeit zur Selbstkontrolle noch nicht adäquat ausgebildet haben. Will man nicht „den Sinn der Freiheit verraten" (1984, S. 184), ist das Maß individueller Freiheitsfähigkeit präzise zu identifizieren und zweckmäßig zu handeln. So mag ein Kind, das im Elternhaus kaum zu selbstbestimmtem Handeln ermutigt wird, Schwierigkeiten bei der Entwicklung freier Eigenaktivität in der Schule haben. Da in diesem Fall das reiche Materialangebot einer MONTESSORI-Klasse möglicherweise entmutigend wirkt, kann die kurzfristig stärkere Lenkung seiner Arbeit eine sinnvolle Hilfe darstellen.

Zusammenfassend läßt sich daher sagen, daß Freiheit für MONTESSORI nicht

grenzenlos ist und damit auch „kein Freibrief für das Böse" (OSWALD 1970, S. 33).
Ihr Freiheitsverständnis ist vielmehr rückgebunden an eine Idee des Guten, wel-
che im umfassenden Sinnhorizont ihres christlichen Glaubens und kosmischen
Denkens verwurzelt ist.

2.3.2.2 Freiheit als sittliche Freiheit

MONTESSORI betrachtet den Aufbau innerer Freiheit als einen Auftrag an den Menschen, der nur durch aktives Handeln erfüllt werden kann. Diesen Gedanken bringt
sie auf die prägnante Formel: „*Freiheit ist Tätigkeit*" (1913, S. 81). An anderer
Stelle bezeichnet sie die Arbeit als „Grundstein für die Freiheit" (1988, S. 23) und
die richtige „Organisation der Arbeit und Freiheit" (1928, S. 112) als das Fundament ihrer Erziehung. Freiheit ohne eine entsprechende Organisation der Arbeit
sei schlichtweg „nutzlos" (ebd.).

Diese Aussagen machen deutlich, wie sehr die Aktivität, durch die das Kind
seine Unabhängigkeit erobert, einer behutsamen Lenkung durch den Erwachsenen
bedarf. Der Schlüssel liegt für MONTESSORI darin, mit wissenschaftlichen Methoden „die Form der Freiheit bei der inneren Entwicklung genau festzulegen" (1976,
S. 71) und alle Voraussetzungen für ein gesundes Wachstum des Kindes zu schaffen. Neben der *Vorbereiteten Umgebung* und der indirekt leitenden Erzieherin gilt
ihr insbesondere der dritte Grundpfeiler ihrer Methode, das didaktische Material,
als „*wissenschaftliches Instrumentarium, das die Freiheit ermöglicht*" (ebd.,
S. 74). Freiarbeit im Sinne MONTESSORIS stellt somit kein Instrument zur Steigerung der Lerneffizienz dar, sondern ein umfassendes, anthropologisch begründetes Erziehungs- und Bildungskonzept, in dessen Zentrum die Arbeit des Kindes
den „Angelpunkt" (ebd., S. 107) der freien Persönlichkeitsentwicklung bildet.

Allerdings konstatiert MONTESSORI nachdrücklich, daß die freiheitliche Organisation kindlicher Arbeit alleine noch keinerlei Gewähr für sittliches Handeln bietet, so wie ungeordnetes Verhalten nicht unbedingt schlecht im moralischen Sinne
ist (vgl. 1928, S. 113; 1966b, S. 48; 1976, S. 304). Handlungsfreiheit und *Normalisation* sind zwar wesentliche Voraussetzungen für die Versittlichung des Menschen, jedoch nicht damit identisch, denn er ist „*not really good because of this,
from the point of view of supernatural virtue*" (1930, S. 161). Nach MONTESSORI
ist die Bildung der sittlichen Persönlichkeit vielmehr die „schöpferische Mission
des Kindes" (1988, S. 17), das somit auch in moralischer Hinsicht zum „Urheber
seiner eigenen Vervollkommnung" (1984, S. 68) wird. Die Entwicklung des mo-

ralischen Sinnes ist ihrer Überzeugung nach von vitaler Bedeutung für das Überleben der Menschheit, denn wenn „die Sensibilität des Gewissens fehlt, dann steht
er (der Mensch,d. V.) unter dem Tier; nichts kann ihn vor Ausschweifungen schüt-
zen" (1976, S. 318; vgl. S. 305) und vor Selbstzerstörung bewahren.

Bezüglich der normativen Ausrichtung ihrer Erziehungskonzeption wird
MONTESSORI gelegentlich theologischer Naturalismus vorgeworfen. Sie folge, so
der Einwand, ROUSSEAU in seinem Glauben an die gute Natur des Menschen und
weise der Erziehung lediglich die Aufgabe der Beseitigung störender Einflüsse zu,
damit sich das Gute ungehindert entfalten könne. Nach dieser Position bedarf der
Mensch jedoch keiner transzendenten Gnade und Erlösung mehr. Gleichfalls wird
jegliches Bemühen um eine sittliche Erziehung Heranwachsender Makulatur.
Demgegenüber läßt sich nachweisen (vgl. 1995b, S. 27; S. 82; vgl. SCHULZ[-BE-
NESCH] 1961; 1964), daß sich MONTESSORI zur christlichen Erbsündenlehre be-
kennt und trotz mancher Äußerungen, die scheinbar das Gegenteil implizieren,
kein naturalistisches Vertrauen in das Gute im Menschen setzt. Nach ihrer Überzeugung hat Gott diesem jedoch eine Natur gegeben, die starke Kräfte zum Guten
aufweist, so daß sie etwa von einem „göttlichen Schöpfungsanteil" (1989, S. 123;
vgl. 1995b, S. 71ff; S. 117ff) im Kind spricht. Die erzieherische Unterstützung biologisch angelegter Entwicklungsprozesse kommt daher einer Befolgung des Willen Gottes gleich, der sich in seiner Schöpfung offenbart.

Zugleich erkennt sie angeborene, sittlich inferior erscheinende Tendenzen,
welche gewisse Begrenzungen kindlicher Freiheit auch in moralischer Hinsicht legitimieren. Nach ihrer Auffassung liegen zwei Pole in permanentem Widerstreit:
„In der Tiefe jeder menschlichen Seele spielt sich ein Drama ab zwischen 'dem
Willen zum Guten und der Neigung zum Bösen'" (1988, S. 17). An anderer Stelle unterscheidet sie die „zwei Wege des Guten und des Bösen" (1989, S. 77), die
eng mit den Seinsformen des Liebens bzw. des Besitzens korrelieren. Eine gesunde Entwicklung begünstigt den Sieg des Guten, der sich in der Liebe zur Umgebung und den Lebewesen manifestiert und zu Unabhängigkeit sowie harmonischer
Koexistenz führt. Ungünstige Entwicklungsbedingungen stärken die Neigung
zum Bösen, machen den Menschen zum Sklaven des Besitzes und führen zu Haß
statt Liebe. Demnach führt der Weg entweder zum „Paradies" oder zur „Hölle"
(ebd., S. 78). Auf die Frage nach ihrem Glauben an das Gute im Menschen bemerkt MONTESSORI daher, gleichsam als Antwort auf den Vorwurf des Naturalismus: „Nein, ich bin nicht zu vertrauensvoll. Ich habe genug Erfahrungen gemacht, die mich Pessimismus lehrten" (ebd., S. 14).

Der angedeutete Konflikt legitimiert nach ihrer Überzeugung alle moralerzie-
herischen Bemühungen, so daß sie folgenden Appell an die Erwachsenen richtet:
„Alle die um die Erbsünde im Menschen wissen, sollten durch Liebe und Achtung
vor dem Kinde den Willen zum Guten stärken, statt die Neigung zum Bösen durch
erzieherische Maßnahmen und ihre Folgen zu unterstützen" (1988, S. 17). Zunächst müssen sie zwischen der nur vermeintlich bösen Tat (naughtiness) des Kindes, die oft eine Reaktion auf unangemessene Erziehungsmaßnahmen darstellt, sowie der moralisch minderwertigen Handlung (badness) unterscheiden lernen (vgl.
1966b, S. 51; 1989, S. 173ff; 1994, S. 343ff). Angesichts der Plastizität des Menschen im Sittlichen und in Anbetracht globaler Bedrohungen bezeichnet MONTES-
SORI es als unabdingbare Aufgabe, „den verantwortlichen Menschen vorzubereiten" (1973, S. 64). Auf allen Entwicklungsstufen sollen die sittlich-soziale und die
religiös-kosmische Erziehung das Kind beim Erwerb klarer ethischer Normen
unterstützen und Hilfen zur reflektierten Selbstbindung an Normen und Werte anbieten.

Dabei gilt es, wie bei allem pädagogischen Handeln, an den Besonderheiten
der *Sensiblen Phasen* anzusetzen. Da ein Kind jedoch in ethischer Hinsicht nicht
ebenso schöpferisch sein kann wie in anderen Entwicklungsbereichen, bedarf es
entsprechender Hilfen, welche ihm die klare Unterscheidung von Gut und Böse erleichtern. Vor allem ist zur Orientierung das Vorbild des Erwachsenen gefordert,
ohne das ein Kind die inhaltliche Füllung sittlicher Kategorien kaum zu leisten
vermag. In besonderem Maße aber gilt nach MONTESSORI, „daß Sittlichkeit aus einer sozialen Beziehung mit anderen Menschen kommt" (1979, S. 92). Bedeutsamer als moralische Belehrungen ist die Herbeiführung lebenswahrer Situationen,
in denen Kinder zu gegenseitiger Achtung und Respekt angeregt werden (vgl.
1976, S. 36f; 1994, S. 349f). Die sittliche Erziehung des jungen Kindes wird von
MONTESSORI primär als funktionaler Prozeß der Internalisierung von Bewertungs-
maßstäben aus der sozialen Umgebung verstanden.

Die aktive Teilnahme am Lebensvollzug der altersgemischten Gemeinschaft
und die Bindung an das Eigenrecht der gegenständlichen Welt bilden das tragende Fundament für den Aufbau der Fähigkeit zu wertbestimmtem Verhalten, welches sich zunehmend am individuellen Gewissen als höchster Instanz und „Anwalt
des Guten im Menschen" (HELMING 1987, S. 143) orientiert. Etwa ab dem sechsten Lebensjahr des Kindes sollten Erwachsene als „Missionare der Moral" (1984,
S. 186) auch gezielt zur rationalen Betrachtung ethischer Fragen auf einer höheren Bewußtseinsebene anregen. Dabei müssen sie dem Kind „ein klares Bild davon geben, was wesentlich gut und schlecht ist" (1995b, S. 104). Im Jugendalter

mit seinem ethischen Rigorismus muß schließlich die Anleitung zur kritischen Auseinandersetzung mit den moralischen Normen der Gesellschaft sowie zur Entwicklung einer reflektierten, eigenständigen Sittlichkeit einsetzen. Hier bilden nach MONTESSORI die Entwicklung eines universalen Bewußtseins und der Bereitschaft zur verantwortlichen Mitwirkung an den *kosmischen Aufgaben* zentrale Anliegen sittlicher Erziehung.

Mehr als bei anderen Erziehungsaufgaben fordert MONTESSORI in dieser Hinsicht die Aktivität und Präsenz eines fürsorglichen Pädagogen, erkennt sie doch in der Liebe die stärkste vitale und zugleich sittliche Kraft. Im Rückgriff auf die religiösen Wurzeln ihres Denkens bezeichnet sie die Liebe als inneren moralischen „Sinn an der Wurzel des Lebens" (1976, S. 305), mit dessen Hilfe der Mensch zwischen Gut und Böse zu unterscheiden und sittlich zu handeln vermag. Nach MONTESSORI weiß jeder intuitiv um diesen moralischen Sinn, allerdings verfügt nur der Liebende über diese Sensibilität oder Schaukraft: „Die Liebe ist die Verbindung zwischen den Seelen und Gott; wenn diese besteht, ist alles andere Nichtigkeit. Das Gute entspringt ihr so natürlich, wie die Strahlen der Sonne entspringen" (ebd., S. 305f). Da Gott Ursprung alles Guten ist, wird der Erzieher zum Anreger sittlicher Entwicklung, indem er sich zur „Quelle der Liebe" (ebd., S. 312) und zur „Nahrung für die reinen Seelen der Kinder" (ebd., S. 310) macht. Erwachsene werden nach MONTESSORI zu vollkommenen Erziehern, wenn sie sich „mit moralischem Reichtum anfüllen und indem sie in jeder Einzelheit voller Antworten sind" (ebd., S. 312).

Über diese metaphysischen Betrachtungen hinaus stellt MONTESSORI keine systematischen Überlegungen zur vorliegenden Frage an, erst recht legt sie kein detailliertes Curriculum für sittliche Erziehung vor. Dies ist in gewisser Weise unbefriedigend, zeigt sie doch keine konkreten Verhaltensmöglichkeiten des Erziehers auf, die das oben Ausgeführte hinreichend erläutern könnten. Insbesondere bleibt offen, inwieweit der angenommene moralische Sinn des Erwachsenen wirklich eine tragfähige Basis für die moralische Erziehung junger Menschen sein kann. Daher wäre auch eine präzisere Bestimmung dessen, was als Gut bzw. Böse anzusehen ist, hilfreich. Dennoch erscheint in diesem Kontext MONTESSORIS Hinweis wesentlich, daß Menschen möglicherweise dazu veranlagt sind, gleichsam intuitiv und von innen heraus sittlich handeln zu können, noch bevor sie über einen rationalen Begriff von Sozialität verfügen. An diese sittlichen Potentialitäten im Menschen knüpft sie erzieherisch an und führt das Kind kontinuierlich zur bewußten Entscheidung und Übernahme von Verantwortung für sein Tun. Dadurch wird die Entwicklung von der gelebten zur sittlichen Freiheit als „Freiheit der Bindung" (BUYTENDIJK 1952, S. 296) möglich. Da dieser Prozeß an Anlässe rückgebunden

ist, welche das Staunen und die Ehrfurcht vor den Dingen evozieren, darf es nach
BUYTENDIJK als besonderes Verdienst MONTESSORIS angesehen werden, „Situationen von einer höchst verpflichtenden Art erfunden zu haben" (ebd.,
S. 299), in denen der junge Mensch sich frei zu schöpferischen Bindungen ent-
schließen kann. Durch den unmittelbaren Anruf von menschlicher Gemeinschaft
und Umgebung erhält er ständig die Gelegenheit zur Erfahrung einer „wirklich gelebten sittlichen Freiheit" (ebd., S. 301).

Für die Unterrichtspraxis ergeben sich daraus weitreichende Konsequenzen.
Da jedes Kind ein Recht auf konzentrierte Arbeit hat, muß die Freiheit des einzelnen „als *Grenze* das Gemeinwohl haben, als *Form* das, was wir als Wohlerzogen-
heit bei seinen Manieren und seinem Auftreten bezeichnen. Wir müssen also dem
Kind all das verbieten, was die anderen kränken oder ihnen schaden kann oder was
als unschickliche oder unfreundliche Handlung gilt" (1994, S. 57). Diese Bindung
an das Wohl der Gemeinschaft durch die Beachtung des Gruppengesetzes macht
das Individuum erst frei für die Ausführung selbstgewählter Aktivitäten. Auch das
Hören auf *„die Stimme der Dinge"* (ebd., S. 95) dient dem Aufbau innerer Freiheit. Da die Arbeit mit einem Material nur bei sachgerechter Handhabung bildungswirksam ist, bindet sich das Kind mit der Wahl eines Arbeitsmittels auf bestimmte Zeit und für gewisse Tätigkeiten an diesen Gegenstand. Indem es akzep-
tiert, daß man ein Mikroskop nicht als Briefbeschwerer benutzt (vgl. BUYTENDIJK
1990, S. 76f), lernt es immanente Sachansprüche anzuerkennen und versteht, daß
der Mensch nicht alles nur als Mittel für eigene Zwecke betrachten darf.

Wenn die MONTESSORI-Schule ein Ort sein soll, „wo das Kind in seiner Freiheit leben kann" (1976, S. 135), ist somit keine Grenzenlosigkeit gefordert, sondern soviel Freiheit wie möglich und soviel Bindung wie nötig. Es gilt das jeweils
angemessene Maß der kindlichen Umgebung zu ermitteln, so daß sich die Frage
nach der konkreten Gestalt der Freiheit nur für jede Entwicklungsstufe bzw. das
einzelne Kind individuell beantworten läßt. Da ein Dreijähriger eine andere Umgebung benötigt als das ältere Kind, muß „auch der Weg seiner Freiheit anders
sein" (ebd., S. 142).

2.3.3 Prinzipien der Freiarbeit im Sinne Maria Montessoris

Der Versuch einer differenzierten Darstellung der Freiarbeit nach MONTESSORI ist
mit gewissen Schwierigkeiten verbunden, da sie keine typischen und plastisch dar-
stellbaren „'Formal-Stufen' der Freien Arbeit" (MAYER 1992, S. 27; vgl. H. D. ZIM-

MERMANN 1994, S. 92) aufweist, welche über die bereits beschriebenen Phasen des Konzentrationszyklus hinausgehen (vgl. Kap. 2.1 6.1). Im folgenden sollen daher einige Grundprinzipien und Dimensionen skizziert werden, welche den Charakter der Freiarbeit wesentlich prägen und ihren Ablauf strukturieren. Dabei wird unter Freiarbeit im Sinne MONTESSORIS mit LUDWIG eine Unterrichtsform verstanden,

> „in welcher der Schüler aus einem differenzierten Lernangebot den Gegenstand seiner Tätigkeit, die Ziele, die Sozialform sowie die Zeit, die er auf den gewählten Aufgabenbereich verwenden will, im Rahmen allgemeiner Vorstrukturierungen selbst bestimmen kann. Für den Ablauf der selbstgewählten Arbeit gilt, daß der Schüler sich frei im Raum bewegen und auch Kontakte mit Mitschülern aufnehmen darf, etwa um ihnen zu helfen oder sich helfen zu lassen, sofern und soweit die Arbeit der anderen Schüler dadurch nicht gestört wird. Mit der Wahl der Arbeit ist die Verpflichtung verbunden, sie möglichst auch zu Ende zu führen" (LUDWIG 1996, S. 247).

Exemplarisch soll die Freiarbeit anschließend an einem ausgewählten Beispiel illustriert (vgl. Kap. 2.3.4) und hinsichtlich ihrer sozialerzieherischen und sozialintegrativen Relevanz (vgl. Kap. 2.3.6) analysiert werden.

2.3.3.1 Das Prinzip der Bildungskontinuität

MONTESSORI beklagt die mangelnde Flexibilität bzw. Kontinuität zwischen den einzelnen Stufen institutionalisierter Bildung und Erziehung und fordert in dieser Hinsicht eine stärkere Berücksichtigung menschlicher Entwicklungsbedürfnisse (vgl. 1938, S. 19). Aus diesem Grunde betrachtet sie Kinderhaus und Grundschule als institutionelle Einheit (vgl. 1989, S. 165), in der Kinder vom dritten bis zum zwölften Lebensjahr ohne abrupte Zäsur leben und lernen. Im Kinderhaus erfolgt der Beginn eines eigenwertigen Unterrichts, der in der Schule seine kontinuierliche Fortführung erfährt, ohne in der Form wesentlich zu variieren. Anstelle der sonst üblichen räumlichen Trennung sieht MONTESSORI einen engen Kontakt und lebendigen Austausch vor, wie er an vielen niederländischen und italienischen Einrichtungen bis heute gepflegt wird.

Die Heterogenität vieler Eingangsklassen macht deutlich, daß nicht alle Kinder zeitgleich schulreif werden. Selbst beim einzelnen Kind sind Schulpflichtigkeit und Schulfähigkeit oft nicht kongruent, so daß nach Ansicht vieler Pädagogen mit dem gesetzlichen Einschulungstermin immer auch „der Förderunterricht eingeschult (wird)" (ELSNER 1989, S. 139). Das weit entwickelte Kind wird in diesem System unterfordert, während ein anderes noch mehr Zeit benötigt, um wirklich schulreif und schulwillig zu werden. Für eine zeitlich flexible Einschulung bzw. die Schaffung gleitender Übergänge spricht aus der Sicht MONTESSORIS daneben auch die Tatsache, daß bereits im Kinderhaus Lernprozesse angeregt werden, an die sich in der Schule problemlos anknüpfen läßt. Die Arithmetik kann sich aus der Arbeit mit dem Dimensionsmaterial entwickeln, das Zeichnen wird durch die Schulung von Auge und Hand vorbereitet, das Schreiben ergibt sich aus Tastübungen (vgl. 1994, S. 356).

Da die Kinder von Anfang an eigenen Lerninteressen nachgehen und sich auch schulische Inhalte aneignen dürfen, ist für MONTESSORI die institutionelle Synthese von Vorschule und Schule eng mit dem Prinzip der offenen Türen und der freien Zirkulation verbunden. Diese „Freiheit des Verkehrs zwischen den verschiedenen Stufen" (1989, S. 166) erlaubt eine Aufgabenwahl, die auf die persönliche Leistungsstärke abgestimmt ist und die Befriedigung von Lernbedürfnissen zu dem vom Kind gewählten Zeitpunkt ermöglicht. Ältere Schüler können in den Räumen der jüngeren bereits bekannte Übungen vertiefen, während das kleine Kind vielleicht in den höheren Klassen Aufgaben bearbeitet, die man ihm gewöhnlich noch gar nicht zutraut. Entscheidend ist, daß niemand, etwa mit Blick auf den späteren Schuleintritt, künstlich in seiner Entwicklung zurückgehalten wird. Auf den höheren Stufen erlaubt das Prinzip der Bildungskontinuität im Laufe des Schuljahres einen flexiblen und kindgerechten Wechsel von einer Gruppe in eine andere, wenn ein solcher ratsam erscheint. Hierduch wird auch das Problem des Sitzenbleibens erheblich gemindert.

MONTESSORIS Anliegen eines einheitlichen Bildungsweges für alle Kinder regt ab den 50er Jahren auch in Deutschland die Gründung von „MONTESSORI-Zentren" an, die sich durch die räumliche Integration oder Nähe von Kinderhaus, Grundschule und weiterführender Schule auszeichnen. Allerdings werden diesen Einrichtungen aufgrund schulpolitischer Rahmenbedingungen erhebliche Kompromisse abverlangt, so daß vor allem die flexiblen Übergänge zwischen Kinderhaus und Grundschule nicht realisiert werden können. Dabei stimmt es nachdenklich, daß beide Institutionen etwa in Nordrhein-Westfalen bis heute unterschiedlichen Ministerien zugeordnet sind! Diese Struktur weicht insofern von MONTESSORIS Idealvorstellungen ab, als man statt der erwünschten „Einheit eine Dreiheit" (DERNBACH 1991, S. 138) von Elementar-, Primar- und Sekundarstufe vorfindet. Weitere Konzessionen betreffen den zeitlichen Umfang von Freiarbeit sowie die Bildung altersgemischter Lerngruppen, so daß oft von „Kompromißschulen" gesprochen wird (vgl. GÜNNIGMANN 1979, S. 72ff). Die skizzierten pädagogisch-didaktischen Chancen eines kontinuierlichen Bildungsweges können somit nicht ausgeschöpft

werden, da häufig die erfolgreiche Arbeit des Kinderhauses in der Grundschule
nicht mehr fortgesetzt wird bzw. die Schule nicht auf die Grundlegung freier Arbeitsweisen im Kinderhaus vertrauen kann (vgl. SCHULZ-BENESCH 1982).

2.3.3.2 Das Prinzip der Altersmischung

Mit diesem ersten Grundsatz ist für MONTESSORI das Prinzip der Mischung der Lebensalter eng verbunden. Eine artifizielle Isolierung der Schüler in altershomoge-
nen Jahrgangsklassen lehnt sie ab, denn es ist „unmenschlich und grausam, Menschen gleichen Alters zusammenzutun" (1984, S. 203), weil dadurch das „Band
des sozialen Lebens" (ebd.) zerrissen wird. In der Schule um die Jahrhundertwende werden echte soziale Erfahrungen „nur in den Pausen oder bei den seltenen
Ausflügen" (ebd., S. 202) gemacht und die gegenseitige Hilfe der Kinder ist meist
unerwünscht. Somit findet dort keine adäquate Vorbereitung auf das Leben in der
Gesellschaft statt.

Schon früh fordert MONTESSORI daher die lebensnahe Vereinigung von Kindern
je dreier Altersstufen in einer Lerngruppe (3-6 Jahre; 6-9 Jahre; 9-12 Jahre) als „eine der Grundlagen der Selbsterziehung" (zit. nach OSWALD/SCHULZ-BENESCH [Hg.]
1983, S. 98). Das Prinzip der Altersmischung stellt für sie die entscheidende Voraussetzung für eine erfolgreiche Unterrichtspraxis nach ihren Grundsätzen dar. Zur
Begründung führt sie an, daß die altersgemischte Gruppe außerschulischen Gesellungsformen der Kinder entspricht und sich ihr Bildungsgefälle in erzieherischer
und unterrichtlicher Hinsicht nutzen läßt. Eine Zahl von dreißig bis vierzig Kindern
pro Gruppe erscheint ihr dabei optimal (vgl. 1989, S. 165).

Durch die Mischung der Lebensalter ergeben sich vielfältige Lernanregungen
und Anlässe zu gegenseitiger Hilfe, da eine „natürliche geistige Osmose" (1984,
S. 203) zwischen den Kindern besteht. Für MONTESSORI sind deren gegenseitige
Erklärungen und Belehrungen „regelrechter Unterricht, da die Geistesform des
fünfjährigen Kindes dem des dreijährigen so nahe ist, daß das Kleine von ihm
leicht aufnimmt, was wir ihm nicht erklären können. Zwischen ihnen besteht eine
Harmonie und eine Lehrgabe, wie sie selten zwischen Erwachsenen und Kindern
zu finden sind" (ebd.). Auch die Eingliederung von Neulingen in die Gruppe wird,
etwa durch die Übernahme von Patenschaften durch ältere Schüler, erheblich erleichtert. Da die Altersmischung in sozialerzieherischer und sozialintergrativer
Hinsicht außerordentlich wirksam ist, scheint die pädagogische Leitung einer solchen Gemeinschaft leichter zu sein als die Führung einer Jahrgangsklasse (vgl.

Kumetat 1987, S. 23).

Sie begünstigt die Ausbildung von „Grundqualitäten sozialen Verhaltens" (Holtstiege 1995a, S. 103) wie Kooperation, Hilfsbereitschaft, Achtung und Rücksichtnahme, Aufgeschlossenheit und Toleranz. Hervorzuheben sind ebenfalls die besonderen Möglichkeiten der Kompensation sozialer Erfahrungsdefizite z. B. von Einzelkindern sowie die Verhinderung sozialer Ausgrenzung Schwächerer. Somit ermöglicht das Prinzip der Altersmischung die Schaffung vielfältiger „sozialer Erfahrungsfelder" (ebd., S. 106) für die Schüler. Allerdings ist anzumerken, daß seit der Grundschulreform Ende der 60er Jahre an den Montessori-Grundschulen die Einrichtung von zwei bzw. vier Jahrgänge umfassenden Lerngruppen zur Regel geworden ist und teilweise sogar die Jahrgangsklasse beibehalten wird. Die Altersmischung von drei Jahrgängen findet sich vor allem in den Niederlanden und Italien, d. h. Ländern mit einer sechsjährigen Primarstufe.

2.3.3.3 Das Prinzip der Wahlfreiheit

Arbeit und Freiheit stellen nach Montessori das Fundament einer harmonischen Entwicklung dar und „Freiheit bedeutet, dem Lebensbedürfnis nach bildender Arbeit genügen zu können" (1938, S. 20). Dabei entscheidet das Kind darüber, welcher Aufgabe es sich zuwendet, wo und wie lange es arbeitet, ob es alleine tätig wird oder mit einem bzw. mehreren Partnern. Dieses Prinzip der Wahlfreiheit macht die Freiarbeit zum Angelpunkt des Persönlichkeitsaufbaus. Freie Arbeit ihrerseits macht, so Montessori, das Kind „glücklich" (1992, S. 84) und wahrt letztlich seine Würde (vgl. 1985, S. 122).

Montessori berichtet, daß die Leiterin eines Kinderhauses eines Tages verspätet eintrifft und die Kinder sich bereits ihre Arbeitsmittel aus den Regalen geholt haben. Während die Erzieherin dies als „Ausdruck diebischer Instinkte" (1995, S. 126) deutet, folgert Montessori, daß die Kleinen mit den Materialien bereits vertraut genug sind, um selbständig auswählen zu können. In der Folgezeit läßt sie ihnen daraufhin die freie Wahl der Tätigkeit. Was hier wie die zufällige Entstehung des elementaren Grundsatzes ihrer Pädagogik aussieht, findet an anderer Stelle seine fundierte anthropologische Begründung. Nach Montessoris Überzeugung erlaubt das Prinzip der Wahlfreiheit sowohl die Offenbarung innerer Motive wie auch deren Befriedigung zum jeweils optimalen Zeitpunkt. Daher gilt für sie: „Wir haben weder im Kinderhaus noch in der Schule ein festes Programm. Wir bauen nicht auf dem Kollektiv-Unterricht auf" (1988, S. 22).

Allerdings kann es eine echte Wahl nur zwischen bekannten Optionen geben. Daher wird dem Kind in Einführungslektionen die Kenntnis der Materialien, ihrer Handhabung und Einsatzmöglichkeiten vermittelt. Wirkliche Wahlfreiheit setzt zudem eine individuell abgestimmte Angebotsbegrenzung voraus, da eine Überforderung durch Überangebot ebenso zu vermeiden ist wie Unterforderung durch mangelnde Anregung. Aus dem gleichen Grunde müssen die Lernangebote echten Entwicklungsbedürfnissen entsprechen und sollen nicht durch rein äußerliche Attraktivität zu oberflächlicher Neugier reizen. Häufig werden indes Bedenken geäußert, wie bei so viel Freiheit an den MONTESSORI-Schulen curriculare Vorgaben erfüllt und die Kinder angemessen auf die Sekundarstufe vorbereitet werden. Damit ist auch die Frage nach den Möglichkeiten der Leistungsmessung angesprochen, da ein weitgehend individualisiertes und zieldifferentes Arbeiten doch kollektive Lernerfolgskontrollen ausschließt. Auf diese Fragen kann hier nicht im einzelnen eingegangen werden. Allerdings ist darauf zu verweisen, daß MONTESSORI-Schulen an die Vorgaben der jeweiligen Richtlinien und Lehrpläne gebunden sind und sich von der Regelschule nur in bezug auf den Weg unterscheiden, auf dem die dort formulierten Lernziele erreicht werden.

Eine Sichtung der Literatur ergibt das einheitliche Bild, daß MONTESSORI-Schüler in dieser Hinsicht keinerlei Nachteile erfahren. Sie leisten dasselbe wie Regelschüler, nur eben in freieren Lernformen und - empirisch gesichert - stärker nach eigenem Arbeitsrhythmus. Dabei gehen sie nach Maßgabe individueller Möglichkeiten teilweise sogar deutlich über die curricularen Anforderungen hinaus. Oft zeichnen sich MONTESSORI-Schüler durch ihre besonders selbständige Arbeitsweise, die ausgeprägte Lernfreude und ihr positives Sozialverhalten aus (vgl. BUYTENDIJK 1990, S. 81f; ESSER/WILDE 1989, S. 170ff; FÄHMEL 1981, S. 264). Nach den Ergebnissen einer empirischen Studie von R. FISCHER nutzen Kinder in der MONTESSORI-Freiarbeit die zur Verfügung stehende Zeit bei Werten von über 90% nahezu vollständig (vgl. R. FISCHER 1982, S. 121) und wählen dabei in der Regel Aufgaben mit „optimal passendem" Schwierigkeitsgrad. Als gegenstandslos scheinen sich hingegen Bedenken zu erweisen, die den Kindern frei überantwortete Themenwahl könnte die Bandbreite der curricularen Inhalte nicht hinreichend umfassen. FÄHMEL stellt in ihrer Studie keinerlei einseitige Interessendominanz fest (vgl. FÄHMEL 1981, S. 227) und auch KAYSER/SCHÄKEL „haben bisher in keinem Fall beobachtet, daß ein Kind durch Freie Arbeit einseitig gebildet wurde und andere Bereiche auf Dauer vernachlässigt hat" (KAYSER/SCHÄKEL 1994, S. 30).

Zu einem ähnlichen Resultat gelangt SUFFENPLAN im Rahmen seiner Lang-zeitbeobachtung an einer Kölner MONTESSORI-Schule. Sein Untersuchungs-schwerpunkt liegt auf der „Rhythmik der Aktivität innerhalb schulischer Interes-senbereiche bei 9-11 jährigen Kindern" (SUFFENPLAN 1975, S. 1). Wie FÄHMEL er-kennt er im hohen Anteil an Vorplanungen sowie in den sehr intensiven und stör-stabilen Konzentrationsvorgängen eine starke intrinsische Motivation der Schüler und ihre Befähigung zur Selbststeuerung von Lernprozessen (vgl. ebd., S. 37f; ders. 1973, S. 30). Statt einseitiger Festlegung auf Lieblingsgebiete zeigen die Kin-der eine klare Tendenz zur inhaltlichen und zeitlichen Zentrierung. Langfristig kommt es dabei zur Ausbildung von Hierarchien, in denen alle Fachbereiche gleichgewichtig und im Sinne einer makroperiodischen Verlaufsform der Interes-sentfaltung rhythmisch einander abwechseln (vgl. ebd., S. 25; ders. 1977, S. 39).

Insgesamt belegen alle genannten Untersuchungen zur Freiarbeit im Sinne MONTESSORIS ein hohes Maß an Selbständigkeit der Schüler in Planung, Durch-führung und Reflexion eigeninitiierter Lernprozesse nach individuellem Rhyth-mus, trotz oder besser aufgrund des Prinzips der Wahlfreiheit. Diese Befunde sind allerdings nicht nur für den aktuellen Schulerfolg von Kindern relevant, sondern vor allem im Hinblick auf den Aufbau eines konstant positiven Arbeits- und Sozi-alverhaltens. Die Entwicklung individueller Persönlichkeits- und Leistungsprofi-le läßt sich in der Freiarbeit differenzierter beobachten als im Klassenunterricht, da alle Stärken und Schwächen der Kinder viel offener zutage treten. Praxiser-probte Erfassungsbögen oder Lernpässe dienen ihrer kontinuierlichen Dokumen-tation (vgl. ESSER/WILDE 1989, S. 148ff; FÄHMEL 1981, S. 104ff; FREIDHOFF 1991, S. 159ff; IMS [Hg.] 1995, S. 163ff; KAYSER/SCHÄKEL 1994, S. 31ff; STROTZKA/ WEINHÄUPL 1993, S. 220ff). Die eigentliche Leistungsmessung erfolgt allerdings primär durch die Selbstkontrolle am Material, durch Arbeitspartner oder Kontroll-blätter. Daneben finden sich unterschiedliche Verfahren wie Einzelüberprüfung, Kontrollarbeit in der Kleingruppe oder Heftdurchsicht durch den Lehrer.

Wie bei jeder Unterrichtsform ist der allgemeine Lernerfolg in der Freiarbeit an die Erfüllung verschiedener Voraussetzungen gebunden. Neben der entspann-ten Atmosphäre und einem vertrauensvollen Lehrer-Schüler-Verhältnis stellt hier jedoch das Prinzip der Wahlfreiheit den entscheidenden Faktor dar. Die Möglich-keit einer individuellen Dosierung des Anspruchsniveaus läßt das Kind häufiger durch eigene Anstrengung zu positiven Ergebnissen gelangen und begünstigt so-mit das Entstehen einer berechtigten Erfolgszuversicht. Diese ist besonders für schwächere und zurückhaltende Schüler bedeutsam, die im lehrerzentrierten Fron-talunterricht oft solche Bestätigungen entbehren müssen. Daneben trägt aber auch das hohe Maß an Transparenz über die Lernziele zur Entwicklung einer optimistischen Grundhaltung bei und verleiht den Schülern ein Gefühl von Sicherheit. Dies fördert eine dauerhafte Lernfreude und die Entwicklung eines persönlichen Verantwortungsgefühls für die eigene Bildungsarbeit.

Diese Erfahrungen, welche SCHULZ-BENESCH schon bei seinen ersten Versuchen mit Freiarbeit macht (vgl. SCHULZ-BENESCH 1964, S. 76ff), werden immer wieder bestätigt. Erst in dem jüngst veröffentlichten Evaluationsbericht über einen Salzburger Schulversuch mit Freiarbeit nach den Prinzipien MONTESSORIS heißt es: „Die niedrigen Zahlen der Absenzen, Elternrückmeldungen und Schüleraussagen lassen den Schluß zu, daß die konsequente Berücksichtigung der Individuallage die Anstrengungsbereitschaft und Schulfreude erhöht und Phänomene wie Unlust und Schulangst in erkennbar geringerem Maß auftreten (STROTZKA/WEINHÄUPL 1993, S. 194). Daß zur Entstehung einer solchen Lernmotivation die Unterrichtsform Freiarbeit mit ihrem zentralen Grundsatz der Wahlfreiheit in erheblichem Maße beiträgt, belegen auch die Ergebnisse entsprechender Schülerbefragungen (vgl. ESSER/WILDE 1989, S. 172ff; FISGUS/KRAFT 1994, S. 30; JONES 1987, S. 151ff; KUMETAT 1985, S. 112ff; WITTENBRUCH/WERRES [Hg.] 1991, S. 151f).

2.3.3.4 Das Prinzip der Rhythmisierung des Tagesablaufes

Im Hinblick auf den Tagesablauf in MONTESSORI-Kinderhäusern und -Grundschulen kann von einer Uniformität keine Rede sein. Da aber die Arbeit des Kindes in Freiheit auf allen Entwicklungsstufen oberstes Leitprinzip ist, lassen sich zumindest einige verbindende Merkmale ausmachen, die hier skizziert werden sollen.

Wie bereits ausgeführt, ist die sorgfältige *Vorbereitung der Umgebung* von entscheidender Bedeutung. Beobachtungen vom Vortage und schriftliche Aufzeichnungen helfen dabei, Lernangebote gezielt auszuwählen und Übungen, Lektionen oder Spiele vorzubereiten (vgl. KLEIN 1995, S. 14). Charakteristisches Merkmal der MONTESSORI-Einrichtungen ist sodann der individuelle Beginn am Morgen, der wesentlich durch den Aktivitätsdrang der Kinder geprägt ist. In der heutigen Praxis stehen gewöhnlich die ersten zwei bis drei Stunden für die freien Aktivitäten zur Verfügung, wobei der Zeitrahmen für den flexiblen Anfang in der Schule etwas enger gesteckt ist als im Kinderhaus. Viele Kinder wenden sich bereits vor dem offiziellen Unterrichtsbeginn einer Arbeit zu, die sie sich für den Tag vorgenommen haben, denn erfahrungsgemäß gibt es „genug Gründe, sich beim

Betreten der Klasse nicht gleich kopfüber in eine Arbeit zu stürzen. Aber es gibt in der Tat noch mehr Gründe, es zu tun" (ELSNER 1989, S. 140).

Während der Freiarbeit wählen die Kinder ihre Aufgaben aus den einzelnen Lernbereichen und gehen unterschiedlichsten Aktivitäten nach, so daß sich insgesamt ein sehr facettenreiches Bild bietet. Neben den verschiedenen Sozialformen wie Einzel-, Partner- und Gruppenarbeit trägt zu diesem Eindruck auch die Tatsache bei, daß sich die Schüler frei im Raum bewegen und ihren Arbeitsplatz wählen. Da in der MONTESSORI-Praxis die „Schulen ohne Klingel" (ELSNER 1970) dominieren, können sie sich bei relativer Zeitfreiheit in Ruhe ihren Aufgaben widmen und mit Freude an der Sache lernen. Auch in der Einschätzung zahlreicher Hospitanten ist die MONTESSORI-Schule eine Stätte geistiger Selbstbildung in Muße, da hier dem individuellen Arbeitsrhythmus der Kinder in besonderem Maße Rechnung getragen wird. Ein Kind unterbricht dann seine Arbeit, wenn es eine Pause benötigt. Dabei kann es auch vorkommen, daß infolge der konzentrierten Versenkung in eine Aufgabe die Pause ganz vergessen wird. Dieses produktive Lernklima führt auch dazu, daß eine vorübergehende Abwesenheit der Leiterin meist kaum zur Kenntnis genommen wird.

Im Hospitationsbericht des Besuchers einer Kölner MONTESSORI-Schule heißt es: „Die Kinder kamen mit Freude zur Schule. Es herrschte eine lebendige Stille, die konzentrierter, lustvoller und vielseitiger Arbeit weiten Raum gab. Die Kinder hatten Spaß daran, hinter eine Sache zu kommen. Ohne Aufforderung gingen sie intensiv ihrer Arbeit nach, ohne sich gegenseitig zu stören. Man spürte, daß die Arbeitsfreudigkeit von innen kam und daher auch fruchtbringend ausfiel" (zit. nach ELSNER 1970, S. 19).

Der Freiarbeit schließen sich im weiteren Verlauf des Schultages mannigfaltige Gemeinschaftsaktivitäten an, die von Spiel, Sport, Musik und Gartenarbeit bis hin zu Gespräch, Fachunterricht, Projekt oder Exkursion alle Tätigkeiten umfassen, die an Regelschulen auch anzutreffen sind. Obschon der Schwerpunkt des schulischen Lernens prinzipiell auf der Eigeninitiative der Kinder liegt, wird auch in der MONTESSORI-Schule ein sach- und kindgerechtes Verhältnis von Einzel- und Gruppenarbeit, Gespräch oder Lektion angestrebt, die stets sinnvoll ineinandergreifen sollten. MONTESSORI-Schüler lehnen keineswegs den Fachunterricht ab. Dazu bemerkt Hans ELSNER: „Natürlich lieben Kinder Fachunterricht. Es ist nur die Frage, ob man ihn an einem Vormittag 5 Stunden lang ertragen kann" (ebd., S. 14). Aus diesem Grunde zeichnet sich der Tagesablauf einer MONTESSORI-Schule durch den fließenden Beginn, die Abwechslung aktiver und kontemplativer

Momente, die stärkere Ermöglichung von Eigenaktivität sowie die individuellere Pausengestaltung aus. Dies trägt in hohem Maße dem kindlichen Lebens- und Arbeitsrhythmus Rechnung und fördert dadurch die Humanisierung des Schul- und Unterrichtslebens.

2.3.4 Die Praxis der Freiarbeit am Beispiel des Mathematik-Materials

Die wesentlichen Prinzipien und Strukturelemente der Freiarbeit im Sinne MONTESSORIS werden nachfolgend am Beispiel der Arbeit mit dem Goldenen Perlenmaterial dargestellt (vgl. MONTESSORI-VEREINIGUNG 1992, Bd. 1, S. 104ff; Bd. 3, S. 12ff). Da es zu den Arbeitsmitteln zählt, die sowohl im Kinderhaus als auch in der Grundschule angeboten werden, repräsentiert es in gewisser Weise MONTESSORIS Vorstellung einer institutionell verankerten Bildungskontinuität. Bevor Beschaffenheit, Funktion und Stellenwert dieses didaktischen Materials im Gesamtzusammenhang erläutert werden, sind einige Bemerkungen zu den Grundlagen der mathematischen Bildung bei MONTESSORI vorauszuschicken.

2.3.4.1 Mathematischer Geist und mathematische Bildung bei Maria Montessori

Für MONTESSORI ist die Beobachtung bedeutsam, daß schon das Vorschulkind vielfältige Erfahrungen mit Zahlen macht und dabei konkrete Lerninteressen entwickelt. Es zählt kleine Mengen von Gegenständen und ist stolz, wenn es die Zahlwortreihe bis zwanzig oder mehr beherrscht. Im sozialen Miteinander erwirbt es eine erste Vorstellung von der Grundoperation des Teilens. Daneben zeigt sich eine ausgeprägte Sensibilität für Ordnung im Denken und Präzision in der Ausführung von Bewegungen. Hierin erkennt MONTESSORI ein Grundbedürfnis desjenigen Teils des menschlichen Geistes, „der sich durch die Exaktheit aufbaut" (1984, S. 165). Diesen bezeichnet sie im Anschluß an den französischen Philosophen und Mathematiker PASCAL als *mathematischen Geist*. Mit dem frühen Beginn mathematischer Bildung beabsichtigt sie, diese Geisteskraft sowie die „besondere Begabung des kindlichen Geistes für Mathematik" (1994, S. 308) zum optimalen Zeitpunkt zu fördern.

Dieser liegt nach ihrer Erkenntnis deutlich vor dem sechsten Lebensjahr, so daß schulischer Mathematikunterricht eigentlich zu spät einsetzt. Mit seinen herkömmlichen Methoden verhindert er nach MONTESSORI oftmals sogar tiefere Einsichten und tötet den *mathematischen Geist* durch monotone Übungen ab, statt ihn anzuregen. Dabei prägen sich Kinder häufig nur Formeln und Rechentechniken ein, ohne echtes Verständnis und Interesse an mathematischen Fragestellungen zu entwickeln. Daher fordert sie eine grundlegende Reform des Unterrichts, „ausgehend von einer sinnenhaften Schulung des Geistes und gegründet auf einer konkreten Kenntnis" (ebd.), so daß die Förderung der mathematischen Veranlagung des kindlichen Geistes bereits im Kinderhaus beginnt. Hier soll sich das Kind eine konkrete Vorstellung davon bilden können, was sich hinter abstrakten Ziffern und Rechenoperationen verbirgt.

MONTESSORIS reichhaltiges Angebot an Mathematik-Materialien kann ihm die Welt der Zahlen auf anschauliche Weise begreifbar machen, da durch den Einbezug von Sinnes- und Bewegungsaktivitäten ein ganzheitliches Verständnis begünstigt und zugleich auf die Abstraktion vorbereitet wird. In diesem Sinne sind bereits die Sinnesmaterialien grundlegende „Mittel zur Entwicklung des mathematischen Geistes" (1984, S. 165), da sich mit ihnen erste mathematische Grunderfahrungen machen lassen. Allerdings verspürt das Vorschulkind oft auch schon eine Faszination am Umgang mit großen Zahlen. Während etwa die Richtlinien NRW für das erste Schuljahr die Arbeit im Zahlenraum bis zwanzig vorsehen (vgl. KULTUSMINISTERIUM NRW [Hg.] 1991, S. 30), rechnet ein Lernanfänger in der MONTESSORI-Schule nicht selten bereits in weit größeren Zahlenräumen. Mit entsprechender Kenntnis des MONTESSORI-Materials kann er sich relativ leicht den Zahlenraum bis 100. 000 selbsttätig erschließen. So sind erfahrungsgemäß bereits Vierjährige imstande, mit Hilfe des *Goldenen Perlenmaterials* diese Richtlinienforderungen deutlich zu übertreffen (vgl. 1994, S. 306).

2.3.4.2 Beschaffenheit und Stellenwert des Goldenen Perlenmaterials

Das *Goldene Perlenmaterial* entspricht in hohem Maße MONTESSORIS Anforderungen an ein gutes Arbeitsmittel (vgl. Kap. 2.2.2.3). Es besteht aus kleinen, robusten, goldfarbenen Perlen, die eine große Anziehungskraft auf Kinder ausüben. Einzelperlen repräsentieren die Menge 1, Zehnerstäbchen die 10, Hunderterquadrate stehen für die Menge 100 und der Tausenderkubus für die 1000. Hier ist die

Materialisierung einer Abstraktion insofern gelungen, als das Kind die Mächtigkeit der Stellenwerte im Dezimalsystem auch optisch und haptisch erfahren kann. Ihre Darstellung als Punkt, Linie, Fläche und Körper eröffnet ihm unbewußt einen Zugang zur Geometrie. Daneben läßt sich mit diesem Material das Wesen der Grundrechenarten im konkreten Handlungsvollzug erschließen. Diese Möglichkeit eines multisensoriellen und bewegungsbetonten Lernens entspricht in besonderer Weise der Vielfalt unterschiedlicher Lerntypen (vgl. VESTER 1978). Schließlich ist das Material so konzipiert, daß zumindest im Anfangsstadium eine optische Fehlerselbstkontrolle und die Überprüfung durch einfaches Nachzählen möglich sind, während bei komplexeren Aufgabenstellungen die Kontrolle durch Lehrer, Lösungskarte oder Taschenrechner hinzukommt.

Die Position des *Goldenen Perlenmaterials* im Koordinatensystem der Mathematik-Materialien Maria MONTESSORIS ist zentral. Es wird etwa ab dem vierten Lebensjahr angeboten und begleitet die Kinder so lange, bis sie den Übergang zur Abstraktion vollziehen. Zuvor haben sie sich bereits mit den *Numerischen Stangen,* den *Sandpapierziffern* sowie den *Ziffern und Chips* die Zahlensymbole bis 10 erarbeitet und das lineare Zählen geübt. Mit Hilfe des *Goldenen Perlenmaterials* erfolgt vor allem eine Einführung in die Struktur des Dezimalsystems und das Wesen der Grundrechenarten. Es schließt den Kindern auf anschauliche Weise die Mächtigkeit der einzelnen Stellenwerte auf, verhilft ihnen zur Einsicht in die dezimale Beziehung zwischen ihnen und bahnt indirekt geometrische Erkenntnisse an. In Kombination mit den dazugehörigen Kartensätzen lernen die Kinder zudem die Bezeichnungen der Stellenwerte und ihre Schreibweise kennen. Diese Kartensätze dienen später auch der Darstellung von Rechenaufgaben. Sie zeichnen sich durch eine systematische Farbgestaltung aus, die bei weiterführenden Mathematik-Materialien wie dem *Markenspiel,* den beiden *Rechenrahmen* oder dem *Grossen Multiplikationsbrett* wiederkehrt und daher dem Kind eine wichtige Orientierungshilfe ist: Einer (1-9) sind grün und die Zehner (10-90) blau dargestellt, Hunderter (100-900) rot und die Tausender (1000-9000) wiederum grün. Diese Farben fördern das Wiedererkennen der Stellenwerte und verdeutlichen mathematische Regelmäßigkeiten wie das ständige Wiederkehren von Einern, Zehnern und Hundertern.

Das *Markenspiel* dient der individuellen Vertiefung der vornehmlich in Gruppenaktivitäten am *Goldenen Perlenmaterial* gewonnenen Einsichten und ist daher ein Arbeitsmittel für fortgeschrittene Schüler. Die Anwendung des Gelernten erfolgt dabei auf einem höheren Abstraktionsniveau und leitet allmählich zum schriftlichen Rechnen und der Bearbeitung von Aufgaben mit hohem Schwierigkeitsgrad über. Die im *Goldenen Perlenmaterial* enthaltene Möglichkeit, die Mächtigkeit der Stellenwerte durch Tasten zu erfahren, entfällt bei den identisch großen Plättchen des *Markenspiels,* so daß das Kind nun auf seine Fähigkeit zur korrekten Identifizierung der Zahlensymbole angewiesen ist. Zusammenfassend läßt sich daher sagen, daß das *Goldene Perlenmaterial* das Herzstück in einem differenzierten System aufeinander aufbauender Mathematik-Materialien darstellt.

Dem Prinzip der Wahlfreiheit wird durch die vielseitige Verwendbarkeit dieses Arbeitsmittels auf unterschiedlichen Stufen entsprochen. Da ein Kind den Schwierigkeitsgrad und das Abstraktionsniveau seiner Aufgaben wählen darf, werden individuell optimal abgestimmte Lernprozesse möglich. Es arbeitet solange auf der konkreten Handlungsebene, bis es eine Fähigkeit sicher beherrscht und mit abstrakten Zahlen rechnen möchte. Später kann es jedoch immer wieder von der symbolischen zur konkret-anschaulichen Ebene zurückkehren und mit den Perlen operieren. Der Grundsatz der freien Wahl des Arbeitsplatzes ist in diesem Material geradezu angelegt, da es sich kaum auf dem Schülerpult einsetzen läßt. Viele Übungen werden zweckmäßigerweise auf dem Boden durchgeführt, so daß Schüler sich kleine *Arbeitsteppiche* auslegen, Absprachen treffen und gegenseitige Rücksichtnahme üben müssen. Schließlich läßt sich am *Goldenen Perlenmaterial* zeigen, daß in der Freiarbeit nach MONTESSORI verschiedene Sozialformen einander abwechseln. Während Wortlektionen in der Regel individuell gegeben werden, erfolgt die Einführung in die Grundoperationen meist in Partner- oder Kleingruppenarbeit und zeichnet sich durch ihren spielerischen Charakter aus. Daran schließen in der Regel weiterführende Einzel- oder Partnerarbeiten an. Nachfolgend soll zunächst der Verlauf einer individuellen Einführungslektion dargestellt werden.

2.3.4.3 Freies Arbeiten mit dem Goldenen Perlenmaterial

Der Schüler muß mit einem Arbeitsmittel vertraut sein, wenn er selbständig und frei damit arbeiten will. Maßgeblich ist dabei seine spezifische Lernausgangslage sowie die Bereitschaft zu einer Einführungslektion. Diese ist meist ein individueller Kontakt zwischen Leiterin und Kind, der sich durch Kürze auszeichnet statt einer „Flut von unnötigen Worten und ungenauen Erzählungen" (1994, S. 122). Entweder bekundet das Kind sein Interesse an einem Material oder die Leiterin unternimmt „einen fast schüchternen *Annäherungsversuch* bei dem Kind, von dem sie annimmt, daß es bereit ist, die Lektion aufzunehmen" (ebd., S. 120). Voraussetzung für eine Einführung in das *Goldene Perlenmaterial* ist die angemessene Kenntnis der Mengen im Zahlenraum von eins bis zehn.

Nachdem beide gemeinsam den Arbeitsplatz vorbereitet und das Material aus dem Regal geholt haben, sammelt das Kind erste Erfahrungen mit den Perlen, indem es sie berührt, wiegt und vergleicht. Danach demonstriert die Leiterin Handhabung und Lernmöglichkeiten mit ökonomischen Bewegungen und sparsamen Worten. Sobald das Kind selbständig weiterarbeiten möchte, entfernt sie sich und beobachtet es aus einiger Entfernung. Gelingt die Arbeit nicht, wird die Übung zu einem späteren Zeitpunkt noch einmal angeboten. Interesse und Begeisterung der Leiterin sind auf dieser Stufe ebenso bedeutsam wie das Material, da dieses nicht von alleine seine positiven Wirkungen zeigt. Nach MONTESSORI muß man es verstehen, „in der Seele des Kindes den darin schlummernden Menschen anzusprechen" (ebd., S. 31). Schon an der Scuola Ortofrenica waren nicht die Arbeitsmittel maßgeblich, sondern die „Stimme, die sie anrief, die Kinder weckte und dazu antrieb, das didaktische Material zu benutzen und sich selbst zu erziehen" (ebd.). Daher ist es nur in der Hand desjenigen, der es angemessen einzusetzen weiß, „ein hervorragendes Instrument" (ebd.).

Die in einer Einführungslektion erworbenen Kenntnisse werden zu einem späteren Zeitpunkt auch verbal erschlossen. In der sog. *Dreistufenlektion* oder *Lektion der drei Zeiten* (vgl. ebd., S. 174ff) werden neue Begriffe nach assoziationspsychologischer Vorgehensweise erarbeitet. Dabei handelt es sich um ein Verfahren, welches MONTESSORI bereits bei SEGUIN vorfindet (vgl. SEGUIN 1912, S. 146). Dieser wendet es an, um bei seinen Schülern Lernprozesse auf der Grundlage reiner „Memotechnik" möglichst auszuschließen. Beim *Goldenen Perlenmaterial* lassen sich insbesondere die Bezeichnungen der Stellenwerte in drei Stufen einführen, so daß bei diesem Arbeitsmittel prinzipiell auch mit der Wortlektion begonnen werden kann:

1. Stufe: Assoziation von Sinneswahrnehmung und Namen

Zunächst wird eine Beziehung zwischen Wahrnehmung und Begriff hergestellt. Die in den Perlen materialisierten Kategorien werden nach dem Muster „Dies ist ein Einer" und „Das ist ein Zehner" durch die Leiterin benannt. Das Kind vertieft seinen optischen Eindruck durch das Betasten der jeweiligen Perlenmenge, so daß ihm das Verhältnis von Bezeichnung zu Bezeichnetem deutlich wird.

2. Stufe: Wiedererkennen des dem Namen entsprechenden Gegenstandes

Hier erfolgt die feste Verknüpfung von Objekt und Namen. Das Kind beweist durch sachangemessenes Reagieren auf Aufforderungen wie „Gib mir den Einer" und „Bring den Zehner deiner besten Freundin", daß es die Zuordnung von Perlenmenge und Bezeichnung des Stellenwertes verstanden hat. Diese Stufe enthält ein stark spielerisches Element und trägt dem kindlichen Bewegungsbedürfnis Rechnung. Sie gilt MONTESSORI als die wichtigste, da es hier durch passiven Sprachgebrauch zu einer Fixierung der Nomenklatur kommt.

3. Stufe: Erinnerung an den dem Gegenstand entsprechenden Namen

Der aktive Sprachgebrauch wird dadurch gefördert, daß das Kind auf Fragen nach dem Muster „Was ist dies?" die neuen Begriffe wiederholt und die gezeigten Perlenmengen korrekt benennt. Auf diesem Wege erfolgt eine Überprüfung des Gelernten.

Nach dieser Lektion zählt und benennt das Kind von der Leiterin gebildete Perlenmengen. Bei steigendem Schwierigkeitsgrad wird zunächst nur mit einer, später mit mehreren Kategorien gearbeitet, so daß die erworbenen Begriffe durch häufige Wiederholung zunehmend gefestigt werden. In einer weiteren Übung lernt das Kind die Beziehung zwischen den Stellenwerten kennen. Durch das Abzählen der Elemente eines Zehnerstäbchens mit einer Einerperle, des Hunderterquadrates mit einem Zehnerstäbchen etc. macht es die Erfahrung, daß immer zehn Einheiten einer Kategorie exakt einer Einheit des nächsthöheren Stellenwertes entsprechen und so der Zahl zehn im Dezimalsystem eine zentrale Bedeutung zukommt. Auf ähnliche Weise erfolgt etwa ab dem fünften Lebensjahr die individuelle Einführung des Kindes in die Arbeit mit den Kartensätzen, so daß es die Zahlensymbole bis 1. 999, später bis 9. 999 kennenlernt. Neu erworbenes Wissen wird stets einzeln oder in Gruppenspielen vertieft. Bei der Anwendung wird möglichst die ganze *Vorbereitete Umgebung* einbezogen, indem auch hier Dinge gezählt oder mathematische Gesetzmäßigkeiten wiedererkannt werden.

Partnerspiele bieten sich vor allem bei der ersten Arbeit in den Grundrechenarten an. Dabei werden die Aufgaben in Handlungsprozesse umgesetzt, so daß die gemeinsamen Lektionen einen spielerischen Charakter erhalten und sich eine plastische Vorstellung von der Funktion der Rechenoperationen gewinnen läßt. Bei der Einführung in die Addition etwa bittet die Leiterin einige Kinder, jeweils eine beliebige Perlenmenge auf ein Tablett zu legen. Danach werden sie aufgefordert, ihre Perlen zusammenzuschütten. Dieser Vorgang wird nach folgendem Muster kommentiert: „Wir haben alle Perlen zusammengeschüttet, d. h. wir haben addiert.

" Auf einer fortgeschrittenen Stufe lassen sich in dieser Form Additionen vierstelliger Summanden durchführen (vgl. MONTESSORI-VEREINIGUNG 1992, Bd. 3, S. 13). Dabei stellen die Kinder eine Aufgabe durch das Auslegen der Kartensätze dar, führen die Rechenoperation durch oder verwalten als „Bankier" das *Goldene Perlenmaterial*. Andere spielen die Rolle der Boten, welche Perlenmengen und Zahlenkarten transportieren. Gemäß der Aufgabenstellung besorgen sie bei der „Bank" die entsprechende Perlenmenge und stellen die Aufgabe mit den Karten dar. Durch Vereinigung der Perlen wird die Addition vollzogen und ihr Ergebnis mit dem Kartensatz dargestellt. Die Leiterin bespricht den Rechenvorgang mit den Kindern und führt schließlich auch das Additionszeichen ein. Auf analoge Weise erfolgt die Einführung in die anderen Grundrechenarten.

Bei fortschreitender Übung gehen die Kinder vom gemeinsamen Gruppenspiel zum individuellen Rechnen über. Dazu stehen Aufgabenkarten für die selbsttätige Arbeit zur Verfügung. Wesentlich ist auch hier das Prinzip der freien Wahl, denn jedes Kind entscheidet selbst, wann und wie häufig es seine Übungen wiederholt und zu welchem Zeitpunkt es den Übergang zu einem weiterführenden Material vollzieht. Wenn die konkrete Arbeit mit dem *Goldenen Perlenmaterial* als geistig unbefriedigend empfunden wird, kann es beispielsweise um eine Einführung in das *Markenspiel* bitten und damit auf einer höheren Abstraktionsstufe rechnen.

Zusammenfassend läßt sich sagen, daß die Freiarbeit nach MONTESSORI ein vielgestaltiges Bild bietet. Die Schüler arbeiten nach individuellem Rhythmus sowie persönlichem Interesse und Bedürfnis. Materialeinführungen und selbständiges Lernen mit den Arbeitsmitteln sind die vorherrschenden Betätigungen, die sich als Einzel-, Partner- oder Gruppenaktivität vollziehen. Die MONTESSORI-Klasse ist daher keine Vereinigung voneinander isolierter Individuen. Neben der intensiven Konzentration des einzelnen Schülers auf einen Gegenstand finden sich hier ebenso gemeinschaftliche und spielerische Elemente, welche in vielen Materialeinführungen und weiterführenden Übungen angelegt sind und das Maß an zwischenmenschlicher Kommunikation im Frontalunterricht weit übersteigen. Am Beispiel der Arbeit mit dem *Goldenen Perlenmaterial* wird die Bedeutung des Erwachsenen offenkundig, durch dessen Vermittlung zwischen Kind und Sache eine wirklich freie Wahl und ein förderlicher Gebrauch der Arbeitsmittel erst zustande kommt. Oberstes Gebot ist für ihn das Tun des Notwendigen und das Unterlassen des Überflüssigen, denn seine wichtigste Aufgabe ist es dem Kind dabei zu helfen, selbständig zu werden. Allerdings lernen Kinder in der Freiarbeit nicht nur im individuellen Umgang mit didaktischem Material, sondern im Rahmen der altersgemischten Gemeinschaft insbesondere auch voneinander durch gegenseitige Hilfen und Erklärungen.

2.3.5 Kritische Würdigung der Freiarbeit nach Maria Montessori

Die Kritik an MONTESSORIS Konzeption der Freiarbeit und dem ihr zugrundeliegenden Freiheitsbegriff entzündet sich an der vermeintlichen Eindeutigkeit des Arbeitsmaterials und der künstlichen Einseitigkeit der zugelassenen Beschäftigungen. Das Kind, so lautet der Einwand, sei durch die Materialübungen auf starre Handlungsvollzüge festgelegt, so daß es nicht zum freischöpferischen Gebrauch seiner Kräfte gelange. Dadurch werde seine Spontaneität zugunsten weniger Arbeitstechniken kanalisiert und eingeengt. Namhafte Kritiker würdigen zwar die große Bewegungsfreiheit der MONTESSORI-Kinder (vgl. J. DEWEY/E. DEWEY 1915, S. 39; MUCHOW 1927, S. 113), monieren jedoch zugleich die unangemessene Beschränkung ihrer geistigen Freiheit. Freie Arbeit sei daher in Wirklichkeit „Scheinfreiheit" (SPRANGER 1927, S. 110) und die „Dürftigkeit" des Materials (vgl. MUCHOW 1927, S. 134) entpreche nicht der wahren Lebenswirklichkeit des Kindes. Das Spiel sei die kindgemäßere Betätigung und der Wert des MONTESSORI-Materials liege allein in der Vorbereitung auf schulische Lernaufgaben.

Von anderer Seite wird jedoch zu Recht geltend gemacht, daß dieser vermeintliche Vorzug den ursprünglichen Intentionen der Pädagogin diametral entgegengesetzt ist. Zudem wird festgestellt, daß den didaktischen Materialien ein entwicklungspädagogischer Sinn immanent ist, der von den Kindern durchaus erkannt und anerkannt wird. Auch wird darauf hingewiesen, daß bei phantasiebetontem Umgang mit den Arbeitsmitteln nicht generell eingegriffen wird, sondern erst bei Störung der anderen Kinder (vgl. GERHARDS 1927, S. 166). Für SCHWERDT bleibt prinzipiell, trotz des Gebotes der zweckmäßigen Verwendung des Materials, noch genügend Raum für die „ich-betonte Weise der Arbeit" (SCHWERDT 1952, S. 166). Schließlich, so wird angemahnt, schränkt der Grundsatz der Sachgebundenheit die kindliche Freiheit nicht ungebührlich ein, sondern begründet sie erst, „weil das Material (...) dem Kinde 'das Universum erschließt'" (STANDING o. J., S. 202).

Angesichts dieser Gegensätzlichkeit der Stellungnahmen ist anzumerken, daß die wesentlichen Umstände, die zur Entwicklung solch kontroverser Standpunkte führten und teilweise heute noch führen, seit dem Erscheinen von „Der Streit um

Montessori" (vgl. SCHULZ[-BENESCH] 1961, S. 88ff) hinlänglich bekannt sind. Neben theoretischen und begrifflichen Schwächen in den Schriften MONTESSORIS sind hier vor allem die in den 20er Jahren sehr ungünstige Literaturlage sowie das Fehlen einer den Vorstellungen der Pädagogin voll entsprechenden MONTESSORI-Praxis in Deutschland anzuführen. Dennoch lassen auch heute noch manche Kritiker ein mangelndes Verständnis der Funktion des didaktischen Materials erkennen. An dieser Stelle mögen jedoch einige Anmerkungen zu ihrem Stellenwert in der MONTESSORI-Pädagogik genügen (vgl. Kap. 2.2).

Ihre Funktion als „Schlüssel zur Welt" kann nur von ihrer besonderen Stellung im Ganzen der freiheitlichen Erziehungskonzeption MONTESSORIS her erschlossen werden. Vor diesem Hintergrund aber ist von einer ungerechtfertigten Überbewertung abzusehen, da sich ein Lernzuwachs nicht ausschließlich auf den Umgang mit Arbeitsmitteln zurückführen läßt. Angesichts der Bedeutung des Erziehers (vgl. Kap. 2.3.7) und der Notwendigkeit angemessener Methodenvariabilität ist daher AURINS Feststellung beizupflichten: „Der Erfolg einer Methode kann niemals in dem didaktischen Material schlechthin liegen" (K. AURIN 1956, S. 130). Trifft ein Arbeitsmittel nicht auf den fruchtbaren Moment im Bildungsprozeß (COPEI), so wird es um seine potentielle Wirkung gebracht und kann sogar einem reinen Aktionismus Vorschub leisten. So ist auch die MONTESSORI-Pädagogik nicht auf den Status einer blossen Arbeitsmittel-Methode reduzierbar, welche die Beherrschung bestimmter Vollzüge zum Ziel hat. Vielmehr stellt sie eine umfassende Erziehungskonzeption dar, die das Kind in seiner Ganzheitlichkeit auf allen Entwicklungsstufen zum Mittelpunkt pädagogischer Bemühungen macht.

MONTESSORI entwickelt ihre Materialien nicht alleine im Horizont apriorischer didaktischer Intentionen, sondern vor allem auf der Basis systematischer Beobachtungen kindlicher Selbstbildungsprozesse. Daher sollen sie dem Kind nicht aufgezwungen werden, sondern der Befriedigung seiner essentiellen Entwicklungsbedürfnisse dienen und ihm so zur Freiheit verhelfen. Das ist jedoch nur möglich, wenn ein falscher Gebrauch ausgeschlossen wird. In diesem Sinne ist die Aussage MONTESSORIS zu verstehen, daß jede mißbräuchliche Verwendung das Material nutzlos macht: „Daraus ergibt sich eine Zersplitterung der Energie, Lärm: lauter Dinge, die das Kind von der Möglichkeit, sich zu konzentrieren, also von dem Ziel, besser zu werden und sich zu entwickeln, ablenken" (1994, S. 173). In diesem Fall muß sich die Leiterin durchsetzen, mit pädagogischem Takt das noch ungeordnete Kind an der falschen Nutzung hindern und ihm andere Aktivitäten anbieten. Allerdings lehnt MONTESSORI den kreativen Umgang mit ihren Arbeitsmitteln nicht grundsätzlich ab. Die Leiterin soll ein Kind seine Übung beliebig oft wiederholen lassen, „ohne es in seiner Tätigkeit jemals zu unterbrechen", wenn es das Material sachgerecht verwendet „oder auch auf eine andere von ihm selbst ausgedachte Art, allerdings mit Abänderungen, die auf Arbeit des Verstandes schliessen lassen", so daß die Tätigkeit „einen günstigen Einfluß auf seine Entwicklung hat" (ebd.).

Der Vorwurf der Eindimensionalität der MONTESSORI-Materialien ist daher nur unter der Prämisse berechtigt, daß die „Komplexität und Multidimensionalität der vielfältigen Erfahrungen des Kindes (...) nicht in einer isolierten Eigenschaft überprüft werden (kann)" (SCHMUTZLER 1975, S. 379). Auch trifft es zu, daß die expressive Dimension bei der Materialarbeit stark vernachlässigt wird. Allerdings wurde bereits darauf hingewiesen, daß die MONTESSORI-Pädagogik prinzipiell offen ist und gute Voraussetzungen für die Einbeziehung darstellerischer und gestalterischer Elemente bietet. Daneben ist zu betonen, daß das Material vor allem in derjenigen Entwicklungsphase ein „Schlüssel zur Welt" sein kann, die sich nach PIAGET durch das präoperationale Denken auszeichnet. Nachweislich geht es MONTESSORI aber nicht darum, das Kind auf diese Stufe der kognitiven Entwicklung zu fixieren. Nach HELMING muß man daher begreifen, daß die didaktischen Materialien „ihren genauen Ort haben und das Tun des Kindes keineswegs allein bestimmen sollen" (HELMING 1987, S. 40), denn sie sollen ihm die Realität nicht „verstellen, sondern sie in ihrem Wesen und ihrer Ordnung öffnen, sie sollen nicht das Kind in mechanisch werdenden Übungen verharren lassen, sondern es zu freien Entdeckungen entlassen" (ebd., S. 49).

2.3.6 Zum Sozialverhalten frei arbeitender Kinder

In diesem Kontext ist ebenfalls auf den häufig vorgetragenen Einwand einzugehen, MONTESSORI verfüge über kein angemessenes Konzept sozialer Erziehung und stelle alleine die individualistischen Bestrebungen des Kindes in das Zentrum ihrer Pädagogik. Bereits Sergius HESSEN glaubt im Kinderhaus „einen mechanischen Haufen von Kindern" (HESSEN 1926, S. 86) zu entdecken, „eine Schar miteinander durch nichts verbundener und bloß im selben Raum sich befindender Kinder" (ebd., S. 88). In die gleiche Richtung zielt SCHEUERLS Kritik an der MONTESSORI-Erziehung, wenn er voller Überzeugung feststellt: „Gemeinschaftliche Tätigkeiten spielen kaum eine Rolle" (SCHEUERL 1954, S. 32). Auch heute fragen Kritiker, wie sich denn in der individuellen Freiarbeit nach MONTESSORI eine soziale Gesinnung entwickeln könne. Nach BÖHM läßt sich der Tenor der Diskussion dahingehend bestimmen, „daß Montessori das Problem der sozialen Erziehung als eine pädagogische Aufgabe sui generis nicht voll erkannt habe, wenngleich sie immer wieder von Maßnahmen spricht, die indirekt der sozialen Erziehung dienen sollen" (Böhm 1977, S. 111). Dem wird entgegengehalten, daß die soziale Erziehung in der MONTESSORI-Pädagogik schon immer als bedeutsames Aufgabenfeld erkannt und gefördert wurde (vgl. Mario MONTESSORI 1989, S. 47) und diese nachgerade eine sozialerzieherische und sozialintegrative Methode „par excellence" sei.

2.3.6.1 Stufen sozialer Entwicklung nach Maria Montessori

Für MONTESSORI bilden die Individualität und Sozialität des Menschen keinen unüberbrückbaren Gegensatz, sondern sind eng miteinander verflochten. Sie anerkennt die Einzigartigkeit des Individuums ebenso, wie das Eingebundensein in die Gemeinschaft für sie zur Natur der Menschen gehört, da diese nicht als „einsame, in einer Berghöhle isolierte Eremiten" (1989, S. 173) zu existieren vermögen. Aufgrund dieses Interdependenzverhältnisses von individueller und sozialer Verfaßtheit, symbolisiert im Bild des Baumwolltuches (vgl. 1984, S. 212f; 1989, S. 119f), hängt die Gesellschaftsstruktur stark von der stabilen Entwicklung der einzelnen Menschen ab, wie sich andererseits nur in einer freien, humanen Gesellschaft die Individualität voll entfalten kann. Neben der Förderung seiner individuellen Entwicklung wird es daher zur wichtigen Erziehungsaufgabe, „das soziale Empfinden des Kindes zu entwickeln und in ihm die Neigung zu erwecken, mit seinesgleichen gesellig zu leben" (1992, S. 55; vgl. 1989, S. 76). Je nach Altersstufe ist dabei die individuelle oder die soziale Dimension stärker zu akzentuieren.

In erster Linie bedarf das Kind dazu der Unterstützung und Bereicherung seiner natürlichen sozialen Gefühle in lebendigen Beziehungen, denn die „größte Vervollkommnung der Kinder wird durch die sozialen Erfahrungen erreicht" (1984, S. 202). Um soziale Kompetenzen zu erwerben, muß schon im Kinderhaus ein Zusammenleben entstehen, in dem sich eigene Grenzen entdecken und ein menschliches Miteinander einüben lassen. Erfahrungsgemäß ziehen sich bereits kleine Kinder gegenseitig an, denn sie sind „natürlicherweise erfüllt von Liebe und Sympathie und Hilfsbereitschaft füreinander" (1979, S. 38). Sie sind gerne unter anderen Kindern, auch wenn sie sich teilweise alleine beschäftigen und ein geregeltes Miteinanderspielen noch nicht immer gelingt. Diese Frühstufe des sozialen Bezugs wird von MONTESSORI als „Gesellschaft durch Kohäsion" bezeichnet, die spontane Verbindung Drei- bis Sechsjähriger, „geleitet durch eine innere Kraft und angeregt durch einen sozialen Geist" (1984, S. 210). Erst allmählich identifizieren sie sich bewußt mit der Gruppe und fühlen sich ihren Mitgliedern verbunden.

Während Kohäsion die verbindende Kraft vorschulischer Kindergemeinschaften ist, bauen alle nachfolgenden Gesellungsformen stärker auf äußerer Organisation, Regeln und Konventionen auf. Um das sechste Lebensjahr beginnt eine neue Entwicklungsphase, welche durch den Übergang vom „sozialen Embryo" zum „sozialen Neugeborenen" eingeleitet wird. Das Kind strebt nun zunehmend nach organisierter Vereinigung mit anderen und verlangt nach sozialen Regeln, an denen es sich orientieren kann: „Nun suchen die Kinder die Prinzipien und Gesetze kennenzulernen, die die Erwachsenen festgelegt haben. Sie suchen nach einem Anführer, der die Gemeinschaft führt" (ebd., S. 211f). Auf einer höheren Bewußtseinsstufe entsteht schließlich das ausgeprägte Bedürfnis danach, die Grundlagen menschlichen Zusammenlebens bewußt und kritisch zu reflektieren (vgl. Kap. 2.1.3.3; Kap. 2.3.1.3). Diese hier nur angedeuteten Merkmale sozialer Entwicklung gilt es nach MONTESSORI pädagogisch angemessen zu berücksichtigen. Im folgenden können jedoch nur einige personale und strukturelle Aspekte der sozialen Erziehung nach ihren Prinzipien erläutert werden.

2.3.6.2 Dimensionen sozialer Erziehung bei Maria Montessori

Zunächst hat der Erwachsene die Aufgabe, durch die Anregung gemeinschaftsfördernder Aktivitäten den Prozeß der Gruppenbildung zu unterstützen. Die Annahme und Achtung jedes einzelnen auf der Basis einer vertrauensvollen Beziehung sind dabei eminent wichtig, denn erst auf dieser Grundlage lernt ein Kind, andere zu respektieren und menschlich mit ihnen umzugehen: „Derjenige, der sich seines eigenen Wertes bewußt ist, neigt zur Vereinigung; er stellt eine Kraft dar" (1966a, S. 128). Neben gemeinsamem Spiel, Gesang und Tanz führen im Kinderhaus besonders die Übungen des täglichen Lebens in angemessene Umgangsformen ein und begünstigen die Entwicklung eines adäquaten Sozialverhaltens. Aber auch die MONTESSORI-Schule ist „Schauplatz einer Vielzahl von kollektiven Aktivitäten" (Mario MONTESSORI 1989, S. 51), die den sozialen Sinn der Kinder fördern.

Bei allen Arbeits- und Aktionsformen ist dafür Sorge zu tragen, daß die Schüler gemeinsame Vereinbarungen treffen, welche für die Aufrechterhaltung einer geordneten Koexistenz unabdingbar sind. Dies betrifft vor allem den Grundsatz der freien Zirkulation und die Möglichkeit zum „geistigen Spaziergang" (1984, S. 204), welche im Rahmen der Freiarbeit zu zahlreichen Sozialkontakten führen.

Diese Prinzipien erfordern ein hohes Maß an Selbstdisziplin, Verantwortungsge-fühl und Rücksichtnahme, denn ohne die Akzeptanz getroffener Absprachen und die gegenseitige Achtung des Rechtes auf ungestörte Tätigkeit läßt sich Freiarbeit nicht realisieren. Entscheidend ist, daß die Kinder aufgrund eigener Erfahrungen den Nutzen solcher Regeln einsehen lernen und auf deren Einhaltung hinwirken. Von Anfang an sind sie daher auch in ihrem Bemühen zu unterstützen, kleinere Konflikte selbständig zu lösen. Dazu sind nach MONTESSORI schon Drei- bis Sechsjährige imstande. Jede unnötige Intervention des Erziehers kann sie hinge-gen um wichtige Erfahrungen bringen und mitunter die soziale Harmonie der Gruppe empfindlich stören (vgl. ebd., S. 201).

Desweiteren ist die *Vorbereitete Umgebung* sozialerzieherisch wirksam, da den Kindern weitgehende Verantwortung für ihren Raum übertragen wird. Ein ent-sprechendes Bewußtsein läßt sich etwa durch die Einrichtung wechselnder Dien-ste fördern, welche die Ordnung, Reinhaltung und Pflege der Umgebung zur An-gelegenheit der Schüler machen. Daneben führt die geordnete Aufbewahrung der Materialien zur Einsicht in den Nutzen von Vereinbarungen. Indem ein Kind die Arbeitsmittel immer am gewohnten Ort vorfindet, erlebt es, wie sehr die Beach-tung von Regelungen auf jeden einzelnen zurückwirkt. In vielen Materialien ist zudem, wie exemplarisch gezeigt wurde, das kooperative Zusammenwirken der Kinder angelegt. Auch werden in der heutigen MONTESSORI-Praxis fortlaufend zu-sätzliche Spiel- und Arbeitsmöglichkeiten entwickelt, die das gemeinschaftliche Handeln fördern. Schließlich trägt die quantitative Begrenzung des Materialange-botes zur Förderung einer wichtigen sozialen Tugend bei, nämlich der „Geduld, eine Art Selbstverleugnung in der Hemmung der eigenen Impulse" (ebd.).

Die sozialintegrative und sozialerzieherische Bedeutung der altersheteroge-nen Gruppe zeigt sich darin, daß hier deutlich weniger Konkurrenzdruck, Neid und Aggression auftreten als in der Jahrgangsklasse. Es ist bemerkenswert, daß etwa ein auf Altersdifferenz basierender Wissensvorsprung gewöhnlich neidlos akzep-tiert wird und Kinder oft intuitiv genau spüren, wann ein Mitschüler wirklich Hil-fe benötigt. Nach MONTESSORI wird durch das Phänomen der gegenseitigen Hilfe in der jahrgangsgemischten Gemeinschaft mehr für die soziale Erziehung getan als durch direkte Maßnahmen der Leiterin. In besonderer Weise tragen dazu auch die Patenschaften bei, denn sie fördern nicht nur die Integration der Lernanfänger, sondern lassen ältere Schüler ein hohes Maß an Verantwortung für jüngere Kinder übernehmen. Die MONTESSORI-Schule ist daher ein Ort, an dem sich durch das freie Zusammenleben der soziale Sinn positiv entwickelt (vgl. 1976, S. 291).

Abschließend ist nochmals auf die humanisierenden Wirkungen der *Polarisation der Aufmerksamkeit* einzugehen. Nach MONTESSORI stellt sich adäquates Sozialverhalten auch als eine Folge von Konzentrationsprozessen ein, da diese das Entstehen innerer Ordnung begünstigen. Das regelmäßige Auftreten dieses Schlüsselphänomens ermöglicht „die leichte Anpassung an die soziale Umgebung", so daß *normalisierte* Kinder im allgemeinen „ein soziales Gefühl wie eine Gabe" (1979, S. 32) besitzen. Dabei stellt sich sukzessive auch die Fähigkeit zu Selbstdiziplin und Gehorsam ein, die jedoch nicht als Unterwerfung und Fremdbestimmung zu verstehen sind: „Nur jemand, der Herr seiner selbst ist, kann gehorchen. Wenn wir nicht diese innere Disziplin haben, so ist es schwierig zu gehorchen. Kinder, die glücklich sind, gehorchen der Lehrerin, der Lehrerin, die bittet und nicht befiehlt" (ebd., S. 36).

Zusammenfassend läßt sich daher sagen, daß die soziale Entwicklung des Kindes in der MONTESSORI-Erziehung durch eine Vielzahl ineinandergreifender Faktoren angeregt und nachhaltig unterstützt wird, so daß sich der eingangs erwähnte Vorwurf des Individualismus als unhaltbar erweist. Neben dem Entstehen sozialer Haltung als Folge konzentrierter Eigentätigkeit wurden die gemeinschaftsstiftenden Gruppenaktivitäten und Situationen verpflichtender Art herausgestellt, welche das Kind zu Rücksicht und zur Übernahme von Verantwortung für andere aufrufen. Über diese durchgängigen Prinzipien hinaus kommen jedoch auch altersabhängige Dimensionen einer Erziehung in der Gemeinschaft zur Gemeinschaft zum Tragen, welche stets auch in bezug auf den soziokulturellen Hintergrund der Kinder zu reflektieren und angemessen zu konkretisieren sind. Mit Blick auf das individuelle Kind ist daher auch zu entscheiden, in welchem Maße direkte Erziehungsmaßnahmen etwa im Sinne von Belehrungen sinnvoll erscheinen.

Weiterhin ist darauf hinzuweisen, daß in vielen MONTESSORI-Einrichtungen Behinderte und Nichtbehinderte mit großem Erfolg gemeinsam leben und lernen (vgl. u. a. HELLBRÜGGE 1984; HELLBRÜGGE/Mario MONTESSORI [Hg.] 1978; IMS [Hg.] 1995). Daneben arbeitet LUDWIG (1985) die Möglichkeiten der MONTESSORI-Pädagogik in bezug auf die Integration von Kindern ausländischer Arbeitnehmer heraus und zeigt auf, daß ihr sozialintegratives Potential auch für interkulturelle Erziehungsbemühungen fruchtbar gemacht werden kann. MÖNKS greift die Frage nach der Förderung Hochbegabter in der MONTESSORI-Erziehung auf. Er kommt zu dem Ergebnis, daß sie „ein 'inhärentes Programm der Begabtenförderung'" (MÖNKS 1993, S. 135) besitzt und hochtalentierten wie leistungsschwachen Kindern gleichermaßen eine geeignete soziale Umgebung für die optimale Entwicklung ihrer Anlagen bieten kann.

Näherer Überprüfung bedarf schließlich die legitime Annahme, daß Freiarbeit im Sinne MONTESSORIS auch einen Beitrag zur Reduktion geschlechtsspezifischer Diskriminierung in der Schule, d. h. zur Weiterentwicklung des koedukativen Unterrichts und der Gleichberechtigung von Mädchen in allen Schulfächern leisten kann. Die für Mädchen charakteristischen Zugangs- und Aneignungsweisen von Inhalten werden in freien Lernsituationen, so die Hypothese, stärker berücksichtigt als im Klassenunterricht, da sich die Schülerinnen hier seltener in unmittelbarer Konkurrenzsituation zu den Jungen befinden. Somit haben sie größere Chancen, auch in vermeintlich mädchen-untypischen Fächern wie Mathematik oder Informatik optimal zu lernen (vgl. KRAUSE 1988; KRIEGER 1994, S. 204; LANDESINSTITUT [Hg.] 1993, S. 54; SCHOBBE/WEYERHÄUSER 1995, S. 134).

Angesichts dieser Fülle sozialerzieherischer Dimensionen und Perspektiven läßt sich kaum einer Position wie derjenigen BÖHMs zustimmen, der die soziale Erziehung bei MONTESSORI primär in den Bereich der indirekten Wirkung des *Normalisationsprozesses* rückt (vgl. BÖHM 1977, S. 114). In der Tat trifft es zu, daß sich die Pädagogin eher sporadisch zu direkten Erziehungsmaßnahmen äußert und sich die „eindrucksvollsten Beschreibungen des in sozialer Hinsicht vollkommenen Kindes" (ebd.) meist im Kontext ihrer Ausführungen zum Phänomen der *Normalisierung* finden. Dies liegt daran, daß die soziale Erziehung für MONTESSORI keine Frage isolierter pädagogischer Bemühungen darstellt. Die Fehler des ungeordneten Kindes lassen sich kaum auf direktem Wege beheben, da dies oft nur Abwehrreaktionen hervorruft. Entscheidender ist für sie der indirekte Ansatz durch die Herstellung von Lebensbedingungen, welche den Gesundungsprozeß fördern und ein Freisetzen ursprünglicher Kräfte ermöglichen (vgl. 1966b, S. 49). Trotz der zentralen Bedeutung des *Normalisationsprozesses* läßt sich der Sachverhalt nicht auf diesen Kontext verengen und aufrechterhalten, daß MONTESSORI infolge ihres Glaubens „an die pädagogische Allheilkraft der Normalisation" (BÖHM 1977, S. 119) die soziale Erziehung als eigenwertige pädagogische Aufgabe nicht voll erkannt habe. Daher verhält es sich keineswegs so, daß in der „Vision des normalisierten Kindes" für MONTESSORI „jede Form erzieherischer Aktivität, also auch ihr sozialerzieherisches Bemühen (gipfelt)" (ebd., S. 118).

Der Frage danach, ob MONTESSORIS Einschätzung des *normalisierten* Kindes realistisch und in bezug auf die Problemstellung pädagogisch tragfähig ist, kann hier nicht weiter nachgegangen werden. Die MONTESSORI-Praxis macht indes deutlich, daß ihre Bandbreite sozialerzieherischer und sozialintegrativer Maßnahmen derjenigen traditioneller Erziehungsinstitutionen mindestens ebenbürtig ist bzw. sie an Wirksamkeit sogar übertrifft (vgl. SCHULZ[-BENESCH] 1961, S. 79). Nur bei

vordergründiger Betrachtungsweise läßt sich daher HESSENS eingangs zitiertes
Bild des unverbundenen Nebeneinanders aufrecht erhalten. Nach BUYTENDIJK, einem bedeutenden Kenner der MONTESSORI-Pädagogik, ist das Kind in der MON-
TESSORI-Gruppe nicht isoliert, sondern „befindet sich in einer kleinen wirklich
menschlichen Gesellschaft" (BUYTENDIJK 1952, S. 301), in der es sich dem anderen gegenüber verantwortlich fühlt. Dies ist eine Erfahrung, die sich in der Praxis
der MONTESSORI-Einrichtungen immer wieder machen läßt.

Empirische Untersuchungen zum Sozialverhalten frei arbeitender Kinder bestätigen weitgehend die Darstellungen MONTESSORIS und die Erfahrungsberichte
heutiger Pädagogen, so daß sich ein positives Gesamtbild der sozialerzieherischen
Dimension der Freiarbeit abzeichnet. In diesem Kontext ist die bereits erwähnte
Studie von FÄHMEL zu nennen. Aber auch R. FISCHER untersucht im Rahmen eines Schulversuches in Vechta das Sozialverhalten in MONTESSORI-Lerngruppen.
DUMKE und Mitarbeiter schließlich analysieren in einem Bonner Modellversuch
zur gemeinsamen Unterrichtung behinderter und nichtbehinderter Kinder die
Lehr- und Lernprozesse im integrativen Unterricht. Die Beobachtungen werden
zwar nicht an ausgewiesenen MONTESSORI-Schulen durchgeführt, jedoch teilweise
an Einrichtungen, wo Freiarbeit eine zentrale Unterrichtsform darstellt.

Alle drei Studien belegen die Intensität und Qualität sozialer Interaktionen in
Freiarbeitssituationen. FÄHMEL stellt heraus, daß die meisten Kontakte zwischen
den Schülern während der Einzelarbeit erfolgen, was der Auffassung widerspricht,
daß diese zwangsläufig zu sozialer Isolation führt. Ihre Befunde unterstreichen,
daß die Freiarbeit „soziales Verhalten und soziale Integration in besonderer Weise
fördert" (FÄHMEL 1981, S. 196). R. FISCHER konstatiert, daß sich bei freier Wahl-
möglichkeit Einzel- bzw. Partner- und Gruppenarbeit die Waage halten, so daß sich
von einem ausgeglichenen Verhältnis aller Arbeitsformen sprechen läßt. Er wertet
das Faktum, daß etwa 79% der Probleme im Lernprozeß gemeinsam verbal gelöst
werden, als „Indiz für die soziale Integration und Selbstregulierungsfähigkeit der
Klassen" (R. FISCHER 1992, S. 195). Insgesamt kommt es unter den Schülern relativ selten zu Normverletzungen, wohingegen ihre innere Bereitschaft und Fähigkeit zu kooperativem Handeln und friedlicher Konfliktregelung recht ausge-
prägt ist (vgl. ders. 1982, S. 154ff).

Auch DUMKE und Mitarbeiter sind angesichts ihrer Ergebnisse davon überzeugt, „daß Schülerselbsttätigkeit Disziplinkonflikte zu reduzieren hilft" (DUMKE
[Hg.] 1991, S. 142). Dies führen sie u. a. darauf zurück, daß die Ermöglichung von
individueller Freiheit und Eigeninitiative die Fähigkeit der Kinder zur Selbssteue-

rung nachhaltig verbessert (vgl. ebd., S. 155). Durch die stärkere Individualisierung von Lernprozessen in der Freiarbeit wird in den untersuchten Integrationsklassen nicht nur eine hohe Arbeitsbeständigkeit, sondern auch ein offeneres emotionales Klima als in den Kontrollgruppen erzielt. Aus diesem Grunde resümieren sie: „Soziales und kognitives Lernen wird in Integrationsklassen erfolgreich geleistet" (ebd., S. 194).

Nach diesem kurzen Überblick ist festzuhalten, daß sich die dem Vorwurf des pädagogischen Individualismus widersprechenden Hinweise auf sozialerzieherische Möglichkeiten und sozialintegrative Wirkungen der Freiarbeit im Sinne MONTESSORIS, z. T. auch der an ihr orientierten Ansätze, empirisch weitestgehend absichern lassen. Mit einiger Berechtigung kann man davon ausgehen, daß die besondere Lernatmosphäre der Freiarbeit, welche in hohem Maße die individuellen und sozialen Bedürfnisse der Kinder berücksichtigt, dazu beiträgt.

2.3.7 Zur Stellung des Erziehers in der Freiarbeit

Bei oberflächlicher Betrachtung mag der Eindruck entstehen, daß MONTESSORI der Frage nach der Stellung des Erwachsenen in ihrer Pädagogik wenig Aufmerksamkeit schenkt, da sich ihre Reflexionen vorwiegend auf das Kind und den Prozeß seiner Selbstbildung beziehen. Eine gründliche Durchsicht ihrer Schriften ergibt jedoch ein mosaikartig zusammensetzbares, idealtypisches Berufsprofil des professionellen Pädagogen, welches detaillierte Angaben zu seiner Grundhaltung und den wichtigen Aufgabenfeldern enthält. MONTESSORIS berühmte Forderungen an den Erwachsenen, wie: „Er muß passiv werden, damit das Kind aktiv werden kann" (1988, S. 21), haben jedoch zu allerlei Spekulationen geführt. In deren Folge bezeichnet etwa Fritz KARSEN die MONTESSORI-Erzieherin als „'Puppe unter der Diktatur des Materials'" (zit. nach ODENBACH 1963, S. 38). Theodor KLASSEN degradiert sie zum „Material" (KLASSEN 1975), während die MONTESSORI-Pädagogik selbst für ihn eine „Pädagogik ohne Pädagogen" (ebd., S. 591) ist. In diesem Sinne gilt auch nach SCHEUERL als höchste Tugend der MONTESSORI-Erzieherin „das 'pädagogische Nichtstun'", denn sie „lobt nicht und tadelt nicht" (SCHEUERL 1954, S. 32).

Im folgenden ist am Beispiel der Freiarbeit zu belegen, daß der Erzieher keineswegs seine pädagogisch-didaktischen Aufgaben an das Material delegiert, sondern geradezu unentbehrlich ist für das Gelingen einer kindgemäßen Arbeit in Freiheit. Da eine differenzierte Analyse nach Bildungsstufen, Arbeitsformen und weiteren berufsspezifischen Tätigkeitsfeldern an dieser Stelle nicht geleistet werden kann, sollen hier einige der von MONTESSORI skizzierten Grundzüge und Aufgaben der neuen Erzieherpersönlichkeit erörtert werden.

2.3.7.1 Innere Vorbereitung und Grundqualifikationen

MONTESSORIS Kritik am „alten Erzieher" entzündet sich primär daran, daß dieser sich als Bildner der kindlichen Persönlichkeit versteht und den jungen Menschen zum Objekt von Erziehung und Belehrung macht. Er alleine trifft methodisch-didaktische Entscheidungen, lenkt das Unterrichtsgeschehen und bewertet Schülerleistungen.

Damit korrelieren oftmals eine Geringschätzung des Heranwachsenden sowie lustbetonter Machtgebrauch durch den Lehrer. Für diese Haltung macht MONTESSORI sein mangelndes Verständnis des Kindes und die charakterlichen Grundfehler Zorn, Stolz und Hochmut (vgl. 1995, S. 153ff) verantwortlich. Da derjenige nicht für den Erzieherberuf geeignet ist, „der glaubt, daß er die Seele des Kindes bilden, ihm Charakter, Intelligenz und Tugend geben könne" (1988, S. 36), muß der Pädagoge diese Tendenzen in sich überwinden und sein eigenes Selbstverständnis neu formulieren. Es gilt nach MONTESSORI „den Erwachsenen zuzurüsten, auf daß er ihm (dem Kind, d. V.) zu helfen vermöge" (1995, S. 201).

Grundlage der von ihr geforderten indirekten Erziehung ist die Verteilung des Erziehungswerkes auf Lehrerin und Umgebung: „Die frühere 'Lehrende' wird durch ein sehr viel komplexeres Ganzes ersetzt" (1994, S. 166). Da die Hauptaktivität im Bildungsprozeß dem Kind selbst überlassen wird, muß der Erwachsene eine sokratische Grundhaltung einnehmen und den Kontakt zwischen dem jungen Menschen und geeigneten Lernaufgaben für die Selbstinstruktion herstellen, statt Begriffe in seinen Kopf zu zwängen (vgl. 1988, S. 42). Dabei muß die Lehrerin nach einem Wort MONTESSORIS „Überflüssiges vermeiden, doch sie darf das Notwendige nicht vergessen", denn erst „die Abgrenzungslinie zwischen beiden zeigt den Grad ihrer Vollkommenheit" (1994, S. 180). Zur Kennzeichnung dieser anspruchsvollen Führungsaufgabe verwendet sie meist den umfassenden Begriff der Leiterin, „denn diese Lehrerin leitet das *Leben* und die *Seelen*" (ebd., S. 182).

Die Erfüllung dieser Aufgabe setzt neben einer angemessenen Allgemeinbildung, der Fachausbildung und dem pädagogisch-psychologischen Studium vor allem die psychische Vorbereitung durch „innere Einkehr" (1988, S. 17) voraus. Im

Prozeß der Selbstbesinnung muß die Leiterin persönliche Eigenschaften sowie ihr pädagogisches Ethos überdenken und dieses gegebenenfalls revidieren. Generell sollte sie sich „mehr durch *Eigenschaften* als durch *Bildung* auszeichnen" (1976, S. 125). Sie muß zwar nicht vollkommen frei von Schwächen, jedoch „erzogen sein" (1995, S. 153). Daher sollte sie im Rahmen ihrer umfassenden Berufsvorbereitung zunächst lernen, eigene Fehler zu erkennen und zu korrigieren, bevor sie sich anmaßt, „auch den Splitter aus dem Auge des Kindes zu nehmen" (ebd.). Von größter Bedeutung ist jedoch das Einnehmen einer durch Liebe und Demut (vgl. 1976, S. 123; 1988, S. 21; 1995, S. 157) sowie Respekt und Achtung vor der Selbstbildungskraft des Kindes gekennzeichneten Haltung, denn nur auf der Grundlage einer elementaren Veränderung der Beziehungsstruktur wird nach MONTESSORI eine wirkliche Reform der Erziehung möglich. Die kritische Analyse dieses Verhältnisses anhand dreier Fragerichtungen anthropologischer, lerntheoretischer und entwicklungspädagogischer Provenienz (vgl. HOLTSTIEGE 1991, S. 17) wird somit zum Ausgangspunkt eines neuen Zusammenlebens von Erwachsenen und Kindern.

Da ihr die kindliche Persönlichkeitsentwicklung als Richtmaß pädagogischen Handelns gilt, muß sich die Leiterin frei von Machtansprüchen um die Gestaltung einer harmonischen Beziehung bemühen, denn: „Nicht wer Sinn für große Autorität hat, sondern wer Sinn für große Verantwortlichkeit hat, ist Führer" (1984, S. 236). Als Dienerin des kindlichen Geistes muß sie sich weiterhin durch Ruhe, Bescheidenheit und Geduld auszeichnen: „Statt des Redens muß sie das Schweigen lernen; statt zu unterrichten muß sie beobachten" (1976, S. S. 122f). An anderer Stelle heißt es daher auch: „Tugenden und nicht Worte sind ihre höchste Vorbereitung" (1994, S. 167). Durch Selbstbeherrschung trägt sie dem Streben des Kindes nach Unabhängigkeit Rechnung und verhilft ihm zu fortschreitender Handlungsfähigkeit, so daß ihre pädagogische Autorität zunehmend überflüssig wird (vgl. 1989, S. 105). Die Leiterin nimmt, zusammengefaßt, „eine zweite Stelle" (1995, S. 84) ein und wird zum Entwicklungshelfer des Kindes. Als Grundorientierung dient ihr, neben anderen von MONTESSORI zur Verdeutlichung herangezogenen Bildern (vgl. 1984, S. 253; 1988, S. 20), vor allem das Wort Johannes des Täufers: „Er muß wachsen, ich aber muß abnehmen" (1995, S. 117).

2.3.7.2 Funktion und Aufgaben in der Freiarbeit

Zwar verlangt MONTESSORI vom Erwachsenen prinzipielle Zurückhaltung im Sinne einer *„Begrenzung des Einschreitens "* (1988, S. 21), zugleich formuliert sie jedoch so zahlreiche und anspruchsvolle Führungsaufgaben für die Freiarbeitspraxis, daß sich die Erzieherpersönlichkeit dort reicher entfalten kann als im herkömmlichen Unterricht. Nachfolgend sollen in Anlehnung an HOLTSTIEGES (vgl. HOLTSTIEGE 1991, S. 65ff) Systematisierungsansatz die Hauptaufgabenfelder dieser pädagogischen Tätigkeit herausgestellt werden: die Vorbereitungsaufgabe, die Leitungsaufgabe sowie die Beobachtungsaufgabe.

Die Vorbereitungsaufgabe

Neben der pädagogisch-anthropologisch akzentuierten Vorbereitung der Leiterin durch Selbstreflexion ist eine solide methodisch-didaktische Vor- und Nachbereitung der Freiarbeit erforderlich. Dazu gehört die gründliche Kenntnis der Materialien und ihre souveräne Beherrschung, da sie im Zentrum der freien Aktivitäten stehen. Weiterhin zählt dazu die Bereitschaft und Kompetenz, dieses Basismaterial ständig zu ergänzen. Es gilt vorhandene Materialien zu aktualisieren und neue Arbeitsmittel zu konzipieren, welche sich sinnvoll in das bestehende System integrieren lassen. Dies setzt auch die Fähigkeit voraus, entsprechende Angebote aus dem Lernmittelhandel kritisch zu sichten und im Hinblick auf eine mögliche Nutzung zu analysieren. Die Ordnung der Umgebung sowie die Pflege und Instandhaltung der Arbeitsmittel sind sehr bedeutsam, damit von den vorbereiteten Aktivitätsmomenten und Lernangeboten eine Bildungswirkung ausgehen kann.

Einen weiteren Bestandteil der Vorbereitungsarbeit bildet die Planung individuell abgestimmter Hilfen, Erfolgskontrollen und weiterführender Lernangebote für einzelne Kinder. Im Hinblick auf die älteren Schüler ist daneben die inhaltliche Vorplanung und kontinuierliche Begleitung größerer Vorhaben zu leisten, welche der Freiarbeit ein projektartiges Gepräge verleihen. Besondere Beachtung verdienen schließlich MONTESSORIS Anmerkungen zum Erscheinungsbild der Leiterinnen. Diese sollen durch ihr gepflegtes Aussehen einen wesentlichen Teil der Anziehungskraft der Umgebung ausmachen. Daher müssen sie sich „so schön wie möglich machen wollen, selbst wenn sie allein im Zimmer mit kleinen Kindern von drei bis sechs Jahren sind", denn sie sollen „die kleinen Seelen anziehen" (1989, S. 104; vgl. S. 108; 1984, S. 250) und auf diesem Wege ihre Achtung dem Kind gegenüber zum Ausdruck bringen.

Die Leitungsaufgabe

Die Leiterin ist das zentrale Bindeglied zwischen Kind und *Vorbereiteter Umgebung*. Besonders zu Beginn muß sie „verführerisch" und „wie eine Flamme sein, deren Wärme aktiviert, lebendig macht und einlädt" (1984, S. 251). Die motivierende Einführungslektion ist daher ebenso wichtig wie das Material, dessen Wirkung weitgehend von der Art seiner Darbietung abhängt (vgl. 1992, S. 62). Im Anschluß an die Herstellung dieses Kontaktes nimmt die Leiterin die Rolle des abwartenden Beobachters ein, denn die konzentrierte Arbeit des Kindes darf nicht gestört werden. Sie muß wissen, daß oft bereits ein Lob zur falschen Zeit oder das Anbieten unnötiger Hilfe stören. Daneben ist sie sich ihrer Modellfunktion für die Gruppe bewußt, denn von ihrem Verhalten hängt es stark ab, inwieweit auch die Kinder bestimmte Regeln einsichtig finden und diese einhalten. Fordert MONTESSORI ein Höchstmaß an Freiheit für das Kind, so kommt es nach ihrer Überzeugung doch nur dann zu echten Bildungsprozessen, wenn die Leiterin auch das „Amt eines 'Schutzengels'" (1994, S. 169) ausübt und für ein konzentriertes Arbeitsklima sorgt. In bestimmten Situationen ist daher ein entschlossenes Eingreifen unvermeidlich, denn bloßes Gewährenlassen führt nach ihrer Überzeugung zur „Kinderrevolution" (1989, S. 68) und dem Ausbruch einer „kleine(n) Hölle" (1984, S. 241).

Ein Intervenieren ist statthaft, solange Kinder mit ihrer Freiheit nicht umzugehen wissen und noch „Beute ihrer verschiedenen Unarten" (1989, S. 107) sind. In diesem Stadium muß die Leiterin „ein Polizist sein" und „die ehrenhaften Bürger gegen die Störenfriede verteidigen" (ebd.). So ist das Prinzip der Wahlfreiheit etwa dann einzuschränken, wenn ein Kind „nichtsnutzig" (ebd., S. 105) ist und Tätigkeiten nachgeht, die seiner Entwicklung eher schaden. Allerdings wird die Leiterin auch dann aktiv, wenn ein Kind nach Abschluß seiner Arbeit Bestätigung sucht. Dann soll sie „mit einem Wort der Zustimmung antworten, mit einem Lächeln ermutigen, wie die Mutter zu den ersten Schritten des Kindes lächelt" (1984, S. 248). Zwar steht MONTESSORI Erziehungsmitteln wie Lohn und Strafe eher skeptisch gegenüber, aber wenn das Kind zeigt, „daß es unseren Beifall wünscht, geben wir ihn großzügig" (ebd., S. 254). Diese Beispiele belegen, daß das Postulat des begrenzten Einschreitens nicht verabsolutiert werden darf, sondern sich auch in dieser Hinsicht eine reflektierte Anwendung ihrer Methode als notwendig erweist.

Mit der Forderung nach Ehrfurcht vor dem Kind muß, so MONTESSORI, der Abbau von Machtprivilegien des Erwachsenen einhergehen, denn seine Stellung soll auf personaler Autorität beruhen. Die Leiterin sollte daher nicht kumpelhaft wirken oder versuchen, mit den Schülern auf einer Stufe zu stehen. Kinder benötigen keinen weiteren Kameraden, sondern „einen würdigen, reifen Menschen. Die Kinder müssen die Erzieherin wegen ihrer Bedeutung bewundern. Wenn keine Autorität für sie da ist, so haben die Kinder keine Orientierung. Die Kinder brauchen diese Stütze" (1989, S. 108). Daher muß sie menschliche Präsenz zeigen und ihre Anwesenheit „fühlbar sein für alle diese kleinen umherschweifenden Seelen" (1984, S. 244). In bezug auf die Aufgabe der situationsangemessenen Leitung frei arbeitender Kinder gilt es also stets die Grenze zwischen der Freiheit einerseits sowie der Überforderung oder Vernachlässigung andererseits zu berücksichtigen.

Die Beobachtungsaufgabe

Damit korrespondiert als dritte Hauptaufgabe die differenzierte Beobachtungstätigkeit zur präzisen Unterscheidung verschiedener psychischer Zustände des Kindes. Momente der Konzentration und Ausdrücke von Launenhaftigkeit sind ebenso scharf auseinanderzuhalten wie Gesundheit und Krankheit (vgl. 1984, S. 238f), weil nur dies zu pädagogisch angemessenem Handeln führt. Als Beobachterin frei arbeitender Kinder sollte die Leiterin so exakt sein wie eine Wissenschaftlerin und ihre Schaukraft zugleich so „geistig wie die des Heiligen" (1976, S. 131), da es sich bei ihren Beobachtungsobjekten um Menschen, also geistige Wesen, handelt. MONTESSORIS Überlegungen zu einer gezielten Ausbildung dieser Fähigkeit schlagen sich in ihrer „Anleitung zu psychologischen Beobachtungen" (ebd., S. 118f) nieder. Allerdings ist hier zwischen der empirischer Forschung im strengen Sinne und der teilnehmenden Beobachtung des Kindes zu differenzieren. Realistisch betrachtet bildet erstere in der Praxis eher die Ausnahme, während die letztgenannte im pädagogischen Alltag eher zu leisten ist.

Nach Ansicht MONTESSORIS ist das einfühlende Verstehen entscheidend für den Erkenntnisgewinn des Beobachters. Da sich diese Fähigkeit nur durch Übung erwerben läßt, hält sie eine professionelle Anleitung für notwendig. So heißt es bei ihr: „Anfänger des Biologiestudiums müssen Dinge unter dem Mikroskop beobachten, aber ehe ihre Augen nicht geübt sind, können sie gar nichts erkennen. So müssen auch die Augen des Erziehers geschult sein" (1989, S. 102f; vgl. 1976, S. 132). Grundsätzlich ist die Beobachtung des Kindes für die Leiterin „das Buch, welches ihr Tun inspiriert, das einzige, in dem sie lesen und studieren kann, um eine gute Erzieherin zu werden" (1994, S. 63). Die Notwendigkeit differenzierter Beobachtung als Fundament begründeter pädagogischer Entscheidungen wird schließlich auch evident, wenn man unterrichtliches Geschehen im Lichte der Erkenntnisse über den *Pygmalioneffekt* betrachtet. Das spannungsreiche Interdependenzverhältnis von Wahrnehmung, Erwartungshaltung und tatsächlich eintretendem Verhalten kann bekanntlich zu äußerst bedenklichen Entwicklungen führen (vgl. MOORMANN 1989, S. 21ff).

Abschließend läßt sich sagen, daß das Gelingen der Freiarbeit im Sinne MON-
TESSORIS nicht zuletzt von vielfältigen Qualitäten und Kompetenzen des Erwachsenen abhängt, so daß verschiedentlich auf die Schwierigkeit hingewiesen wird,
den hohen Ansprüchen der italienischen Pädagogin zu genügen. Nicht nur der Einstieg in die Freiarbeit ist oft durch Rückschläge gekennzeichnet, so daß WILMS für
ein Mentorensystem votiert (vgl. WILMS 1974, S. 51). Auch in der weiteren Be-
rufspraxis zeigen sich immer wieder Diskrepanzen zwischen Ideal und Wirklichkeit, wobei sich der adäquate Umgang mit der Freiheit als besonders sensibler
Punkt erweist (vgl. HOLTSTIEGE 1991, S. 129ff; MILLER 1989, S. 13). Eine verfrühte Freigabe der Arbeitswahl, mangelndes Vertrauen in das Kind oder das Un-
vermögen mancher Erzieher zu pädagogischer Führung können Mißerfolge bewirken und Enttäuschungen hervorrufen. Nach MONTESSORIS Erkenntnis liegt dies
daran, daß zwischen Theorie und Erziehungswirklichkeit oft „die praktische Erfahrung" (1984, S. 237) fehlt.

Dennoch fordert sie keine unerreichbare, weil „idealistisch überhöhte, fast in
mystischer Weise durchgeistigte Lehrerpersönlichkeit" (JONES 1987, S. 113), sondern einen verantwortungsbewußten Erwachsenen mit der Befähigung zu diffe-
renziertem pädagogischen Sehen und Handeln. In der Tat ist das von ihr gezeich-
nete Erzieherprofil eng an gewisse ideale Grundvoraussetzungen wie die Einheit
institutionalisierter Erziehung und Bildung rückgebunden, damit es sich in der
Praxis optimal auswirken kann. In jedem Falle stellt es aber einen hilfreichen
Orientierungsrahmen für die Entwicklung des persönlichen Berufsethos sowie einen geeigneten Ansatzpunkt zur kritischen Selbstreflexion dar. Insgesamt scheint
MONTESSORIS Ruf nach dem „neuen Erzieher" an Aktualität nichts eingebüßt zu
haben, betrachtet man aus Sicht der Lehrerbildung das sich im Sprachgebrauch
vieler angehender „Pädagogen" manifestierende fatale Bild vom Schüler und den
Aufgaben des Lehrers (vgl. STUDEMUND 1990, S. 72).

3.   Die Pädagogik Peter Petersens

3.1 Grundzüge der Erziehungs- und Bildungslehre Peter Petersens

3.1.1 Zum Verhältnis von Erziehungswissenschaft und Pädagogik

Seit Beginn der 20er Jahre arbeitet Peter PETERSEN, ab 1924 in enger Verzahnung von erziehungstheoretischer Reflexion und konkreter Schulpraxis, an der Begründung einer autonomen, auf einem realistischen Menschenbild fußenden Erziehungswissenschaft. Deren Grundlagen entfaltet er vor allem in seiner „Allgemeinen Erziehungswissenschaft" (PETERSEN 1931/1962/1984). Als wesentliches Ergebnis seiner Arbeit und sein herausragendes Verdienst gilt nach DIETRICH, einem langjährigen Mitarbeiter PETERSENS, „die Wendung von der philosophischen oder psychologischen Pädagogik zur eigenständigen Erziehungswissenschaft vollzogen zu haben" (DIETRICH 1995, S. 114).

Erziehung, die zentrale Kategorie dieser Disziplin, vollzieht sich nach Überzeugung PETERSENS in Gestalt planmäßiger und gezielter Einwirkungen von Menschen aufeinander. Dieses intentionale Geschehen stellt für ihn das Arbeitsfeld der Pädagogik als Wissenschaft von der Pädagogie (Führung) und Teildisziplin der umfassenderen Erziehungswissenschaft dar. Bewußte Erziehung kann jedoch nur dann erfolgreich sein, wenn sie weitestgehend den Gesetzmäßigkeiten des funktionalen Erziehungsgeschehens angeglichen ist, als dessen „bescheidene Dienerin" (1931, S. 114) sie sich verstehen muß. Diese funktionalen Vorgänge, die sich als soziale und geistige Assimilationsprozesse vollziehen, bilden den Untersuchungsgegenstand der Erziehungswissenschaft. Ihre Aufgabe ist es, das Ganze der Erziehungswirklichkeit mit Hilfe eigener Methoden, vor allem der Pädagogischen Tatsachenforschung (vgl. PETERSEN,P. /PETERSEN,E. 1965; SLOTTA 1962), hinsichtlich erzieherischer und „gegenerzieherischer" Wirkungen zu analysieren, um so ein Fundament für die adäquate Gestaltung intentionaler Erziehungspraxis legen zu können. Da aber jedes pädagogische Bemühen in einem umfassenden Sinnbezug stehen muß, fragt die Erziehungswissenschaft zunächst nach dem Sinn des

Lebens schlechthin. Aus einer Antwort auf diese Frage lassen sich Erkenntnisse über Wesen und Ziel der Erziehung im Menschenleben deduzieren. Charakteristisches Merkmal dieser Disziplin ist es daher, daß sie mit einer „Erziehungsmetaphysik" als der Sinndeutung ihres Gegenstandes (vgl. 1931, S. 14) ansetzt.

PETERSENS Erziehungswissenschaft liegt eine illusionsfreie Anthropologie zugrunde, welche den Menschen mit all seinen Ambivalenzen, Fehlern und Unvollkommenheiten so nimmt, wie er ist. Sie leugnet nicht die Existenz vorhandener Bindungen und Begrenzungen des Individuums und weiß, daß man sich ihnen als ganze Person stellen und sein Leben in Verantwortung vor sich, vor den Mitmenschen und vor Gott führen muß. Diese realistische Grundhaltung, zu deren Entwicklung PETERSEN entscheidende Impulse von LUTHER, PESTALOZZI und WUNDT her empfängt (vgl. 1973, S. 99ff), ist für den Jenaer Pädagogen in Anlehnung an den Existenzphilosophen Karl JASPERS „der vollendete Gegensatz zum Idealismus" (ebd., S. 99), dessen starken Glauben an die Vernunft- und Willenskraft des Menschen sowie die Macht intentionaler Erziehung und Bildung er nicht teilen kann. Das Verdienst des Realismus liegt für ihn vielmehr im „'Sprung' von der reinen Spekulation in den Aufgabenkreis des praktischen Lebens" (1984, S. 156).

Der Mensch ist nach PETERSEN in besonderer Weise aus der Natur herausgetreten und steht über den anderen Lebewesen. Als das nicht-festgelegte, weltoffene Wesen kann er sein Leben selber in die Hand nehmen und es innerhalb eines durch die Pole „gut" und „böse" gesteckten Handlungsspielraumes gestalten. Es ist das Geistige im Menschen, welches das eigentliche Humanum ausmacht, da es im Verlaufe der Entwicklung zunehmend die unteren Seinsstufen steuert und somit die fundamentale Voraussetzung menschlicher Freiheit und Sittlichkeit darstellt. Daher ist das Kind für den Realisten PETERSEN weder in mystisch-übersteigernder Sicht ein allmächtiges Wesen, noch gilt es ihm als Objekt normativer Beeinflussung im Sinne der Auffassung HERBARTS, wonach der Mensch zur rechten Form hin konstruiert werden müsse (vgl. 1925, S. 36; 1931, S. 117). Für ihn ist der Mensch vielmehr der sich aktiv aufbauende Bildner seiner selbst, dessen Kräfte zunehmend funktional-einheitlich und differenziert in der harmonisch sich entwickelnden Persönlichkeit zusammenwirken (vgl. 1926, S. 106; 1931, S. 103ff).

Nach einem Grundurteil der Erziehungswissenschaft PETERSENS ist der Mensch seinem Wesen nach von Natur aus gut (vgl. 1931, S. 100). Diese Aussage ist indes nicht in einem rein naturalistischen Sinne zu verstehen, sondern vor dem Hintergrund seiner christlichen Glaubensüberzeugung, wonach der Mensch deswegen gut ist, weil Gott die Welt als gute geschaffen hat. Nach PETERSEN wertet, handelt und gewinnt der Mensch seinen Lebenssinn aus Gott heraus und gelangt „zum wahren Menschsein aus Gründen, die aus Gott stammen und zu ihm hinführen" (1973, S. 178). Da jedoch auch das Böse als „Wirklichkeit eigenere (sic!) Art und Kraft" (1984, S. 157) zum Menschsein dazugehört, kann sich der einzelne prinzipiell zum homo religiosus oder zum homo satanicus entwickeln, d. h. entweder den Mitmenschen „zum Satan" werden oder ihnen „in Ehrfurcht helfen und dienen" (ebd., S. 189). Aus der Forderung nach einer angemessenen Entwicklung der sittlichen Kräfte des Menschen zum Wohle eines besseren und friedvolleren Miteinanders ergibt sich für PETERSEN die Notwendigkeit einer Erziehung zur Persönlichkeit in und durch die Gemeinschaft.

Unabhängig vom jeweiligen Erkenntnisobjekt hält der Pädagoge im Anschluß an Wilhelm WUNDT und Karl GROOS das Denken in Antinomien für ein mögliches „Urprinzip allen Erkennens" (1931, S. 37). Im Bereich der Logik, in Erkenntnislehre und Ästhetik, aber auch im Sittlichen und Emotionalen finden sich polare Urgegensätze, mit deren Hilfe PETERSEN auch die Grundbegriffe seiner Erziehungswissenschaft zu klären versucht. Nachfolgend sollen die für die Fragestellung dieser Arbeit besonders relevanten Gegensatzpaare Erziehung und Bildung, Individualität und Persönlichkeit sowie Gemeinschaft und Gesellschaft beleuchtet werden. Doch zunächst ist auf den Geistbegriff bei PETERSEN einzugehen, der als die fundierende Kategorie seiner gesamten Erziehungslehre angesehen werden kann (vgl. DIETRICH 1958, S. 11; DÖPP-VORWALD 1969, S. 17).

3.1.2 Zum Geistbegriff bei Peter Petersen

Eine angemessene Interpretation des Geistbegriffes und seiner Bedeutung im Kontext der Erziehungslehre Peter PETERSENS wird dadurch erschwert, daß sich in seinen Schriften sowohl ein metaphysisch-kosmischer als auch ein anthropologisch-existentieller Zugriff auf das Wesen des Geistigen findet. Wenn Geist zunächst aufgefaßt wird als ein alles Seiende durchwaltendes und gestaltendes kosmisches Formprinzip, handelt es sich um eine an die ARISTOTELISCHE Metaphysik angelehnte Denkfigur, nach der Geist als nicht weiter ableitbares Grundprinzip des Seins gilt, welches sich in allen Erscheinungen der Wirklichkeit ausdrückt, insofern sie Gestalt bzw. Form besitzen (vgl. 1931, S. 62). Geist ist demnach eine formende Energie, welche sich auf vielfältige Weise offenbart. Von der Gesteinsformation über Flora und Fauna bis hin zum Menschen und seinen Werken, „wenn sie echte Geisterzeugnisse sind, d. h. absichtslos recht, gut, schön, - kurz, einfach nur sind" (ebd., S. 7), bezeugt alles Geformte geistigen Ursprung.

Diese metaphysische Interpretation des Geistigen tritt jedoch in PETERSENS Werk insgesamt wieder zurück, weil Geist für ihn „letztlich nicht allein von den Begriffen der Form und Formung her zu erfassen", sondern nur „personal zu interpretieren (ist)" (KOSSE 1967, S. 64). Formungsprozesse faßt der Pädagoge unter der Kategorie Bildung zusammen, die er deutlich von der Erziehung abgrenzt. So sind Tier und Pflanze zwar bildsam im Sinne der Entfaltung individueller Form, allerdings bleiben sie passiver Ausdruck des Geistigen, da sie nicht fähig sind „zum tätigen Dienst des Geistes" (1931, S. 92). Im Gegensatz zum Menschen sind sie nicht imstande, neues Geistiges zu erschaffen. Nach PETERSEN kommt wahrhaft geistiges Sein daher nur dem Menschen zu und bildet damit den „Urgrund, Anfangs- und Endpunkt aller Erziehung" (DIETRICH 1958, S. 12). Nach diesem Verständnis ist menschliche Individualität als gebildete Form zwar Ausdruck von Geist, damit aber noch nicht vergeistigt, denn die Geistigkeit eines Menschen ist weitgehend unabhängig vom Grad seiner Bildung (vgl. 1931, S. 92). Alle Bildungskräfte sind vielmehr durch die Erziehung in den Dienst des Geistigen zu stellen, denn sie alleine bewirkt Humanisierung und durch sie gelangt der Mensch „in das Reich des tätigen und selbstbewußten Geistes hinein" (ebd., S. 93).

In diesem Sinne bestimmt PETERSEN Geist als den

> „Inbegriff aller derjenigen Akte, durch welche ein Mensch sich selbst und alles Seiende in ihm und um ihn auffaßt und versteht als seiend, wertempfangend und selber wertend aus dem Grunde alles Seienden heraus, oder in denen er aus dem Grunde der Wirklichkeit fühlt und handelt, so daß die im eminenten Maße menschlichen (geistigen) Gefühle und Handlungen entstehen, wie Güte, Liebe, Treue, Demut, Sich-Sorgen, Dienst, Kameradschaft, echtes Mitleid, Leid, Andacht, Ehrfurcht usw. " (1973, S. 49f).

Deutlich erkennbar ist hier der religiöse Charakter dieser Geistbestimmung. Nach Überzeugung PETERSENS ist der Mensch stets auf Gott bezogen und ihm gegenüber verantwortlich, so daß ein Leben aus diesem letzten Grunde heraus erst das geistige Sein des Menschen ausmacht. Aufgabe der Erziehung ist es daher, dem Heranwachsenden intensive Lebenserfahrungen und Situationen zu ermöglichen, die ihn vor diesen Grund der Wirklichkeit führen, so daß die geistigen Gefühle und Handlungen bzw. Grundtugenden der Humanität in ihm entstehen und ihn im Prozeß geistiger Reifung zu seiner „Durchleuchtung und Erhellung" (1931, S. 90) führen können. In diesem Sinne aber ist PETERSENS Geistbegriff nicht als intellektuelle Größe aufzufassen, sondern zeichnet sich in besonderem Maße durch seine eminent ethische Dimension aus.

3.1.3 Bildung und Erziehung

Für PETERSEN erweist sich Erziehung im funktionalen Sinne als eine kosmische Funktion innerhalb der Menschheit. Sie stellt ein unbewußtes, letztlich irrationales Geschehen dar, welches den Menschen über alle anderen Lebewesen erhebt und ihn sein ganzes Leben lang begleitet (vgl. 1926, S. 25). Als ein allgemeiner Anpassungsvorgang an Formen, Inhalte und Werte der kulturellen Umgebung ereignet sich Erziehung überall und zu jeder Zeit: „Und 'das ganze Leben des Menschen und der Menschheit ist ein Leben der Erziehung' (Fr. Fröbel)" (1962, S. 105). Sie ist es, die den Menschen zum Menschen macht und ihm zur Darstellung seines eigentlichen Wesens verhilft, denn „ohne Erziehung verfehlt er seines Lebens Bestimmung und Ziel; er sinkt unter den menschlichen Stand herab und wird sich selber und allen, denen zum Segen er da sein sollte, zum Unsegen" (1984, S. 11).

Erziehung bewirkt die Humanisierung des Menschen, indem sie die geistigen Tugenden in ihm aktualisiert. Dieser humanisierte Mensch ist das freie, harmonisch entwickelte Wesen, welches sich der Gemeinschaft der Familie, des Volkes und der „communio omnium hominum" (1931, S. 112) gegenüber ursprünglich verbunden und bruderschaftlich verpflichtet fühlt. Damit ist der pädagogischen Zielvorstellung des autonomen Menschen im verengten Sinne eine Absage erteilt, der nach PETERSEN ein verkürztes Menschenbild zugrundeliegt. Ihm geht es um die freiwillige Bejahung der Bindungen des Individuums an die Menschengemeinschaft sowie die transzendente Macht, in deren Hand sich der gläubige Mensch gehalten und zu dessen „Dienst und zur Verkündung seiner Ehre" (1984, S. 11) er sich beauftragt weiß. Durch diesen Dienst aber wird auch die Beziehung des einzelnen zu Mitmensch und Natur unter sittliche Prinzipien gestellt, da er durch Gott zu gewissenhaftem und selbstkritischem Handeln aufgerufen ist. Das Bewußtsein dieser doppelseitigen Bindung stellt nach PETERSEN die wesentliche Voraussetzung für die Entwicklung des Individuums zur Persönlichkeit dar.

Intentionales pädagogisches Handeln als Urform zwischenmenschlichen Verhaltens muß sich, so PETERSEN, an den Gesetzmäßigkeiten unbewußt-funktional wirkender Erziehung orientieren, da sich jedes einseitig rationale, gekünstelte Erziehungswerk negativ auf den Menschen auswirkt. Die Vernachlässigung irrationaler Momente evoziert die Gefahr „einer Übertragung der Gesetze aus der Welt der Logik und Mechanik auf menschliche Gemeinschaftsverhältnisse" (ebd., S. 45), was zu menschenverachtenden und destruktiven Fehlentwicklungen im Bereich des Sittlichen führen kann. Wahre Erziehung vollzieht sich nach PETERSEN hingegen dort, wo geistige Akte schlicht und einfach vollzogen werden und wo Menschen „absichtslos für einander da sind", wie im „'vollendeten Dienst'" (1973, S. 51) zwischen Mutter und Kind. In einer Schule, die nicht nur bilden sondern auch erziehen will, gilt es daher Gelegenheiten bereitzustellen, in denen für die Kinder „so stark und so mannigfaltig wie nur möglich der Anruf zum Dienst, die Aufforderung des Füreinanderdaseins und -lebens in ganz konkreten, lebensechten Situationen erfolgen kann" (ebd., S. 53f).

Für PETERSEN ist die Wirklichkeit durch eine Polarität von Geist und Leben gekennzeichnet. Interpretiert er Erziehung als eine geistige Funktion, so ist für ihn „Entwicklung, Entfaltung, ist Bildung oder Formung" (1931, S. 92) die Urfunktion des Lebens. Wenn Bildung zunächst in Analogie zu organischen Vorgängen als natürlicher Entfaltungsprozeß aufgefaßt wird, so handelt es sich um einen nach universellen Gesetzen verlaufenden Vorgang individueller Gestaltwerdung, in welchem sich alles Bildungsfähige zielgerichtet auf die in ihm angelegte Form hin entwickelt. Hier schließt sich PETERSEN der ARISTOTELISCHEN Auffassung an, nach der das Entelechieprinzip, welches seinen Zweck in sich selbst trägt, den Formwerdungsprozeß jedes Organismus nach dem ihm innewohnenden Gesetz initiiert und antreibt: wie sich aus dem Samenkorn eine ganz bestimmte Pflanze entwickelt, so ist im befruchteten Ei des Säugetieres bereits im wesentlichen die Gestalt des ausgewachsenen Tieres angelegt.

Die Bildung des Menschen geht jedoch über solch allgemeine Entwicklungsvorgänge hinaus und basiert auf der aktiven Auseinandersetzung mit geistigen Gütern und Werten sowie ihrer konstruktiv-kritischen Verarbeitung. Sie zielt ab auf die umfassende Aneignung der Kultur und die Entwicklung aller individuellen Dispositionen und Kräfte zu ihrem möglichen Optimum. Daher faßt PETERSEN als das Ziel des spezifisch-menschlichen Bildungsprozesses formale wie materiale Kategorien in ihrer Verschränkung zusammen zur „Gesamtheit der von einem Menschen in Dienst gesetzten körperlichen und seelischen Funktionen samt den im Bildungsvorgange erworbenen geistigen Gütern" (1962, S. 97). Dadurch, daß Bildung den Menschen vom „Zustand des reflexartigen und triebhaften Lebens und des impulsiven Handelns" zu einem höheren des „klar erwägenden und frei wählenden und sich frei entscheidenden Handelns" (ebd., S. 100f) erhebt, dient sie dem Aufbau seiner inneren und äußeren Freiheit.

PETERSEN weist daher der Schule einen klaren Bildungsauftrag zu und fordert eine gezielte, systematische und allseitige Förderung junger Menschen durch die Bereitstellung angemessener Lerngelegenheiten. Allerdings führt seiner Überzeugung nach die Tatsache, daß Bildung den Zentralbegriff deutscher Schulpädagogik darstellt, zu bedenklichen Einseitigkeiten wie der Verwissenschaftlichung des Unterrichts und einer Dominanz des Fachlehrerprizips. Zudem sind für ihn nicht Bildung und intelligentes Verhalten der eigentliche Kern des Menschseins, sondern wertbestimmte Haltung und sittliches Handeln. Nach PETERSEN gilt: „Um wahrer Mensch zu sein, dazu genügt nicht die beste Schulbildung, noch höchste wissenschaftliche Leistung, auch bedingen sie jenes nicht. Persönlichkeit sein ist mehr und ist etwas anderes" (1963, S. 216).

Angesichts des faktischen Spannungsverhältnisses zwischen der Idee reiner Menschenerziehung und den Anforderungen der konkreten Lebenswirklichkeit stellen Bildung und Erziehung für PETERSEN zwei aufeinander bezogene Größen dar, die in einer seinen Vorstellungen entsprechenden Schule in wirksame Synthese zu bringen sind. Wenn Bildung auf die Entfaltung individueller Kräfte zielt und Erziehung auf die Entwicklung der sittlichen Persönlichkeit des Menschen, kommt ersterer ein Dienstcharakter zu. Nach PETERSEN ist die „gesamte Bildungsenergie einer Individualität (...) zum Dienste der Erziehung vorbestimmt" (1931, S. 95), so daß alle methodisch-didaktischen Fragen dem Erziehungsgedanken unterzuordnen sind. Aus diesem Grunde muß Schule in erster Linie Erziehungsschule sein und jeder Unterricht ein wahrhaft Erziehender Unterricht.

3.1.4 Individualität und Persönlichkeit

Jeder Mensch verfügt über Individualität im Sinne einer „Einheit von Fühlen, Denken und Wollen" (1962, S. 37) und darf die volle Anerkennung seiner Einzigartigkeit und seines Eigenwertes beanspruchen (vgl. 1931, S. 161). Die Achtung des kindlichen Egozentrismus, der Respekt vor individuellen Interessen- und Bedürfnislagen sowie dem Streben Heranwachsender nach Selbstdarstellung, d. h. insgesamt die „Ehrfurcht vor dem Werdenden" (1926, S. 105) und die „Anschauung von dem erhöhten Rechte des Individuums auf freie Entwicklung und freie Gestaltung seines Lebens" (ebd., S. 38) gelten PETERSEN als wesentliche Kennzeichen der neuen Erziehungsbewegung. Die Tatsache etwa, daß man in vielen Lebenssituationen auf sich alleine gestellt ist, sowie die Annahme, daß Fortschritte im gesellschaftlichen Zusammenleben von der Höherentwicklung der einzelnen Menschen abhängen, verweisen seiner Ansicht nach geradezu auf die Bedeutung und Notwendigkeit einer angemessenen „Individualbesorgung" (1984, S. 115).

Die Entwicklung der Individualität vollzieht sich in kontinuierlicher Auseinandersetzung des Menschen mit der sozialen und gegenständlichen Welt und zielt ab auf ein gleichmäßiges inneres Wachstum. Mit zunehmender Bewußtheit seines Willens und seiner Besonderheit prägt sich die Einzigartigkeit des Individuums aus. Um dabei ein Abgleiten in puren Egoismus auszuschließen, ist für ein harmonisches Gleichgewicht in den zwischenmenschlichen Beziehungen zu sorgen und das Verhältnis von Individualität und Sozialität zu einem angemessenen Ausgleich zu bringen. Wesentliches Ergebnis dieses Prozesses muß es nach PETERSEN sein, daß der einzelne als wertvolles Mitglied der Gemeinschaft konstruktiv zu deren Gesamtleben beiträgt. Eine solchermaßen „gemeinschaftserfüllte und -getriebene Individualität", so PETERSEN pointiert, „nennen wir *Persönlichkeit*" (1931, S. 87).

Das Individuum vollendet sich allerdings nur dann zur Persönlichkeit, wenn es frei seine Zwecke denen einer geistigen Gemeinschaft unterstellt und der Verpflichtung den Mitmenschen gegenüber nachkommt. Indem sich jemand aus Nächstenliebe in einem solchen Dienstbezug höheren Werten unterstellt, handelt er sittlich und wird frei (vgl. 1962, S. 255). Mit dieser Bestimmung von Persönlichkeit wird aber keineswegs der Eigenwert der Individualität negiert. Diese ist vielmehr „angelegt auf *Freiheit*" (ebd., S. 49) und ihre Aufhebung in der Gemeinschaft würde der „Vernichtung alles Organischen und alles Menschlichen gleichkommen" (ebd., S. 48). Nach Auffassung PETERSENS wird hingegen erst das voll entwickelte Individuum zum konstitutiven Element einer echten Gemeinschaft. Diese könnte ohne starke und ausgeprägte Individuen genauso wenig existieren wie ein Wald ohne den einzelnen Baum (vgl. ebd., S. 42).

An dieser Stelle wird die Beziehung zwischen den Dimensionen Bildung und Erziehung sowie Individualität und Persönlichkeit im pädagogischen Denken Peter PETERSENS evident. Während Bildung potentiell die umfassende Entfaltung der Individualität ermöglicht, ist Erziehung auf die Entwicklung der geistig-sittlichen Persönlichkeit angelegt. Sie ist der Bildung insofern übergeordnet, als sie zur „Veredelung" der Individualität beiträgt und nach PETERSEN nur der zur Persönlichkeit gereifte Mensch als der wahrhaft erwachsene Mensch angesehen werden darf. Da Bildung alleine den Menschen nicht zur Sittlichkeit führen kann (vgl. 1984, S. 40), bedarf es ausreichender Gelegenheiten zum verantwortlichen Handeln gegenüber anderen. Nur in diesen gelebten Beziehungen kann das Individuum zur Persönlichkeit heranwachsen und seine in ihm angelegten sittlichen Energien zur Entfaltung bringen.

3.1.5 Gesellschaft und Gemeinschaft

Menschliche Sozialformen zeichnen sich durch ihre unterschiedliche erzieherische Wirksamkeit aus. In dieser Hinsicht ist besonders PETERSENS Differenzierung
zwischen Gesellschaft einerseits und Gemeinschaft andererseits relevant, welche
er im Anschluß an den Soziologen Ferdinand TÖNNIES vornimmt. Unter Gesellschaft versteht er das Insgesamt der Erscheinungsformen, in denen sich Menschen
zur Realisierung gemeinsamer Ziele temporär organisieren und kooperieren (vgl.
1962, S. 18f). Es handelt sich um künstlich zusammengesetzte Zweckvereini-
gungen, in denen oftmals individualistische Tendenzen vorherrschen und
zwischenmenschliche Bindungen sowie soziale Verantwortlichkeit von nachran-
giger Bedeutung sind. Fehlt es aber an Zusammenhalt stiftenden geistigen Idealen, so ist ihnen jede pädagogische Relevanz abzusprechen und sie werden schnell
zu schemenhaften und blutleeren, PETERSENS Idealbild echter Gemeinschaft diametral entgegengesetzten „Kunstgebilden" (1931, S. 71).

Der Staat ist für ihn solch eine Hilfsveranstaltung, die ihr Defizit an Geistigkeit durch Rechts- und Machtmittel nicht zu kompensieren vermag. Es ist ihm unmöglich, geistige Tugenden wie Nächstenliebe und Treue zu bewirken oder durch
Gesetze Menschen sittlicher zu machen (vgl. 1984, S. 213). An die Stelle wahrer
Moral kann der Staat nur sein eigenes Ethos setzen und zu formalen Tugenden wie
Ordnung und Pünktlichkeit erziehen, die freilich nur den „Eingang zur Sittlichkeit" bilden. Ähnliches konstatiert PETERSEN in bezug auf die Kirche, deren potentielle Geistigkeit sich aufgrund ihrer politisch-ökonomischen Interessen nicht
recht auswirken kann. Schulen in kirchlicher wie staatlicher Trägerschaft stellen
für ihn daher gleichermaßen eine bedrohliche Hemmung des geistigen Lebens dar.
Nur in einer der Erziehung junger Menschen verpflichteten freien allgemeinen
Volksschule kann nach PETERSEN die freie Menschlichkeit gepflegt werden (vgl.
1962, S. 228f).

Es ist anzumerken, daß an dieser Stelle keine detaillierte Analyse des Begriffes der Gemeinschaft vorgenommen werden kann, so daß nachfolgend primär auf
dessen anthropologische Dimension in ihrer schulpädagogischen Bedeutung abgehoben wird. Auf den stärker differenzierenden Beitrag von MASKUS (1964), der
die von Walter POPP identifizierten Schichten des PETERSENschen Gemeinschafts-
begriffes (biologisch-soziologisch, anthropologisch-ethisch, völkisch-geistig, ir-
rational) um zwei weitere Dimensionen (naturhaft-geistig, religiös-christlich) ergänzt, kann hier nur hingewiesen werden.

Die echte Gemeinschaft geistig verbundener Menschen ist für PETERSEN der Nährboden für Geistigkeit bzw. „die einzige Ernährerin des Menschen im Geistigen" (1925, S. 285) und somit „eine Art sozialer *élan vital*" (OELKERS 1985, S. 75). Der einzelne ist existentiell auf seine Mitmenschen angewiesen und steht „vom Ursprung her auf Gemeinschaft" (1962, S. 27), denn in der Vereinzelung vermag er nicht zu überleben und erst recht nicht sein menschliches Sein zu gewinnen. Jede Ich-Erfahrung setzt das Erleben des anderen voraus, wie zuallererst im „Urakt des Lebens" (ebd., S. 35) zwischen Mutter und Kind. Als Inbegriff dieses anthropologischen Grundphänomens führt PETERSEN geradezu paradigmatisch immer wieder die Mutter-Kind-Beziehung an, da hier in besonderer Weise geistige Akte in Form des schlichten und selbstlosen Dienstes vollzogen werden. Zwar ist gewöhnlich in der Familie die Liebe, der die Fähigkeit zum *vollendeten Dienst* entspringt und aus der heraus ein Mensch den Nächsten bedingungslos annimmt, am stärksten. Ein ähnliches Zusammengehörigkeitsgefühl läßt sich jedoch auch in echten Glaubensgemeinschaften oder im Volk als „oberste Besonderung der geistigen Gemeinschaften" (ebd., S. 246) feststellen, insofern sich hier auf der Grundlage starker geistiger Kräfte eine echte Gemeinschaft entwickeln kann. Als höchste Form liebender Verbundheit gilt PETERSEN die Gemeinschaft des Menschen mit Gott.

Erst in der Wechselbeziehung zwischen aufeinander bezogenen Menschen können Freundschaft, Hilfsbereitschaft und Liebe entstehen und sich auswirken, so daß durch das gegenseitige Geben und Nehmen der eine zur Bedingung für die Entfaltung des Geistigen im anderen wird und den Anstoß zu innerem Wachstum gibt. Ist aber „das *Du konstitutiv für die Entfaltung und Vollendung des Ich*" (1931, S. 85), läßt sich Humanisierung nicht in organologischen Formungsprozessen realisieren, sondern nur in der Gemeinschaft als geistiger Einheit bzw. „Tateinheit" (1962, S. 244). Während PETERSENS Begriff der *Ursprungsgemeinschaft* die grundlegende Beziehung des Menschen zur Wirklichkeit bezeichnet, ist „Tat-Gemeinschaft als Vollzug der Ursprungs-Gemeinschaft" (KOSSE 1967, S. 108) die aktive, geistige Gestaltung dieses Verhältnisses, welches in der Idee der Bruderschaft zur Vollendung gelangt. Gemeinschaft darf daher als Grundbedingung für die Erziehung, zugleich aber auch als ihr Ziel aufgefaßt werden. Daher gilt PETERSEN das harmonische Eingebundensein des Menschen der Polis bzw. der „*religiosierten Polis*" (1973, S. 5) in vielfältige geistige Gemeinschaften als naturgemäße Stellung und höchste Form der Existenz.

Damit postuliert er den Primat der Gemeinschaft gegenüber allen rein zweckdienlichen, oftmals bindungslosem Individualismus und menschlicher Entwurzelung Vorschub leistenden Gesellschaftsformen. Der einzelne ist in der echten Gemeinschaft, dem freien Zusammensein von Menschen um eine geistige Idee, stärker in seiner Ganzheit gefragt und nicht alleine aufgrund spezieller Qualifikationen gefordert. Als Selbstzweck und nicht als Mittel zum Zweck erlangt „jedes Glied einer Gemeinschaft in ihr seine sittliche Würde" (1980, S. 11) und realisiert sein spezifisches humanes Sein. Daraus folgt für PETERSEN, daß eine Schule möglichst frei sein muß von ökonomischem Denken und politischen Machtinteressen, um die echten Gemeinschaftskräfte der Kinder stärken zu können. Da Gemeinschaft und Gesellschaft aber in der Realität „innig verwoben" (1984, S. 167) sind, erkennt er die Notwendigkeit, in gewissem Umfange auch den Belangen und Anforderungen von Gesellschaft und Wirtschaft gerecht werden zu müssen, wenn Schule nicht weltfremd sein will.

3.1.6 Zum Begriff der Pädagogischen Situation

Mit DÖPP-VORWALD läßt sich die Idee der *Pädagogischen Situation* als das „Kernstück" (DÖPP-VORWALD 1969, S. 69) der Erziehungskonzeption Peter PETERSENS bezeichnen, da sie an der Nahtstelle von erziehungsphilosophischer Grundlegung und praktischer Pädagogik liegt. Bereits im „Kleinen Jena-Plan" führt PETERSEN den vor allem im zeitgenössischen Behaviorismus beheimateten Situationsbegriff in die Erziehungswissenschaft ein und entwickelt ihn später in der „Führungslehre" zum Zentralbegriff seiner Erziehungslehre weiter. Nach der weithin bekannten Definition wird *Pädagogische Situation* dort bestimmt als „1. problemhaltiger *Lebenskreis* von Kindern oder Jugendlichen um einen *Führer*, 2. von diesem in *pädagogischer Absicht* derart geordnet, 3. daß jedes Glied des Lebenskreises genötigt (gereizt, aus sich herausgetrieben) wird, *als ganze Person* zu handeln, *tätig* zu sein" (1963, S. 20). In einem posthum erschienenen Werk wird der Begriff der *Pädagogischen Situation* von PETERSEN weiter präzisiert und umfassender definiert als

> „jener absichtsvoll gebildete und unterhaltene Lebenskreis problemhaltiger (gleich: fragenerfüllter) Situationen, der dazu bestimmt ist, der allseitigen Entwicklung, Formwerdung (Bildung) und Reifung der rein menschlichen Anlagen und geistigen Kräfte von Kindern und Jugendlichen die beste Umwelthilfe zu gewähren. Sie stellt die Jugend unter Reize und vor Aufgaben der mannigfaltigsten Art, durch die ein jeder genötigt wird, sich als ganzer Mensch, als ganze Persönlichkeit zu äußern, tätig zu werden, zu handeln und mit relativ abgeschlossenen Stellungnahmen und Leistungen zu antworten" (1965, S. 109).

Bevor die Idee der *Pädagogischen Situation* und ihre Bedeutung im Ansatz PETERSENS näher erläutert wird, ist jedoch kurz auf seinen ursprünglichen Situationsbegriff einzugehen: Zunächst faßt er Situation als „'Gesamtheit der Reizfaktoren, die ein Wesen nötigen, als eine Gesamtheit zu reagieren'" (1980, S. 61). Diese Bestimmung wirkt stark positivistisch geprägt und spiegelt die wissenschaftstheoretische Grundposition des Behaviorismus. PETERSEN ist sich der mangelnden Tragfähigkeit eines solchen Begriffes für die Pädagogik bewußt. Im Hinblick auf ein angemessenes Verständnis menschlichen Verhaltens erkennt er die Notwendigkeit, auf das handelnde Subjekt in seiner Ganzheit zu sehen und nach seiner Situation zu fragen. Im Anschluß an Karl JASPERS entwickelt er einen adäquateren Situationsbegriff, zu dessen Erläuterung der Begriff der *Existenz* heranzuziehen ist. Nur der Mensch als freiheitsfähiges und zur Freiheit bestimmtes Wesen verfügt über ein „Selbst", ein „Existenzielles Sein" bzw. „Existenz" (1963, S. 16). Stets befindet er sich in Situationen, die ihn auf gewisse Weise einschränken und binden, ihm zugleich aber auch Spielräume eröffnen, innerhalb derer er sich verhalten und Stellung nehmen kann bzw. muß. Als Sonderform sind mit dem menschlichen Dasein spezifische Grenzsituationen wie Trauer, Leid oder Tod gegeben, denen niemand ausweichen kann und die sich selten mit Planung und Kalkül alleine bewältigen lassen. Insgesamt begegnet die Welt dem Menschen, dies wird besonders in den Grenzsituationen deutlich, „durchgängig als Feld seines Handelns; menschliches In-der-Welt-Sein ist wesenhaft *Handeln in Situation*" (DÖPP-VORWALD 1969, S. 49).

Dabei will der Mensch nicht nur den jeweiligen Sachanforderungen gerecht werden, sondern stets und vor allem sein eigenes Selbst behaupten. Dadurch erhält menschliches Verhalten zugleich eine weltgerichtete und eine selbstbezogene Dimension. Während das Tier nur nach Selbst- und Arterhaltung streben kann, zielt menschliches Verhalten über die Befriedigung vitaler Bedürfnisse hinaus auf die existentielle Selbstverwirklichung des handelnden Subjektes. Der Mensch vernimmt in spezifisch-menschlichen Situationen „den *unbedingten* Anruf zum Selbstsein in Verantwortung und Freiheit" (ebd., S. 59) und beantwortet ihn durch das sinnvolle Einwirken auf die Realität, so daß jede einzelne Handlung vor ihrem umfassenden Sinnhorizont betrachtet werden muß. Insbesondere in Grenzsituationen realisiert er sich, indem er sich ganz der Situation stellt und aus der Fülle möglicher Optionen heraus seine Entscheidungen trifft. Da Menschen aber stets zugleich aus sich und über sich selbst entscheiden, kommt es zu einem „Werden der in uns möglichen Existenz" (1963, S. 19). Damit aber hat Handeln in Situation nichts Beliebiges und Zufälliges an sich, sondern ist auf das Engste mit dem handelnden Subjekt verbunden.

Im schulischen Kontext bedeutet die Herbeiführung *Pädagogischer Situationen* im Sinne PETERSENS ein gezieltes Induzieren vielseitiger, problemhaltiger und indirekt wirkender Erziehungssituationen, in denen der junge Mensch nicht auf die Schülerrolle reduziert wird, sondern sich als ganze Person angesprochen erlebt, selbst zum handelnden Subjekt wird und „alle einem Charakter eignenden Tugenden *betätigt* werden müssen" (1934a, S. 8). Es ist jedoch anzumerken, daß hier keine „willkürliche Problemindukion" (CZERWENKA 1985, S. 108) intendiert wird, sondern die Ausnutzung der in Unterrichtsgegenständen, zwischenmenschlichen Beziehungen und gemeinsamen Erlebnissen enthaltenen Spannungen und ihres Aufforderungscharakters.

Da sich eine konkrete Erziehungsabsicht nur in der gewünschten Weise auswirken kann, wenn das „irrationale Moment des Erzieherischen wirksam *bleibt*, wenn es nicht durch technisch-rationale Veranstaltungen, durch erklügelte Ideen, Weltanschauungen und andere Denkgespinste erstickt wird" (1963, S. 15), wird das adäquate Arrangement *Pädagogischer Situationen* zur wesentlichen Aufgabe des Lehrers. Er muß imstande sein, authentische Interaktionsanlässe und Gelegenheiten zu selbsttätiger Begegnung mit alters-, interessen- und leistungsgerechten Gegenständen zu initiieren und aufgrund seiner soliden Kenntnis solch komplexer Spannungsfelder die jeweilige *Pädagogische Situation* als eine die Lektion ablösende „Einheit des pädagogischen Lebens" (MIESKES 1966c, S. 56) zu gestalten. Da jede Situation für den Schüler den Charakter einer Grenzsituation annimmt, ist ihre behutsame und verantwortungsbewußte Herbeiführung von essentieller Bedeutung. Als weitere Bedingung für ihre erzieherische Wirksamkeit nennt PETERSEN die freie Gemeinschaftsbildung innerhalb der altersgemischten Lerngruppe.

Jede *Pädagogische Situation* ist durch ein Spannungsverhältnis charakterisiert, welches auf ihre spezifische Ladung mit Fragwürdigem und Problemhaltigem zurückgeht. Ihre Spannungen entnimmt sie nach Petersen im Anschluß an DÖRPFELDS Dreiteilung der Stoffe in Sprache, form- und sachunterrichtliche Fächer vor allem den *drei großen Wirklichkeiten* Gott, Natur und Menschenwelt. Diese stellen keine bloßen Bildungsinhalte dar, sondern gelten als diejenigen „Lebenssphären, in welche er (der Mensch) mit seiner gesamten Existenz - nach Leib, Seele, Geist - *hineingepflanzt* ist. Er *lebt* von ihnen, wie die Pflanze vom Erdboden, von Luft und Licht lebt"' (DÖRPFELD zit. nach Petersen 1963, S. 26). Nach Petersen gibt es keinen Königsweg zur Erkenntnis im Sinne einer Universalmethode. Auch läßt sich nicht alles mit Hilfe wissenschaftlicher Verfahren vollständig transparent machen und rational erklären. Daher übt er Kritik an der „Hypertro-

phie der rationalistischen Idee" (CAVEMANN 1965, S. 43) und fordert weitestgehende *„Freiheit der Forschung im Umgange mit den Stoffen"* (1963, S. 30). Ein
Höchstmaß an echter Selbsttätigkeit bei der Übernahme von Spannungen soll dazu beitragen, daß den Inhalten durch variable Zugangsweisen immer wieder neue
Seiten abgewonnen werden und die Schüler nicht nur tradierte Wissensbestände
oder „Papageienwissen" (ebd.) übernehmen, sondern ihr Vermögen zu kreativem
und divergentem Denken gefördert wird.

Da die Sinnerfüllung der *Pädagogischen Situation* an die Ermöglichung freier
Selbsttätigkeit geknüpft ist, sind nach PETERSEN alle fächer- und methodenforma-
listischen Tendenzen zugunsten einer flexiblen Anordnung von Situationen wie
Gruppenunterricht, Kurs, Kreis oder Pausenspiel zu überwinden. Die jeweils
optimale Arbeitsweise soll sich aus den zugrundeliegenden Intentionen und
sachimmanenten Spannungen ergeben. Dabei differenziert er zwischen zwei elementaren Formen der Übernahme, welche sich in der konkreten Situation als
außen- bzw. innengerichtete Bezüge wechselseitig durchdringen. Im reflexiven
Bezug nimmt der Mensch eine Spannung in sich auf und verarbeitet sie innerlich
durch „Überlegen, Philosophieren; Anschauung, Empfindung, Wahrnehmung;
Versenkung, Andacht und Beten", d. h. durch die „Grundformen der *Selbsterziehung*" (ebd., S. 32). Beim weltzugewandten Bezug hingegen wird er vor allem in
den vier Bildungsgrundformen Gespräch, Spiel, Arbeit und Feier gemeinsam mit
anderen nach außen hin tätig (vgl. ebd., S. 33; vgl. Kap. 3.2.4 dieser Arbeit).

Die traditionelle Schule läßt jedoch nur wenig Raum für eigenverantwortli-
ches Tun. Sie fördert die Passivität und Rezeptivität der Kinder und führt bei ihnen zu „'Halbbildung'" und einer „'unorganischen Wertbildung'" (ebd., S. 41). Eine wahre Menschenschule (PESTALOZZI) muß hingegen die Entfaltung der beiden
genannten Richtungen ermöglichen und ein Ort sowohl des ruhigen Denkens als
auch der Eigenaktivität der Schüler sein. Als Vertreter der spannungsreichen Wirklichkeiten wird nach PETERSEN dann auch der Lehrer in der *Pädagogischen Situation* als Gesamtpersönlichkeit herausgefordert, so daß er sich als ganzer Mensch
geben kann.

Bevor im folgenden die konstitutiven Elemente der Jena-Plan-Schule Peter
PETERSENS und damit die praktische Umsetzung seiner erziehungstheoretischen
Reflexionen herausgearbeitet werden, scheint ein kurzer Ausblick auf die aktuel-
le Rezeption und Diskussion seiner Pädagogik sinnvoll.

3.1.7 Die Pädagogik Peter Petersens im Spiegel der aktuellen Diskussion

Es kann an dieser Stelle freilich keine umfassende Auseinandersetzung mit der gegenwärtig recht kontrovers geführten Diskussion um das Werk Peter PETERSENS geleistet werden, gilt der Jenaer Pädagoge doch weiten Kreisen als „einer der bekanntesten, heute aber auch am meisten umstrittenen Erziehungswissenschaftler aus der ersten Hälfte dieses Jahrhunderts" (HOFMANN [Hg.] 1991, S. 1). Daher werden lediglich einige punktuelle Bezüge hergestellt, welche für die Fragestellung dieser Arbeit von Relevanz sind.

Von vielen wird das „Dilemma" (SEYFARTH-STUBENRAUCH 1987) der PETER-SEN-Pädagogik und das bisweilen konstatierte „Schwächerwerden und partielle Abreißen der Petersen-Tradition in Deutschland" (KASSNER/SCHEUERL 1984, S. 648) auf die bisher noch nicht in befriedigender Weise geklärte Stellung PETERSENS zum Nationalsozialismus zurückgeführt. Manche sehen in ihm den mutigen Demokraten, andere einen Exponenten faschistischer Ideologie. Dazwischen sind zahlreiche Versuche zu erkennen, systemkonforme Gesten, affirmative Äußerungen, aber auch eine gewisse „politische Naivität" (SKIERA 1991, S. 91) oder „Kurzsichtigkeit" (ebd., S. 93) mit den besonderen Lebensumständen PE-TERSENS und der Verantwortung für seine pädagogische Arbeit zu erklären (vgl. DIETRICH 1991, S. 134; MASCHMANN/OELKERS 1985, S. 15f; PRIOR 1985, S. 147; RUTT 1991, S. 12ff). Während für manchen Kritiker seine vermeintlich opportunistische Grundhaltung eine unbefangene Rezeption seines Werkes verhindert (vgl. KEIM 1989), erweist sich für andere sein Schaffen als „geradliniges Kontinuum" (KASSNER/SCHEUERL 1984, S. 657) und steht es außer Zweifel, daß PETERSEN seine Schulen „nur mit humanen, sittlich geläuterten und pädagogisch anspruchsvollen Gemeinschaftserfahrungen zu füllen suchte" (ebd., S. 658).

Dieser Auffassung schließe ich mich hier an, ohne weiter in die Diskussion eintreten zu wollen. Das Studium seiner Schriften zeigt, daß PETERSEN nach 1933 einige Versuche unternimmt, die Vereinbarkeit seiner Pädagogik mit der Gemeinschaftsidee der Nationalsozialisten zu belegen und den Machthabern seinen Jena-Plan als geeignetes Schulmodell anzuempfehlen. Allerdings macht er dabei keine substantiellen Zugeständnisse an die menschenverachtende NS-Ideologie und gibt weder das ethische Fundament noch die humanistischen Intentionen seiner Erziehungskonzeption auf. So macht zwar für einige Autoren der vermeintlich unkritische Grundcharakter des Jena-Plans und seine Ansiedelung im „gesellschaftspolitischen Vakuum" (BENNER/KEMPER 1991, S. 52; vgl. IMELMAN/MEIJER 1991, S. 32) die Ausnutzung der PETERSEN-Pädagogik für beliebige Ideologien anfällig. DEITERS und nach ihm DIETRICH arbeiten jedoch klar heraus, daß PETERSEN zwar eine gewisse Affinität bestimmter Zentralbegriffe wie „Führer" oder „Volk" mit der Pädagogik des Nationalsozialismus verbindet, jedoch in dieser Hinsicht keinerlei Bedeutungskongruenz besteht (vgl. DEITERS 1947; DIETRICH 1995, S. 180ff).

Auch KASSNER konstatiert, daß PETERSENS Arbeiten „nichts mit der nationalsozialistischen Ideologie gemein haben" (KASSNER 1989, S. 126). Sein Werk sei zwar kein ausgesprochenes „Bollwerk des Geistes gegen das nationalsozialistische Denken" (ebd., S. 128), seine religiös-ethische Grundhaltung weise jedoch eine offenkundige Distanz zu diesem auf. Diese Kontroverse kann hier nur angedeutet, jedoch nicht weiter verfolgt werden. Wichtig scheint mir in diesem Kontext allerdings der Hinweis zu sein, daß eine solch flächendeckende Verbreitung der Jena-Plan-Pädagogik in den liberalen Niederlanden kaum möglich gewesen wäre, hätte PETERSEN dem Nationalsozialismus tatsächlich so nahe gestanden, wie mancherorts kolportiert (vgl. SEYFARTH-STUBENRAUCH 1991, S. 171).

Als weiterer Grund für das „Problem" der PETERSEN-Pädagogik (vgl. MASCHMANN/OELKERS 1985, S. 9ff) wird ihre mangelnde Modernität angeführt. Nicht nur der Gemeinschaftsbegriff, sondern die gesamte Erziehungslehre werden mit dem Etikett der Unzeitgemäßheit versehen. Manche Autoren werfen PETERSEN „antidemokratisches Denken" (BÖHM-NIENHAUS 1987, S. 15) vor und unterstellen ihm ein „antiindividualistisches und antirationalistisches" (IMELMAN-MEIJER 1991, S. 33) Menschenbild. Dem Jena-Plan eigne ein anti-aufklärerischer Einschlag, da es ihm an „kritischer Potenz" (ebd., S. 34) mangele und er nicht zu kritischer Kompetenz erziehe. BENNER/KEMPER stellen vor allem die „antiindustrielle und antiintellektuelle Kultur- und Zivilisationskritik" (BENNER/KEMPER 1991, S. 31) im Werk PETERSENS heraus und erkennen hier einen Rückfall hinter die Pädagogik der Aufklärung. Die Kritik kulminiert schließlich in der bekannten These: „*Petersen* erreicht das 20. Jahrhundert entschlossen nicht" (OELKERS 1985, S. 87).

In bezug auf den Vorwurf des Anti-Individualismus läßt sich anmerken, daß PETERSEN deutlich zwischen der Individualpädagogik der traditionellen Schule und der Gemeinschaftspädagogik der Schulen im Geiste Neuer Erziehung unterscheidet (vgl. 1925, S. 266ff). Zwar gilt ihm ausschließlich letztere als „wahre Freiheitspädagogik" (1966, S. 17). Wie die bisherigen Ausführungen gezeigt haben, intendiert er jedoch keineswegs die Unterordnung des einzelnen unter die Gemeinschaft, wie behauptet wird (vgl. IMELMAN/MEIJER 1991, S. 33). Erst recht trifft der Vorwurf nicht zu, der Jena-Plan wolle „*die Herausbildung von Führertum und Gefolgschaft*" und PETERSEN sei daher „Repräsentant der Strammsteh-Pädagogen" (EIERDANZ 1987, S. 16). Nach DIETRICH scheint die Vieldeutigkeit mancher Formulierungen PETERSENS in der Tat eine Überbewertung des Gemeinschaftsprinzips und eine Aufhebung des dialektischen Verhältnisses von Individuum und Gemeinschaft zu suggerieren (vgl. DIETRICH 1995, S. 108). Auch trifft es seiner Ansicht nach zu, daß durch die idealisierende Bewertung der Gemeinschaftsidee die in jeder Gruppe existenten Konflikte und Interessengegensätze teilweise verdeckt sowie infolge einer idealtypischen Kontrastierung die potentiell positive Bedeutung der Gesellschaft geleugnet werden.

Viele Mißverständnisse sind allerdings darauf zurückzuführen, daß PETERSEN über seine unverkennbare Wertschätzung der Individualität hinaus dezidiert vor den Gefahren einer Verabsolutierung des Individuums und seiner Möglichkeiten zu selbstbestimmtem Handeln warnt (vgl. LUDWIG 1992b, S. 89). Für ihn kann es konstanten Zusammenhalt und friedliche Koexistenz zwischen den Menschen nur geben, wenn der einzelne durch sein Denken und Handeln in stärkerem Maße seiner Einbindung in das Ganze Rechnung trägt und seine Verantwortung für die Mitwelt bewußt annimmt (vgl. 1963, S. 50). Aus diesem Grunde kommt es bei PETERSEN zu einer starken Akzentuierung der Idee der geistigen Gemeinschaft, die von vielen Kritikern als zu einseitig bezeichnet wird. Andere Autoren (vgl. SALZMANN 1984, S. 351; DIETRICH 1991, S. 140f) hingegen halten das Verhältnis von Fremd- und Selbstbestimmung, Freiheit und Bindung, Individualität und Gemeinschaft in der Pädagogik PETERSENS für ausgewogen und MIESKES stellt resümierend fest: „Zum ersten Male in der Geschichte der Pädagogik hat die Schulwirklichkeit des Jenaplans theoretisch und praktisch den natürlichen Ausgleich zwischen Individuum und Gemeinschaft, also zwischen Individual- und Gemeinschaftserziehung gefunden" (MIESKES 1966b, S. 69).

Bevor im folgenden die Schulwirklichkeit des Jena-Plans im Hinblick auf eine Balance der beiden Pole Individuum und Gruppe analysiert wird, ist kurz auf den ebenfalls erhobenen Vorwurf des Anti-Rationalismus einzugehen. Der These, PETERSEN sei anti-aufklärerisch und sein Werk durch stark irrationale Momente gekennzeichnet ist insofern zuzustimmen, als er insgesamt scheinbar die Bedeutung des rationalen Denkens unterschätzt bzw. aus bildungstheoretischer Sicht nicht hinreichend herausgearbeitet hat (vgl. DIETRICH 1995, S. 198). Gleichwohl lassen sich Belege dafür finden, daß für ihn die Fähigkeit zu rationalem, kritischem Denken unabdingbar mit der Möglichkeit einer humanen, sittlichen Existenzweise des Menschen verknüpft ist. So heißt es beispielsweise: „Bei der Ausschaltung der kla-

ren Verstandestätigkeit kann auch das Verantwortungsgefühl nicht aufkommen"
(1962, S. 16).

PETERSEN wendet sich keineswegs gegen den Vernunftgebrauch als solchen,
sondern gegen eine hypertrophierte Fortschrittsgläubigkeit im gesellschaftlichen
Leben sowie eine „Aufklärungssucht" (1926, S. 102), die sich in einem verfrüh-
ten Rationalisieren in der Schule zeigt und durch welche die menschliche ratio eine deutliche Überschätzung erfährt. Er tritt nicht für das Ausschalten menschlicher
Verstandestätigkeit ein, sondern fordert deren unabdingbar notwendige Ergänzung
um irrational-intuitive Kräfte, die seiner Ansicht nach unauflöslich mit der
menschlichen Existenz gegeben sind. Auch wenn das Leben für ihn primär auf Ir-
rationalität beruht, stellt seiner Ansicht nach nicht die Widervernünftigkeit (vgl.
1931, S. 31; 1984, S. 32ff), sondern vielmehr eine umfassendere „Übervernünf-
tigkeit" (LUDWIG 1992b, S. 120) das besondere Kennzeichen menschlicher Geistigkeit dar, welche die intellektuell nicht erklärbaren, sich dem logischen Denken
verschliessenden Phänomene mit einschließt.

Da der Mensch in einer „Totalitätsbeziehung" (1931, S. 32) zur Wirklichkeit
steht, ist deren tieferer Sinn nach PETERSEN nie kausal zu erfassen, sondern nur in
einer Art intuitiver Schau zu erfahren. Die Begrenzheit der Rationalität zeigt sich
darüber hinaus auch dort, wo die Verstandestätigkeit alleine den Menschen nicht
davon abhält, seinen eigenen Untergang zu inszenieren. In seinem Spätwerk stellt
der Pädagoge retrospektiv fest: „Wenn einzelne Menschen oder ganze Menschengruppen nicht mehr wissen, was recht und was unrecht ist, gut und böse, anstän-
dig und unanständig, wenn sie, christlich gesprochen, nicht mehr die Zehn Gebo-
te halten (...), dann brechen sie über kurz oder lang in sich zusammen" (1984,
S. 42) und die ganze Menschheit geht zugrunde. Daher bedarf eine durch die Tätigkeit des Verstandes gewonnene Autonomie stets des antinomischen Gegenpols,
d. h. der Bindung an elementare Werte, die nach PETERSEN vor jedem rational kon-
struierten Wertesystem vorhanden sind und in intuitiver Schau erfaßt werden können.

Diese knappen Ausführungen können keine intensive Auseinandersetzung mit
der aktuellen PETERSEN-Rezeption ersetzen und sollen lediglich schlaglichtartig
einige Aspekte beleuchten. Trotz verschiedener berechtigter Einwände (vgl.
Kap. 3.3.4) wirkt es paradox, wenn manche Erziehungswissenschaftler aufgrund
vermeintlicher Defizite und Fehlschlüsse in der Theorie PETERSENS der gegenwärtigen Schulpraxis davon abraten, sich auf die erziehungs- und bildungstheoretischen Grundlagen des Jena-Plans zu berufen (vgl. BENNER/KEMPER 1991; IMEL-

MAN/MEIJER 1991; RICHLY 1995), während gleichzeitig eine starke Rückbesinnung auf die PETERSEN-Pädagogik zu verzeichnen ist. So wird die Frage nach der Modernität des Jena-Plans von vielen Theoretikern und besonders den Praktikern durchaus bejaht. Da er auch heute wertvolle Anregungen für die Humanisierung der Schule vermitteln kann und eine bedeutende Herausforderung an das Regelsystem darstellt, gilt er DIETRICH etwa als „Modell für die Gestaltung einer 'humanen Schule'" (DIETRICH 1991, S. 148). Für ihn kann PETERSEN schlechterdings nicht unzeitgemäß sein, denn: „Was soll an dieser mitmenschlichen Pädagogik anti-modern sein?" (ders. 1995, S. 196).

Auch für MIESKES steht fest, „daß es in unserer Gegenwart kein schultheoretisches oder schulpraktisches Problem von Rang und Gewicht gibt, zu dem Petersen und sein Jenaplan nicht Wesentliches zu sagen bzw. beizutragen hätten" (MIESKES 1966a, S. 36). Der Jena-Plan stellt seiner Ansicht nach eine „wissenschaftlich begründete und praktisch verifizierte Antwort auf die Fragestellungen neuzeitlicher Erziehung und Bildung" (ders. 1966b, S. 40) dar. Zwar kommt es, außer in den Niederlanden, nur an wenigen Schulen zu einer umfasenderen Adaption des Jena-Plans, jedoch werden in vielen Einrichtungen Teileelemente erprobt. Daneben bestimmen seine zentralen Begriffe die schultheoretische Diskussion maßgeblich mit, ohne daß dies immer hinreichend bewußt wird. In gewisser Weise läßt sich gegenwärtig daher mit Recht von einer „Jenaplan-Renaissance" (KLASSEN 1991, S. 91ff) sprechen, weniger jedoch von einem „Petersen-Kult" (EIERDANZ 1987, S. 16).

Nach LUDWIG führt vor allem die aktuelle „Rückbesinnung auf das Erzieherische" (LUDWIG 1984, S. 649) zur Auseinandersetzung mit PETERSENS Idee der Lebensgemeinschaftsschule. Die Zunahme von Einzelkindheit, Medienkindheit, Einelternkindheit, institutionell betreuter Kindheit, Konsumkindheit und zeitlich verplanter Kindheit (vgl. RETTER 1993, S. 20) stellen eine Herausforderung dar, der die Regelschule nicht immer gewachsen ist. Da das Bildungssystem angesichts ständig neu formulierter Erziehungsaufträge oft an seine Grenzen stößt, steigt das allgemeine Interesse an Alternativen zur Regelschule. Vielfach wird ein differenzierteres Schulangebot gefordert, in dessen Rahmen die Jena-Plan-Schule sogar als „ein mögliches Modell für eine Schule in Europa" (VAN DER ZANDEN 1993, S. 36) angesehen wird. Dabei sind es vor allem die humanen Grundprinzipien des Jena-Plans, die ihn für viele zur tragfähigen Basis einer europäischen Schule der Zukunft machen, denn „Petersens Pädagogik ist geprägt von einem *Ethos des Dienstes,* des solidarischen und brüderlichen Handelns am Kind" (LUDWIG 1984,

S. 658).

So stellt bereits Ilse SCHNEIDER zum Abschluß ihrer Analyse des Bildungsgedankens der Jenaer Schule fest: „Der allumfassende Gedanke ist die Humanität,
das vergesellschaftete Menschentum. (...) Sie will in weltanschaulich ungebundener formaler Bildung den innerlich freien Menschen durch die Gemeinschaft zum
wahrhaften Volks- und Weltbürger erziehen" (I. SCHNEIDER 1933, S. 595), denn das
Erziehungsideal der *Neuen Schule* ist nach PETERSEN der allseitig gebildete
Mensch, „tolerant und human, von ethischer Religiosität" (1929, S. 130). Dieses
Ziel stellt jedoch eine solide Grundlage für die aktualisierende Rekonstruktion des
Jena-Plans dar. Prinzipiell ist daher DIETRICH zuzustimmen, der das Überdenken
mancher seiner Begründungen für erforderlich hält, es aber zugleich ablehnt, daß
man „durch die vermeintlich kritische Bestandsaufnahme metaphysischer und
zeitgebundener Ansichten Petersens die Jena-Plan-Pädagogik als Ganzes in Frage
stellt" (DIETRICH 1995, S. 103).

3.2 Die Strukturelemente des Jena-Plans

Seine intensive Auseinandersetzung mit der philosophischen und pädagogischen
Tradition sowie den Werken zeitgenössischer Schulreformer, die Vorstandstätigkeit im *Deutschen Bund für Schulreform* und schließlich die eigenen Praxisversuche an der Hamburger Lichtwarkschule (1920-1923) führen Peter PETERSEN zu der
Überzeugung, daß sich Schule nicht über eine Änderung der Unterrichtsmethoden
alleine reformieren läßt, sondern daß es darum gehen muß, „Aus der Schule als
Ganzem etwas Neues zu machen, d. h. das ganze Schulleben von Grund auf zu ändern" (1980, S. 68). So gilt nach seiner Überzeugung: *„Kein Volk kann die Schüler ändern und lernschulmäßig mehr aus ihnen herausbringen, darum ist das
Schulwesen - und in erster Linie das Schulleben - selbst zu ändern"* (ebd., S. 17).
Das bedeutet für PETERSEN in erster Linie, den Unterricht der Erziehungsidee
unterzuordnen und an die Stelle der alten Lern- und Buchschule eine Erziehungsschule treten zu lassen.

3.2.1 Entstehung und Charakteristika der Jena-Plan-Schule

Mit seinem Ruf auf den Traditionslehrstuhl der Herbartianer in Jena im Jahre 1923
übernimmt PETERSEN zugleich die von Carl Volkmar STOY am 9. 12. 1844 gegründete und von Wilhelm REIN später zur Übungsschule im Dienst der Lehrerausbil-

dung weiterentwickelte Universitätsschule. Hier will der Pädagoge nun neue Formen des Schul- und Unterrichtslebens praktisch erproben. Am 28. 4. 1924 nimmt diese Einrichtung unter seiner Leitung mit einer Gruppe von 21 Kindern des ersten bis vierten Schuljahres ihren Betrieb auf. Ein Jahr später umfaßt die Schule mit 72 Schülern der ersten acht Schuljahre bereits drei, zeitweise (1930-1934) sogar vier Stammgruppen und ab 1930 wird der Versuch zunehmend auch auf Schulen außerhalb Jenas ausgedehnt und wissenschaftlich begleitet. Die Untersuchungsergebnisse werden von PETERSEN und seinen Mitarbeitern in zahlreichen Veröffentlichungen dokumentiert. Besonders hervorzuheben ist die anläßlich der 4. Tagung des *Weltbundes für Erneuerung der Erziehung* (13.-15. 8. 1927) in Locarno entstandene Schrift, welche er den Teilnehmern zur Einführung in seine Reformarbeit vorlegt und die als „Der Kleine Jena-Plan" (PETERSEN 1980) internationale Beachtung findet.

Von Anfang an führt PETERSEN seinen Jenaer Schulversuch nicht unter Ausnahmebedingungen durch, sondern so, „daß er an keinem Orte an den finanziellen Mitteln scheitern kann" (PETERSEN/WOLFF 1925, S. 5). Daher ist die Schule in allen Fragen an die Gesetze und Richtlinien des Landes Thüringen gebunden, denn „was gelernt werden muß, das muß auch in der neuen Schule gelernt werden" (1926, S. 118). Aber nicht nur in curricularer Hinsicht lehnt PETERSEN jedes „Insel- und Sonderdasein" (MIESKES 1966f, S. 58f) des Jena-Planes strikt ab. Für seinen Schulversuch stehen weder finanzielle Sonderzuwendungen zur Verfügung, noch werden besonders kostspielige Arbeitsmaterialien verwendet. Auch erhält Hans WOLFF, ihr erster Lehrer, keine spezielle Berufsvorbereitung. PETERSEN reklamiert keinerlei Modellhaftigkeit für seinen Versuch, dessen buchstabengetreue Wiederholung er für weder möglich noch wünschenswert hält. Vielmehr versteht er den Jena-Plan als Ausgangsrahmen für jede Schule, die ihn auf kreative Weise gestalten und weiterentwickeln will. Es gibt demnach keine ausgewiesene „'Methode des Jena-Plans'" (MIESKES 1966c, S. 25) und eine sich auf ihn berufende Schulpraxis ist letztlich immer auf dem Weg zu ihrem eigenen Profil. Dies inspiriert nach MIESKES zwar zur „schöpferischen Dynamik im pädagogischen Denken und Handeln" (ebd., S. 18), evoziert jedoch auch, wie Kritiker bemerkt haben, die Gefahr unterschiedlicher ideologischer Indienstnahme und des Mißbrauchs (vgl. BENNER/KEMPER 1991, S. 49).

Allerdings sind einige charakteristische Grundlinien auszumachen, welche als unverzichtbare Strukturelemente des Jena-Plans auch heute von jeder Schule zu berücksichtigen sind, die nach den Grundsätzen PETERSENS arbeiten will. Diese werden von MIESKES als „pädagogische Minima" (vgl. MIESKES 1966c, S. 53ff) und nach ihm von DÖPP-VORWALD als „Petersen-Minima" (vgl. DÖPP-VORWALD 1969, S. 113ff) bezeichnet und sollen im folgenden kurz skizziert werden. Den zentralen Ausgangspunkt seiner schulpädagogischen Reflexionen bildet Peter PETERSENS bekannte Frage:

> „Wie muß diejenige Erziehungsgemeinschaft gestaltet werden, in welcher sich ein Menschenkind die für es beste Bildung erwerben kann, eine Bildung, die seinem, in ihm angelegten und treibenden Bildungsdrange angemessen ist und die ihm innerhalb dieser Gemeinschaft vermittelt wird und ihn reicher, wertvoller zur größeren Gemeinschaft zurückführt, ihn als tätiges Glied ihr wiederum übergibt. Oder kürzer: Wie soll die Erziehungsgemeinschaft beschaffen sein, in der und durch die ein Mensch seine Individualität zur Persönlichkeit vollenden kann?" (1962, S. 107).

In bezug auf das Ethos, welches nach seiner Überzeugung eine *freie allgemeine Volksschule nach den Grundsätzen Neuer Erziehung* bestimmen soll, fordert PETERSEN die Schaffung einer den Prinzipien der Toleranz und Humanität verpflichteten Lebensgemeinschaftsschule, welche von Eltern und Erziehern gemeinsam getragen wird und eine echte Lebensstätte der Jugend darstellt. Die Lebensgemeinschaftsschule ist ein etwa ab 1919 in norddeutschen Großstädten entstehender Schultyp, der sich durch die Organisationsform der Schulgemeinde auszeichnet und durch die Gemeinschaft zur Gemeinschaft und für das Leben erziehen will. PETERSENS maßgebliche Vorstellung einer solchen Lebensgemeinschaft (vgl. 1929, S. 131ff) kulminiert dabei „im Begriff der Polis, die einen sinnerfüllten, geordneten und überschaubaren Lebenskreis darstellt" (STACH 1987, S. 4). Als konstitutive Elemente dieser neuen Schule bezeichnet er (vgl. 1980, S. 68ff):

– die enge Verbindung von Schule und Elternhaus in der Schulgemeinde,
– den Glauben an das Gute im Kind,
– die Humanisierung aller zwischenmenschlichen Beziehungen,
– das freie Zusammenleben der Schüler in Stammgruppen,
– die Einbeziehung der natürlichen Bildungsformen Gespräch, Spiel, Arbeit, Feier und deren Anordnung im Wochenarbeitsplan,
– die Bewältigung authentischer Aufgaben und Probleme durch die selbsttätige Arbeit der Schüler sowie
– die wissenschaftliche Begleitung dieses neuartigen Schul- und Unterrichtslebens durch die *Pädagogische Tatsachenforschung.*

In erster Linie versteht sich die Jena-Plan-Schule als Erziehungsschule. Grundsätzlich hat sie nach PETERSEN „zu dienen, nicht zu vergewaltigen" (1925, S. 237). Sie muß dem jungen Menschen bei der Entfaltung seiner individuellen

Kräfte helfen und jedem einzelnen ein „freies, individuelles Fortschreiten" (1980, S. 19f) im Rahmen der Gruppe ermöglichen. Dabei betont PETERSEN besonders das pädagogische Moment, denn der Unterricht untersteht hier „den beiden Ideen der Ehrfurcht vor dem Leben und der Erziehung, d. i. der Freimachung des Menschentums in jedem Kinde" (1930, S. 5). Unterrichten bedeutet nach seiner Auffassung daher „mit Ehrfurcht vor dem Leben und unter der Idee der Erziehung zu Bewußtheiten, Kenntnissen und Fertigkeiten führen" (1963, S. 84). Im Gruppenleben soll sich die Erziehung als vergeistigende, persönlichkeitsbildende Funktion auswirken können. Da sich, so PETERSEN, die Zukunft nur bewältigen läßt,

> „wenn jene Zeiten über Männer und Frauen verfügen mit Initiative, fähig und bereit, die Last auf sich zu nehmen und sie zu tragen: freundlich, liebenswürdig, rücksichtsvoll, hilfsbereit und willig, sich selber ganz und gar an ihre Aufgabe hinzugeben, Opfer zu bringen, wahrhaft zu sein, treu, schlichten Herzens, ehrlich, selbstlos; und darunter einige wenige, die bereit sind, mehr zu tun, als die anderen, für diese anderen" (1984, S. 42),

ist das Erziehungsziel dieser Menschenschule im Geiste PESTALOZZIS die sittlichreligiöse Persönlichkeit, welche die humanen Tugenden realisiert.

Die Idee der Schulgemeinde macht u. a. eine Substituierung der direktoralen Schulleitung durch eine kollegiale notwendig. Der Staat als Träger und oberste Aufsicht des Bildungswesens soll für den zweckmäßigen äußeren Rahmen sorgen, der die Organisation der Bildungs- und Erziehungsarbeit durch ein selbstverwaltetes Kollegium ermöglicht. Für PETERSEN wird die Schule dadurch unabhängiger von politischer Inanspruchnahme und kann alle ihre Kräfte in den Dienst am Kind stellen. Bedeutsam ist auch die Teilhabe der Erziehungsberechtigten am Schulleben und ihre enge Kooperation mit den Lehrern, die zur Optimierung pädagogischer Bemühungen beitragen soll. Die Schule selbst leistet eine Art Erwachsenenbildung, indem sie auf Vortragsabenden über ihre pädagogische Arbeit informiert und durch die Einrichtung einer Fachbibliothek zur Auseinandersetzung mit zeitgenössischen Schulreformansätzen anregt (vgl. PETERSEN/WOLFF 1925, S. 52).

Die Jena-Plan-Schule gilt PETERSEN weiterhin als freie Volksschule, da sie jeden parteipolitisch oder konfessionell motivierten „Kampf um die Schule" (1980, S. 9; vgl. 1962, S. 197ff) ablehnt. Weltanschauliche Gegensätze werden zugunsten eines unparteiischen Dienstes am Kind überbrückt, der nur auf der Grundlage der Erziehungs- und Gemeinschaftsidee als den normierenden Prinzipien geleistet werden kann. Sie ist insofern eine allgemeine Schule, als sie Jungen und Mädchen aller Begabungen, Sozialschichten und Konfessionen für möglichst zehn Schuljahre aufnimmt. Der eher unnatürlichen Einseitigkeit reiner Jungen- bzw. Mäd-

chenschulen und einem durch bloße Koinstruktion geprägten Unterricht gegenüber fordert PETERSEN eine echte Koedukation (vgl. 1925, S. 235). Da er jede Begabung als wertvoll erachtet, vereinigt die Universitätsschule vom Höchstbegab-
ten bis zum Sonderschüler unterschiedlich leistungsstarke Kinder. Dabei spielen
sozialpädagogische und didaktische Überlegungen eine zentrale Rolle. Zudem ist
PETERSEN davon überzeugt, daß sich die Befähigungen eines Kindes erst relativ
spät eindeutig erkennen lassen und letzte Entscheidungen über individuelle Schul-
laufbahnen nicht verfrüht getroffen werden sollten (vgl. ebd., S. 92).

Zusammenfassend läßt sich sagen, daß PETERSEN wesentliche Teilelemente
zeitgenössischer Reformmodelle in seinen Jenaer Schulversuch integriert. Als
dessen „letzte Quellen" nennt er die Experimentelle Pädagogik sowie die Kunst-
erziehungs-, Arbeitsschul- und Landerziehungsheimbewegung (vgl. 1980, S. 65f).
Ihm gelingt die eigenständige Synthese dieser Ansätze zu einer ausgewogenen und
innovativen Konzeption, ohne dabei die Einzelmotive rein additiv zusammenzu-
setzen. Da der Jena-Plan als „institutionelle Pointe der Reformpädagogik" (OEL-
KERS 1985, S. 77) am Schnittpunkt verschiedener Bestrebungen anzusiedeln ist,
wird er häufig als der „umfassendste und durchdachteste, wahrscheinlich auch als
der erfolgreichste Schulversuch der deutschen Schulgeschichte" (MASCHMANN/
OELKERS 1985, S. 10) bzw. als die „reifste Frucht" (DÖPP-VORWALD 1969, S. 86)
und der „fortschrittlichste und zukunftsträchtigste" (ebd., S. 180) schulpädagogische Beitrag der Reformbewegung gewertet.

DIETRICH arbeitet die geistesgeschichtliche Verwurzelung des Jena-Plans in
der Pädagogik PESTALOZZIS, FRÖBELS und DÖRPFELDS heraus und stellt daneben
wesentliche Bezüge zwischen PETERSEN und führenden Reformern wie MONTES-
SORI, DECROLY, LIGTHART, FERRIERE oder DEWEY her (vgl. DIETRICH 1995,
S. 146ff). DÖPP-VORWALD unternimmt den Versuch, die tragenden Elemente der
Schulpädagogik Peter PETERSENS vor allem auf die Gesamtunterrichtsbewegung
und die Arbeitsschule zurückzuführen. Hauptforderung der Befürworter des Gesamtunterrichts sei die konsequente Berücksichtigung kindlicher Interessen sowie
entwicklungsspezifischer Erkenntnis-, Denk- und Arbeitsweisen. Zielvorstellung
arbeitsschulischer Unterrichtsmethodik sei hingegen das Lösen problemhaltiger
Aufgaben in freier geistiger Arbeit. Diese beiden reformpädagogischen Haupt-
strömungen vereinigen sich im Jena-Plan zur Form „arbeitsschulischen Gesamtunterrichts" bzw. der „gesamtunterrichtlichen Arbeitsschule" (DÖPP-VORWALD
1969, S. 100). Hierunter versteht DÖPP-VORWALD ein methodisch-didaktisches
Konzept, welches „die am wenigsten doktrinäre, die natürlichste und lebensvoll-
ste Verwirklichung der arbeitsschulischen wie der gesamtunterrichtlichen Forde-

rungen" (ebd., S. 106) darstellt.

3.2.2 Die Idee der Stammgruppe bei Peter Petersen

Die Gemeinschaftsidee normiert das gesamte Schul- und Unterrichtsleben der Jena-Plan-Schule, da sie „den Primat der Erziehungsidee, der Erziehungs- und Lebensschule vor der Unterrichtsanstalt und einseitigen Lernschule" (1980, S. 40) sichert. Von Beginn des Versuches an zählt es für PETERSEN zu den vordringlichen Aufgaben, diejenigen Sozialformen zu ermitteln, welche eine freie Entfaltung des Zwischenmenschlichen optimal gewährleisten und somit erzieherisch besonders wirksam sind. Neben der Schulgemeinde als tätiger Gemeinschaft von Schülern, Eltern und Lehrern ist, gewissermaßen auf der Mikroebene, die freie Gemeinschaftsbildung im Rahmen der Stammgruppe äußerst bedeutsam.

Auf der traditionellen Schule lasten die Jahrgangsklassen wie „Eisblöcke in Frühlingslandschaft" (1930, S. 20). Starre Lehrpläne, kollektivistisches Abarbeiten von Pensen, Selektionsdruck, hohe Zahlen von Sitzenbleibern und Schulabbrechern sowie die zunehmende Einrichtung von Sonderschulen gelten PETERSEN als Symptome für den „Bankerott des Jahresklassensystems" (1980, S. 16), welches viele Schüler physisch und psychisch überfordert. Demgegenüber strebt er ein Schulleben an, welches jedem „die Freiheit intellektueller wie charakterlicher Entwicklung nach seinem Gesetz" (ebd., S. 20) gewährt. In der Jena-Plan-Schule wird daher die Jahrgangsklasse durch die heterogen zusammengesetzte Schülergemeinschaft der Stammgruppe ersetzt, da sie eine kindgerechte und lebenswahre Sozialform ist, welche vielfältige soziale und sittliche Aufgaben stellt und dadurch in besonderem Maße erzieherisch wirkt.

3.2.2.1 Einordnung der Stammgruppe in das Schul- und Unterrichtsleben

PETERSEN bestimmt die alters- und leistungsgemischte Stammgruppe als eine „Sozialform, die sich unter Führung eines erwachsenen Erziehers planvoll gestaltet" und „absichtlich Mittel der geistigen Gemeinschaft sein will" (ebd., S. 28). Da sie eine wirkliche Lebens- und Arbeitsgemeinschaft ist und nicht nur Lerngruppe, steht in ihr „das ganze, echte, unverfälschte Leben" (1934a, S. 6) im Zentrum. Unter Berücksichtigung wichtiger Entwicklungsstufen ergibt sich für ihn folgende pädagogisch-didaktisch bedeutsame Gruppierung:

Untergruppe: 1.-3. Schuljahr
Mittelgruppe: 4.-6. Schuljahr
Obergruppe: 6. /7.-8. Schuljahr
Jugendlichengruppe: 8. /9.-10. Schuljahr

Die Untergruppe entwickelt sich im Idealfalle „organisch aus frei geleiteten Kinderheimen" (1925, S. 235) und verhilft bereits bestehenden Spiel- und Arbeitsgruppen zur weiteren Entfaltung. In diesem Sinne bildet ab 1934 der benachbarte FRÖBEL-Kindergarten gewissermaßen die „Grundstufe" (HEINTZE 1965, S. 163) der Jena-Plan-Schule, so daß die Erforschung pädagogisch gestalteter Übergänge vom Kindergarten zur Schule und Fragen der Schulreife ab Mitte der 30er Jahre wesentliche Arbeitsschwerpunkte PETERSENS darstellen. Die Anzahl der Kinder in einer Stammgruppe sollte auf den beiden unteren Stufen nicht mehr als vierzig betragen, auf der Oberstufe die Zahl fünfunddreißig nicht überschreiten. Nach PETERSENS Erfahrungen erleichtern die charakteristischen Arbeitsweisen des Jena-Plans und eine kindgerechte Rhythmisierung des Schultages das Lernen auch in solch großen Gruppen.

Der äußere Ordnungsrahmen wird durch das „Gesetz der Gruppe" festgelegt, nach dem nur das geschehen darf, „was alle gemeinsam wollen und was das Zusammenleben und die Schularbeit in Ordnung, Sitte und Schönheit allen in diesem Raume gewährleistet" (1980, S. 31). Nach PETERSEN bieten sich in der Gemeinschaft der Stammgruppe vielfältige Anlässe zu sittlicher und sozialer Erziehung. Zur Eingewöhnung der Schüler in das Gruppenleben ist ihr Miteinander von Beginn an behutsam zu lenken. Notwendig ist etwa die allmähliche Einführung in ein von Geduld, Höflichkeit und Rücksichtnahme bestimmtes Verhalten. Weiterhin müssen sie mit den Lernmaterialien und deren Handhabung sowie den Räumlichkeiten und ihrer Pflege vertraut gemacht werden. In bezug auf die Individualisierung von Lernprozessen ist auch das Üben des Leisegehens und Flüsterns sowie die Vereinbarung von Regeln und Zeichen zur gegenseitigen Ermahnung wesentlich. Zu diesem Zweck werden Übungen im Umgruppieren von Möbeln oder dem geräuschlosen Türenschließen durchgeführt. Als gemeinschaftsfördernd erweisen sich schließlich auch die Pflege offener Aussprache über alle zwischenmenschlichen Fragen und Probleme sowie das gemeinsame Feiern in der Stammgruppe.

Erfahrungsgemäß finden sich nicht alle Kinder gleich gut in die Gemeinschaft hinein. Neuen Schülern fehlen oft „alle Maßstäbe für richtiges Benehmen 'in Freiheit' wie dem Kalbe, das aus dem Stall zum ersten Male auf den Hofplatz hinausgelassen wird" (1930, S. 53). Andere gehen zunächst ziellos durch den Raum und finden zu keiner beständigen Arbeitshaltung. Nach PETERSEN benötigen solche Kinder eine längere „Schonzeit", bis sich die gesundenden Elemente der Stammgruppe auswirken und sich alte Schulängste verlieren. Noch problematischer ist gewöhnlich die Umstellung ganzer Klassen älterer Schüler. Ihnen werden zur leichteren Eingewöhnung zunächst eher schuluntypische und für sie neuartige Aufgaben angeboten, die dazu beitragen können, die Schüler „aneinander und an 'ihren' Raum zu binden" (ebd., S. 54).

Von der Stammgruppe ist bei PETERSEN die sich aufgrund von Sympathie oder gemeinsamem Arbeitsinteresse im Gruppenunterricht zusammensetzende Tischgemeinschaft zu unterscheiden, für deren Konstituierung das *„freie innere Kräftespiel der Stammgruppe"* (1980, S. 28) grundlegend ist. Nur im pädagogisch begründeten Ausnahmefall darf der Lehrer intervenieren und gewisse Gruppenbildungen fördern bzw. andere auflösen (vgl. 1930, S. 24). Langjährigen Beobachtungen freier Gruppenbildungsprozesse zufolge bestehen solche Arbeitsgemeinschaften in der Regel aus maximal sechs Kindern, wobei Dreier- und Vierergruppen am beliebtesten sind. Die Zweiergruppe ist nach Überzeugung des Pädagogen oftmals erzieherisch wertlos, da bei längerer Dauer das geistige Wachsen der Kinder aneinander stagniert. Insgesamt sind diese Arbeitsgemeinschaften relativ konstant, mit Ausnahme der Obergruppe, wo sich infolge entwicklungsbedingter psychischer Veränderungen eine Kontinuität meist nur innerhalb echter Freundschaftsbeziehungen zeigt.

3.2.2.2 Pädagogisch-didaktische Vorzüge der Stammgruppe

Ein möglicher Vorteil des Stammgruppensystems ist darin zu sehen, daß sich ein starres Festhalten an verwaltungstechnisch festgelegten Einschulungsterminen (vgl. 1980, S. 29) erübrigt und damit zugleich das Problem der Schulreife theoretisch gelöst ist. Bei einer Zahl von jeweils nur 12-15 Schulanfängern, die über das Jahr verteilt in eine Gruppe eintreten, wird die Eingewöhnungszeit erheblich verkürzt und die Umstellung erleichtert. Angesichts der gesetzlichen Bestimmungen gelingt es PETERSEN jedoch nicht, dies in Jena praktisch zu erproben und die angenommenen Vorzüge einer zeitlich flexiblen Einschulung zu verifizieren.

Allerdings stellt er fest, daß zu einem harmonischen Schulanfang in erheblichem Maße das Engagement älterer Gruppenkameraden beiträgt, die freiwillige

Patenschaften für Schulneulinge übernehmen (vgl. HOMACK 1934a, S. 31). Auch entfällt innerhalb des Stammgruppensystems weitgehend die Versetzungsproblematik nach herkömmlichem Verständnis, da die Kinder in der Regel automatisch alle zwei bis drei Jahre in die nächste Gruppe aufrücken. Hierbei sind nicht intellektuelle Leistungen, sondern die allgemeine Reife und menschliche Haltung eines Schülers ausschlaggebende Faktoren. Die erzieherische Wirksamkeit der Gruppe bleibt dadurch erhalten, daß nach jedem Schuljahr lediglich ein Drittel der Kinder wechselt. Während die zwei verbleibenden Drittel für eine gewisse Stabilität und Kontinuität sorgen, bringen die neu hinzukommenden Schüler alljährlich „frischen Wind" in die Gruppe hinein und verhindern durch das Anregen neuer sittlich-sozialer Aufgaben ein Erstarren in Routine.

Das Alters- und Bildungsgefälle in der Gruppe läßt sich in pädagogischer und didaktischer Hinsicht für alle Kinder fruchtbar machen. Wenn etwa der ältere Schüler einem jüngeren die Handhabung eines Arbeitsmittels zeigt, vertieft er zugleich die eigenen Kenntnisse oder gewinnt dem Bekannten sogar neue Seiten ab. Der Lernerfolg kann für ihn daher ebenso groß sein wie für seinen „Schüler", der oft die Erklärungen des Mitschülers besser versteht als die des Lehrers. Für fachlich und pädagogisch besonders begabte Kinder sind auch die Erfahrungen bedeutsam, die sie bei der Leitung kleiner Arbeitsgruppen sowie in der *Vorlehrzeit* nach dem 7./8. Schuljahr machen können. Hier dürfen sie in begrenztem Umfang und unter Anleitung selber gelegentlich unterrichten und werden damit „wichtigste Gehilfen der Lehrer und Erzieher" (1980, S. 20).

Nach PETERSEN verhalten sich die drei Altersstufen innerhalb der Stammgruppe zueinander „wie Lehrlinge, Gesellen und Meister" (ebd., S. 38). Da sich mit jedem Aufstieg in die nächsthöhere Gruppe ein Schüler als jüngster erneut einordnen muß, wird unangemessener Rollenfixierung, Überheblichkeit und Besserwisserei, aber auch schädlicher Stigmatisierung einzelner Kinder vorgebeugt. Das Bibelwort Lukas 22,26: „Der Größte unter euch soll sein wie der Jüngste, Und der Vornehmste wie ein Diener" (1930, S. 77) dient PETERSEN daher als Leitspruch für die Jenaer Schule, gilt es ihm doch als „Wesensgesetz jedes Gruppenlebens und aller echten Gemeinschaft" (RUTT 1983, S. 14). Zu den wichtigsten Mitteln gegenseitiger Erziehung gehören für ihn das frei auftretende Phänomen der Hilfe und Rücksichtnahme, welches in der Stammgruppe der Jena-Plan-Schule einen idealen Nährboden erhält (vgl. 1930, S. 79ff; vgl. WIESCHKE-MAASS 1968, S. 102ff), sowie die bereits erwähnte Übernahme von Patenschaften. Insgesamt bietet das vielgestaltige Gruppenleben eine Fülle Pädagogischer Situationen, in denen die Kinder sich wechselweise als Hilfe Gebende bzw. Hilfe Erhaltende erleben. Somit liefert die Gruppe die „Materie der sittlichen Erziehung" (1963, S. 74) und erzieht „zur Gemeinschaft durch die Gemeinschaft" (1926, S. 14). Da gerade der Anruf zu gegenseitiger Hilfe die Entwicklung sozialen Verantwortungsgefühls erheblich stärkt, läßt sich mit STACH auch aus heutiger Sicht die feste Verankerung des Helfersystems als „anthropologisch und pädagogisch-didaktisch begründete und begründbare Unterrichtshilfe" (STACH 1984, S. 128) in der Schule fordern.

3.2.3 Das Konzept der Schulwohnstube

Die Gestaltung eines Klassenzimmers spiegelt nach PETERSEN die vorherrschende Unterrichtsmethode sowie die sie fundierende pädagogische Grundhaltung und wirkt sich ihrerseits auf Art und Verlauf von Lernprozessen aus. Der traditionelle Schulraum ist gewöhnlich so strukturiert, daß die Aufmerksamkeit der Schüler ausschließlich auf den Lehrer zentriert ist. In langen Reihen verschraubte Bänke richten das Kind „unbeweglich oder doch nur vorschriftsmäßig beweglich" (1926, S. 16) auf Pult und Tafel aus und sehr hoch angebrachte Fenster verwehren den Blick nach draußen. Wenngleich PETERSEN die Pflege der Aufmerksamkeit befürwortet, „denn alles Arbeiten ist aufmerkendes Tun" (1963, S. 56), lehnt er doch diese extreme Fixierung der Konzentration auf den Lehrer ab, die meist künstlich erzeugt wird und nicht aus Sachinteresse entsteht. Da die Schüleraktivität in frontalgeführten Klassen eher gering ist, bieten die Kinder dort, so PETERSEN, „den bejammernswerten Anblick verschütteter geistiger Kraft" und unterdrückter schöpferischer Energien bzw. „das Bild einer gut gezogenen Kompagnie" (1926, S. 17).

Den besonderen Ansprüchen einer Erziehungsschule steht diese Konzeption des traditionellen Klassenzimmers diametral entgegen. PETERSEN reflektiert die Gestaltungsmöglichkeiten des Schulraumes daher vor allem im Hinblick auf die Förderung eines freien Gemeinschafts- und Arbeitslebens. Ein nach seinen Vorstellungen konzipierter Raum erhält in Weiterentwicklung der Wohnstubenidee PESTALOZZIS den Charakter einer *Schulwohnstube* (vgl. 1930, S. 30). Dieser kindgemäße Lebens- und Arbeitsraum ist von der Größe her „pädagogisch übersichtlich und beherrschbar" (1963, S. 149), seine Einrichtung schlicht und doch wohnlich. Die klassischen Schulbänke sind entfernt, denn es verbieten sich feste Plätze, welche die Kinder zum langen Stillsitzen zwingen: Bewegung ist „*die Nahrung des wachsenden kindlichen Körpers;* ihre Unterbindung Verbrechen an seiner Gesundheit" (1980, S. 24). Daher wird ein den kindlichen Kräften und Proportionen angepaßtes Mobiliar benötigt, welches im Raum bewegt, aber auch zum Unterricht nach draußen getragen werden kann. Dieses hohe Maß an Bewegungsfreiheit stellt eine Grundvoraussetzung für die Selbsttätigkeit und freie Gruppenbildung dar.

Durch die Einrichtung von Nischen und Abtrennung von Funktionsecken lassen sich aufgabenbezogene Arbeitsplätze bereitstellen, zwischen denen Schüler frei wählen können. Dies begünstigt nach PETERSEN die innere Sammlung als Bedingung für ein konzentriertes, intrinsisch motiviertes und sachgerechtes Arbeiten. Die in der Praxis beobachtbare Neigung zur Bindung an bestimmte Stammplätze wird jedoch als freiwillige Entscheidung der Kinder respektiert (vgl. 1930, S. 30). Offene Regale dienen der Aufbewahrung von Lernmaterialien, Büchern und Mappen. Auf den Fensterbänken lassen sich Aquarien, Terrarien, Blumen etc. unterbringen. Die Tafel ist nicht mehr ausschließlich Medium des Lehrers, sondern eine bis zum Fußboden herabreichende Schreibfläche, die vor allem von den Kindern benutzt wird. In besonderem Maße aber verleihen dem Gruppenraum „der singende Vogel, die tickende Uhr, der Blumenschmuck, der Wandschmuck, den die Kinder selber herstellten" (1980, S. 32) den Charakter einer *Schulwohnstube*.

Da die Kinder täglich viele Stunden in der Schule zubringen, sollen sie eine möglichst positive Beziehung zu ihrem Raum entwickeln, denn die „Liebe zur Schulwohnstube, zu den Menschen, den Sachen und den Arbeitsformen dort" (1963, S. 61) gilt PETERSEN als conditio sine qua non für ein wertvolles Zusammenleben und effektives Arbeiten. Von zuhause mitgebrachte und allen zur Verfügung gestellte Bücher oder Spiele steigern die Bindung an den Raum, denn die *Schulwohnstube* „erhöht den Wert dessen, was man hat, wie dessen, was man kann" (PETERSEN/WOLFF 1925, S. 10). Eine positive emotionale Gestimmtheit der Schüler fördert das allgemeine Verantwortungsgefühl für den Erhalt von Ordnung und Schönheit ihres Raumes. Allerdings bedarf es dazu der Bereitschaft, ihnen den Raum wirklich anzuvertrauen und etwa die Pflege von Blumen und Tieren durch wechselnde Dienste zu überantworten.

Somit sorgt das gemeinsame Leben und Lernen der Stammgruppe in der *Schulwohnstube* dafür, daß in ihr und durch sie alle kindlichen Kräfte, „die sozialen, sittlichen und intellektuellen, bestens genährt werden, keine in ihrer Eigenart verkümmert" (1963, S. 66). PETERSENS vorrangiges Interesse gilt dabei der Herausforderung und Förderung sittlich-sozialer Kräfte. Im Gegensatz zur traditionellen Schule, welche die ethischen Fragen der Lebenswirklichkeit oft ausklammert, finden die Kinder in der *Schulwohnstube* ein anspruchsvolles und facettenreiches, die Charakterbildung vielfältig stimulierendes Betätigungsfeld vor (vgl. 1930, S. 30f). Nur dort aber kann sich Sittlichkeit entfalten, wo Menschen in konkreten Bezügen den Aufruf zu verbindlichen Entscheidungen, Rücksichtnahme, Kooperation, Toleranz, Geduld und eigenverantwortlichem Handeln erfahren. Diese Form des Zusammenlebens erlaubt daher auch dem Lehrer, sich selbst als Mensch zu geben und zugleich vorbildhafter „Meister schöner, natürlicher, ungekünstelter und angenehmer Formen" (1963, S. 61) zu sein. Durch die Intensivierung der zwischenmenschlichen Beziehungen lernt er seine Schüler genauer kennen und kann auf dieser Basis qualifiziertere pädagogische Entscheidungen treffen.

3.2.4 Bildungsgrundformen im Unterrichtsleben der Jena-Plan-Schule

Wurden gemäß dem Primat der Erziehung die Strukturelemente des Jena-Plans bisher vornehmlich in pädagogischer Hinsicht beleuchtet, so ist nun nach den Bildungsaufgaben der Schule zu fragen. In dieser Hinsicht fordert PETERSEN die Schaffung eines vielseitigen Unterrichtslebens, welches ein „wirklich freies geistiges Schaffen und Aneinanderwachsen" (1930, S. 115) der Schüler ermöglicht und ihre individuelle Bildung fördert. Ein solches Unterrichtsleben bestimmt er als eine „'Welt problemhaltiger, Kinder und Jugendliche auf natürliche Weise zum Lernen anreizender Situationen'" (1980, S. 61), in die er den Unterricht im engeren Sinne einordnet. In vielfältigen *Pädagogischen Situationen* sollen die für das vorschulische Lernen charakteristischen Formen des natürlichen Bildungserwerbs aufgenommen und weiterentwickelt werden.

Die Auseinandersetzung des Menschen mit der Lebenswirklichkeit erfolgt in zwei sich wechselseitig durchdringenden Richtungen (vgl. Kap. 3.1.6), die PETERSEN als „Grundformen der *Selbsterziehung*" bzw. „Urformen des Lernens und Sich-Bildens" (1963, S. 32) bezeichnet. Zu den letztgenannten zählen im Jena-Plan insbesondere Gespräch, Spiel, Arbeit und Feier, welche als zentrale Elemente der Bildungsorganisation bereits von PESTALOZZI erkannt werden. Ihre systematische Beschreibung wird erstmalig von FRÖBEL, nach ihm von RIEDEL und HÖRDT geleistet (vgl. KLASSEN 1968, S. 88ff). Mit diesen vier Urformen verfügt der Lehrer nach Ansicht PETERSENS über einen „Reichtum an beweglichen, handlichen, übersehbaren, abwechslungsreichen, ständig in sich und aus sich selber weitertreibenden, belebenden Bildungsformen" (1963, S. 107), mit deren Hilfe sich die Zersplitterung der Fächer im „Fetzenstundenplan" (ebd., S. 124) der Regelschule überwinden lassen. Sie entfalten dann ihre positive Wirkung, wenn sie sorfältig reflektiert, differenziert geplant und möglichst optimal realisiert werden. Dies setzt jedoch ihre variable und undogmatische Anordnung im *Wochenarbeitsplan* voraus.

Der *Wochenarbeitsplan* im Sinne Peter PETERSENS ist nicht mit Begriff und Idee der Arbeit nach Wochenplan zu verwechseln. Vielmehr handelt es sich um eine „arbeits- und lebensrhythmisch abgestimmte Ordnung der pädagogischen Situationen" (ebd.), durch die das Insgesamt der Schüleraktivitäten in einem flexiblen, im Tages-, Wochen- und Jahresrhythmus schwingenden Rahmenplan organisiert wird. So berücksichtigt der *Wochenarbeitsplan* die Leistungskurven des Menschen ebenso wie den durch Jahreszeiten und Feste geprägten Ablauf des Schuljahres. Der erste Plan der Universitätsschule wird den Schülern nicht vorgegeben, sondern kristallisiert sich während der ersten drei Wochen von alleine heraus (vgl. PETERSEN/WOLFF 1925, S. 55ff). Er kann daher anderen Jena-Plan-Schulen nicht als Modell dienen, sondern ist vielmehr als offenhaltende „*Ausgangsform*" (1963, S. 108) zu verstehen. Bei deren Konkretisierung sind stets die jeweiligen Rahmenbedingungen angemessen zu berücksichtigen, denn die Analyse des Jenaer Schulversuches belegt, daß sich selbst im freiesten Schulleben gewisse äußere und innere Zwänge ergeben, die Unterrichtsarbeit planvoll zu organisieren (vgl. 1963, S. 96f).

Nachfolgend soll ein knapper Überblick über die von PETERSEN als prinzipiell gleichwertig erachteten Bildungsgrundformen des Jena-Plans gegeben werden, wobei die für die vorliegende Fragestellung entscheidende Dimension der Freien Arbeit gesondert zu behandeln ist (vgl. Kap. 3.3.3).

Erste Grundform: Das Gespräch

Die freie Unterhaltung, welche schon im Familienkreis von großer Bedeutung für die geistige Entwicklung des Kindes ist, wird von PETERSEN auf vielfältige Weise zu pädagogischen und didaktischen Zwecken instrumentalisiert und bis hin zum Schülervortrag oder zur sachgebundenen Aussprache der Gruppe weiterentwickelt. Der Artifizialität des fragend-entwickelnden Unterrichts und anderen Spielarten des „methodisierten Gesprächs" stellt er von ihm hochgeschätzte Gesprächssituationen wie die Montag- und Sonnabendkreise oder die Unterhaltung beim gemeinsamen Frühstück entgegen (vgl. GERICKE 1934, S. 122ff). Am Wochenbeginn knüpft das Gespräch meist an die Erlebnisse der Kinder an oder vertieft die Inhalte der Wocheneingangsfeier, während der Sonnabendkreis dem kritischen Rückblick auf die Entwicklung des Gruppenlebens und den Fortgang der

Arbeit dient. Neben diesen etablierten Gesprächskreisen bilden sich Gelegenheitskreise anläßlich besonderer Vorkommnisse, im Anschluß an Exkursionen oder während der Gruppenarbeit (vgl. 1980, S. 56).

Das Kreisgespräch ist nach PETERSEN von hohem bildenden Wert, da die Teilnehmer einander unmittelbar zugewandt sind. Dies fördert eine intensive Konzentration auf den Gesprächsgegenstand und die Offenbarung der individuellen Seiten der Kinder. Daneben eignet sich der Kreis zur Gemeinschaftsbildung und dient in hohem Maße der „Pflege der Innerlichkeit" (ROEDER 1967, S. 11). Soll er daher die Bereitschaft und Fähigkeit der Schüler entwickeln, sich als Menschen frei zu öffnen, soll er zudem ihre sittlich-soziale Entwicklung unterstützen und somit auch erziehungswirksam sein, bedarf er der kontinuierlichen Pflege und Optimierung durch die Gruppe. Dabei muß das Gespräch nicht zwangsläufig vom Lehrer organisiert und geleitet werden, sondern kann auch, wie beim gemeinsamen Frühstücksgespräch, eine „an die Kinder ausgelieferte Bildungsform" (1963, S. 101) sein. Da PETERSEN für jede Unterhaltung in der Schule eine höfliche und bildende Form verlangt, wird der Gruppenleiter jedoch in bezug auf Sprache und Gesprächsverhalten zum wichtigen Vorbild.

In diesem Kontext ist kurz auf das Problem der Lehrerfrage einzugehen. Geistiger Fortschritt hängt nach PETERSEN vorrangig davon ab, ob jemandem ein Gegenstand wirklich fragwürdig wird, weil er Besonderes, Widersprüchliches, Zweifelhaftes oder Neues an ihm entdeckt und ein systematisches Suchen nach Antworten einsetzt. Daher lehnt er die traditionelle Lehrerfrage als antiquiertes „Schulstubenerzeugnis" (1930, S. 132) ab. In einem auf freiem Geistesleben gründenden Unterricht muß sich der Lehrer vielmehr mit seinen Fragen den Denkprozessen der Schüler einordnen, diese anregen und fördern. Eine solche Form des geistigen Verkehrs entbindet ihn aber zugleich vom Anspruch der Allwissenheit, muß er doch gerade im freien Bildungsgespräch erkennen, daß er nicht jeden Stoff beherrschen und den Schülern auf allen Gebieten überlegen sein kann. Da Kinder aufgrund ihrer besonderen „Weite des Denkens" (ebd., S. 110) immer wieder mit unvermittelten Fragen und Äußerungen überraschen, entfaltet das Unterrichtsleben auch im Hinblick auf den Lehrer seine erzieherischen Kräfte, denn seine Autorität muß fortan „auf anderen Felsen ruhen, auf Eigenschaften des Menschen in ihm" (ebd., S. 132).

Zweite Grundform: Das Spiel

Für PETERSEN ist neben der methodisch-didaktischen Bedeutung des Spiels auch der erzieherische Wert relevant, leistet es nach seiner Überzeugung doch einen wichtigen Beitrag zur „vollen Menschwerdung" (1963, S. 34) des Menschen. Dies liegt darin begründet, daß ein Kind sich vollkommen an das Spiel verlieren und sich ihm ganz hingeben kann. Aus diesem Grunde werden an der Jena-Plan-Schule rhythmische Spiele, Sportspiele, Pausen- und Schauspiele (vgl. 1980, S. 56) besonders gepflegt. Eine gesondert ausgewiesene freie Spiel- und Bastelstunde spielt in zeitlich begrenztem Umfang lediglich in der Untergruppe eine Rolle (vgl. 1963, S. 102). Über diese Spielformen hinaus sind im Jena-Plan vor allem die mannigfaltigen, oft wettbewerbsmäßigen und durch hohe Ernsthaftigkeit geprägten Lernspiele von Bedeutung.

Dritte Grundform: Die Feier

Festen und Feiern kommt aufgrund ihrer gemeinschaftsfördernden Wirkung ein zentraler Stellenwert im Jena-Plan zu. Wochenanfang und Wochenabschluß, Geburtstage, kirchliche Feste oder der Empfang der Schulanfänger werden feierlich begangen (vgl. 1930, S. 64ff). Je nach Grad der Schülerbeteiligung an Planung und Durchführung läßt sich zwischen den vom Lehrer gebotenen (Morgenfeier, Wochenschlußfeier), von ihm geleiteten (Weihnachtsspiel, Theateraufführung) oder durchgeformten (Empfang der Schulneulinge) sowie den von den Schülern selbständig gestalteten Feiern (Kindergeburtstag, Verabschiedung von Schulabgängern) differenzieren. Von entscheidender Bedeutung für die letztgenannte Form ist es, „daß die Initiative der Schüler erhalten bleibt, die Feier wesentlich als ihr Werk erscheint" (1963, S. 106). Der Gruppenleiter darf weder zu viel Engagement noch Teilnahmslosigkeit zeigen. Vielmehr gilt es „die Mitte zu halten" (1930, S. 74), die Kinder zu ermutigen, ihre Aktivitäten zu unterstützen und ihnen die Freude am Feiern zu bewahren. Zu einem die Gemeinschaft wirklich erhebenden Ereignis wird die Feier jedoch nur dann, wenn die Grundsätze der natürlichen Schlichtheit, der ästhetischen Gestaltung sowie der Berücksichtigung des kindlichen Auffassungsvermögens hinreichende Beachtung finden (vgl. 1963, S. 106f).

Vierte Grundform: Die Arbeit

In den „Grundzügen der Schulordnung und des Schullebens" (vgl. 1930, S. 202ff) legt PETERSEN fest, daß unterschiedliche Arbeitsformen den Kindern ein möglichst vielseitiges Lernen ermöglichen sollen. Gruppenarbeit, Gesamtunterricht, Kurse und die Werkarbeit tragen dabei in graduell verschiedenem Maße den Prinzipien der Selbsttätigkeit, der freien Gruppenbildung und der Gemeinschaftsidee Rechnung (vgl. ebd., S. 140). Da die für den Jena-Plan charakteristischen Formen Freier

Arbeit an anderer Stelle analysiert werden (vgl. Kap. 3.3.3), soll im folgenden auf das Kurssystem und die Gestaltungslehre eingegangen werden. Beide kommen in formaler Hinsicht den Arbeitsformen der „Alten Schule" am nächsten.

Innerhalb des Kurssystems läßt sich zwischen Einführungs- und Übungskursen, Niveaukursen und Wahlkursen unterscheiden. Diese sind in ihrer Gesamtheit funktionell auf den Gesamt- und Gruppenunterricht bezogen, da in ihnen systematisch die für das Freie Arbeiten erforderlichen Kenntnisse und Fertigkeiten vermittelt werden. Zwar besteht auch hier zum Teil Gelegenheit zu Gruppenaktivitäten oder einem freien Fortschreiten nach individuellem Leistungsvermögen. Jedoch bleibt, etwa zum Zwecke der Umstellung einer Gruppe auf die Arbeit nach dem Jena-Plan, die stärkere Lenkung durch den Lehrer zumindest solange erhalten, bis „als Wirkung der im Gruppenunterricht und Kreis frei gewordenen Energien" (1963, S. 105) ein Schritt in Richtung freierer Arbeit angemessen erscheint. Die Kurse machen, so PETERSEN, jede Befürchtung über einen allgemeinen Leistungsrückgang während dieser Eingewöhnungsphase gegenstandslos.

Einschulungskurse im Rahmen der Stammgruppe machen neue Schüler mit den spezifischen Arbeitsweisen der Universitätsschule vertraut und führen wichtige Arbeitsmittel für das Lesen, Schreiben und Rechnen ein (vgl. HOMACK 1934b, S. 36). In der Mittelgruppe werden Grundfertigkeiten im handwerklich-künstlerischen Bereich (Werkgrammatik) sowie Arbeitstechniken (Elementargrammatik) vermittelt, die für den Gruppenunterricht erforderlich sind. In der Obergruppe schließlich erfolgt eine Einführung in den Gebrauch von Nachschlagewerken, Lexika, Atlanten und anderen Hilfsmitteln. Solche Einschulungskurse zur Einführung in allgemeine und fachspezifische Lernmethoden lassen sich kurzfristig und bei Bedarf immer wieder durchführen. Stets ist dabei die tätige Mithilfe älterer Schüler von allergrößter Bedeutung.

Niveaukurse für Rechnen und Sprache werden meist stammgruppenübergreifend in leistungshomogenen Arbeitsgemeinschaften erteilt, so daß die Gruppierung der Schüler hier mehr unterrichtlichen als erzieherischen Prinzipien folgt. Der optimale Lernerfolg wird durch die kleine Schülerzahl, die stärkere Lenkung und die sehr individuelle Betreuung gewährleistet (vgl. 1963, S. 104). Dazu treten ab dem vierten Schuljahr auch Fremdsprachenkurse, die zunächst in gebundener Form in das neue Fach einführen, bevor eine Verteilung der Schüler auf unterschiedliche Niveaugruppen erfolgt. Übungskurse in den Randstunden des Schulvormittages dienen vornehmlich der Festigung des angeeigneten Wissens im Umfang der Mindestlernstoffe (vgl. 1980, S. 49). Wahlkurse schließlich tragen zur

Förderung individueller Befähigungen und Neigungen der Schüler bei. Zu diesen freiwilligen Arbeitsgemeinschaften in Biologie, dramatischer Kunst, Literatur, Kochen oder Holzarbeit melden sich die Schüler für die vorgesehene Kursdauer verbindlich an (vgl. 1930, S. 141).

Als prinzipiell gleichrangig ist der geistigen Arbeit in Jena die Gestaltungslehre, d. h. der Kunst- und Werkunterricht, zugeordnet. Der hohe Stellenwert praktischer Arbeiten zeigt sich schon daran, daß ihr der ganze zweite Band des „Großen Jena-Plans" gewidmet ist (PETERSEN/FÖRTSCH 1930). Dort arbeiten PETERSEN und Mitarbeiter die Bedeutung musisch-künstlerischer und handwerklich-technischer Betätigungen für das harmonische Wachstum und die allseitige Förderung der im Kinde angelegten Kräfte heraus. Gestalterische Tätigkeiten appellieren, so PETERSEN, an den ursprünglichen Betätigungsdrang junger Menschen, steigern ihre Erlebnis- und Ausdrucksfähigkeit und beeinflussen somit Lebenskraft und Gesamtentwicklung in positivem Sinne (vgl. ebd., S. 1).

In bezug auf die konkrete Gestalt des Kunst- und Werkunterrichts ergeben sich stufenspezifische Differenzen: In der Untergruppe steht die Entfaltung der kindlichen Schöpferkräfte durch phantasiebetontes Zeichnen und freies Gestalten mit vielfältigen Materialien im Vordergrund. Der Gruppenleiter ist hier vor allem „Organisator des Raumes und der Arbeitsmöglichkeiten" (ebd., S. 4) und hält sich eher im Hintergrund. In der Mittelgruppe hingegen werden handwerklich-künstlerische Elementarkenntnisse und Fertigkeiten vermittelt, wobei die „kürzeste und schnellste Methode" als die beste gilt, „genau wie beim Vokabellernen" (ebd., S. 11). Die hier angeeigneten Fähigkeiten werden in der Obergruppe wiederum einem freieren Schaffen nutzbar gemacht.

Generell fordert PETERSEN für jeden Unterricht ein „echtes vollkommenes Mitbestimmungsrecht der Kinder, bei Stoffauswahl und -behandlung und die vollgliedliche Einordnung des Lehrers in die Gemeinschaftsarbeit" (1930, S. 140). Kursarbeit, Elementar- und Werkgrammatik stehen jedoch letztlich im Dienste eines weitgehend selbstorganisierten Lernens der Schüler, für das sie die notwendigen Voraussetzungen schaffen und Qualifikationen vermitteln. Sie sind daher grundsätzlich straffer organisiert und stärker lehrerzentriert als die Freie Arbeit. Insgesamt ist nach Ansicht PETERSENS die Unterrichtsorganisation nach dem Jena-Plan durch das komplexe Zusammenspiel aufeinander bezogener Bildungsgrundformen der traditionellen Schule weit überlegen. Dies zeige sich etwa an den quantitativ und qualitativ hochwertigen Schulleistungen frei arbeitender Kinder (vgl. 1925, S. 287; 1930, S. 34), die nachweislich längst nicht so schnell ermüden wie

Regelschüler. Mit Stolz verweist PETERSEN auf ihre körperlich-seelische Gesundheit und die ihnen auch von auswärtigen Besuchern oft bescheinigten Eigenschaften wie Natürlichkeit oder geistige Aufgeschlossenheit (vgl. 1930, S. 131).

Abschließend läßt sich daher festhalten, daß die Jena-Plan-Schule vor allem dadurch ihrem Bildungsauftrag gerecht werden will, daß sie unter Berücksichtigung natürlicher Bildungsformen die Aneignung solider Elementarkenntnisse ermöglicht. Darüber hinaus will sie die Allgemeinbildung der Schüler im Sinne des Erwerbs eines geistigen „Betriebskapital(s)" (1930, S. 134) fördern, welches das für ein Leben in der Gesellschaft notwendige Mindestwissen umfaßt. Alles, was über dieses Grundwissen hinausgeht, wird nach PETERSEN auf dem Wege des freien Bildungserwerbs in einem vielseitigen Unterrichtsleben erlernt. Vor allem das „Persönlichkeitswissen" wird „am stärksten unbeabsichtigt durch das vollgliedliche, tätige *Leben* in einer Erziehungsgemeinschaft" (vgl. 1980, S. 62) vermittelt.

In dieser Hinsicht stehen die Formen der innerlichen Stellungnahme und die Urformen des Tätigseins in einer spannungsreichen Beziehung zueinander. Da nur etwas zu echtem geistigen Besitz wird, was auf dem Wege über die Tätigkeit verinnerlicht bzw. über die besinnliche Auseinandersetzung mit einem Gegenstand in Handeln überführt wird, ist für PETERSEN offensichtlich, „zu welcher Nichtigkeit eine Schule des Wortes und des Redens herabsinken mußte!" (1963, S. 38). Von echter Selbsttätigkeit läßt sich daher nur dort sprechen, wo Schüler wie Lehrer „*Aus der Ruhe heraus"* und in Muße innerlich schaffen können (1930, S. 111), um dann erst gemeinsam nach außen hin tätig zu werden. Aus diesem Grunde gelten PETERSEN-Schulen als Orte der Selbsttätigkeit und „'Schulen des Schweigens und der Stille'" (1963, S. 38), an denen, wie an den MONTESSORI-Einrichtungen auch, das aktive und das kontemplative Moment gleichermaßen zu ihrem Recht kommen.

Folgerichtig stehen Gespräch, Spiel, Arbeit und Feier nicht als beliebig verfügbare Methoden nebeneinander, sondern lösen sich ab, „durchdringen sich und gehen, je nach Lage der Situation, ineinander über" (KLASSEN 1968, S. 157). Ihre Grenzen lassen sich nicht immer eindeutig fixieren und Überschneidungen bzw. unmerkliche Übergänge sind möglich. Diese vier Bildungsgrundformen werden durch verschiedene Unternehmungen wie Fahrten, Sportveranstaltungen, Ausstellungen oder Besuche ergänzt. Schließlich gehört für PETERSEN in die Schule auch „so viel Musik und Gesang wie möglich" (1930, S. 141).

3.3   Freies Arbeiten nach dem Jena-Plan

3.3.1 Zum Begriff der Arbeit bei Peter Petersen

3.3.1.1 Spontane Aktivität als anthropologisches Grundphänomen

Das ausgeprägte Streben nach Selbsttätigkeit gilt PETERSEN als Wesensmerkmal des Menschen. In den ersten Lebensjahren handelt es sich dabei vor allem um ein „'strukturell bedingtes' Tätigsein" (1963, S. 141), welches gemäß individuellen Anlagen und Entwicklungsbedürfnissen spontan aus dem Kind heraus erfolgt. Es ist daher kein bloßes Reagieren auf äußerliche Reize, wenngleich diese auch Anlaß zum Handeln sein können. Exemplarisch läßt sich dieses Phänomen nach PETERSEN etwa am Prozeß des Spracherwerbs illustrieren: Die ersten aktiven Sprechübungen setzen ein, wenn die strukturellen Voraussetzungen und eine innere Bereitschaft des Kindes dafür gegeben sind, selbst wenn es vorher bereits über lange Zeit sprachlichen Reizen ausgesetzt war. Funktionale Betätigung stellt somit die spezifische Form kindlicher Aktivität dar, welche sämtliche Funktionen durch kontinuierliche Inanspruchnahme zunehmend „zielfest tätig" werden und „zu der ihnen gemäßen Leistung" (ebd.) hinstreben läßt.

Die Intensität des kindlichen Dranges nach Bewältigung vitaler Entwicklungsaufgaben erkennt PETERSEN in einer Art Schlüsselerlebnis: „Erst als wir die frei um uns im Schulraum sich bewegenden Kinder beobachten konnten, verstanden wir besser, was es heißt, daß in ihnen Kräfte des Wachstums treiben und drängen" (1930, S. 10). Diese Erfahrung kleidet er in die prägnante Formel: „Der kindliche Arbeiter ist ein Wachsender!" (ebd.). Als konstitutive Elemente dieses universellen Strebens nach spontaner Aktivität führt er den Bewegungsdrang, die Wachheit der Sinne, die Konzentrationsfähigkeit, ein natürliches Lern- und Leistungsstreben sowie den Drang zur Vergesellschaftung an.

Nach seiner Auffassung verfügt jedes Kind über einen starken Bewegungstrieb, denn es ist noch „ungebrochenere Lebenseinheit", deren „Lebensäußerungen in alles und alles mithineingehen" (1963, S. 143). Seinem inneren Bedürfnis nach Entwicklung und Übung der Bewegungsfunktionen sowie der Tatsache einer Trichotomie der menschlichen Wesenheit (Körper, Seele und Geist) gilt es unterrichtlich durch die Ermöglichung von Eigenaktivität und Bewegungsfreiheit zu entsprechen, da körperliches Wohlbefinden positiv auf Geist und Seele zurückwirkt. Desweiteren ist das Kind aufgeschlossen für Sinneseindrücke und verfügt über eine ausgeprägte Vorstellungskraft sowie Empathievermögen. Es ist ein extrem wirklichkeitsnahes Wesen, welches die Welt gierig in sich aufsaugt, um sie zu erschließen: „Seine Neugierde ist mithin noch näher dem echten, tiefen Sich-Wundern, das aller Philosophie Anfang sein soll" (ebd.). Auch diesen Qualitäten ist in der Schule ein geeigneter Nährboden zu bereiten, statt die kindliche Art des Denkens und Fühlens durch festgefahrene, eingleisige Lernwege zu kanalisieren und seine geistige Offenheit abstumpfen zu lassen.

Weiter konstatiert PETERSEN, daß bei echtem Sachinteresse auch ein Kind zu erheblichen Konzentrationsleistungen imstande ist, denn „es kann wie nur einer von seinem Tun gepackt werden; es kennt Hingabe, Intensität so gut wie nur ein Erwachsener" (1930, S. 16). Da aber solche Aufmerksamkeitsprozesse nie bei allen Schülern einer Klasse simultan und identisch verlaufen, muß eine flexible Unterrichtsorganisation den individuellen Rhythmen von Konzentration und Pause, Aktivität und Kontemplation, Anspannung und Entspannung Rechnung tragen (vgl. PETERSEN/WOLFF 1925, S. 14; ebd., S. 111). Daneben identifiziert PETERSEN auch einen natürlichen Bildungsdrang sowie „Leistungshunger" (1963, S. 140) als anthropologische Grundphänomene, denn schon das Kleinkind will nicht ziellos tätig sein, sondern selbstgesetzte Ziele verfolgen. Dieses ursprüngliche Lern- und Leistungsstreben bildet seiner Ansicht nach ein bedeutsames Fundament der Schularbeit. Ein Dilemma besteht indes darin, daß der Fokus der traditionellen Schule und ihrer Selektionsmechanismen vor allem auf die meßbare Leistung gerichtet ist. Diese hat nach PETERSEN ihre Berechtigung, jedoch führt eine allzu zwanghafte Fixierung auf objektive Leistungen zu „Krampf" oder „Krankheit" und „vergiftet" die zwischenmenschlichen Beziehungen (ebd.).

Schließlich sind es seine „emotional bedingten Empfindungen" (1930, S. 18) sowie die sozio-kulturell vermittelte Einstellung zur Schule, welche den Schüler zum Zusammenschluß mit anderen und zur Kooperation anregen. Diese Bereitschaft zeigt sich sehr deutlich in einer Studie von WIESCHKE-MAASS über das Verhalten von vier Jenaer Schulneulingen. Diese arbeiten nach kurzer Eingewöhnung bereits zwischen 80% und 88% der Zeit im Gruppenunterricht intensiv und sachorientiert, während sie die übrige Zeit primär zur Vor- bzw. Nachbereitung von Aufgaben nutzen (vgl. WIESCHKE-MAASS 1968, S. 60). Hierher gehört auch ihre Beobachtung, daß die Kontaktaufnahmen dieser Kinder mehrheitlich sachgebundener Natur sind (vgl. ebd., S. 101). WIESCHKE-MAASS folgert daraus, daß Lernanfänger bei Schuleintritt keineswegs vornehmlich spielen wollen, um sich den Übergang zur Arbeit zu erleichtern. Vielmehr steht für sie fest: „Das Kind will arbeiten, natürlich in den ihm gemäßen Formen und an seinen Fähigkeiten entsprechenden Aufgaben" (ebd., S. 64).

Als Hauptkennzeichen der von PETERSEN anthropologisch und entwicklungspsychologisch gedeuteten spontanen Aktivität des Kindes lassen sich zusammenfassend der starke Bewegungsdrang, die große Offenheit für Lernerfahrungen und das ausgeprägte Streben nach konzentrierter, leistungsorientierter Aktivität in der Kindergemeinschaft herausstellen. In diesem Sinne läßt sich das Wort PETERSENS: „Der kindliche Arbeiter ist ein Wachsender!" (1930, S. 10) durchaus umkehren. Das wachsende Kind ist, betrachtet man die Ernsthaftigkeit seiner Aktivitäten und deren Lebensbedeutsamkeit, in der Tat ein Arbeiter. Daher gilt es, an diese „Grundkräfte kindlicher Entwicklung" (E. MÜLLER-PETERSEN 1965, S. 194) anzuknüpfen und ihnen im Unterricht zur Entfaltung zu verhelfen.

3.3.1.2 Arbeit als Grundbedingung menschlicher Existenz

Der spontanen Aktivität des Kindes steht nach PETERSEN die charakteristische Tätigkeitsform des Erwachsenen, i e. die „Pflichtarbeit im Fremdauftrag, als Lebensnotzwang, als ökonomisch gerichtete, wirtschaftlich gewertete und auszunutzende Arbeit" (1930, S. 16), diametral entgegen. Erwerbsarbeit zur Existenzsicherung ist für ihn „unvermeidliches Menschenlos" und ihrem Wesen nach „bitterhart und bitternotwenig" (1962, S. 151). Sie ist unerbittliche „Lebensnotwendigkeit" und zugleich „Fluch" (ebd., S. 123), da der Mensch zur Daseinsfristung seit jeher auf sie angewiesen ist. Dieses Zweckhandeln unter dem ökonomischen Prinzip ist jedoch, so der Pädagoge, der menschlichen Natur ursprünglich entgegengesetzt, denn sämtliche Qualitäten des *homo oeconomicus* müssen in langwierigen Lernprozessen erst erworben werden. PETERSENS eher nüchterne Einstellung zum Phänomen der Arbeit zeigt sich nicht zuletzt darin, daß er sie im Rahmen seiner „Allgemeinen Erziehungswissenschaft" den „Reiche(n) der Lebensnot" (ebd., S. 108ff) zuordnet. Grundsätzlich kann man seiner Überzeugung nach der Arbeit ihre Härte nicht nehmen. Sie läßt sich nur durch eine angemessene Pflege der Muße kompensieren und durch die Erkenntnis besser ertragen, daß sie der Befreiung vom Existenzkampf dient (vgl. ebd., S. 152).

Andererseits kann sie aber auch einen bedeutsamen Beitrag zur Humanisierung des Menschen leisten, denn durch Arbeit „entäußert er sein Wesen und objektiviert es in den von ihm geschaffenen und erarbeiteten Kulturdingen" (KLASSEN 1968, S. 41). Nach diesem Verständnis ist sie eine Tätigkeit, durch die der Mensch „Werke nach außen setzt und daran sein Inneres bekundet" (1963, S. 34). Vom bearbeiteten Gegenstand aus erfolgen wiederum starke Rückwirkungen auf den Arbeitenden, so daß dieser sich innerlich an ihnen entwickelt und im Vorgang der Weltgestaltung sich zugleich auch ein Selbstbildungsprozeß vollzieht. In diesem Sinne läßt sich Arbeit jedoch weniger als mühevolle Tätigkeit auffassen, obschon sie durchaus mit Anstrengung verbunden sein kann, sondern vielmehr als eine Form schöpferischen Tuns. Vor allem vermögen kreativ-geistige Arbeitsprozesse eigene Neigungen und Bildungsbedürfnisse zu befriedigen, da sie gestalterisches und verantwortliches Handeln erfordern. Wird ein Objekt nach persönlichen Vorstellungen gestaltet, erhält es etwas von der individuellen Eigenart seines Schöpfers, so daß Mensch und Werk „innig miteinander verwachsen" (1962, S. 132). Durch die Aktualisierung seines Gestaltungswillens in der Arbeit verwirklicht sich aber das arbeitende Subjekt selbst. Damit trägt die Werkvollendung letztlich zur Vollendung des Arbeitenden bei (vgl. ebd., S. 128; GEISSLER 1984, S. 81).

Nach PETERSEN ist der Mensch ursprünglich auf eine solche Ganzheitlichkeit seiner Person angelegt, die er in den Arbeitsprozeß einbringen oder zumindest erhalten möchte. Allerdings ist es nur einem sehr geringen Prozentsatz der Menschen vergönnt, in den Genuß schöpferischer Arbeit zu kommen. Hingegen besteht in der technisch-industriellen Welt die große Gefahr, daß der Arbeitende sich selbst entfremdet wird. Infolge oft monotoner und einseitiger Beanspruchung des Erwerbstätigen wird es immer schwieriger, ein enges Verhältnis zum Produkt herzustellen. Arbeitsvollzüge, welche menschliche Seiten verkümmern lassen und den Arbeiter zum seelenentleerten Zuschauer (vgl. 1962, S. 116) degradieren, gefährden die menschliche Würde. Der arbeitende Mensch will jedoch die Zwecke kennen, das Insgesamt aller Teilschritte im Zusammenhang sehen und damit schließlich „den vollen Ertrag seiner Arbeit" (ebd., S. 117). Aus diesem Grunde ist nach PETERSENS Überzeugung auch für jede Schularbeit eine angemessene Transparenz hinsichtlich ihrer Ziele, Zusammenhänge und Relevanz für die Schüler einzufordern.

3.3.1.3 Die Organisation der Arbeit an der Jena-Plan-Schule

Vor dem 14./15. Lebensjahr sollen die Schüler nach PETERSEN nicht mit Pflichtarbeit im rational-ökonomischen Sinne (vgl. 1930, S. 16f) belastet werden. Wenn sie bestimmte Aufgaben im familiären Umfeld übernehmen, geschieht dies seiner Überzeugung nach meist aus Angst vor Strafe und seltener aus eigenem Antrieb, da gewöhnlich entwicklungsspezifische, funktionale Betätigungen gegenüber planmäßiger Arbeit noch vorrangig sind (vgl. 1926, S. 20; 1963, S. 141). Auch in der Schule werden Aufgaben wie Gartenarbeit oder Tierpflege erfahrungsgemäß von den Kindern begrüßt, oft aber nur unregelmäßig wahrgenommen oder vernachlässigt. Daher stellt die Unterstützung einer harmonischen und allseitigen Entwicklung des Kindes in den ersten Schuljahren die pädagogische Hauptaufgabe dar, während eine verfrühte Fixierung auf fremdbestimmte und rein ergebnisorientierte Arbeit zu vermeiden ist.

Während der traditionelle Unterricht mit immer subtileren didaktischen Tricks und Sanktionen der ablehnenden Haltung des Schülers gegenüber der Arbeit entgegentritt, soll die Universitätsschule dem ursprünglichen Sinn des Wortes *schola* gerecht werden und ein Ort des Lernens und Arbeitens in Muße sein (vgl. 1963, S. 136). Lernprozesse sollen an die Bedürfnisse der Kinder anknüpfen und so organisiert sein, daß diese nicht von ihrer Arbeit entfremdet werden. Für manuelle wie geistige Schularbeit gilt daher gleichermassen, daß sie nie ausschließlich ökonomischen Prinzipien unterstellt werden darf. Stets müssen pädagogische Zwecke maßgebend sein, denn Schule ist für PETERSEN, trotz aller berechtigten Ansprüche der Arbeitswelt, keine „Etappe des Fortkommens im Wirtschaftsleben" (1962, S. 149). Das bedeutet insbesondere, daß der gebundene Klassenunterricht zugunsten einer stärkeren Individualisierung des Lernens prinzipiell zurücktritt und das lehrerzentrierte Verfahren nur noch eine untergeordnete Rolle spielt.

In dieser Hinsicht vertritt der Jenaer Pädagoge die Auffassung, daß arbeitsschulische Verfahren zwar einen gewissen Fortschritt darstellen, im wesentlichen jedoch Methoden in der Hand des Lehrers und damit „unechte kindliche Arbeits- und Freiheitsformen" (1930, S. 9; vgl. 1934a, S. 10; 1947, S. 15; 1963, S. 204; 1980, S. 47) sind. Das Arbeitsschulprinzip bleibt im Rahmen des herkömmlichen Schulbetriebes letztlich ein Lehrverfahren, welches den Schüler nicht im wünschenswerten Maße zum Träger der Unterrichtsarbeit macht. Zwar würdigt PETERSEN wiederholt den „hochverehrten *Kerschensteiner*" (1925, S. 305; vgl. 1963, S. 182f; PETERSEN/FÖRTSCH 1930, S. 2; S. 45f) und bezieht sich auf die erste Auflage seines Werkes „Begriff der Arbeitsschule" (1963, S. 183 Anm.; 1973, S. 165f). In seinen Literaturempfehlungen zur Einführung in die Prinzipien der neuen Erziehungsbewegung (vgl. 1926, S. 134ff) sucht man den Namen dieses Pädagogen jedoch vergeblich, denn PETERSEN geht es um eine umfassendere und weiterreichende Etablierung arbeitsschulischer Prinzipien auf allen Bildungsstufen von der Grundschule bis hin zur Universität (vgl. 1925, S. 146ff; S. 187).

Dennoch ist von KERSCHENSTEINERS Ansatz her noch am ehesten das Verständnis des PETERSENSCHEN Arbeitsbegriffes zu erschließen (vgl. KLASSEN 1968, S. 53). Ab der sechsten Auflage (1925) der erwähnten Schrift erläutert KERSCHEN-

STEINER, u. a. am berühmten Beispiel des Starenkastens, Wesen und Verlaufsform pädagogischer Arbeit. Für ihn erhält Arbeit durch die Verschränkung von Denken und Tun ihren bildenden Wert und es gibt „keine körperliche Arbeit ohne ein Minimum von geistiger Arbeit und keine geistige ohne ein Minimum von körperlicher Arbeit. Alle Arbeit ist körperlich und geistig zugleich" (KERSCHENSTEINER 1959, S. 53). Sie kann jedoch erst dann ihre humanisierende Wirkung entfalten und als pädagogische Arbeit gelten, wenn folgende Stufen angemessen durchlaufen werden: „Die Auffindung und Umgrenzung der zu lösenden Schwierigkeiten, die aufsteigenden Vermutungen zu ihrer Lösung, die konsequente Verfolgung dieser Vermutungen auf ihren Wert für die Lösung und schließlich die Verifikation in der Ausführung der Arbeit" (ebd., S. 33). Jede pädagogisch wertvolle Arbeit endet daher mit der Werkvollendung und einer kritischen Reflexion von Arbeitsprozeß und -produkt durch den Ausführenden.

Wie bereits angedeutet, sind auch für PETERSEN manuelle und geistige Arbeiten gleichwertig, insofern sie formal dem skizzierten Ablauf folgen und ausschließlich pädagogischen Zwecken unterstellt sind. Daher muß die Jena-Plan-Schule adäquate Bedingungen schaffen, so daß die Kinder echte Probleme kooperativ, aus eigener Kraft und in Muße lösen können und sich ihre Arbeit pädagogisch auswirken kann. Dies gelingt ihr, wenn sich die Arbeitenden der „Zucht des Gegenständlichen" (ebd., S. 29), d. h. dem Gesetz der Sache, unterwerfen und ihr Handeln auf diesem Wege zunehmend sachgerecht, wertgebunden und dadurch sittlich wird (ebd., S. 47ff). Aus diesem Grunde votiert PETERSEN für eine umfassende Schulreform, welche das wirklich selbsttätige Arbeiten der Schüler in frei gebildeten Gruppen zuläßt. Dies setzt jedoch eine kindgerechte Neugestaltung des „Arbeitsplatzes Schule" sowie die größere Flexibilisierung von Arbeitszeiten und -rhythmen voraus, so daß die optimale Anpassung von Aufgaben an das individuelle Leistungsvermögen möglich wird.

Vor allem aber muß Schularbeit als genossenschaftliche Gruppenarbeit organisiert sein, welche den unterschiedlichen Individuallagen Rechnung trägt und zugleich gemäß dem Prinzip der Übersummativität jede Einzelleistung in ihrem Wert erhöht (vgl. 1962, S. 121ff). Nach PETERSEN muß sie von Fragen und Problemen ausgehen, welche das Interesse der Schüler über einen längeren Zeitraum aktivieren, die in Kooperation bewältigt und zu einem gemeinsamen Ergebnis geführt werden können, ohne daß der Eigenwert des einzelnen Beitrages geschmälert wird. Der Lehrer muß dabei zwischen individuellen und Gemeinschaftsbedürfnissen vermitteln und einen harmonischen Ausgleich herbeiführen. Wenn die bearbeiteten Teilaufgaben als sinnvolle, organische Einheiten die ganze Schülerpersönlichkeit ansprechen und jeder den Zweck seiner Arbeit sowie den größeren inhaltlichen Rahmen kennt, in den diese gestellt ist, so ist die beste Gewähr dafür gegeben, daß alle Beteiligten „zu Genießern ihrer gemeinsamen Arbeit" (ebd., S. 153) werden. Durch die Pflege dieses zielbewußten, sachgerechten Lernens trägt Schule erheblich dazu bei, „zur Arbeit zu erziehen, den arbeitenden Menschen zu bilden" (1926, S. 108)

Abschließend ist anzumerken, daß für PETERSEN die quantifizierbare Leistung gegenüber ihrem Entstehungsprozeß nachrangig ist. Entgegen dem oft vorherrschenden *Leistungskult*, der die eigentliche Leistung durch ihre Instrumentalisierung zu Prüfungszwecken entwertet, betrachtet er Leistung als bedeutsames Erziehungsmittel. Ziel der Pflege einer angemessenen *Leistungskultur* ist es daher, jede Arbeit zu kultivieren, welche „*sachlich, ordentlich und ehrlich*" (1963, S. 145) ist. Dazu müssen sich die Schüler aus echtem Interesse heraus auf einen Gegenstand einlassen und sich ihm sachgerecht zuwenden können. Wird eine Leistung eigenständig erbracht und entspricht ihre äußere Form den Anforderungen, darf sie als „*gewissenhafte* Leistung" (ebd.) gelten. Allerdings führen nach PETERSEN nicht Konkurrenzkampf und übertriebener Wettstreit zur Entwicklung von *Leistungskultur*. Bedeutsamer sind Lernspiele sowie alle Maßnahmen, welche die gegenseitige Hilfsbereitschaft fördern und der Entwicklung sachlich-konstruktiver Kritikfähigkeit dienen (vgl. ebd., S. 144). Aufgabe des Lehrers ist es, die individuellen Arbeitsweisen der Schüler zu respektieren und dabei zu helfen, das persönliche Leistungsvermögen kontinuierlich zu steigern. Leistung bedeutet nach PETERSEN daher nicht ungebührliche Fremdforderung, sondern die Möglichkeit der Selbsterfahrung und dem Entstehen Ich-stabilisierender Wirkungen, die eine wichtige Grundlage für die harmonische Entwicklung des jungen Menschen darstellen.

3.3.2 Zum Begriff der Freiheit bei Peter Petersen

3.3.2.1 Freiheit als anthropologisches Grundphänomen

Als geistbegabtes Wesen ist der Mensch in besonderer Weise aus der Schöpfung herausgetreten. Während das Tier im „Zustand des reflexartigen und triebhaften Lebens und des impulsiven Handelns" (1962, S. 100f) verharrt, ist er imstande, durch eigenes Wählen und selbstbestimmtes Handeln sein Leben zu gestalten. Nach PETERSEN ist der Mensch aufgrund seiner biologisch bedingten Umweltungebundenheit und Weltoffenheit in seiner ganzen Entwicklung „*angelegt auf Frei-*

heit" (ebd., S. 49). Diese gilt ihm jedoch als „ein unerhört zweischneidiges Schwert" (1984, S. 179), kann sich menschliches Verhalten angesichts der „Vieldeutigkeit der Welt" (ebd., S. 240) doch zwischen den Polen der Humanität bzw. Inhumanität bewegen.

Freiheit stellt, so PETERSEN, keine statische, im Menschen angelegte Größe dar, sondern zeichnet sich durch ihren dynamischen Charakter aus. Jedes Individuum muß sie im Lebensvollzug aktiv für sich gewinnen, so daß sich von einem „Vorgang der Entstehung von Freiheit" (1973, S. 55) sprechen läßt. Im Prozeß des sukzessiven Erwerbs spezifisch-menschlicher Kompetenzen und des zunehmend kontrollierten Zusammenwirkens seiner Funktionen schafft sich jeder Mensch eine individuelle Freiheitssphäre und macht sich unabhängig von tieferen Seinsebenen. Damit wird er „Herr (...) seiner Vorstellungen, Triebe, Begehrungen und Gefühle" (1931, S. 133). Freiheit läßt sich nach PETERSEN daher zugleich als Wesensbestimmung menschlichen Seins wie auch als Auftrag interpretieren.

Unmißverständlich konstatiert er jedoch, daß es „keine absolute Freiheit" (1963, S. 19) geben kann. Vielmehr stellt sie eine relative Größe dar, denn der Mensch muß mit vielfältigen Bindungen natürlicher, physischer, soziokultureller und transzendenter Art ringen, um sich zur freien Persönlichkeit vollenden zu können. Über die Abhängigkeit von individuellen Anlagen oder den Vorgegebenheiten durch die konkrete räumlich-zeitliche Verwurzelung hinaus nennt PETERSEN hier vor allem die Tatsache, daß der Mensch sein Leben in Verantwortung vor der Gemeinschaft der Mitmenschen sowie vor Gott zu führen hat. Diese Bindungen lassen sich seiner Überzeugung nach nicht negieren, ohne zugleich den Sinn des Lebens aufzugeben. Daher kann der Mensch seine Freiheit nicht im Kampfe gegen diese elementaren Abhängigkeiten erlangen, sondern „das Leben in den *Bindungen* und deren treue und lebenslängliche Erfüllung und Einhaltung" (1984, S. 157) wird zum obersten Ziel. An anderer Stelle heißt es auch, daß „die wahre Freiheit gebunden, durch das Sittengesetz gebundene Freiheit sein soll" (1926, S. 101).

Als weitere Kennzeichen menschlicher Freiheit beschreibt PETERSEN das Phänomen interindividuell verschiedener Freiheitsbedürfnisse sowie Differenzen in bezug auf das subjektive Erleben der spannungsreichen Beziehung von Freiheit und Bindung. Es gibt für ihn im Leben keine „Freiheit im Sinne eines allgemeingültigen abstrakten Normalmaßes, das wir wie ein Metermaß anlegen und daran Menschen messen könnten" (1931, S. 124), wenngleich im Menschen eine Art sensibler Maßstab für Freiheit zu bestehen scheint. Generell läßt sich in diesem Kontext jedoch feststellen, daß unabdingbare Notwendigkeiten und unveränderliche Widerstände wie etwa die durch physikalische Gesetzmäßigkeiten, den Faktor Zeit oder die eigene Konstitution gesetzten Schranken gewöhnlich akzeptiert und nicht als Begrenzung der Freiheit angesehen werden (vgl. 1966, S. 15). Ähnliches läßt sich hinsichtlich des Eingebundenseins in die menschliche Gemeinschaft konstatieren, erkennt der einzelne doch die Bedeutung von Sicherheit, Geborgenheit und Achtung durch die anderen für sein eigenes Leben. Andererseits verfügt der Mensch von Geburt an über den Willen zur Auseinandersetzung mit veränderbaren Widerständen, so daß er sich durch das Schaffen und Gestalten von Freiräumen eine kontinuierlich wachsende „Sphäre der Freiheit" (ebd.) erobert.

Ob gegenüber dieser Auffassung der kritische Einwand einer größtenteils „irrationalen Verabsolutierung von Bindung" (RICHLY 1995, S. 132) und eines nur gelegentlichen Aufleuchtens freiheitlicher Elemente im Konzept PETERSENS haltbar ist, mag stark bezweifelt werden. Wenngleich er diese Bindungen als konstitutive Elemente menschlicher Seinsweise kennzeichnet, zielt Erziehung für ihn doch nicht ausschließlich auf die kritiklose Einfügung des Menschen in metaphysische und gesellschaftliche Ordnungen, damit er dort „in seinem Stande" (1973, S. 103) einen willigen Dienst verrichte. Wenngleich die Frage nach PETERSENS Interpretation der Ständelehre LUTHERS auch einer differenzierteren Überprüfung bedarf, so ist doch offenkundig, daß er die Idee der selbsttätigen Entwicklung des Menschen zur freien Persönlichkeit in das Zentrum seiner pädagogischen Bemühungen stellt. Auch deutet einiges darauf hin, daß der von ihm etwa in seinen Ausführungen zur Konstituierung des Lehrerstandes (vgl. 1963, S. 128) verwendete Standesbegriff nur vor dem Hintergrund des seine Pädagogik fundierenden Ethos (vgl. KOSSE 1964; LUDWIG 1984) angemessen erschlossen werden kann.

In einer Spätschrift charakterisiert PETERSEN seinen Begriff des Dienstes am Bruder und Mitmenschen als ein Dienen „im vollen Sinne des Evangeliums" (1962b, S. 3). Ein solches Handeln aus dem Gebot der Nächstenliebe geht ihm weiter und tiefer als das bloße Helfen auf dem Boden staatlicher Sozialgesetzgebung, das seiner Ansicht nach oft die innere Anteilnahme vermissen läßt und dem ein Moment der Beliebigkeit anhaftet. Bei PETERSEN ist der Standesbegriff daher „nicht genommen im politischen, sozialen Sinne, wie Rang, Rangordnung, Beruf, ständische Schichtung und Kaste; denn alle diese Ordnungen sind immer irgendwie von ‚oben' her geregelt, ‚gemacht', demnach Menschenwerk. (...) Ebenso wenig entstammt der Sinn dessen, was als ‚Stand' beschrieben wird, dem Natürlichen, dem Biologischen, Triebhaften oder den ‚Verhältnissen'" (ebd., S. 7f). Wenn aber aus einer christlichen Grundhaltung heraus der Mensch ausnahmslos jedem Mitmenschen als seinem Nächsten zu dienen hat, läßt sich nicht aufrechterhalten, es handele sich um eine primär soziologisch-politische bzw. organonologische Kategorie, welche den Menschen unfrei mache und irrationalen Bindungen unterwerfe. Ebenso ist die Annahme verfehlt, bei PETERSEN komme der Schüler „als eigenständige Person allenfalls als Randfigur vor" (GÖTZ 1996, S. 50), da er nur als „Glied einer Gruppe" (ebd.) wahrgenommen werde und ihm kein Freiraum für autonomes Handeln bleibe.

Abschließend ist festzuhalten, daß sich das Phänomen der Freiheit nach PETERSEN am deutlichsten im Willensvorgang aufzeigen läßt (vgl. 1931, S. 124ff), da sich der Mensch gerade im absichtlichen Tun als zum freien Handeln fähiges Wesen erkennt. Die Möglichkeit der wirklich freien Wahl zwischen verschiedenen Motiven setzt freilich ein Fundament an Kenntnissen, Erfahrungen und Kompetenzen voraus, auf dem begründete Entscheidungen getroffen werden können. Da dieses erst im jungen Menschen angelegt werden muß und seine Dispositionen zum Aufbau von Freiheit der gezielten Entwicklung bedürfen, wird die enge Gebundenheit menschlicher Freiwerdung an die Vorgänge der Bildung und Erziehung deutlich. So ist danach zu fragen, welche Aufgaben PETERSEN der Schule in dieser Hinsicht zuordnet.

3.3.2.2 Das Verhältnis von Schule und Freiheit

Alte und *Neue Schule* differieren grundsätzlich in ihren Antworten auf die komplexe Frage nach der „*Freiheit in der Schule in ihrem Verhältnis zur Bildung eines sittlichen Willens"* (1926, S. 100). Die traditionelle Schule mit ihrem Autoritätsgeist betrachtet das Kind als ein noch unfertiges Wesen, dem keinerlei Freiraum zugetraut werden kann und das durch straffe Zucht zur Freiheit zu führen ist. Da sich in einer solchen Zwangseinrichtung echter geistiger Austausch zwischen den Menschen nicht entwickeln kann, geht von ihr keine befreiende Wirkung aus. Vielmehr wird hier zu äußerlicher Disziplin sowie scheinbarer Ordnung dressiert und der freie Wille des Kindes „verbogen oder gebrochen" (1962, S. 205). Da junge Menschen aber einer altersgemäßen Entwicklungsfreiheit ebenso sehr bedürfen wie der Atemluft, muß Schule es ihnen ermöglichen, „sich frei zu bewegen und sich in Freiheit zu entfalten" (1926, S. 106). Nur durch die harmonische Entwicklung des Kindes nach individuellen Anlagen und eigenem Rhythmus läßt sich die Befreiung des in ihm angelegten Menschen realisieren.

Wenn Freiheit die Grundvoraussetzung aller Erziehungsbemühungen darstellt (vgl. 1966, S. 16), muß auch die Praxis der Jena-Plan-Schule auf ihr gründen. Allerdings impliziert die Forderung nach Erziehung in Freiheit zur Freiheit keineswegs Willkür und Schrankenlosigkeit. Mit einem Hinweis auf den in SUMMERHILL praktizierten pädagogischen Radikalismus merkt PETERSEN kritisch an, daß die Freiheit eines Kindes dann zu begrenzen sei, wenn aufgrund mangelnder Reife von diesem noch nicht die gebotene Einsicht erwartet werden könne (vgl. 1925, S. 277f). In diesem Kontext gilt ihm im Anschluß an Jan LIGHTHART die Strafe indessen nicht als Erziehungsmittel, da sie zwar den Boden für Erziehung bereiten kann, jedoch nicht selbst moralisch zu verbessern vermag.

Für PETERSEN besteht vielmehr ein enger Zusammenhang zwischen Produktivität und Freiheit. Daher sollen Kinder möglichst früh an der Planung *Pädagogischer Situationen* beteiligt werden, denn „wer im späteren Leben wollen soll, der muß auch in der Jugendzeit haben wollen dürfen, *auch innerhalb der Schule*" (ebd., S. 136). Dem Schüler dürfen daher nicht Entscheidungen abgenommen werden, die er alleine oder mit anderen treffen könnte, denn nur im Prozeß zunehmenden Kompetenzerwerbs aufgrund funktioneller Inanspruchnahme erfährt der Mensch das Entstehen innerer Freiheit. Exemplarisch nennt der Pädagoge etwa das Erlernen des verantwortlichen Umgangs mit der Zeit (vgl. 1926, S. 20). In dem Maße, so PETERSEN zusammenfassend, in welchem die Schule produktive Denkprozesse im jungen Menschen initiiert, erweitert sich sein Bewußtsein und „das Gefühl einer Freiheit, die schrankenlos ist: die Gedanken sind frei!" (1931, S. 128).

In dieser Hinsicht befremdet der Einwand, PETERSEN sei gegen jede Demokratisierung von Schule und Unterricht, was sich u. a. in seiner ablehnenden Haltung gegenüber Schülerparlamenten manifestiere. Nach seiner Erkenntnis sind es die Kinder selber, die eine „kindlich-kindische Wiederholung" (1963, S. 78) der Umgangsformen Erwachsener ablehnen. Dagegen durchzieht ein sehr hohes Maß an wirklicher Transparenz und echter Mitbestimmung der Schüler in allen Fragen des Schullebens den gesamten Jena-Plan. Beispielsweise lautet das sechste *Grundurteil* der „Führungslehre": „*Die Pädagogie verlangt Offenheit und Antastbarkeit in allem Unterrichten*", denn damit „steht und fällt" (ebd., S. 90) die *Neue Schule*. In diesem Sinne aber findet sich hier überall „echtes vollkommenes Mitbestimmungsrecht (...) der Kinder bei Stoffauswahl und -behandlung" (1929, S. 186) sowie eine prinzipielle Offenheit für Kritik. So resümiert PETERSEN: „Ich kann diese restlose Offenheit nicht warm genug empfehlen und übe sie bis heute mit Erfolg an der Universitätsschule zu Jena" (ebd., S. 136; 1931, S. 208f)

Nach seinem Dafürhalten bietet die selbstverwaltete Schulgemeinde einen idealen äußeren Rahmen für die freie geistige Entwicklung der Kinder (vgl. 1931, S. 160). In der Schulpraxis selbst soll vor allem die Vielfalt der echten, im Gemeinschaftsleben entstehenden Aufgaben zu einem vernunftbestimmten Gebrauch der Freiheit anleiten. Während sich in herkömmlichen Einrichtungen diese sittlichen Fragen oft gar nicht stellen, sollen die Kinder nach Ansicht PETERSENS stärker erfahrungsorientiert lernen, eigene Möglichkeiten und Grenzen erkennen und konstruktiv an ihrer Persönlichkeitsentwicklung arbeiten, ohne die Beziehung zu den Mitschülern und deren Rechten aus dem Auge zu verlieren. So heißt es bei ihm: „Das Leben selber ist der Stoff, an dem die sittliche Bildung anhebt und sich, unmittelbar anschauend und betätigend, entfaltet" (1931b, S. 54f). Damit stellt sich für die Schule die zentrale Aufgabe der „Erziehung zur Zucht im Sinne der Autonomie; es ist das Problem der *inneren* Selbstbestimmung, der inneren Freiheit eines jeden einzelnen und ihres harmonischen Zusammenklanges mit den Mitmenschen" (1925, S. 71).

3.3.2.3 Das Verhältnis von Freiheit und Sittlichkeit

Da Freiheit und Bindung unauflösbar aufeinander bezogen sind, müssen sich alle Erziehungsbemühungen auf die Sittlichkeit des Menschen, d. h. seine „Lebensführung in Harmonie mit dem Grunde des Seins, Ordnung aller Beziehungen zu sich selber und zu den anderen nach dem Prinzip der Innerlichkeit" (1931, S. 199) richten. Oberstes Erziehungsziel sind für PETERSEN daher freie, nach sittlichen Maximen handelnde Menschen, die „aus Freiheit der Gesamtheit ihrer Mitmenschen dienen und sich ihr hingeben" (1919, S. 18). Da Freiheit ohne die freiwillige Selbstbindung an Werte und Normen jedoch nicht zu moralischem Verhalten führen kann, ist sie auf die Phänomene Disziplin und Autonomie als Dienstfunktionen des geistigen und sittlichen Lebens verwiesen. Deren gemeinsames Merkmal ist es, daß sie auf die Ordnung menschlichen Handelns in seinen vielfältigen Bindungsverhältnissen abzielen.

Nach PETERSEN bezieht sich Disziplin vor allem auf die Regelung zwischenmenschlicher Beziehungen durch Bräuche und Konventionen. Sie legitimiert sich dadurch, daß sie die friedliche Koexistenz *gesitteter* Menschen durch ein Mindestmaß an sozialer Ordnung gewährleistet. Autonomie hingegen meint von der etymologischen Bedeutung her „Selbstbeherrschung unter eigenem Gesetz" (1931b, S. 59; vgl. 1925, S. 278), d. h. innerlich bejahte Bindung durch den *sittlichen* Menschen. In der Autonomie wird sich das Selbst zum Gesetz, allerdings

nicht in individualistischer Verengung, wodurch ja alleine subjektive Handlungs-
motive ausschlaggebend würden. Sie bezieht sich vielmehr auf die „ordnenden
Verhältnisse und Kräfte in ihrer Beziehung zum letzten Grunde des Geistigen und
somit auf Innerlichkeit, auf das bei sich-Sein und auf das Schöpferische" (1931,
S. 198). Disziplin und Autonomie sind für PETERSEN aufeinander verwiesene Grös-
sen, die in einem engen Interdependenzverhältnis stehen. Nur durch ihre gelungene Synthese kann der Mensch zu wahrer Humanität gelangen.

In diesem Kontext ist nun nach dem Beitrag der Schule zur sittlichen Erziehung Heranwachsender zu fragen. Die traditionelle „Schule der Subordination, der
von außen herantretenden und einwirkenden Autorität, der heteronomen Moral"
(1925, S. 230) erweist sich als Hemmnis, da sie dem jungen Menschen keinerlei
Freiheiten läßt. Dort überwiegt „die Form der Katechese" (1931b, S. 49), d. h. die
unterrichtliche Belehrung und Aufklärung im Bereich des Sittlichen. Nach PETER-
SENS Überzeugung wirkt sich aber die Wertschätzung des verbalen Moralisierens
in der Tradition des *Erziehenden Unterrichts* ZILLERSCHER Ausprägung eher destruktiv aus, da für ihn nicht der Intellekt das die sittliche Bildung tragende Element ist. Diese Überbewertung trage vielmehr dazu bei, „die Stimme des Gewissens, den Anruf des wahren Selbst aus seiner Tiefe zu übertönen" (1931, S. 211).
Zudem zeichne sich die traditionelle Schule durch ihre „Doppelmoral" (1926,
S. 22) aus, da sie einerseits die Lektion in ethischen Fragen pflege, andererseits
aber sittliches Handeln im Unterricht untersage.

Demgegenüber geht PETERSEN von einem ursprünglichen wertenden Verhalten des Menschen und einer apriorischen Werteordnung aus (vgl. 1931, S. 79). Im
Anschluß an Max SCHELER nimmt er eine menschliche Befähigung zum ganz-
heitlich-intuitiven Wertefühlen an, die jeder rationalen Klärung ethischer Fragen
sowie der Konstruktion von Wertesystemen vorausgeht. So sei der Mensch imstande, aus dem *„Grunde* der Wirklichkeit" (1984, S. 229) heraus zu empfinden
und die humanen Tugenden wie Treue, Liebe, Demut oder Ehrfurcht hervorzu-
bringen. Diese kreisen, so PETERSEN, um die „Werte des Schönen, des Guten, des
Wahren und des Heiligen" (ebd., S. 231) und bilden ein ewiges und allgemeingül-
tiges Wertesystem mit Unbedingtheitsanspruch. Während die sittlichen *„Feld-Tu-
genden"* (ebd., S. 239), die dem Erhalt des vitalen Lebens, der ökonomischen Arbeitswelt sowie des solidarischen Miteinanders dienen, immer stark kontextab-
hängig zu bewerten sind, stellen die humanen Tugenden als Grundgebote des Sittlichen das Unveränderliche und Feststehende dar und gelten ohne Einschränkung
unabhängig von den äußeren Umständen.

Diese Annahme eines apriorischen, universalen und ewigen Wertesystems, die eindeutig in den Horizont seines religiös-philosophischen Denkens eingebettet ist und sich nur von diesem her verstehen läßt, ist in gewisser Weise problematisch, da sie sich mit strengen wissenschaftlichen Methoden letztlich nicht verifizieren läßt. Dieser äußerst komplexen Fragestellung kann hier nicht weiter nachgegangen werden. Festzuhalten bleibt jedoch die für die konkrete Jenaer Schulpraxis bedeutsame Überzeugung PETERSENS, daß der Mensch über angeborene sittliche Potentialitäten verfügt, welche sich erzieherisch fördern lassen. Daher geht es ihm nicht darum, den moralischen Menschen gleichsam von außen zu konstruieren. Er verfolgt vielmehr den Ansatz, die Fähigkeit Heranwachsender, vom aktiven Handeln her sittliches Verhalten aufzubauen, wirksam zu unterstützen.

Somit besteht der Beitrag der *Neuen Schule* zur sittlichen Erziehung zunächst darin, daß sie über die rationale Auseinandersetzung mit humanistischen Bildungsgütern (vgl. ebd., S. 179) an die klärende Betrachtung ethischer Fragen heranführt. Allerdings legt PETERSEN diesbezüglich kein konkretes bildungstheoretisches Konzept vor, sondern hebt in erster Linie auf die Bedeutung des Lehrervorbildes und der Gemeinschaftskräfte ab. Die Realisierung des Sittlichen im tätigen, an den Ideen von Toleranz und Humanität orientierten Umgang miteinander gilt ihm als das Entscheidende, denn auf diesem Wege „erwirbt sich der Mensch während seines Lebens Freiheit" (ebd., S. 238). Sittlichkeit stellt somit nicht den Abschluß eines terminierbaren Entwicklungsprozesses dar, denn der Mensch ist in dieser Hinsicht „in ständigem Werden und niemals abgeschlossen, niemals fertig" (ebd., S. 246). Nur durch die Bewährung in lebenswahren Situationen erfolgt eine kontinuierliche Bildung des sittlichen Willens und vollendet sich das Individuum zur Persönlichkeit. Als solche aber wird der Mensch „*Diener* im Reiche der Werte, in den Hallen der Menschheit, und nur als Diener in diesem Reiche ist er wahrhaft frei" (1962, S. 255).

3.3.3 Freie Arbeitsformen an der Jena-Plan-Schule

Arbeit wurde bereits als eine der grundlegenden Bildungsformen bei PETERSEN klassifiziert (Kap. 3.2.4) und ihr Stellenwert im Schul- und Unterrichtsleben der Jena-Plan-Schule aufgezeigt. Auch wurden diejenigen Kursformen skizziert, welche formal und inhaltlich weitgehend dem traditionellen Unterricht entsprechen. Mit dem Begriff der Freien Arbeit nach dem Jena-Plan wird gewöhnlich zuerst eine spezifische Form der Gruppenarbeit assoziiert, die auch als Gruppenunterrichtliches Verfahren bezeichnet wird. Diese Arbeitsform ist in einem Umfang von 16% bis 23% der *Pädagogischen Situationen* im *Wochenarbeitsplan* ausgewiesen. Damit ist sie von zentraler Bedeutung (vgl. 1963, S. 111), wenngleich sie auch nicht das einzige freie Unterrichtsverfahren darstellt. Nachfolgend sollen daher die verschiedenen Formen Freier Arbeit nach dem Jena-Plan, unter besonderer Berücksichtigung des Gruppenunterrichtlichen Verfahrens, erläutert werden.

3.3.3.1 Die Freie Arbeit

In bezug auf Begriffe wie „Freies Arbeiten", „Freie Arbeit" oder „freie Arbeiten" finden sich in den Schriften PETERSENS und seiner Mitarbeiter eine zunächst verwirrende Vielfalt sowie terminologische Uneinheitlichkeit. Robert REIGBERT etwa unterscheidet „freies schulmäßiges Arbeiten" und „freies Arbeiten für die Mappe" (REIGBERT 1930, S. 162) im Rahmen des Gesamtunterrichts, während anderwärts das „Ausschwingen der Arbeitskurve im freien Arbeiten" (PETERSEN/FÖRTSCH 1930, S. 49) am Sonnabend erwähnt wird. In der Regel weisen die *Wochenarbeitspläne* eine Freie Arbeit zum Wochenabschluß auf, bisweilen aber auch am Donnerstag (vgl. BEHRENDT 1934, S. 274). Während der Freien Arbeit finden Besuche zukünftiger Schüler statt (vgl. HOMACK 1934a, S. 23), üben und vertiefen die Kinder auf spielerische Weise neue Unterrichtsinhalte (vgl. BORKENHAGEN 1934c, S. 107f) oder schreiben wichtige Erlebnisse und Beobachtungen auf (vgl. WERNICKE 1934, S. 217f). Es gibt ein Freies Arbeiten im Werkunterricht (vgl. 1925, S. 260) und vereinzelt wird Freie Arbeit mit dem Gruppenunterricht gleichgesetzt (vgl. NAUCK 1934, S. 251).

Nur im ersten Band des „Großen Jena-Plans" widmet PETERSEN der Unterrichtsform „Freies Arbeiten" ein kurzes Kapitel (1930, S. 32ff), in welchem er ihre Entstehungsgeschichte im Jenaer Versuch nachzeichnet. Danach werden bereits im Schuljahr 1924/25, aufgrund der Annahme, daß Kinder meist vielseitige Interessen mit in die Schule bringen, an jedem Sonnabend zwei Stunden für die Freie Arbeit reserviert. Hier sollen sie in einer materialreichen Umgebung persönlichen Fragen nachgehen können, die nicht unmittelbar aus der Schularbeit erwachsen müssen. Man erwartet, daß die sachlichen und personellen Voraussetzungen der Schule das Verfolgen solcher Interessen begünstigt. Die Kinder nutzen die Freie Arbeit jedoch schon bald zur Fertigstellung von Aufgaben oder zur Vorbereitung von Referaten, so daß diese Doppelstunde ab Ostern 1926 für unerledigte Schularbeiten freigegeben wird (vgl. 1958, S. 12). Trotz dieser den ursprünglichen Intentionen konträren Entwicklung bleibt sie konstitutives Element des Jena-Plans, welches die Kinder für sich einfordern „als von großer Bedeutung für sie als *Schüler* und *Schülerinnen*" (1930, S. 33). Da sie alleine Inhalt und Lerntempo verantwortlich bestimmen können, kommt es in der Freien Arbeit zur Entwicklung dauerhafter Interessen und positiver Arbeitshaltung.

Der erhebliche Unterschied zwischen der hier skizzierten Freien Arbeit in der Randstundenlage am Sonnabend und dem Freien Arbeiten im Rahmen des Gruppenunterrichtlichen Verfahrens wird im folgenden evident (vgl. Kap. 3.3.3.4). Gemäß dem zentralen Stellenwert der Gemeinschaftsidee im pädagogischen Denken Peter PETERSENS wird dieser charakteristischen Form der Gruppenarbeit eine größere Bedeutung beigemessen als der Freien Arbeit, welcher im Jena-Plan eine eher marginale Position zukommt. Zunächst ist jedoch auf weitere Arbeitsformen einzugehen, welche sich nach Überzeugung des Pädagogen durch ihren besonders freiheitlichen Charakter auszeichnen.

3.3.3.2 Der freie Werkunterricht

Die Gestaltungslehre rückt bei Eintritt der Schüler in die Mittelgruppe die Vermittlung der *Werkgrammatik* in den Vordergrund. Da sie eine straff geführte, lehrerzentrierte Vorgehensweise erfordert, wird zum Ausgleich ab dem Frühjahr 1925 an jedem Montagnachmittag eine stufenübergreifende freie Werkarbeit angeboten. Hier versammeln sich Schüler, Eltern, Lehrer und Studenten der Jenaer Universität, um Geschenke anzufertigen oder Schulfeste künstlerisch vorzubereiten (vgl. PETERSEN/FÖRTSCH 1930, S. 28). In dieser freien Werkarbeit liegen bedeutsame Möglichkeiten der Selbsterziehung, da die Kinder individuellen Neigungen nachgehen und dabei Emotionen künstlerisch verarbeiten können. „Dieses Arbeiten", so heißt es, „setzt eine Atmosphäre voraus, in der sich die Kinder selbst disziplinieren. Und wirkliche Freude an der Arbeit und am gemeinsamen Schaffen diszipliniert von innen heraus" (ebd., S. 29). Gegenseitige Rücksichtnahme und Hilfsbereitschaft als wichtige Voraussetzung für das freie Gestalten entwickeln sich nach PETERSENS Beobachtungen von alleine und bestimmen wesentlich das Arbeitsverhalten und den Umgang miteinander.

Dabei erfahren die Kinder, „wie Freiheit verpflichtet und darin besteht, daß der einzelne und die Gruppe sich Gesetze geben, um vom äußeren Zwange frei zu sein" (ebd., S. 46). So vermittelt die freie Werkarbeit Einsicht in die Tatsache, daß wirklich befriedigendes Schaffen nur möglich ist, wenn der eine die Rechte des anderen respektiert und zu einer förderlichen Arbeitsatmosphäre beiträgt. Damit dient sie auch der Stärkung des Willens und der Übung der Selbstkontrolle, denn neben den mit produktiver Arbeit verknüpften Erfolgserlebnissen müssen immer auch Schwierigkeiten überwunden und individuelle Grenzen erkannt werden. Nach PETERSEN können sich im Rahmen der freien Werkarbeit, zusammengefaßt, in besonderem Maße die individuellen Interessen, Begabungen und Bedürfnisse, Temperamente und Arbeitsweisen der Schüler entfalten.

3.3.3.3 Der Gesamtunterricht

Die facettenreiche Gesamtunterrichtsbewegung gilt PETERSEN als eine der wichtigsten und innovativsten reformpädagogischen Strömungen (vgl. 1930, S. 112f). Dieser Unterrichtsform gibt er ein eigenes Gepräge und etabliert sie im Jena-Plan als Gegengewicht zum spezialisierenden Fachunterricht. Auf der Unterstufe, wo sie seiner Überzeugung nach besonders wirksam ist, gleicht sie dem freien Unterrichtsgespräch im Sinne Berthold OTTOs und nimmt die Form des bildenden Kreisgespräches sowie der Pausen- und Frühstücksunterhaltung an. In der Regel bestimmen die Schüler durch ihre Beiträge und Fragen den Gesprächsverlauf, denn grundsätzlich kann hier jedes kindliche Interesse thematisiert und geklärt, erweitert und vertieft werden (vgl. PETERSEN/WOLFF 1925, S. 34). Der Lehrer hält sich im Hintergrund, achtet allerdings auf eine angemessene Gesprächskultur und die Einhaltung vereinbarter Regeln.

Berthold OTTO, der Begründer des freien Gesamtunterrichts, pflegt bereits ab 1902 in seiner Berliner Hauslehrerschule als Gegengewicht zur „Zersplitterung des menschlichen Geistes durch die Wissenschaften" (OTTO 1963, S. 123) das freie Gespräch mit Kindern, da sich ihr natürlicher Erkenntnistrieb hier besser auswirken kann und geistiges Wachstum in besonderer Weise gefördert wird. Ein wesentlicher Vorzug besteht darin, daß *„jede einzelne Erkenntnis in dem für sie günstigsten Augenblicke entsteht"* (ebd., S. 7), denn das Kind arbeitet nach OTTO kontinuierlich und mit instinktiver Sicherheit auf die Ausformung seines Welt- und Selbstbildes hin. Da es sich dabei jeweils das aus der Wirklichkeit aussucht, was gerade seiner Entwicklung dienlich ist, läßt sich im freien Unterrichtsgespräch an diese echten Fragen, seine Neugier und sein Staunen anknüpfen. Nach SCHEIBE darf es daher als besonderes Verdienst Berthold OTTOs angesehen werden, durch

die ganzheitliche Ausrichtung des Lernens einen Beitrag zur Überbrückung fach-
spezifischer Unterrichtsweisen geleistet zu haben (vgl. SCHEIBE 1969, S. 54).

Der bildende Wert des freien Gesamtunterrichts kommt nach PETERSEN besonders in den ersten Schuljahren zum Tragen, deren Funktion es ist, Kindern zur
Klärung und Ordnung ihrer vielfältigen Eindrücke zu verhelfen und sie beim Aufbau eines strukturierten Weltbildes zu unterstützen. Unterricht darf sich auf dieser
Stufe nicht ihren drängenden Fragen verschließen, sondern muß gewisse „Ord-
nungselemente und die elementaren Mittel" (PETERSEN/WOLFF 1925, S. 17) zur
Beherrschung der Umwelt verfügbar machen. Diese können technischer (Kulturtechniken), logischer (geordnetes Denken) oder ethischer (Umgangsformen) Natur sein. Auch tragen Ordnungsmomente inhaltlicher Art dazu bei, daß es im Gesamtunterricht nicht zu einer willkürlichen Aneinanderreihung beliebiger The-
menfetzen kommt, welche eher verwirrend als klärend wäre. Es ist Aufgabe des
Lehrers, aus den thematisierten Inhalten immer wieder das Wesentliche hervorzuheben, zu strukturieren und zu verknüpfen. Durch eine angemessene Ordnung und
Verzahnung gilt es dem „Moment der Planlosigkeit" (SCHWERDT 1952, S. 268) entgegenzuwirken und reine Zufälligkeit in der Anhäufung von Stoffen im Sinne eines „didaktischen Naturalismus" (ebd., S. 288) zu vermeiden.

Auf den folgenden Stufen erhält diese Arbeitsform im Jena-Plan die Gestalt
des gebundenen Gesamtunterrichts, der seit Beginn des Jahrhunderts verstärkt in
die Elementarklassen der Schulen Einzug hält (vgl. SCHEIBE 1969, S. 47ff). Dort
wird sie nach Ansicht PETERSENS jedoch zu stark von gegebenen Fächeraffinitäten
her begründet und weniger von der Natur kindlicher Erkenntnis- und Arbeitsweisen. Noch stehe der Lehrer zu sehr hinter dem Stoff und verhindere ein wirklich
freies und selbsttätiges Arbeiten der Kinder (vgl. 1947, S. 15f). In den oberen Jahrgängen der Universitätsschule kristallisiert sich daher nach und nach ein arbeits-
schulisch ausgerichteter Gesamtunterricht heraus, der später als Gruppenunterrichtliches Verfahren oder Gruppenarbeit bezeichnet wird. Dazu bemerkt Arno
FÖRTSCH, ein Lehrer und Mitarbeiter PETERSENS: „Die gemeinsame Gruppenarbeit
eroberte sich im Gesamtunterricht das größte Terrain" (FÖRTSCH 1930, S. 147).

Während im Winterstundenplan 1924/25 zwischen Gruppenarbeit und Gesamtunterricht auf der Unterstufe differenziert wird (vgl. PETERSEN/WOLFF 1925,
S. 114), bezeichnet im Zuge der von FÖRTSCH angedeuteten Weiterentwicklung der
nunmehr uneinheitlich verwandte Begriff des Gesamtunterrichts Anfang der 30er
Jahre vor allem die fachübergreifende und themendifferente Bearbeitung umfang-
reicher Gebiete (vgl. REIGBERT 1930, S. 160ff; vgl. 1930, S. 124), welche alle Merk-

male des später als Gruppenunterricht bezeichneten Verfahrens aufweist. Erst in
den Beiträgen zum 1934 erschienenen dritten Band des „Großen Jena-Plans" wird
wieder trennscharf zwischen dem Gruppenunterrichtlichen Verfahren auf den oberen Stufen und dem freien Gesamtunterricht in der Untergruppe unterschieden.

3.3.3.4 Das Gruppenunterrichtliche Verfahren (Gruppenarbeit)

Gemäß der Überzeugung PETERSENS, daß die Gemeinschaft zugleich Lust- und
Energiequelle für die Arbeit des Kindes ist (vgl. 1925, S. 245), stellt das am Ge-
nossenschaftsprinzip orientierte Gruppenunterrichtliche Verfahren, von Lehrern
und Schülern in den späteren Jahren auch als Gruppenarbeit bezeichnet, das
„Kernstück des Jena-Plans" (1963, S. 176) dar. Zwar beansprucht es durchschnittlich nur 20% der verfügbaren Zeit, jedoch könnte sein Anteil nach den Vorstellungen PETERSENS auf bis zu 50% ausgeweitet werden (vgl. 1947, S. 12 Anm.). Als
wichtigste Arbeitsform steht der Gruppenunterricht im Zentrum des *Wochenar-
beitsplanes* und findet gewöhnlich im Umfang von jeweils ca. 100 Minuten in der
Wochenmitte (Dienstag bis Donnerstag) statt. Er wird am Tage von den Kursen
umrahmt und gliedert sich harmonisch in den Wochenrhythmus ein. Erst durch
diese Einbettung in das gesamte Beziehungsgeflecht der *Pädagogischen Situationen* ergibt sich seine spezielle Bedeutung für das Schul- und Unterrichtsleben der
Jena-Plan-Schule.

Gruppenarbeit nach dem Jena-Plan unterscheidet sich wesentlich vom Gruppenunterricht nach heutigem Verständnis. Sie stellt eine interdisziplinäre, arbeits-
schulisch ausgerichtete Gemeinschaftsaktivität innerhalb der Stammgruppe dar,
welche ihre Aufgaben und Themen dem Unterricht entnimmt und die Schülerin-
teressen weitestgehend einbezieht. Das gemeinsame Vorhaben ist in der Regel so
komplex, daß es von einem einzelnen nicht zu bewältigen ist und daher eine unter-
richtsökonomische Arbeitsteilung sowie ein hohes Maß an Kooperation und Kommunikation der Schüler in authentischen Interaktionsprozessen erfordert. Aus dem
meist fachübergreifenden Rahmenthema bearbeitet jeder Schüler einen oder mehrere Aspekte, die dem „Prinzip der 'Sachganzheit'" (SCHWERDT 1952, S. 250) folgen und stets sinnvolle Einheiten bilden sollten.

Entscheidend ist bei diesem Verfahren das Durchlaufen eines vollständigen
Arbeitszyklus, d. h. die Aufgabe wird möglichst aus eigenem Entschluß in Angriff
genommen, selbständig durchgeführt und zu einem befriedigenden Abschluß gebracht. Dabei werden unterschiedliche Kompetenzen aktiviert und geübt, denn

über die kognitiven Leistungen der Schüler hinaus sind auch soziale, pragmatische und künstlerische Fähigkeiten gefordert. Dieses in hohem Maße selbsttätige Lernen vollzieht sich in Einzel-, Partner- oder Kleingruppenarbeit von bis zu sechs Schülern, wobei Gemeinschaften von drei Kindern erfahrungsgemäß besonders „arbeitsfähig und erziehlich" (1930, S. 41) sind. Die hier gekennzeichnete Arbeitsweise läßt sich mit DIETRICH als „individuelles Lernen unter kooperativem Aspekt" (DIETRICH 1993, S. 67) bezeichnen, da jedes Kind mit seiner persönlichen Leistung zum Gelingen der größeren Gemeinschaftsaufgabe beiträgt.

Zu ihren elementaren Voraussetzungen zählen die selbstverantwortete Bewegungsfreiheit des Kindes, die individuelle Freiheit in der Wahl der Aufgabe, des Partners, des Arbeitsplatzes und des Lerntempos. Zugleich setzt die Gruppenarbeit nach dem Jena-Plan einen flexiblen Lehrer voraus, der über die Fähigkeit und Bereitschaft zu situationsgerechtem Verhalten verfügt. Seine zentrale Aufgabe ist nach PETERSEN die Führung der frei arbeitenden Schüler (vgl. 1958, S. 13) durch indirekte Maßnahmen vorwiegend beratender und helfender Art. Wenn in der Jena-Plan-Pädagogik von Freier Arbeit oder Freien Aktivitäten gesprochen wird, so sind demnach in erster Linie die hier angedeuteten Tätigkeiten der Schüler im Rahmen größerer, genossenschaftlich organisierter Arbeitsvorhaben gemeint, deren charakteristisches Merkmal, wie noch zu zeigen sein wird, eine angemessene Balance von Produkt- und Prozeßorientierung darstellt.

3.3.3.4.1 Varianten der Gruppenarbeit

Unter Berücksichtigung kognitiver und sozialer Entwicklungsunterschiede sowie altersspezifischer Arbeitsweisen nimmt die Gruppenarbeit auf jeder Stufe eine andere Gestalt an. Die Untergruppe etwa gilt PETERSEN als „Stufe der spielenden Beschäftigung" (1934a, S. 18; vgl. APELT 1951, S. 23). Spiel und Arbeit sind hier beim Kind noch stark ineinander verwoben, so daß Formen des natürlichen Lernens zu favorisieren sind. Im Vordergrund steht der materialunterstützte Erwerb der Grundfertigkeiten des Lesens, Schreibens und Rechnens. Die Schüler befinden dabei weitgehend selber über Art, Umfang und Reihenfolge ihrer Arbeiten, denn Selbsttätigkeit ist vom ersten Schuljahr an „höchstes Unterrichtsprinzip" (1925, S. 187). Allerdings wechseln sie in jeder Gruppenarbeitsphase mindestens einmal die Themenrichtung, da sich besonders die Schulneulinge selten länger als fünfzig Minuten konzentriert einer Sache hingeben können (vgl. 1929, S. 184; WIESCHKE-MAASS 1968, S. 66; APELT 1951, S. 13). Diese Lernfreiheit führt nicht

zum zusammenhanglosen, die Bedeutung strukturierten Wissens negierenden didaktischen Kunterbunt. Vielmehr erreichen die Kinder die verbindlichen Lernziele und entwickeln darüber hinaus eine leistungssteigernde Freude an der Eigentätigkeit. In klar identifizierbaren Arbeitswellen (vgl. PETERSEN/WOLFF 1925, S. 22;
S. 129; S. 138) widmen sie sich sämtlichen Unterrichtsgebieten und wählen in der
Regel von alleine immer anspruchvollere Aufgaben. Dabei unterscheiden sich ihre individuellen Arbeitsrhythmen sichtbar.

In PETERSENS Schriften treten Berichte über die Gruppenarbeit der Unterstufe im Vergleich zu der in Mittel- und Obergruppe stark zurück. Da sich zudem klare Parallelen zur Freiarbeit im Sinne MONTESSORIS erkennen lassen (vgl. HOMACK
1934a, S. 21 ff), kann an dieser Stelle auf weitere Ausführungen verzichtet werden.
Es ist allerdings festzuhalten, daß mit den älteren und fortgeschrittenen Schülern
der Untergruppe auch kleine heimatkundliche Gruppenarbeiten durchgeführt werden, für die bereits der erste *Wochenarbeitsplan* von 1924 (vgl. PETERSEN/WOLFF
1925, S. 75) einige Stunden ausweist. Als inhaltliche Schwerpunkte sind hier vor
allem die Erkundung der Umgebung sowie Naturbeobachtung notiert. Dem Bericht aus einer Finsterwalder PETERSEN-Schule zufolge können solche Vorhaben,
wie beim Thema „Der Güterbahnhof", bereits einen zeitlichen Umfang von etwa
drei Wochen erreichen (vgl. NEUMANN-PEICHERT 1934, S. 260f). Somit bildet die
Heimatkunde für das dritte Schuljahr gewissermaßen den Übergang zur Arbeit der
Mittelgruppe (vgl. APELT 1951, S. 21).

Ab der Mittelgruppe bearbeiten die Schüler umfassendere natur- bzw. kultur-
kundliche Themen, wobei ein erster Akzent auf „Heimat- und Vaterlandskunde"
(vgl. 1958, S. 11f) liegt. Auf dieser entwicklungsbedingten Stufe „der Arbeit
i. e. S., der Sachlichkeit" (1934a, S. 18) läßt sich an den kritischen Realismus des
Kindes anknüpfen, welches nun verstärkt auf die rationale Klärung der Lebenswirklichkeit drängt. Es zeigt den Wunsch und die Bereitschaft zu zielbewußter Arbeit an komplexen Aufgaben, welche auch größere Zusammenhänge erschließen
helfen. In stärkerem Maße als in der Untergruppe sind bei der Themenwahl nun
auch die objektiven gesellschaftlichen Anforderungen zu berücksichtigen, als deren Interpret der Lehrer fungiert. Durch eine konzentrische Ausweitung der Inhalte wird dem Eigenwert der Bildungsgüter Rechnung getragen und einem die Grup-
peninteressen überbetonenden „didaktischen Soziologismus" (SCHWERDT 1952, S.
254) entgegengewirkt. Je mehr dem Kind dabei interessante Betätigungsmöglich-
keiten für das freie, individuelle Fortschreiten im Rahmen der Gruppenarbeit angeboten werden und es in Muße arbeiten kann, umso eher wird das Erarbeitete zum
geistigen Besitz.

Diese Unterrichtsform zeigt jedoch erst in der Ober- und Jugendlichengruppe ihre „schönsten Blüten" (1934a, S. 18), da sich nunmehr die erworbenen Fähigkeiten und Fertigkeiten freier entfalten können. Indes ist gerade hier auch kritisch zu fragen, inwiefern die Gruppenarbeit nach dem Jena-Plan einer angemessenen Vorbereitung Jugendlicher auf das (Berufs-) Leben dient. Nach Ansicht von Erich WOLFRUM, einem Mitarbeiter PETERSENS, wird die Universitätsschule diesem Auftrag vor allem durch das komplexe Zusammenspiel von Kurssystem und Gruppenarbeit mehr als gerecht, so daß die Schüler dort „dynamischer ausgebildet und erzogen" (WOLFRUM 1958, S. 49) werden als andernorts. Dies setzt jedoch eine konsequente Orientierung an den phasenspezifischen Besonderheiten des Jugendalters voraus, als dessen wesentliche Kennzeichen er innere Unruhe, unstetes Arbeitsverhalten und allgemeinen Leistungsrückgang benennt, andererseits aber auch das zunehmende Abstraktionsvermögen sowie die Fähigkeit, in größere geistige Zusammenhänge einzudringen. Aus dieser recht allgemeinen Kennzeichnung lassen sich nach WOLFRUM verschiedene praxisrelevante Konsequenzen ableiten:

Jugendliche müssen als heranwachsende Persönlichkeiten ernstgenommen werden. Bei der Arbeit sind ihnen noch größere Freiräume für die Berücksichtigung individueller Begabungen und Berufsinteressen zu gewähren als bisher, ohne daß auf das erforderliche Maß an Lerneifer und Sorgfalt verzichtet wird. Ihr geistiger Horizont soll sich nun durch die Bearbeitung von Aufgaben aus der Welt- und Menschenkunde bzw. Geschichte, Literatur oder Kunst (vgl. 1980, S. 62) erweitern. Dabei wird verstärkt auf eine optimale Synthese der Teilergebnisse geachtet. In jeder Gruppenarbeit gilt es ein strukturiertes Grundwissen aufzubauen, denn PETERSEN lehnt die unverbundene Stofffülle, den „Wissensmischmasch, wodurch die Kinder wie Warenhäuser behandelt werden, in denen eine Menge Waren aller Art aufgestapelt werden" (1926, S. 119), grundsätzlich ab. Eine sach- und kindgerechte Gruppenarbeit nach dem Jena-Plan setzt daher den qualifizierten Lehrer voraus, der den Schülern zu systematischem Kenntniszuwachs verhilft, weil er imstande ist, „die vielfältigen Ansätze bei den Kindern aufzugreifen und *kraft seines Weitblickes und seiner umfassenderen Bildung* hinzuordnen zu einem sinnvollen Bildungsganzen" (WOLFRUM 1958, S. 54).

3.3.3.4.2 Stufenfolge der Gruppenarbeit

Jede Gruppenarbeit folgt einem bestimmten Ablauf, der im wesentlichen den von

KERSCHENSTEINER analysierten Vorgängen geistiger Arbeit entspricht (vgl. KER-SCHENSTEINER 1959, S. 27ff). Am Anfang steht die Entwicklung eines Rahmenthemas, das von möglichst allen Schülern der Stammgruppe getragen wird. Bei sehr kontroversen Wünschen können jedoch auch zwei Themen parallel bearbeitet werden, wie BORKENHAGEN beispielhaft aufzeigt (vgl. BORKENHAGEN 1934b, S. 98ff). Im Kreisgespräch wird die umfassende Problemstellung formuliert und in sinnvolle Einzelaspekte untergliedert. Aus diesen wählen die Schüler ihre Aufgaben nach individuellem Interesse und bearbeiten sie in der folgenden Phase alleine oder kooperativ. Die Gruppenarbeit schließt mit der Ergebnispräsentation durch Schülervorträge, Vorführungen und schriftliche Ausarbeitungen. In gemeinsamen Auswertungsgesprächen werden die Einzelbeiträge sowie die gesamte Gruppenarbeit im Hinblick auf inhaltliche und methodische Verbesserungsmöglichkeiten kritisch reflektiert. Da sich eine solche Arbeitsperiode in der Mittelgruppe über ein Vierteljahr und in der Obergruppe über sechs bis neun Monate erstrecken kann, bearbeitet ein Schüler vom vierten bis zum achten Schuljahr insgesamt etwa zwölf große Themeneinheiten im Rahmen des Gruppenunterrichtlichen Verfahrens.

Nachfolgend soll der „ 'Stufengang' der Gruppenarbeit" (vgl. 1958, S. 14ff; 1934b, S. 75ff) in seinen fünf Phasen dargestellt und erläutert werden. Die in Klammern gesetzten Termini dienen einer begrifflichen Zuspitzung der Formulierungen PETERSENS.

1. Stufe: Die Bestimmung der Aufgabe (Explorationsphase)

Bei der Auswahl der Lerninhalte bestehen für PETERSEN keine prinzipiellen Gegensätze zur traditionellen Schule, wohl in bezug auf die Intensität der Stoffbehandlung sowie die Reihenfolge ihrer Erarbeitung, für die es seiner Meinung nach kaum verbindliche Maßstäbe geben kann. In diesen Fragen hält er ein Höchstmaß an pädagogischer Freiheit des Lehrers im Rahmen curricularer Vorgaben für dringend geboten. Zu dessen Orientierung formuliert er dennoch vier „Oberste Grundsätze zur Ordnung und Sichtung der Stoffe" (1958, S. 16; vgl. PETERSEN/WOLFF 1925, S. 16f), die bei der Auswahl von Themen für die Gruppenarbeit zu beachten sind. So sollten Problemstellung und Inhalte der kindlichen Lebenswirklichkeit entstammen (entwicklungspsychologisches Merkmal), den individuellen Bildungsbedürfnissen der Schüler entsprechen (Bildungsmerkmal), den Anforderungen der kulturellen Umgebung genügen (Kulturmerkmal) und zur Belebung und Erhebung der ganzen Schulgemeinde beitragen (Gemeinschaftsmerkmal).

Angesichts der Altersspanne innerhalb einer Stammgruppe ist das Rahmenthema so zu fassen, daß jeder Schüler eine angemessene Aufgabe findet und keiner über- oder unterfordert wird. Die ausgewählten Teilgebiete werden in einem Arbeitsplan schriftlich festgehalten und ausgehängt. Wenngleich der Gruppenleiter bei der Neueinführung dieses Verfahrens an einer Schule noch stärkere Vorgaben bezüglich Themenwahl und Arbeitsweise macht, ist doch die Aktivierung des Hintergrundwissens der Schüler sowie eine zunehmende Erweiterung ihrer Planungskompetenz von Anfang an wesentlich. Je selbständiger die Kinder eine Gruppenarbeit organisieren, desto stärker muß sich die Lehreraktivität in der Planungsphase auf das Notwendige beschränken, denn prinzipiell sollen die Schüler „nicht tun, was sie wollen, aber (...) *wollen, was sie tun!*" (1958, S. 18).

2. Stufe: Die Quellen und die Arbeitsmittel (Sondierungsphase)

Im nächsten Schritt müssen die benötigten Quellen und Arbeitsmittel wie Bücher, Zeitschriften, Bilder und Sammlungen erschlossen sowie in bezug auf ihre Eignung kritisch gesichtet werden. In dieser Phase können auch Naturbeobachtungen, Betriebsbesichtigungen, die Durchführung von Interviews oder die Erkundung öffentlicher Büchereien sinnvoll sein. Entscheidend ist die Aktivierung der Kinder, da die Fähigkeit zur selbständigen Informationsbeschaffung nach PETERSEN zu den zentralen Qualifikationen zählt, welche die Schule zu vermitteln hat. Die ausgewählten Materialien werden in Sammelmappen zusammengestellt und übersichtlich in den Regalen angeordnet. Der Lehrer kann zusätzliche Texte mitbringen und den Schülern vorstellen. Beratend hilft er ihnen bei der Wahl geeigneter Literatur für die Bearbeitung der Teilthemen. Zu Beginn des vierten Schuljahres erfolgt darüber hinaus, wie bereits erwähnt, eine konzentrierte Einführung in wichtige Arbeitsmittel und die für den Gruppenunterricht grundlegenden Techniken und Arbeitsformen.

In der Regel entscheiden sich die Kinder aus den unterschiedlichsten Motiven heraus für ein oder mehrere Teilgebiete und treffen ihre Absprachen über die Bildung von Arbeitsgemeinschaften. Unschlüssigen Schülern kann der Gruppenleiter vorübergehend in Form eng umrissener Aufgaben, klarer methodischer Hinweise und fester zeitlicher Vorgaben eine Hilfestellung geben.

3. Stufe: Die Ausarbeitung (Durchführungsphase)

In der Ausarbeitungsphase wird die engagierte und sachkompetente Begleitung der Schülerarbeiten zur Hauptaufgabe des Lehrers. Seine gründliche Auseinandersetzung mit den Inhalten stellt daher die „erste Voraussetzung für einen optimalen Bildungsgewinn" (WOLFRUM 1958, S. 75) dar. Während der gesamten Phase befindet er sich inmitten seiner Gruppe, beantwortet Fragen, ermuntert, gibt Anregungen und hilft über Hürden hinweg. Besonders mit Blick auf eher unselbständig arbeitende Kinder geht er mit konkreten Führungsaufgaben in den Gruppenunterricht hinein. Daneben achtet er auf den Erhalt einer produktiven Lernatmosphäre, welche eine Grundbedingung des Freien Arbeitens darstellt.

Nach Elisabeth APELT, einer langjährigen Lehrerin an der Jena-Plan-Schule, läßt sich den zahlreichen Protokollen von Gruppenarbeiten entnehmen, „daß tatsächlich die meisten Gespräche um die Arbeit kreisen, auch wenn die Kinder sich völlig unbeobachtet glauben. Die Mehrzahl der größeren Bewegungen im Raum ist von der Arbeit gesteuert" (APELT 1954, S. 286). Systematische Beobachtungen lassen dabei, so PETERSEN im Anschluß an die Forschungen Else KÖHLERS, hinsichtlich Umfang, Form und Qualität ihrer Arbeiten drei verschiedene Typen erkennen (vgl. 1934a, S. 16f): Manche Schüler formulieren eigenständig ihre Aufgaben und führen sie präzise aus. Sie bearbeiten die Quellen, besprechen ihre Notizen mit dem Lehrer, übertragen die Ausarbeitung in das Gruppenarbeitsheft und bereiten ihre Vorträge vor. Weniger zielsicher lernende Kinder bedürfen häufigerer Hilfe und Anleitung durch den Lehrer. So tendieren einige dazu, ganze Passagen aus ihren Textvorlagen wörtlich zu übernehmen. Dem ist etwa durch die gezielte Gewöhnung an „freies und sprachverantwortliches Gestalten" (WOLFRUM 1958, S. 63) entgegenzuwirken. Dazu gehört die Bereitstellung literarisch wertvoller Texte ebenso wie ein entsprechendes Übungsprogramm zur Entdeckung und Pflege des eigenen Stils. Dem dritten Arbeitstyp sind tägliche Minimalpensen aufzugeben, da er zu selbständiger Arbeit kaum in der Lage ist. Erfahrungsgemäß kann sich aber auch ein solcher Schüler bei angemessener Förderung zunehmend steigern (vgl. HEINRICHSHOFEN 1958, S. 33).

Da jeder Schüler im Rahmen des Gruppenunterrichtlichen Verfahrens über seine Arbeit und deren Bedeutung für das Gesamtvorhaben Rechenschaft ablegen muß, setzen gegen Ende der Erarbeitungsphase vielfältigste Vorbereitungen für eine Dokumentation der Ergebnisse ein.

4. Stufe: Die Darbietung (Präsentationsphase)

Die obligatorische Präsentation aller Teilresultate im Berichtkreis zählt zu den besonderen Kennzeichen der Gruppenarbeit nach dem Jena-Plan. Der Übergang zur

Darbietungsphase ist allerdings, angesichts unterschiedlicher Lerntempi der Schüler, nicht ganz unproblematisch und daher sensibel zu handhaben. So ist es nach PETERSEN ein „Anfängerfehler" (1958, S. 23), zu spät mit den ersten Vorträgen zu beginnen, da diese dann zu dicht aufeinander folgen. Auch verlieren die Kinder während einer zu langen Ausarbeitungsphase nicht selten das Interesse am Thema, noch bevor die Gruppenarbeit inhaltlich abgeschlossen ist. Frühzeitig fertig werdenden Schülern sollte in diesem Übergangsstadium daher ein sinnvoll ergänzendes Zwischenthema angeboten werden. Auch kann der Gruppenleiter diese Zeit durch eigene Vorträge zu besonders schwierigen Teilgebieten oder zur modellhaften Demonstration verschiedener Präsentationsmodi nutzen. Vor allem überprüft er bereits vor Beendigung einer Arbeitsperiode mögliche Themen auf ihre Eignung für die folgende Gruppenarbeit.

Zur eigentlichen Darbietung vor der ganzen Gruppe gehört ein sorgfältig vorbereiteter Bericht, die sinnvolle Einbeziehung von Anschauungsmaterial sowie die Erläuterung schwieriger Begriffe. Die Schüler sollen hierbei lernen, sich zunehmend von ihren Unterlagen zu lösen und möglichst frei vorzutragen. Jeder Referent kann im übrigen einen Mitschüler, der nicht unbedingt „Experte" bei diesem Thema sein muß, um Unterstützung bei der technischen Durchführung bitten. Die Vorträge variieren je nach Leistungsstärke der Schüler zwischen fünf Minuten und einer Stunde und erreichen im fünften Schuljahr eine Durchschnittsdauer von etwa zwanzig Minuten (vgl. HEINRICHSHOFEN 1958, S. 36). In der Obergruppe erstrecken sie sich gelegentlich über 160 Minuten (vgl. BORKENHAGEN 1934b, S. 110), was allerdings die Aufnahmebereitschaft der Kinder überstrapazieren dürfte.

Während der Darbietung sollte der Lehrer aufmerksam und geduldig zuhören und nicht „schulmeistern" (WOLFRUM 1958, S. 79). Er darf nur eingreifen, wenn die Ausführungen sachlich falsch sind oder die Schüler abgelenkt sind. Um den Referenten nicht aus dem Konzept zu bringen, werden Fragen erst im Anschluß an den Vortrag geklärt. In diesem Gespräch kann der Gruppenleiter den Bericht durch weiterführende Erklärungen ergänzen, vertiefen und dem Berichterstatter sachlich-konstruktive Anregungen geben. Die Mitschüler halten die Gliederung und wesentliche Aspekte des Referates schriftlich fest und heben im Kreisgespräch die positiven und negativen Seiten der Darbietung hervor. Der Lehrer trägt freilich dafür Sorge, daß die Kritik nicht unsachlich oder gar destruktiv ausfällt. Besonders gelungene Berichte können zu einem späteren Zeitpunkt auch in anderen Gruppen, am Elternabend oder anläßlich der *Pädagogischen Rückschau* (s. u.) dargeboten werden.

5. Stufe: Die Zusammenfassung (Evaluationsphase)

Wurden bereits in der vierten Phase besonders relevante Gesichtspunkte herausgearbeitet, so müssen in der abschließenden Evaluationsphase nochmals die Einzelaspekte in den größeren Kontext gestellt und die inhaltlichen Zusammenhänge
rekonstruiert werden. Zu diesem Zweck hebt der Gruppenleiter das Wesentliche
im Sinne des verbindlichen Grundlagenwissens hervor und leitet zur vertiefenden
Zusammenschau und kritischen Würdigung der Unterrichtseinheit an. Im allgemeinen schließt jede Gruppenarbeit mit der gründlichen Wiederholung und Einübung des Gelernten sowie einer Dokumentation der Arbeitsergebnisse in Form von
Ausstellungen, Vorträgen oder der *Pädagogischen Rückschau*. Von entscheidender Bedeutung sind die in dieser Abschlußphase einsetzenden Evaluationsprozes-
se, in denen Verlauf und Ergebnis der Arbeit analysiert und im Hinblick auf konstruktive Impulse für zukünftige Vorhaben reflektiert werden.

Grundsätzlich will PETERSEN den durch Notendruck und „Berechtigungswe-
sen" (1925, S. 11ff) erzeugten falschen Ehrgeiz und Konkurrenzkampf aus der
Schule verbannen, da sie zu seelisch-köperlichen Belastungen der Schüler führen.
Allerdings intendiert er keinen völligen Verzicht auf Leistungsbewertung, sondern
fordert die Anwendung besonders kind- und sachgerechter Verfahren. Nach anfänglicher Erprobung verschiedener Formen der Leistungsmessung (vgl. PETER-
SEN/WOLFF 1925, S. 38ff) zeigt er sich kritisch gegenüber der Vergabe von Zensu-
ren, da sie seiner Ansicht nach die Entwicklung der Fähigkeit zur Selbstbeurtei-
lung erheblich beeinträchtigt. In der Folgezeit wird daher nur auf den ausdrück-
lichen Wunsch von Schülern auf traditionelle Evaluationsmethoden zurückgegrif-
fen, was vor allem dann erfolgt, wenn sie selber nicht über geeignete Kriterien und
Methoden der Selbstbewertung verfügen.

Die traditionellen Ziffernnotenzeugnisse werden an der Jena-Plan-Schule daher durch *objektive Berichte* an die Eltern ersetzt (vgl. 1980, S. 64f). In diesen
Wortgutachten dokumentieren die Lehrkräfte am Schuljahresende den individuellen Entwicklungsverlauf des Arbeits- und Sozialverhaltens der Kinder. Dadurch
soll der Grundstein für eine effektive gemeinsame Erziehungsarbeit von Schule
und Elternhaus gelegt werden. Darüber hinaus verfaßt der Gruppenleiter ab der
dritten Klasse für jeden Schüler einen *subjektiven Bericht,* in welchem er ihm das
mitteilt, was er für seine weitere Entwicklung als hilfreich erachtet. Dieser Bericht
soll die Kinder grundsätzlich „ermuntern, anreizen und vorwärts bringen" (PETER-
SEN/FÖRTSCH 1930, S. 102).

Für die Leistungsbewertung im Rahmen der Gruppenarbeit ist jedoch die *Pädagogische Rückschau* von größter Bedeutung (vgl. 1930, S. 84ff). Zum Wochen-

rückblick werden an jedem Samstag die Schülerarbeiten auf Tischen ausgebreitet und von der Gruppe begutachtet. Dadurch wird zunächst eine inhaltliche Vertiefung und Verdeutlichung wichtiger Zusammenhänge geleistet. Daneben können hiervon weiterführende Leistungsanreize ausgehen sowie eine Erziehung zu angemessener Selbsteinschätzung, zu sachlich-konstruktiver Kritikfähigkeit und zur Verantwortung für die gemeinsame Arbeit erfolgen. Neben dieser Arbeitsbesprechung am Wochenende kennt die Jena-Plan-Schule den Halbjahresrückblick, der von großer Außenwirkung ist. Das Ziel ist hier die Selbstdarstellung der ganzen Schule durch Darbietungen der Gruppen, Schülervorträge oder Ausstellungen. Diese *Pädagogische Rückschau* auf die Arbeitsergebnisse des vergangenen Halbjahres stellt erfahrungsgemäß einen großen Ansporn für die Kinder dar und weckt ihren gesunden Ehrgeiz (vgl. 1958, S. 26).

3.3.3.4.4 Die Praxis der Gruppenarbeit an ausgewählten Beispielen

In mehreren Schriften legen Peter PETERSEN und seine Mitarbeiter Inhaltsübersichten und Verlaufsprotokolle von Gruppenarbeiten vor, am umfassendsten wohl im dritten Band des „Großen Jena-Plans" (PETERSEN [Hg.] 1934). Da sich jedoch an keinem dieser Dokumente Verlauf und charakteristische Merkmale des Gruppenunterrichtlichen Verfahrens in wünschenswert vollständiger Weise illustrieren lassen, wird im folgenden auf zwei verschiedene Berichte rekurriert, an denen sich auch das allmähliche Hervorgehen der Gruppenarbeit aus dem Gesamtunterricht verfolgen läßt. Einzelne Versatzstücke und Beobachtungen aus anderen Darstellungen fließen zusätzlich mit ein, so daß sich insgesamt eine klare Vorstellung von der Praxis der Gruppenarbeit nach dem Jena-Plan gewinnen läßt.

Dokument 1: Jahresbericht 1924/25 von Hans WOLFF

In dieser tagebuchähnlichen Aufzeichnung (vgl. PETERSEN/WOLFF 1925, S. 55ff) skizziert Hans WOLFF, der erste Lehrer der Jenaer Universitätsschule, die Entwicklung des Unterrichtslebens und die Herausbildung eines Arbeitsrhythmus in der Untergruppe. Von besonderem Interesse ist seine Beschreibung des ersten größeren Arbeitsvorhabens, welches in gewisser Weise als Vorläufer des Gruppenunterrichtlichen Verfahrens angesehen werden kann.

In den Monaten Februar und März des Jahres 1925 dominiert das Thema „Torf und Kohle" fünf Wochen lang die Schularbeit. Den Anstoß hierzu geben die Fragen der Kinder rund um den Ofen im Gruppenraum (vgl. ebd., S. 138) sowie ein größeres Grubenunglück bei Dortmund. Wenngleich die Vorgehensweise noch nicht alle charakteristischen Merkmale der Gruppenarbeit aufweist, läßt sich doch die Genese dieser Arbeitsform aus dem gesamtunterrichtlichen Ansatz heraus an diesem Beispiel gut verfolgen, denn das Rahmenthema entwickelt sich im angegebenen Zeitraum zu einem integralen Bestandteil des Unterrichts, aber auch zu seinem integrierenden Moment.

Durch diese Problemzentrierung werden vielfältige Schüleraktivitäten initiiert und verschiedene Lernbereiche aufeinander bezogen. Aufgeschlüsselt nach einzelnen Fachgebieten wie Rechnen, Lebenskunde, Naturbeobachtung, Muttersprache oder Werkarbeit macht WOLFF differenzierte Angaben darüber, inwiefern fachspezifische Aufgaben durch das Oberthema geprägt werden. Dabei erwerben die Schüler durch die multiperspektivische Annäherung und fächerübergreifende Bearbeitung der übergeordneten Problemstellung Kenntnisse über Fundorte, Entstehung, Gewinnung, Transport und Verwendung fossiler Brennstoffe. Unter Einbeziehung aktueller Ereignisse werden das Berufsbild des Bergarbeiters sowie die Gefahren und Präventionsmaßnahmen im Bergbau erörtert. Daneben stehen auch die Stoffe des Lesekreises ganz im Zeichen dieses Themas und selbst der Rechenunterricht entnimmt viele seiner Aufgaben dem Gebiet „Kohle". In chemischen Versuchen schließlich werden die Vorgänge in einem Holzkohlenmeiler simuliert und im Werkunterricht stellen die Kinder Themenhefte her, in welchen die Inhalte der Unterrichtsreihe dokumentiert werden.

Wichtigste Bildungsgrundform ist das freie Unterrichtsgespräch, in dem zahlreiche Aspekte des Themas erörtert werden. Darüber hinaus gehören das Sammeln von Anschauungsmaterial und Zeitungsausschnitten, die Übung im Kartenlesen, Vorlesen und Vortragen, das Anfertigen von Tafelzeichnungen und Modellen sowie die künstlerische Gestaltung der Projekthefte zu den Aktivitäten der Schüler. Zu Beginn der sechsten Arbeitswoche wird das Thema durch die Ausstellung und Begutachtung der Hefte in der Gruppe abgeschlossen. Die gegenseitige Evaluation hilft den Kindern, wie bereits ausgeführt, bei der Entwicklung geeigneter Kriterien zur Beurteilung eigener Arbeiten und denen der Mitschüler. Von der Gestaltung der Projekthefte gehen schließlich starke methodische und motivationale Impulse für zukünftige Arbeiten aus (vgl. ebd., S. 143).

Es ist festzuhalten, daß bei diesem Vorhaben zum Thema „Torf und Kohle" das gesamtunterrichtliche Moment gegenüber arbeitsschulischen Elementen dominiert. Zwar überwindet das Projekt viele Fächergrenzen und erstreckt sich über einen relativ langen Zeitraum, jedoch fehlt die klare Strukturierung im Sinne des Stufenganges der Gruppenarbeit. Das freie, gemeinsame Gespräch stellt die vorherrschende Arbeitsform dar. Von einem gezielt arbeitsteiligen Vorgehen ist in dem Bericht keine Rede, wenngleich ein gewisser Raum für Einzeldarbietungen von Schülern gelassen wird. Insgesamt wird die Arbeit keineswegs vollständig von der Gruppe getragen, sondern in Verlauf und inhaltlicher Schwerpunktsetzung stark durch den Lehrer gesteuert. Aber schon die schriftliche Dokumentation der Ergebnisse und ihre Ausstellung weisen deutlich in die Richtung, in welche sich die Gruppenarbeit ab dem Schuljahr 1925/26 entwickelt.

Dokument 2: Thema „Mensch und Beruf" in der Obergruppe 1945/46 von Erich WOLFRUM

Erich WOLFRUMS Bericht (vgl. WOLFRUM 1958, S. 65ff) aus der Spätzeit der Jena-Plan-Schule schildert zunächst die Entstehung des Gruppenarbeitsthemas „Mensch und Beruf". Die Schüler haben sich ausführlich mit geographischen Themen befaßt und wollen sich nun der Bearbeitung sozialer Fragestellungen zuwenden. In dieser spezifischen Situation wird das vorliegende Rahmenthema von ihnen gewählt und formuliert.

Bei der Wahl der Teilgebiete einer Gruppenarbeit spielen gewöhnlich persönliche Berufswünsche und Interessen, künstlerische Neigungen sowie das individuelle Vorwissen der Kinder eine Rolle. Auch gehen von den Interessen der Geschwister und Freunde starke Impulse aus. Am Beispiel der Mittelgruppenarbeit „Leben und Arbeit des Bauern" etwa zeigt sich klar, inwiefern das persönliche Leistungsvermögen die Wahl unterschiedlich komplexer Einzelthemen determiniert: Sechstklässler befassen sich auf der Basis intensiver Quellenstudien vornehmlich mit historischen Dimensionen des Themas, während sich die jüngeren Schüler mit den Tieren und Pflanzen auf dem Bauernhof beschäftigen. Dabei ist erkennbar, daß durch eine breite Streuung der Unterthemen alle Kinder zum Gelingen des gemeinsamen Vorhabens beitragen (vgl. HEINRICHSHOFEN 1958, S. 41f). In der von WOLFRUM beschriebenen Unterrichtseinheit wenden sich die jüngeren Kinder anschaulichen Handwerksberufen zu, während die älteren Schüler auch künstlerische Berufszweige (Bildhauer) oder biographische (Albrecht Dürer) Themen bearbeiten (vgl. WOLFRUM 1958, S. 74). Für andere stehen soziale, ethische und historische Aspekte im Vordergrund.

WOLFRUMS Ausführungen gewähren einen guten Einblick in die individuellen Arbeitsweisen und Leistungen der Kinder, den Grad ihrer Selbständigkeit und das jeweils erforderliche Maß an Lehrerhilfe. Dabei zeigt sich wiederum, wie vielsei-

tig und anspruchsvoll die Schüleraktivitäten sind (vgl. ebd., S. 66f): Im Planungs-
stadium und während der Erarbeitungsphase werden Kontakte zu Handwerkern
hergestellt und Betriebe besucht, Fachliteratur gesichtet und besprochen, Nach-
schlagewerke konsultiert, Modelle und Geräte hergestellt sowie besondere Probleme gemeinsam geklärt.

Die Verteilung der dreißig Kinder dieser Stammgruppe auf zwei Zweiertische,
einen Dreiertisch, drei Vierertische sowie je einen Fünfer- und Sechsertisch belegt
die Wirksamkeit des Prinzips freier Gruppenbildung. Eine Analyse der stichwort-
artigen Charakterisierung der Schüler durch WOLFRUM (vgl. ebd., S. 70ff) belegt,
daß sich in bezug auf Temperament, Arbeitsweise und Leistungsstärke recht ho-
mogene Tischgemeinschaften bilden. In drei Gruppen wird im Durchschnitt sehr
selbständig, zielstrebig und kreativ gearbeitet. An einem Tisch sind die Leistungen
relativ konstant und zufriedenstellend, während sich vier Schülergruppen zu-
sammenfinden, die langsam und teilweise so unsauber arbeiten, daß ihre Leistungen nur als schwach oder nicht ausreichend bezeichnet werden können. Besonderer Anleitung bedürfen die Kinder am achten Tisch, die zu geordneter Arbeit kaum
fähig sind und sich immer wieder ablenken lassen. Da jeder Hinweis auf eine mögliche Umgruppierung zur Bildung wirksamerer Arbeitsgemeinschaften fehlt, ist
davon auszugehen, daß für WOLFRUM das Prinzip des freien Kräftespiels konsequent auch in solchen Fällen gilt, in denen sich die Kinder gegenseitig in ihrem
Lernfortschritt hemmen oder zumindest nicht fördern.

Die Streubreite der gewählten Themen ist sehr groß und nur einige Berufe
werden mehrfach angewählt. Lediglich „Drucker", „Gärtner", „Förster" und
„Elektriker" werden von je zwei zusammensitzenden Kindern bearbeitet. Dabei
läßt sich beobachten, daß auch in den größeren Tischgemeinschaften unverkenn-
bar die Einzelarbeit dominiert. Trotz Themengleichheit scheint sich die inhaltliche
Kooperation in engen Grenzen zu halten. In zwei Fällen wird der gemeinsame Besuch des Försters bzw. der Druckerei erwähnt, jedoch fehlen Auskünfte über eine
weitergehende Zusammenarbeit. Von den erwähnten Kindern steht allerdings ein
Junge mit einem Mitschüler an einem anderen Tisch über den Verlauf seiner Arbeit zum Thema „Drucker" in Verbindung (vgl. ebd., S. 71). Somit verbleiben nur
vier Kinder, die mit größerer Intensität gemeinsam und themengleich arbeiten.
Dieses Bild deckt sich im wesentlichen mit dem Bericht BORKENHAGENS, in deren
Gruppe zum Thema „Naturvölker" von 14 Schülern neun alleine arbeiten und sich
nur zwei Teams bilden (vgl. BORKENHAGEN 1934b, S. 100).

Die allgemeine Homogenität der Tischgruppen in WOLFRUMS Klasse trifft auch auf die vier kooperierenden Schüler zu: An einem Doppeltisch bearbeiten zwei Jungen mit befriedigenden Schulleistungen das Thema „Gärtner." Die beiden anderen Arbeitspartner gelten als kreative Bastler mit starkem Interesse an der Elektrotechnik. Sie sitzen gemeinsam mit vier weiteren Mitschülern um einen Sechsertisch, jedoch werden Art und Umfang ihrer Kooperation nicht näher spezifiziert. Insgesamt ist daher klar erkennbar, daß es sich beim Gruppenunterricht nach dem Jena-Plan um ein höchst individualisierendes Verfahren handelt. Im Mittelpunkt steht die von individuellen Motiven bestimmte Freie Einzelarbeit der Schüler, deren zusammenhaltendes Band und Zielpunkt das gemeinsam festgelegte Rahmenthema bildet. Somit unterscheidet sich diese Art der Gruppenarbeit deutlich von den heute üblicherweise praktizierten Formen.

An ausgesuchten Beispielen dokumentiert WOLFRUM schließlich die pädagogisch-didaktischen Vorzüge der Ergebnispräsentation. Diese sind vor allem in der Tatsache zu sehen, daß die intensive Vorbereitung eines Vortrages dem Referenten zu klarer gedanklicher Ordnung und Strukturierung der Inhalte verhelfen kann. Daneben erfolgt eine Einübung bedeutsamer Arbeitsweisen und Techniken wie Demonstration, Diavortrag oder die Anfertigung von Skizzen (vgl. WOLFRUM 1958, S. 76ff), deren Beherrschung den Schülern auch später immer wieder nützlich sein wird. Daß die Gruppenarbeitshefte nicht nur in bezug auf die inhaltliche Qualität des Gelernten Auskunft geben können, sondern auch in quantitativer Hinsicht aufschlußreich sind, belegt neben den von WOLFRUM angeführten Beispielen insbesondere BORKENHAGENs differenzierte Aufschlüsselung der Heftseitenzahlen ihrer Schüler nach Text und Bild (vgl. BORKENHAGEN 1934b, S. 110ff).

3.3.4 Kritische Würdigung der Gruppenarbeit nach dem Jena-Plan

Nach PETERSEN sprechen sechs Argumente für den besonderen Wert des Gruppenunterrichtlichen Verfahrens (vgl. 1958, S. 26f; 1963, S. 136f):

Erstens wird diese Arbeitsform jedem Schüler in höchstem Maße gerecht, ohne in extremen Individualismus oder didaktischen Soziologismus abzugleiten. Das Kind wird als selbständig lernendes Subjekt angesehen, dessen Interessen und Fähigkeiten zur optimalen Entfaltung gelangen sollen. Zugleich wird es als eigenwertiger Teil der Gemeinschaft betrachtet, in deren Dienst seine persönlichen Eigenschaften und Qualitäten letztlich gestellt sind. Da alle zum Gelingen des umfassenden Vorhabens beitragen möchten, sind in der Gruppenarbeit die sozialen Wirkungen besonders bedeutsam. Die Bereitschaft und Fähigkeit zu Kommunikation und Kooperation werden entschieden gefördert, während übertriebenes Konkurrenzdenken mit seinen negativen Begleiterscheinungen abnimmt. *Zweitens* wird der individuelle Arbeitsrhythmus jedes Kindes bejaht und „dem 'schweigenden Denken' größter Spielraum gewährt; es kann 'aus der Ruhe heraus' geschaffen werden; alles kann sich viel besser klären und absetzen" (1958, S. 26).

Drittens gewinnen die Schüler durch die freie, selbsttätige Arbeit eine engere Beziehung zum Stoff und übernehmen weitgehende Verantwortung für ihre Lernprozesse. Daher ist es ein wesentliches Merkmal der Gruppenarbeit, „daß sie dem Kinde die größtmögliche pädagogisch gerechtfertigte Freiheit gibt, Charakteristisches, Originelles zu schaffen" (WOLFRUM 1958, S. 57). Ein *vierter* Vorzug besteht darin, daß bei dieser Arbeitsweise in hohem Maße das *Zwischenlernen* zum Tragen kommt. Darunter versteht PETERSEN „alles, was während der Arbeit an einem Teilgebiet mitgelesen, mitbesprochen, diskutiert wird, Anregungen für weiteres Nachdenken und nebenhergehende Arbeiten liefert" (1958, S. 27) und so den allgemeinen Lernerfolg steigert. *Fünftens* lernt der Lehrer im Gruppenunterricht die Stärken und Schwächen seiner Schüler besser kennen und kann sie daher gezielter fördern. *Sechstens* erhalten durch das Freiwerden der Beziehungen alle zwischenmenschlichen Verhältnisse in der Gruppe eine neue, höhere Qualität (vgl. 1963, S. 137), so daß in dieser lebendigen Erziehungswirklichkeit eine innovative Form des *Erziehenden Unterrichts* entsteht.

Neben den hier aufgeführten Vorzügen nennt PETERSEN im Kontext seiner Auseinandersetzung mit den Kritikern des Gesamtunterrichts (vgl. 1930, S. 113ff) weitere Vorzüge des Gruppenunterrichtlichen Verfahrens. So fordert er gegenüber den Verfechtern einheitlicher Lehrpläne ein „wirklich freies geistiges Schaffen und Aneinanderwachsen" (ebd., S. 115) junger Menschen, was seiner Ansicht nach in gleichförmigen, zentralistisch verwalteten Bildungsinstitutionen verhindert wird und nur in Schulen mit einem individuellen pädagogisch-didaktischen Profil gedeihen kann. Dieses ermögliche eine gewisse Einheitlichkeit in positivem Sinne.

Daneben stellt PETERSEN den bildenden Wert des fächerübergreifenden Arbeitens in der Gruppe heraus, da es alle kindlichen Kräfte fördert und umfassend anspricht. Wenn die Genese der Schulfächer eine „Geschichte der menschlichen Unzulänglichkeit" (ebd., S. 118) ist und die unterrichtliche Fächerung „etwas Gewaltsames" (ebd., S. 120) an sich hat, stellt die Gruppenarbeit für ihn eine besonders sach- und kindgerechte Unterrichtsform dar. Ihr Wert basiere jedoch weniger auf der Annäherung affiner Fächer als auf der Tatsache, daß sie der menschliche Weise des Erkennens und Deutens von Wirklichkeit weitgehend entspreche: „Wie sie als 'Einheit' gelebt wird, so soll auch in ihr unterrichtet und an ihr als solcher Einheit gelernt werden" (ebd.).

Allerdings will PETERSEN die Gruppenarbeit nicht als alleinige Unterrichtsform etablieren, erkennt er doch die von Kind und Sache her gesetzten Grenzen eines ausschließlich ungefächerten Lernens. Neben der mangelnden Qualifikation der Lehrkräfte nennt er in diesem Kontext vor allem die berechtigten Ansprüche von Gesellschaft und Wirtschaft (vgl. ebd., S. 122). Zudem gelte es die erfahrbare Tatsache zu respektieren, daß das Interesse der Schüler bei häufigerem Themenwechsel meist konstanter ist und ihr Denken lernbiographisch bedingt oftmals schon in fachorientierten Bahnen verläuft (vgl. ebd., S. 137f). Schließlich merkt PETERSEN an, daß die Benutzung von Fachliteratur in der Obergruppe zwangsläufig eine Thematisierung fachwissenschaftlicher Standpunkte erfordere. Ergänzend ließe sich hinzufügen, daß sich ein arbeitsteiliger Gruppenunterricht primär zur Bearbeitung rational erfaßbarer Unterrichtsgegenstände eignet und ethische oder ästhetische Werte nach diesem Verfahren nur begrenzt erschlossen werden können.

Über diese grundsätzlichen Überlegungen hinaus analysiert Erich WOLFRUM die konkrete Praxis der Gruppenarbeit. Er kommt zu dem Ergebnis, daß sie nicht immer reibungslos verläuft und den gewünschten Erfolg zeigt, sondern recht problematisch sein kann. Die Themenwahl und eine angemessene didaktische Reduktion stellen dabei die Hauptschwierigkeit dar (vgl. WOLFRUM 1958, S. 61; PETERSEN/WOLFF 1925, S. 21), denn es gilt, komplexe Fragestellungen systematisch zu bearbeiten und dabei Beliebigkeit, Stofffülle, Strukturlosigkeit und Oberflächlichkeit zu vermeiden. Als besondere Gefahrenquelle in der Explorationsphase läßt sich daher etwa die rein mechanische und schnellstmögliche Aufteilung der Teilprojekte benennen (vgl. ODENBACH 1963, S. 132), die zu einer nicht sachgerechten Zersplitterung des Sinnganzen führen kann. Dies ist möglicherweise dann der Fall, wenn die Verteilung von Unterthemen nach den Kapiteln eines Buches vorgenommen wird.

REIGBERT beleuchtet in seinem selbstkritischen Bericht über die Unterrichtseinheit „Die Mittelmeerländer und ihre Kultur" im Schuljahr 1925/26 verschiedene Schwachpunkte der Gruppenarbeit. Allerdings sind hier die spezifischen Rahmenbedingungen in Rechnung zu stellen, denn dieses Projekt dient der grundle-

genden Einführung von zwanzig Schulneulingen in das Freie Arbeiten an der Jenaer Schule (vgl. REIGBERT 1930, S. 162ff). Wenngleich er den Versuch explizit als
nicht voll gelungen bezeichnet, lassen sich doch generalisierbare Erkenntnisse für
eine Verbesserung der Praxis gewinnen. Besonders das Bemühen um eine kind-
und sachgerechte Unterrichtsform erweist sich nach REIGBERT als schwierige Grat-
wanderung, da die legitimen formalen Anforderungen nicht vernachlässigt werden
dürfen (vgl. ebd., S. 176f). Daneben bedarf es langwieriger Adaptionsprozesse, bis
Kinder wirklich zu Hauptträgern der Arbeit werden. Anfangs fühlen sich selbst leistungsstarke Schüler in mancher Hinsicht überfordert, so daß sie eine selbständige Lernhaltung eher zögerlich entwickeln. Manche Kinder verhalten sich sogar
durchgängig rezeptiv. Nach REIGBERT muß der Gruppenleiter daher viel Geduld,
aber auch Mut zur behutsamen Lenkung beweisen.

Darüber hinaus ist sicherzustellen, daß alle Schüler durch die eigenständige
Bearbeitung selbstgewählter Aufgaben tatsächlich zu Einsichten gelangen, eine
breite Allgemeinbildung erwerben und nicht nur Lieblingsthemen wählen oder
pflichtgemäß ihre Pensen erledigen. Dies könnte auf Dauer in die Herausbildung
von Spezialistentum münden. Nach REIGBERTS Erkenntnis dürfen das Interesse der
Kinder an bestimmten Inhalten und ihre Ausdauer aber auch nicht überstrapaziert
werden. Bei der von ihm beschriebenen Unterrichtseinheit verliert sich die Motivation einiger Schüler so frühzeitig, daß das „didaktische Optimum" (ebd., S. 175)
überschritten wird und der Arbeitsplan nicht vollständig realisiert werden kann. So
ist man, wie REIGBERT resümierend feststellt, bei diesem Versuch aus der An-
fangszeit der Jena-Plan-Schule in mancher Beziehung noch „ein(en) Schritt zu
weit gegangen" (ebd., S. 180).

Weiterhin zeigt sich, daß zeitliche Verschiebungen bei der Fertigstellung der
Einzelarbeiten nicht nur eine vorausschauende Terminierung der Phasenübergänge
erschweren, sondern auch zu einer wenig sachlogischen Reihung der Vorträge führen. Manche Darbietungen sind zudem so inadäquat, daß sie auf Wunsch der Kinder wiederholt werden müssen. Andere stoßen aus inhaltlichen Gründen nicht auf
das Interesse der Mitschüler, da sich nicht jedes Kind für alle Arbeitsgebiete interessiert (vgl. BORKENHAGEN 1934b, S. 104; dies. 1934c, S. 97; REIGBERT 1930,
S. 179). Hier ist zu bedenken, daß rhetorische Fähigkeiten nicht angeboren sind,
sondern das Ergebnis unterrichtlich geförderter Lernprozesse sein können, welche
allerdings ein gewisses Maß an Toleranz bei allen Beteiligten voraussetzen. Gleichwohl ist REIGBERTS Hinweis sehr ernst zu nehmen, daß infolge der genannten Bedingungen der allgemeine Lernzuwachs möglicherweise nur gering und nicht optimal gesichert ist. Walter GUYER vermißt in den Darstellungen der Gruppenarbeit

gar „eine klare Auffassung des Lernvorgangs", da der Wissenszuwachs der Schüler wie eine „geheimnisvolle Funktion zwischen lernendem Kind und 'Führer'" (GUYER 1952, S. 380) erscheine. Wenn aber positives Faktenwissen nicht zu seinem Recht kommt, werden oft gerade die schwächeren Schüler benachteiligt.

Zu einer solchen Einschätzung gelangt der PETERSEN-Schüler SESEMANN im Schuljahr 1928/29 bei der Beobachtung des Spontanverhaltens von siebzehn Mittelgruppenschülern. Die leitende Frage ist für ihn, inwiefern sich innerhalb der Unterrichtsorganisation nach dem Jena-Plan Sozialverhalten, Arbeitshaltung und Leistungsniveau aller Kinder, insbesondere aber der durchschnittlich und schwach Begabten, erfolgreich fördern lassen. Wenngleich seine Ergebnisse aufgrund der geringen Probandenzahl nicht generalisierbar sind, ist doch das starke Verlangen vieler Schüler nach lehrerzentriertem Unterricht und eher mechanisch abzuarbeitenden Aufgaben bemerkenswert (vgl. SESEMANN 1933, S. 10; S. 44ff). Diese Beobachtung trifft besonders auf Kinder mit niedrigem Aspirationsniveau zu. Aus diesem Grunde konstatiert SESEMANN, „daß es nicht möglich ist, *das kindliche Bildungsbedürfnis* (...) *als alleinige Grundlage der Schularbeit* gelten zu lassen, also (im Prinzip) ausschließlich 'vom Kinde aus' den gesamten Unterricht sich entfalten und gestalten zu lassen. Nur ein *normatives Bildungsverfahren* ist imstande, den Bildungsprozeß einer *Gesamtheit* vergesellschafteter Kinder *günstig* zu beeinflussen" (ebd., S. 51). Daraus läßt sich nach seiner Überzeugung für den Lehrer die verantwortungsvolle und diffizile Aufgabe ableiten, die subjektiven Bedürfnisse der Schüler mit den ihren individuellen Bildungsmöglichkeiten angepaßten Arbeitszielen, -mitteln und -verfahren in Einklang zu bringen und angemessen zwischen beiden zu vermitteln.

Eine so verstandene Führung junger Menschen und gleichzeitige Absage an jede „romantische und sentimentale Verfälschung des 'Vom Kinde aus'" (1963, S. 7) aber fordert im Grunde auch Peter PETERSEN, denn sein Versuch, so führt er im „Kleinen Jena-Plan" aus, bewegt sich „in dem vom Staate abgesteckten Rahmen" (1980, S. 9) und „folgt den 'Richtlinien' für die Unterrichtsarbeit als pädagogischen Richtlinien für zeitgemäße, lebendig bewegte Volksschularbeit" (ebd.). Daher kann die Erprobung einer Schule nach den Grundsätzen *Neuer Erziehung* nur „dann als gelungen gelten, wenn die Leistungen, die Aufgaben, die ein Volk jeder Schule heute nun einmal stellen muß, auch von dieser neuen Schule erfüllt werden" (ebd., S. 68). Tatsächlich stellt sich für ihn von Anfang an die Frage, wie die Jena-Plan-Schule ihrem Bildungsauftrag genügen kann, ohne die Freiheit und Selbsttätigkeit der Schüler einzuschränken. Einen möglichen Weg erkennt PETERSEN in der kritischen Revision der Lehrpläne mit dem Ziel einer Intensivierung des Wissens durch Stoffreduktion. So heißt es bei ihm: „Verzichte ich auf die methodische Gängelung und auf jeden enzyklopädischen Lehrbetrieb und halte darauf, daß die Kinder von sich aus schaffen, und dabei in Muße und entsprechend ihrem Entwicklungsgesetz, so ist zweierlei sicher: die bisher vorgeschriebenen Stoffe können in dieser Mannigfaltigkeit und dieser Menge nicht durchgenommen werden" (1929, S. 179).

In dieser Hinsicht ist jedoch kritisch zu fragen, ob in bezug auf die Allgemeinbildung junger Menschen aus heutiger Sicht der Umfang der in Jena eingerichteten Kurse und die inhaltliche „Beschränkung auf das, was tatsächlich im Alltag gebraucht wird" (1963, S. 206) genügt und den berechtigten Ansprüchen der Fachdidaktiken entsprochen wird. Nach Überzeugung Theo DIETRICHs etwa sind die Forderungen von Kultur und Gesellschaft heute unbedingt ernster zu nehmen als in manchen reformpädagogischen Schulkonzeptionen. In diesem Sinne sind „der curriculare Aufbau der Inhalte und die mit ihnen gekoppelten Bildungswerte stärker zu beachten. Das bedeutet: Das natürlich-individuelle Lernen darf sich heute den curricularen *Bildungs-Inhalten* nicht verschließen" (DIETRICH 1993, S. 73; vgl. ders. 1991, S. 102). Ob allerdings in der ursprünglichen Konzeption PETERSENS ein angemessener Ausgleich zwischen individuellen Entwicklungsmöglichkeiten und sozialen Anforderungen gegeben ist, wird sehr kontrovers beurteilt.

Für MIESKES stimmt die PETERSEN-Pädagogik die beiden Pole des *vom Kinde aus* bzw. *von der Kultur aus* „pädagogisch sinnvoll aufeinander ab" (MIESKES 1966b, S. 52). Nach Ansicht heutiger Kritiker hingegen weisen die bildungstheoretischen Grundlagen des Jena-Plans erhebliche Defizite auf, so daß die Herstellung dieser Balance nicht gelingt. Diesen Mangel an Bildungstheorie (vgl. IMELMAN/MEIJER 1991, S. 40; BENNER/KEMPER 1991, S. 24; S. 30; S. 32ff; S. 45; SEYFARTH-STUBENRAUCH 1991, S. 181; RICHLY 1995, S. 201f) gilt es, so die Forderung, im Hinblick auf eine mögliche Reaktualisierung kritisch-konstruktiv aufzuarbeiten. Ob sich bei PETERSEN von einer „im Volksganzen begründeten organologisch-teleologischen Zweckbestimmung der Bildung" (BENNER/KEMPER 1991, S. 39) sprechen läßt und er „den Anspruch vertrat, bildungstheoretische Probleme in einer natürlichen Erziehung zur Gemeinschaft durch Gemeinschaft auflösen zu können" (ebd., S. 24), so daß sein ursprüngliches Bildungskonzept „keine tragfähige Alternative für eine Begründung moderner Erziehung" (RICHLY 1995, S. 113) mehr ist, kann an dieser Stelle nicht im einzelnen geklärt werden.

Es trifft jedoch in der Tat zu, daß das Verhältnis von Methodik zu Didaktik im Jena-Plan nicht zufriedenstellend gelöst ist (vgl. SEYFARTH-STUBENRAUCH 1987,

S. 20). PETERSEN richtet sein Augenmerk auf pädagogische Aspekte und Probleme der Unterrichtsorganisation, während er den Fragen der konkreten Bildungsinhalte und -Ziele weniger Beachtung schenkt. Insbesondere die Theorie des Gruppenunterrichtlichen Verfahrens weist ein „'didaktische(s) Defizit'" (vgl. ders. 1991, S. 181) auf, welches von jeder Unterrichtspraxis zu kompensieren ist, die sich heute auf seine Konzeption beruft. PETERSEN ist sich zwar der Kritik am „'Pädagogischen Formalismus' der Lebensgemeinschaftsschul-Pädagogik" (1929, S. 179) bewußt, jedoch dominiert im Hinblick auf das Verhältnis von formaler zu materialer Bildung eindeutig „der *vorwiegend formale Charakter des Jenaer Planes*" (I. SCHNEIDER 1933, S. 586).

Statt inhaltlicher Beliebigkeit in der gruppenunterrichtlichen Behandlung historischer und geographischer Themen wird heute die stärkere Einbeziehung gesellschaftlicher Schlüsselprobleme und politisch relevanter Themenkreise wie Frieden, Ökologie, Gleichberechtigung oder Dritte Welt angemahnt. So votiert etwa VREUGDENHIL für eine Aktualisierung des historischen Jena-Plans durch die Aufwertung der kulturellen Dimension, so daß Natur und Kultur gleichwertige Momente im Bildungsprozeß darstellen und den Ausgangspunkt für eine Erziehung zum kritischen Denken bilden. Für ihn gibt es nur „in der Dialektik von Natur und Kultur die humane Möglichkeit, sich in Fragen des technologischen Fortschritts wie in Fragen der Ökologie fruchtbar zu entscheiden" (VREUGDENHIL 1993, S. 61). Praxisberichte belegen, daß sich Schulen im Geiste Peter PETERSENS heute dieser Herausforderung durchaus stellen und vor allem in der Gruppenarbeit, häufig auch als *Kernunterricht* bezeichnet, die fächerübergreifende Bearbeitung solcher Problemfelder anregen (vgl. z. B. KLINKE 1985, S. 115).

3.3.5 Das Arbeitsmittel in der Pädagogik Peter Petersens

Bereits mehrfach wurde auf die Funktion von Arbeitsmitteln für die Individualisierung von Lernvorgängen in der Freien Arbeit, der Gruppenarbeit der Unterstufe und im Gruppenunterrichtlichen Verfahren eingegangen. Wie andere bedeutende Reformpädagogen des 20. Jahrhunderts stellt auch PETERSEN autodidaktische Lernmaterialien in das Zentrum der Unterrichtsarbeit, da sie seiner Ansicht nach, im Gegensatz etwa zu den stark lenkenden *assignments* des DALTON-PLANS, wirklich freie Selbstbildungsprozesse ermöglichen und unterstützen. Kritisch grenzt er daher die konzentrierte Arbeit mit Selbstlernmitteln auch von einer bloßen Stillbeschäftigung zu Übungszwecken ab. Selbsttätige Stillarbeit ist für PETERSEN vielmehr die „*Spitze alles Lernens*" (DÖRPFELD zit. 1963, S. 184), handelt es sich doch um eine unabhängig vom Lehrer geleistete Bildungsarbeit des Schülers. Weiter differenziert er zwischen der *freien Stillarbeit* bzw. Freien Arbeit (vgl. Kap. 3.3.3.1) sowie der *gebundenen Stillarbeit* im Rahmen des Gruppenunterrichts (vgl. Kap. 3.3.3.4). Zwar ist auch letztere eine individualisierende Unterrichtsform, jedoch weist sie „starke gemeinschaftsbindende Züge" (ebd.) auf, welche ihr einen besonderen Stellenwert verleihen.

In beiden Formen stellen Arbeitsmittel jedoch eine Grundvoraussetzung für die sinnvolle Eigentätigkeit der Kinder und die Entfaltung ihrer geistigen Kräfte dar, denn besonders auf den frühen Entwicklungsstufen ist ihr Denken „an das Tun mit den Dingen gebunden. Es kann nicht gelehrt werden, jeder muß es im Tun üben" (APELT 1951, S. 27). Daher bestimmt PETERSEN das Arbeitsmittel als einen „Gegenstand, der mit eindeutiger didaktischer Absicht geladen ist, hergestellt, damit sich das Kind frei und selbständig dadurch bilden kann" (1963, S. 182). Der Akzent liegt für ihn auf der freien Selbstbildung der Schüler, die er als Gradmesser für den Wert eines Arbeitsmittels ansieht. Mögliche Übergänge von den traditionellen Anschauungsmaterialien des Lehrers zu echten Selbstlernmitteln der Schüler erkennt er dort, wo eine Schule etwa ihre Demonstrationsobjekte, Sammlungen und Apparaturen für die freie, selbsttätige Arbeit zur Verfügung stellt.

Da Arbeitsmittel primär dem eigentätigen Erwerb der Grundfertigkeiten des Lesens, Schreibens und Rechnens dienen, lassen sie stets methodisch-didaktische Intentionen des Herstellers erkennen. Sie können daher als „*Rationalismen* im Lernbetrieb der Schule im Dienst des (...) Herrschafts- oder Leistungswissens" (ebd., S. 189) aufgefaßt werden. Ihr rational-technischer Charakter kommt nach PETERSEN besonders deutlich in den MONTESSORI-Materialien zum Ausdruck, welche in der Praxis der Jena-Plan-Schule eine wichtige Rolle spielen. Aufgrund ihrer immanenten Lenkkraft sind Arbeitsmittel wie „fest begrenzte Straßen, von denen man nicht abgehen kann, ohne in den Graben zu fallen oder ohne auf unwegsames Land zu kommen" (1963, S. 190). Sie knüpfen an den kindlichen Betätigungsdrang an und kanalisieren ihn, so daß die Schüler das materialunterstützte Arbeiten als Spiel empfinden, während sie unbewußt die Lehrintention übernehmen und auf dem unsichtbar angelegten Weg fortschreiten. In dieser eigentümlichen Verschränkung von Freiheit und Bindung liegt für PETERSEN ein besonderer Wert des Arbeitsmittels, denn der Schüler bleibt nach seiner Überzeugung trotz der Bindung an das Lernziel frei, indem er die Anforderungen selbständig bewältigt (vgl. ebd., S. 196f).

Trotz zunächst zahlreicher positiver Bezugnahmen auf das MONTESSORI-Material (vgl. 1926, S. 79ff; S. 106f; 1930, S. 99; 1963, S. 182ff; HOMACK 1934b, S. 39) bleibt PETERSEN doch bewußt offen für Arbeitsmittel unterschiedlicher Herkunft. Bereits 1925 nennt WOLFF einige eher als herkömmliche Lernhilfen einzustufende Rechenbücher und Fibeln, welche sich für das Freie Arbeiten eignen (vgl. PETERSEN/WOLFF 1925, S. 25ff). Zudem erscheinen ihm die MONTESSORI-Materialien später als kritikwürdig, da sich der kindliche Drang nach freier Selbstbetätigung an ihnen kaum entfalten könne und phantasiebetontes Handeln nicht zugelassen sei (vgl. 1931, S. 180f). Auf diesen Wandel in PETERSENS Einschätzung kann hier nicht weiter eingegangen werden, indes spielt die sich in der deutschen MONTESSORI-Rezeption der 30er Jahre verschärfende Kritik an der Methode der italienischen Pädagogin dabei eine nicht unerhebliche Rolle (vgl. LUDWIG 1990, S. 47ff). Zu PETERSENS Kritik, die Handhabung des MONTESSORI-Materials sei zu stark vorgeschrieben, ist jedoch anzumerken, daß auch im Umkreis der Jena-Plan-Pädagogik die sachgerechte Verwendung von Arbeitsmitteln gefordert und ihre Zweckentfremdung grundsätzlich abgelehnt wird. Am Beispiel der Lesekästen wird wiederholt gezeigt, daß Arbeitsmittel der Freien Arbeit dienen und nicht dem Phantasiespiel (vgl. HOMACK 1934a, S. 29; WIESCHKE-MAASS 1968, S. 81), so daß sie nicht vollkommen beliebig verwendet werden können.

Trotz des hohen didaktischen Stellenwertes ist ihre erzieherische Bedeutung nach PETERSEN eher gering, da sie kein schöpferisches Arbeiten, sondern nur ein Nachschaffen tradierter Kulturleistungen zulassen. Allerdings dienen sie bei angemessener Entsprechung objektiver Ziele und subjektiver Lernvoraussetzungen in der *Pädagogischen Situation* der Unabhängigkeit des Schülers. Ihr differenzierter Einsatz ermöglicht ein Arbeiten, welches den Kindern ein Gefühl von Freiheit gibt, denn sie erleben das Lernen als produktiv, auch wenn es sich im wesentlichen um Reproduktion handelt. Daneben stellen Arbeitsmittel „stärkste Anreger zum Studium des Menschenkindes" (1963, S. 195) dar und helfen dem Lehrer bei der gezielten Beobachtung und individuellen Förderung seiner Schüler. Schließlich sind die bei der Materialarbeit auftretenden Phänomene gegenseitiger Hilfe und Rücksichtnahme von pädagogischem Wert. Insbesondere nennt PETERSEN den durch die Begrenzung des Angebotes erzeugten „Spielraum für soziale Erziehung" (ebd., S. 97; vgl. S. 193), obschon aus unterrichtsökonomischen Gründen gelegentlich alle Schüler mit gleichen Materialien arbeiten. Seiner Überzeugung nach sind die von Lehrern, Eltern und Schülern hergestellten Lernmaterialen den Produkten aus dem Lehrmittelhandel generell überlegen. Zur Beurteilung der Qualität von Arbeitsmitteln jedweder Herkunft formuliert PETERSEN die nachfolgend genannten Kriterien (vgl. ebd., S. 193f):

1. Ein gutes Arbeitsmittel muß Aufforderungscharakter besitzen und durch sein ansprechendes Äußeres sowie vielfältige Lernanreize und Anwendungsmöglichkeiten zur Beschäftigung anregen.

2. Es muß didaktisch eindeutig strukturiert sein, dem Schüler klar die Arbeitsmöglichkeiten aufzeigen und nach einer Einführung unabhängig vom Lehrer zu verwenden sein.

3. Das Arbeitsmittel muß eine selbständige Erfolgskontrolle ermöglichen. Diese kann im Material liegen, durch den Arbeitspartner oder mit Hilfe eines Kontrollbuches durchgeführt werden.

4. Es muß zur variantenreichen Wiederholung der Übungen anregen und so die Sicherung des Lernerfolges und eine Verfügbarmachung des Gelernten ermöglichen.

5. Jedes Arbeitsmittel muß in einer Reihe aufeinander aufbauender Materialien über sich hinausweisen und weiterführende Interessen inspirieren.

6. Es muß zu wertvollen Arbeitshaltungen wie Präzision, Ordnung und Sauberkeit erziehen sowie die Entwicklung eines angemessenen Sozialverhaltens unterstützen.

7. Dem guten Arbeitsmittel kommt schließlich eine diagnostische Funktion zu, da es dem Lehrer dabei hilft, individuelle Eigenschaften und Arbeitsweisen der Schüler besser zu erkennen und zu verstehen.

In einer von PETERSEN mitherausgegebenen Schrift nennt Elisabeth APELT als weitere Anforderung den flexiblen didaktischen Aufbau der Materialien. Dies bedeutet, daß ein Kind nicht alle Arbeitsmittel in festgelegter Reihenfolge bearbeiten muß, sondern nach individuellen Lernbedürfnissen auswählen kann. Außerdem sind sie übersichtlich und bequem erreichbar in offenen Regalen unterzubringen. Schließlich muß der Bildungswert eines Arbeitsmittels stets in akzeptabler Relation zu Herstellungsaufwand und Kosten stehen (vgl. APELT 1951, S. 35f).

3.3.6 Zur Stellung des Gruppenleiters im Freien Arbeiten nach dem Jena-Plan

Die Wende vom Klassenunterricht der alten *Belehrungsschule* zu einem Unterrichtsleben, in dem die freie, selbsttätige Arbeit der Schüler im Mittelpunkt steht, ist nach PETERSEN nicht ohne einen Pädagogen denkbar, der sich stärker als Entwicklungshelfer versteht, denn als „planvoll arbeitender Baumeister" (1926, S. 11) der kindlichen Persönlichkeit. In der Jena-Plan-Schule wird daher vornehmlich vom Erzieher oder Gruppenleiter gesprochen, seltener jedoch vom Lehrer. Dieses veränderte Rollenverständnis gilt PETERSEN geradezu als Paradigma für den Wandel von der *Alten* zur *Neuen Schule* und von einer „Methodik zur Pädagogik des Unterrichts" (1963, S. 217).

3.3.6.1 Pädagogisches Ethos und Qualifikationen

In der traditionellen „Schule 'vom Erwachsenen aus'" (1926, S. 52) gilt der Lehrer als „Herrscher in seiner Klasse", als „Wegwisser zum Wissen und Können" sowie „Kenner der höchsten sittlichen Normen" (1925, S. 35). Demgegenüber zeichnet sich das pädagogische Ethos des Lehrers der *Neuen Schule* dadurch aus, daß er das Kind nicht nach eigenen Vorstellungen formen will, sondern jeden Schüler in seiner Eigenart bejaht. Er bereitet das Unterrichtsleben so vor, daß sich in einer kindgerechten Atmosphäre und unter seiner fürsorgenden Hilfe ein freies Zusammenleben und -arbeiten entfalten kann, welches jedem Kind eine harmonische geistig-seelische Entwicklung nach Maßgabe individueller Möglichkeiten gewährt. Ein wahrer Pädagoge ist somit „behutsame(r) Diener der Natur" (1962, S. 86) und stellt sich als innerlich freier Mensch mit seiner ganzen Persönlichkeit in den unparteiischen „Dienst an der Entfaltung menschlichen Lebens" (ebd., S. 274). Da mit dieser Aufgabe ein hohes Maß an Selbstverpflichtung verbunden ist, sollte sich nach PETERSEN nur derjenige an sie wagen, der zu kontinuierlicher Weiterentwicklung im Sinne eines geistigen Wachsens mit den Kindern bereit und fähig ist.

Dieser Pädagoge aus Berufung muß vielfältige Qualitäten und Kompetenzen in sich vereinen. Dazu zählen eine optimistische Grundgestimmtheit, Humor, Offenheit, Flexibilität, Willensstärke, Selbstvertrauen, Empathiefähigkeit, intuitive Menschenkenntnis, Weitblick, sachadäquates Urteils- und Entscheidungsvermögen sowie die Gabe, andere Menschen begeistern zu können (vgl. 1919, S. 29; 1929, S. 138; 1962, S. 263f; 1963, S. 160). Vor allem strahlt er innere Lebendigkeit und eine auf persönlichen Eigenschaften beruhende *Seinsautorität* aus (vgl. FROMM 1976, S. 44ff). Diese stellt nach PETERSEN das entscheidende Antriebsmoment für die geistige Selbsterziehung der Kinder, das eigentliche „Kernstück aller Bildungswirklichkeit" (1931, S. 151), dar. Pädagogisches Handeln ohne diese Autorität ist für ihn schlechterdings undenkbar. Da der Erzieher als der sittlich reifere Mensch die Kräfte im jungen Menschen lösen und befreien soll, ist seine Autorität jedoch nur als reine Funktion verantwortbar. Niemals darf sie Selbstzweck werden und die Freiheit des Kindes, über das unabdingbare Minimum an Zwang in jeder Erziehung hinaus, ungebührlich beschneiden. Letztlich wirkt sie nur dann befreiend, wenn die durch den Erzieher gesetzte Begrenzung vom Kind als sinnvoll erkannt und innerlich bejaht wird, weil es spürt, daß seine Freiheit gewahrt bleibt.

Pädagogische Autorität kann daher per definitionem nur von zeitlich begrenzter Dauer sein und muß sich letztlich überflüssig machen, denn der junge Mensch ist nur dort zu führen, wo er noch hilfsbedürftig ist und freizulassen, wo er selbständig handeln kann. Erst von der noch fehlenden Unabhängigkeit Heranwachsender her erhält sie ihre Legitimation, so daß der Erzieher im Dienst der Vergeistigung und Freiwerdung des Kindes steht (vgl. 1963, S. 128). Als optimale Führung bezeichnet PETERSEN in Anlehnung an ARISTOTELES die Anleitung junger Menschen dazu, „sich selber Gesetze zu geben *und* sich selbst den besten Gesetzen unterzuordnen, um so zur Autonomie zu gelangen" (1931, S. 215).

Im Hinblick auf seinen umstrittenen Führerbegriff läßt sich daher feststellen, daß PETERSEN unter pädagogischer Führung keineswegs Herrschaftsausübung versteht. Der Begriff ist nicht als politische Kategorie mißzuverstehen, sondern bezeichnet den verantwortungsvollen Dienst des Erwachsenen im Sinne einer „Hilfe zur Selbsthilfe" (1963, S. 87; vgl. SALZMANN 1984, S. 342f). Zu einem echten „Päd-Agogen, d. h. ja Führer von Kindern" (1963, S. 65) kann nur derjenige werden, der über die oben genannten persönlichen Qualitäten verfügt. Dies impliziert, daß prinzipiell auch besonders begabte Schüler zu pädagogischen oder unterrichtlichen Führern werden können (vgl. u. a. 1925, S. 239ff; 1980, S. 21; S. 38). Völlig verfehlt ist daher die Auffassung, die Führung des Lehrers ziele auf eine fremdbestimmte „Bindung des Schülers" (GÖTZ 1996, S. 50), die sich leicht in „willenlose Unterordnung" (ebd., S. 51) wandele und das Freiwerden des Individuums verhindere.

Neben den genannten Persönlichkeitsmerkmalen und einer soliden Allgemeinbildung verlangt PETERSEN vor allem ein qualifiziertes Hochschulstudium, durch das sich der angehende Erzieher ein fundiertes pädagogisches und psychologisches Grundwissen aneignet. In erster Linie aber gilt es, ihn zu einem *„Anwalt und zum Vormund der Kinder"* (1925, S. 40) heranzubilden, der sich zu kontinuierlicher berufsbegleitender Weiterbildung und selbstkritischer Reflexion verpflichtet.

3.3.6.2 Führungsaufgaben in der Gruppenarbeit

Da Freiheit und Selbsttätigkeit des Kindes die Grundpfeiler der Jena-Plan-Pädagogik darstellen, kann der Lehrer nicht länger zentraler Dreh- und Angelpunkt des Unterrichts sein. Allerdings wird er auch nicht überflüssig, sondern bleibt als verantwortlicher Leiter „konstitutiv für seine Gruppe" (1963, S. 22). Als seine wesentlichen Aufgabenbereiche gelten die *Führung des Unterrichts* und die *Führung im Unterricht,* welche PETERSEN mit der Metapher einer Schiffsreise anschaulich kennzeichnet: Vor der Fahrt über den Ozean bedarf es sorgfältiger Planung und Vorbereitung (Führung des Unterrichts) und während der Fahrt (Führung im Unterricht) eines umsichtigen, erfahrenen und verantwortungsvollen Steuermannes (vgl. ebd., S. 48). Trotz seiner prinzipiellen Zurückhaltung bleibt der Gruppenleiter in der Jena-Plan-Schule somit weiterhin das maßgebliche „Kraftzentrum", da das „Sein und Tun des Lehrers Erfolg oder Mißerfolg der neuen Schule entscheiden" (W. SCHNEIDER 1936, S. 3).

Zunächst ist der Unterricht so vorzubereiten, daß eine produktive Lernatmosphäre entstehen kann. Dazu gehört die Herrichtung der *Schulwohnstube,* die Bereitstellung von Arbeitsmitteln und die Regelung sozialer Umgangsformen. Das Insgesamt dieser *Vorordnungen* soll den Schülern eine erste Hilfe und Orientierung sein, störende Einflüsse vom Unterricht fernhalten und somit jedem Kind die Freiheit der Entwicklung nach „individuellen Anlagen und Befähigungen" (1963, S. 73) geben. Die Führung durch den Gruppenleiter erfolgt indirekt, da er *Pädagogische Situationen* vorstrukturiert, welche die Schüler zu echter Selbsttätigkeit und verantwortlichem Handeln herausfordern. In einem solchen nicht-direktiven Unterricht nimmt der Pädagoge die eigene Aktivität, vor allem seinen Redeanteil, zugunsten der Kinder stark zurück und hält sich als aufmerksamer „Hüter der Ordnung" und „Quelle des Wissens" (ebd., S. 123) im Hintergrund.

DIETRICH belegt anhand einer von HAUSMANN 1942 vorgelegten Studie (vgl. DIETRICH 1958, S. 39ff; ders. 1995, S. 121ff), daß selbst die Kurse der Jenaer Universitätsschule, im Gegensatz zum traditionellen Klassenunterricht, ein Höchstmaß an selbstinitiierten Lernschritten erlauben. In der von ihm analysierten Rechenstunde „fallen Schüleraktivitäten und kameradschaftliches Helfen", so DIETRICH, „durch den hohen Prozentsatz der Schritte 'aus eigenem Antrieb' bzw. durch den geringen Prozentsatz der Lehrereingriffe und -anstöße auf" (ders. 1995, S. 121). Zu ähnlichen Ergebnissen gelangt WIESCHKE-MAASS, die auf der Basis von etwa einhundert Protokollen aus Gruppenarbeit und Einführungskurs die ausgeprägte Selbständigkeit der Jena-Plan-Schüler nachweist. Ihrer differenzierten Untersuchung zufolge dominieren bei den Lehrereingriffen in freien Lernsituationen die Maßnahmen zur formalen Überwachung bzw. Leitung der Arbeit (Arbeitsanregungen, -anweisungen und -kontrollen) bei einem Anteil von ca. 50% klar gegenüber der direkten stofflichen Belehrung, die etwa 33% aller Eingriffe ausmacht (vgl. WIESCHKE-MAASS 1968, S. 28ff). Stellt man darüber hinaus noch den Umfang der sich auf die Handhabung von Arbeitsmitteln beziehenden Hilfen in Rechnung, kristallisiert sich die indirekte Führung frei arbeitender Kinder als Hauptaufgabe des Gruppenleiters heraus.

W. SCHNEIDER weist in seiner Studie über die „Unterrichtsführung im gruppenunterrichtlichen Verfahren" (W. SCHNEIDER 1936; vgl. 1963, S. 176; MÜLLER-PETERSEN 1965, S. 336ff) anhand von Protokollen aus der Obergruppe nach, wie vielseitig und verantwortungsvoll die Führungsaufgaben des Gruppenleiters sind. Auch nach seiner Erkenntnis dominieren abwartende Zurückhaltung, organisatorische Handlungen, pflegerisches Tun und Hilfestellungen vor dirigistischen Eingriffen (vgl. W. SCHNEIDER 1936, S. 94). Da aber die Gruppenarbeit eine sehr komplexe Unterrichtssituation darstellt, deren Verlauf nicht dem Zufall überlassen bleiben darf, gibt PETERSEN dem Lehrer detaillierte Handlungsanweisungen zur Führung frei arbeitender Kinder (vgl. 1930, S. 47ff). Dazu zählt vor allem das Antizipieren möglicher Probleme und Nebeneffekte. In der Gruppenarbeit selbst ist der Pädagoge nicht überlegener Stoffvermittler, sondern Mitarbeiter, Partner und Berater seiner Schüler. Dabei kennt er genau die unterrichtlichen Ziele, macht diese den Schülern transparent und drängt gegebenenfalls mit Bestimmtheit auf die Erfüllung von Aufgaben und Pflichten, denn als Vertreter der Stoffe ist er immer zugleich auch Vorbild, Mahner und Antreiber (vgl. 1962, S. 154f).

Da nach PETERSEN der Erfolg der Jenaer Schule daran zu bemessen ist, inwieweit sie ihrem Bildungsauftrag ebenso gerecht wird wie andere Institutionen, gilt die Herstellung bildungswirksamer Kontakte zwischen Schüler und Sache als entscheidende Führungsaufgabe. Der Gruppenleiter soll dabei einerseits an den natürlichen Tätigkeitsdrang der Kinder anknüpfen, andererseits gemäß dem Grundsatz situationsgemäßer Leitung die Gegenstände möglichst für sich sprechen und die Spannungen auf jeweils sachgerechte Weise übernehmen lassen. Vor allem gilt es, die Entwicklung individueller Arbeitsweisen und Ausdrucksformen zu unterstützen und die kritiklose Übernahme von Meinungen oder Wertungen des Lehrers zu vermeiden. So sollen die Schüler auch nicht durch verfrühtes Rationalisieren über ethische und religiöse Fragen verunsichert werden, da dies allzu leicht zu einem Zerreden und zur Manipulation der Heranwachsenden führen kann. Damit aber wird „aus der Pädagogie nur zu leicht Demagogie in der Schule" (1931, S. 197).

Nach den „*Grundregeln der Kunst, frei sich bewegende und arbeitende und*

4. Vergleich der Pädagogik Peter Petersens und Maria Montessoris unter dem Aspekt der Freien Arbeit

Nachfolgend sollen die in den beiden vorangegangenen Kapiteln herausgearbeiteten Konzeptionen Freier Arbeit einem systematischen Vergleich unterzogen werden. In diesem Kontext erscheint es sinnvoll, die bisherige Vorgehensweise beizubehalten und zunächst konstrastiv zu analysieren, was MONTESSORI und PETERSEN jeweils unter „Arbeit" bzw. „Freiheit" verstehen. Dabei gilt es, wesentliche Gemeinsamkeiten und Differenzen zu kennzeichnen. Anschließend erfolgt eine komparative Analyse der spezifischen Realisierungsformen Freier Arbeit, welche in beiden Konzeptionen das Herzstück der Unterrichtsorganisation ausmachen. Hier werden insbesondere PETERSENS und MONTESSORIS Verständnis der Erzieher- und Schülerrolle, das besondere Verhältnis von Freier Arbeit zu anderen Unterrichtsformen sowie die Bedeutung der Arbeitsmittel für den Lernprozeß vergleichend untersucht.

Zunächst (Kap. 4.1) sei jedoch ein kurzer Ausblick auf PETERSENS und MONTESSORIS kritische Auseinandersetzung mit dem zeitgenössischen Bildungswesen gestattet, die mit ihrem lebenslangen Bemühen um eine Neugestaltung von Erziehung und Unterricht untrennbar einhergeht. Desweiteren ist für die Fragestellung dieser Arbeit ein Hinweis auf bislang vorliegende Ansätze zu einem systematischen Vergleich der pädagogischen Konzeptionen Maria MONTESSORIS und Peter PETERSENS (Kap. 4.2) bedeutsam.

4.1 Petersens und Montessoris Kritik am traditionellen Schulwesen

Vor dem Hintergrund der gegen Ende des 19. Jahrhunderts von NIETZSCHE, LANGBEHN, LICHTWARK und vielen anderen in aller Schärfe vorgetragenen Kultur- und Schulkritik entwickeln auch Maria MONTESSORI und Peter PETERSEN eine überwiegend ablehnende Haltung gegenüber dem Bildungswesen ihrer Zeit. Diese schlägt sich in ihrer dezidierten Kritik am Profil der *Alten Schule* nieder, die bis in den Wortlaut hinein weitreichende Parallelen aufweist. Beide machen auf die Reformbedürftigkeit einer Institution aufmerksam, die sich offenkundig nur sehr bedingt zur Erziehung freier und mündiger Menschen eignet und im Leben der meisten Schüler eine schmerzhafte Erfahrung darstellt. Es sei hier nur angedeutet, daß das Leiden der Heranwachsenden an der lebensfernen Buch-, Pauk- und Zwangsschule von namhaften Literaten aufgegriffen wird. Schulangst und Schülerselbstmord etwa werden zu zentralen Motiven in den Werken von Hermann HESSE, Thomas MANN oder Frank WEDEKIND. MONTESSORIS und PETERSENS Kritik an Organisation, Zielen, Inhalten und Methoden der überlieferten Schule sowie ihrem Bildungs- und Erziehungsbegriff deckt sich weitgehend mit der ihrer Zeitgenossen.

Die Instabilität des italienischen Bildungswesens im ausgehenden 19. Jahrhundert wirkt sich nachteilig auf die Situation in den Schulen aus. MONTESSORI betrachtet die schlechten hygienischen Zustände sowie die mangelnde Versorgung vieler Einrichtungen mit qualifizierten Lehrkräften und Lernmitteln als äußerst bedenklich (vgl. MONTESSORI 1976, S. 36ff). Nach der politischen Vereinigung Italiens im Jahre 1870 bewirkt die Übernahme des französischen Verwaltungssystems zudem eine übermäßige Zentralisierung des weiterführenden Schulwesens. Lehrpläne werden vereinheitlicht und zentrale Abschlußprüfungen aufgewertet. Wie in Italien, so führt auch im deutschen Schulsystem die überhöhte Wertschätzung des Prüfungs- und Berechtigungswesens zu kritikwürdigen Entwicklungen (vgl. PETERSEN 1925, S. 11ff; S. 129ff; S. 223f; 1962, S. 203). Für PETERSEN verbirgt sich dahinter „der *Autoritätsgeist* einer patriarchialischen Auffassung von Staat und Gesellschaft, eine andere Überzeugung von den Mitteln der Bildung des sittlichen Willens im Kinde und Jugendlichen, als wir sie heute allgemein noch aufbringen können" (ders. 1962, S. 205). Diese führt seiner Überzeugung nach dazu, daß in den Schulen „der freie Wille des Menschen verbogen oder gebrochen wird" (ebd.).

Am schmerzhaftesten werden alle Tendenzen zur Vereinheitlichung der Unterrichtsmethodik empfunden, da sie die Tatsache kindlicher Individualität unberücksichtigt lassen. MONTESSORI und PETERSEN streben keine grundsätzliche Lehrplanrevision an. Vielmehr wenden sie sich gegen die unter dem Einfluß der HERBARTIANER auf das öffentliche Schulwesen entstandene „Methodisiererei" (ders. 1963, S. 203; vgl. 1925, S. 8ff; 1931, S. 117; 1962, S. 200; 1963, S. 10ff; MONTESSORI 1976, S. 49f). Sie kritisieren die Anwendung eines universellen Formalstufen-Schematismus auf jeden Unterrichtsgegenstand durch Lehrer, die sich als „*Schöpfer des kindlichen Geistes*" (MONTESSORI 1976, S. 38) verstehen und „den Gang der Stunde von der ersten bis zur letzten Minute" (PETERSEN 1926, S. 14) bestimmen. Aufgrund ihrer absoluten Herrschaft stellen sie jedoch „Gegenmächte einer natur- und kindgemäßen Erziehung" (ders. 1962, S. 200) dar, denn völlig zu Unrecht betrachten sie Schüler als „Magazine, in denen man immer neue Gegenstände deponieren zu können glaubt" (MONTESSORI 1976, S. 197).

In kahlen, sterilen Klassenräumen lenkt „der Lehrer mit seiner Rednerkunst und seinen komplizierten Hilfsmitteln die widerstrebende Aufmerksamkeit seiner Schüler auf sich" (ebd., S. 139). Dazu steht ihm insbesondere ein umfassendes System von Sanktionsmaßnahmen zur Verfügung. Außerdem obliegt es ihm, durch die Gestaltung der Stundenpläne „die Kräfte des Schülers ökonomisch einzuteilen" (ebd., S. 39). Allerdings stellt vor allem die starke Steuerung ihrer Verstandestätigkeit mit dem Ziel, alle gleichzeitig auf denselben Unterrichtsgegenstand auszurichten, eine „übermenschliche Aufgabe" (ebd., S. 50; vgl. PETERSEN 1926, S. 15) dar. Mit stark ironischem Unterton erwähnen beide Pädagogen die Schwierigkeit des Unternehmens, sich mit dem „öden, zeitraubenden und geisttötenden Frage- und Antwortspiel" (PETERSEN 1925, S. 283) künstlich interessant zu machen. In diesem Sinne bezeichnet MONTESSORI es als beschwerliche „Kunst, die Kinder durch ihre eigene geistige Arbeit dahin zu bringen, nicht zu finden, was sie natürlicherweise finden würden, sondern das, was der Lehrer will" (MONTESSORI 1976, S. 51).

In einem vorwiegend frontalgesteuerten Unterricht lernen die Kinder im gleichen Tempo und zur gleichen Zeit. Dabei muß der vom Lehrer vorgetragene, oft für das Leben der Schüler wenig bedeutsame Stoff memoriert werden und in Prüfungen reproduzierbar sein. Eigentätiges Lernen durch direkte Naturbeobachtungen, anschauliche Experimente oder Exkursionen sowie Möglichkeiten zu kreativer Entfaltung bilden hingegen die Ausnahme. Infolge des gleichmäßigen Voranschreitens „wie auf dem Exerzierplatze in einer Reihe" kommt es bei den Kindern zum „Erlahmen der Selbsttätigkeit" (PETERSEN 1962, S. 202) und insgesamt zur Einstellung des Unterrichts auf einen fiktiven Leistungsdurchschnitt. Durch einen so stark normierten Ablauf aber vergeht sich die Schule „am Besten, am Menschen selber" (ders. 1931, S. 61) Statt individuellen Fähigkeiten zur Entfaltung zu verhelfen, bewirkt sie lediglich, daß sich der Schüler „in die Unterrichts-Schematismen des Lehrers hineinlebt" (ders. 1963, S. 203)

Ein Unterricht, in dem die Kinder permanent „hinter dem Verstand des Lehrers herlaufen" (MONTESSORI 1976, S. 251), verhilft weder zum echten Verständnis der Inhalte, noch erzeugt er Wißbegier und geistige Aufgeschlossenheit. Die Entwicklung des Denkvermögens wird hingegen gehemmt und der kindliche Geist zu Flüchtigkeit erzogen. Dies läßt MONTESSORI „an einen Chauffeur denken, der den Motor abstellt und dann versucht, das Auto mit der Kraft seiner Arme anzuschieben. Er wird so zum Lastträger und das Auto zu einer nutzlosen Maschine. Wenn dagegen der Motor angestellt ist, bewegt die innere Kraft das Auto, und der Chauffeur muß es nur *lenken*, damit es die sichere Straße entlangfährt, nicht gegen Hindernisse stößt, nicht in Gräben stürzt und niemandem bei seiner Fahrt einen Schaden zufügt" (ebd., S. 254f). Mangelnde Gelegenheit zu intrinsisch motiviertem Lernen und eine unzureichende Anleitung zu selbständigem Forschen (vgl. PETERSEN 1925, S. 146ff; MONTESSORI 1993, S. 157ff) verhindern schließlich auch die angemessene Vorbereitung der Schüler auf ein Hochschulstudium. Da sie ausschließlich erzwungene und fremdbewertete Arbeit kennenlernen, werden Noten und Zeugnisse zu den eigentlichen Triebfedern des Lernens.

Als die drei wichtigsten Aspekte der Schulkritik MONTESSORIS und PETERSENS lassen sich daher, zusammengefaßt, die körperlichen und seelischen Leiden der Schüler sowie die ungenügende Demokratisierung des Bildungswesens anführen.

Die körperlichen Leiden der Schulkinder

Nach MONTESSORI sind es sehr „unglückliche Kinder", mit denen sich die um die Jahrhundertwende aufkommende Schulhygiene befassen muß. Sie sieht „niedergedrückte Gemüter, ermüdete Verstandeskräfte, krumme Schultern und eingezwängte Brustkörbe, vorbestimmte Opfer der Tuberkulose" (MONTESSORI 1995, S. 7). Medizinische Erkenntnisse belegen, so die Ärztin und Pädagogin, daß unter Schulkindern weit verbreitete Krankheiten wie Rückgratverkrümmung oder Kurzsichtigkeit oft ursächlich mit zu langem Aufenthalt in engen und schlecht beleuchteten Klassenzimmern zusammenhängen. Auch für PETERSEN ist es erschreckend, in welchem Maße die Schule die Gesundheit der Kinder gefährdet (vgl. PETERSEN 1934a, S. 3; vgl. 1963, S. 91). Wie MONTESSORI ist er davon überzeugt, daß ihre körperliche Entwicklung vor allem durch das starre Banksystem geschädigt wird, welches zu völliger Bewegungsunfähigkeit zwingt. Gewöhnlich bietet eine Schulklasse gar das „Bild einer gut gezogenen Kompagnie" (ders. 1926, S. 17; vgl. 1963, S. 21; MONTESSORI 1994, S. 14). Nach beider Überzeugung läßt sich dieses Problem nur dadurch bewältigen, daß man den Kindern angemessene Bewegungsfreiheit im Rahmen eines ihre Entwicklungsbedürfnisse berücksichtigenden Schul- und Unterrichtslebens gewährt.

Die psychischen Leiden der Schulkinder

Darüber hinaus fragen PETERSEN und MONTESSORI, welche psychischen Schäden der monotone Unterrichtsbetrieb mit seinem Zwang zu körperlicher Bewegungslosigkeit dem kindlichen Geist zufügt. Wenn das Lernen für die Schüler zur drückenden Last wird, stellen sich auf Dauer nach den Erkenntnissen MONTESSORIS geistige Übermüdung, Nervösität, Erschöpfung, Entmutigung, Melancholie, sowie ein Mangel an Selbstvertrauen und Lebensfreude ein (vgl. dies. 1995, S. 214f). Insbesondere tragen das einseitig kognitive Lernen, der starre Zeittakt, die man-

gelnde Berücksichtigung elementarer vitaler Bedürfnisse, das Jahrgangsklassen-
system und das Fachlehrerprinzip zu diesen bedenklichen Entwicklungen bei. In
diesem Kontext führt MONTESSORI aus: „In jeder Stunde wechseln Lehrer und
Unterrichtsstoff (...) ohne jeden sinnvollen Zusammenhang. Man kann sich in einer Stunde nicht völlig auf einen neuen Gedanken umstellen. Hat man sich aber
darauf eingestellt, kommt sogleich ein anderer Studienrat, der ein anderes Fach
lehrt. Und in dieser geistigen Hetze läuft diese schwierige Periode des menschlichen Lebens ab" (dies. 1993, S. 133).

Beklagenswert sei auch die ungenügende Qualität zwischenmenschlicher Beziehungen in einer Schule, die „das Beste im Menschenkinde zu ersticken und
minderwertige Kräfte in Tätigkeit zu setzen" (PETERSEN 1925, S. 283) vermag.
Wenn die Schulbank das körperliche Leiden der Kinder symbolisiert, gilt in psychischer Hinsicht vor allem das System von Belohnung und Strafe als „Bank für
die Seele, also das Instrument zur Knechtung des Geistes" (MONTESSORI 1994,
S. 17), welches die gesunde Entwicklung der Schüler unterdrückt. Aus diesem
Grunde wird die Jena-Plan-Schule in ihrer Schulordnung explizit als „'Schule ohne Zwang und Strafe'" (PETERSEN 1930, S. 203) ausgewiesen. Insgesamt werden
junge Menschen in der *Alten Schule* psychisch „deformiert", denn dort wird „ein
Geschlecht seelischer Zwerge gezüchtet, in denen die höheren menschlichen Fähigkeiten erstickt worden sind. (...) Diese 'Halbmenschen' wachsen in einer gei-
stigen Wüste auf" (MONTESSORI 1951, S. 15f) und werden nach Überzeugung
MONTESSORIS und PETERSENS nicht im erforderlichen Umfang auf ihr Dasein als
Staats- und Weltenbürger vorbereitet.

Zum Verhältnis von Schule und Demokratie

Vor diesem Hintergrund ist der dritte Teilaspekt ihrer Schulkritik zu sehen, den vor
allem MONTESSORI wiederholt aufgreift (vgl. dies. 1966b, S. 44ff; 1979, S. 109ff;
S. 127ff; PETERSEN 1962, S. 201f). Sie beklagt das Fehlen demokratischer Mitbe-
stimmungsrechte für Jugendliche und konstatiert, die Struktur der Sekundarschule sei dem Wesen der modernen demokratischen Gesellschaft diametral entgegengesetzt. Kritisch fragt sie an, warum Erwachsene in freien Wahlen ihre politische
Überzeugung zum Ausdruck bringen dürfen, während es Schülern nicht gestattet
sei, in unterrichtlichen Angelegenheiten ihre Meinung zu bekunden. Eine umfassende Reform auch der höheren Schulbildung erscheint ihr daher dringend geboten, denn diese sei „weder den Bedürfnissen des jungen Menschen noch denen unserer jetzigen Epoche angepaßt" (MONTESSORI 1993, S. 127). In völliger Übereinstimmung mit dieser Auffassung geht es auch dem Jenaer Pädagogen darum, aus

der „Schule als Ganzem etwas Neues zu machen" (PETERSEN 1980, S. 68).

Nach Ansicht beider müssen Jugendliche ein Verständnis für die Komplexität gesellschaftlicher Zusammenhänge gewinnen können. Dies setzt die Möglichkeit zu sozialen Erfahrungen innerhalb der Schule und einen intensiven Kontakt zum kulturellen Leben außerhalb voraus. Im Rahmen vertretbarer Vorstrukturierungen beinhaltet dies auch eine echte Mitbestimmung durch die Schüler. Zur Bewältigung gegenwärtig noch ungewisser und kaum vorhersagbarer zukünftiger Aufgaben bedarf der junge Mensch „außer seines Mutes eines starken Charakters und eines schnellen Verstandes" (MONTESSORI 1993, S. 130) sowie moralischer Qualitäten und praktischer Fertigkeiten, so daß er sich allen Gegebenheiten bewußt stellen kann. Doch um Menschen „mit Initiative, fähig und bereit, die Last auf sich zu nehmen und sie zu tragen" (PETERSEN 1984, S. 42) zu erziehen, ist die aktive und selbstverantwortliche Teilhabe Heranwachsender am sozialen Leben im mikrokosmischen Schonraum, frei von jedem parteipolitisch motivierten „Kampf um die Schule" (ders. 1980, S. 9), unabdingbare Voraussetzung.

Dieser Aufgabe wird die Schule in der Regel jedoch nicht gerecht, da sie Jugendliche „wie Grundschulkinder behandelt" (MONTESSORI 1993, S. 132) und nicht adäquat auf das Leben in der Gesellschaft vorbereitet. Anstatt Gelegenheiten zur Selbsterprobung und Bewährung durch Wahlmöglichkeiten, Mitbestimmung und Gestaltungsraum zu erhalten, werden sie, so MONTESSORI, gleich „jenen Häftlingen im lebenslänglichen Zuchthaus" (dies. 1979, S. 111) dauerhaft in Bänke gezwängt wie bei der „Kreuzigung an ein Stück Holz" (ebd., S. 110). Aus diesem Grunde sind Schulabgänger oft „Müde, Verwirrte, von Minderwertigkeitskomplexen Erfüllte, Ängstliche" (ebd., S. 116), die in keiner Weise auf ihren Beitrag zum Erhalt und zur Humanisierung des Gemeinwesens eingestellt sind. Mit MONTESSORI läßt sich daher zusammenfassen: „Wer behaupten würde, das Prinzip der Freiheit gestalte heute Pädagogik und Schule, würde ausgelacht wie ein Kind, das beim Anblick der aufgespießten Schmetterlinge darauf beharrt, sie seien lebendig und könnten fliegen" (dies. 1994, S. 13).

PETERSENS und MONTESSORIS Kritik am Bildungswesen ihrer Zeit weist, so lautet das Fazit, weitgehende Parallelen auf und stimmt im wesentlichen mit derjenigen zeitgenössischer Schulkritiker und Reformpädagogen überein. Die Buch-, Zwangs- und Drillschule, welche das Kind zum Objekt der Belehrung macht anstatt auf seine Eigenkräfte zu vertrauen, wird kategorisch abgelehnt. Diese Kritik richtet sich vor allem gegen das Selbstverständnis des Lehrers, der sich als Bildner der kindlichen Persönlichkeit versteht und seine Aufgabe durch die Befolgung eines starren Methodenformalismus optimal zu erfüllen glaubt. Für PETERSEN und MONTESSORI ist das Ziel hingegen die Anregung der kindlichen Selbstbildungskraft in und durch Situationen des freien, eigentätigen Arbeitens. Beide wenden sich daher gegen die ausschließlich kollektive Organisation von Lernprozessen im traditionellen Klassenunterricht und machen die weitgehende Individualisierung des Lernens im Rahmen echter Kindergemeinschaften zum Ausgangspunkt pädagogisch-didaktischer Bemühungen. Aus den referierten Grundzügen ihrer Schulkritik lassen sich folgende Gemeinsamkeiten in bezug auf die von ihnen befürwortete Unterrichtsorganisation ableiten:

1. Das Kind wird als aktiv lernendes und sich eigenständig entwickelndes Individuum betrachtet. Intrinsische Motivation und individueller Arbeitsrhythmus sind daher bedeutsamer als von außen gesetzte Lernanreize wie Belohnung oder Strafe.

2. Die unterrichtsmethodische Uniformität der frontalgeführten Jahrgangsklasse wird durch die Möglichkeit der Individualarbeit und freien Bildung von Arbeitspartnerschaften im Rahmen der altersgemischten Gruppe ersetzt.

3. Anstatt die Schüler voneinander zu isolieren, ist der Unterricht in ein anregendes und vielseitiges Gemeinschaftsleben eingebettet, welches in hohem Maße die soziale Integration und Erziehung der Kinder fördert.

4. An die Stelle des überwiegend kognitiven Lernens tritt die Förderung ganzheitlicher Lernprozesse mit Kopf, Herz und Hand. Das Kind soll im tätigen Umgang mit den Gegenständen zu echten Erkenntnissen gelangen. Die in Arbeitsmitteln angelegten Korrekturmöglichkeiten machen eine externe Lernerfolgskontrolle größtenteils überflüssig und dienen somit seiner Verselbständigung.

5. Unterforderung und Langeweile sowie Überforderung und geistige Ermüdung werden weitgehend durch die freie Wahl von Aufgaben vermieden, welche den Bedürfnissen der Schüler entsprechen und neue Interessen hervorzurufen vermögen.

6. Dem kindlichen Bewegungsbedürfnis wird durch die Ermöglichung selbstverantworteter Bewegungsfreiheit in einer entwicklungsgemäßen Umgebung entsprochen.

7. An die Stelle des dozierenden, allwissenden Lehrers tritt der demütige und verantwortungsvolle Erzieher als Helfer, Partner und Leiter frei arbeitender Kinder.

Exkurs: Biographische Marginalien

Vor dem Hintergrund ihrer Schulkritik entwickeln Peter PETERSEN und Maria MONTESSORI pädagogisch-didaktische Konzeptionen, in deren Mittelpunkt jeweils das Freie Arbeiten der Kinder steht. Da die Biographien der beiden Reformer im Hinblick auf gemeinsame und gegensätzliche Elemente in diesen Ansätzen eine nicht unerhebliche Rolle spielen, erscheinen an dieser Stelle einige Anmerkungen zum „lebensweltliche(n) Wurzelgrund" (KRATOCHWIL 1992, S. 92) ihres Werkes angebracht. Dabei muß man sich keineswegs in vollem Umfange der Feststellung Rita KRAMERS anschließen, daß Pädagogen meist als Erziehungsideal ein Menschentypus vorschwebt, der große Ähnlichkeit mit ihnen selbst aufweist (vgl. KRAMER 1989, S. 147). Eine solche Sichtweise neigt, obwohl sie reizvoll erscheint, zu ungerechtfertigten Verkürzungen und zur Ausblendung wichtiger Aspekte.

Gleichwohl haben ihre konträren Charakterzüge und Lebensumstände offenkundig das pädagogische Denken MONTESSORIS und PETERSENS wesentlich mitgeprägt und sich bis in ihre Freiarbeit-Konzeptionen und deren Begründungszusammenhang hinein ausgewirkt. So läßt sich eine recht enge Beziehung zwischen Leben und Werk der beiden Pädagogen nicht leugnen (vgl. BÖHM 1991, S. 41; S. 59ff; KRATOCHWIL 1992, S. 92; S. 238ff). Unternimmt man auf der Basis einschlägiger Arbeiten (vgl. DIETRICH 1958; 1995; DÖPP-VORWALD 1969; HEILAND 1994; KLUGE 1992; KRAMER 1989; Standing o. J.) den Versuch, ein vergleichendes Portrait MONTESSORIS und PETERSENS zu zeichnen, bleiben Antworten auf die Frage nach den konkreten biographischen Einflüssen auf die Entwicklung ihrer Pädagogik im einzelnen zwar weitgehend spekulativ, jedoch lassen sich einige aufschlußreiche Bezüge herstellen.

Übereinstimmend wird etwa konstatiert, daß PETERSENS Denken stark durch die karge bäuerliche Lebenswelt Nordfrieslands geprägt ist, in der er aufwächst. Als ältester Sohn einer Bauernfamilie übernimmt er schon früh die Mitverantwortung für seine sechs jüngeren Geschwister. Vor allem erlebt er das Aufeinander-Angewiesensein in der Familie, die Bedeutung der Nachbarschaftshilfe in der Dorfgemeinschaft sowie die Vorzüge regionaler Bezugs- und Absatzgenossenschaften bei größeren Arbeitsvorhaben. Offenbar fördern diese Erfahrungen seinen Sinn für Hilfsbereitschaft und legen „den Grund für die im Begriff der Gemeinschaft zentrierte(n) Pädagogik Petersens" (DIETRICH 1995, S. 23). Dieser lebensgeschichtliche Hintergrund formt entscheidend seinen Charakter, der sich, folgt man den Aussagen seiner ehemaligen Schüler und Mitarbeiter, vor allem durch Beharrlichkeit, Zielstrebigkeit und Fleiß, Nüchternheit und Zurückhaltung sowie die Pflicht zur Nächstenliebe (vgl. z. B. ebd. ; DÖPP-VORWALD 1969, S. 127ff) auszeichnet. Insbesondere spiegelt sich die persönliche Erfahrung der Angewiesenheit von Menschen aufeinander und ihrer gegenseitigen Hilfe stark in PETERSENS Verständnis bildender Arbeit, deren zentrales Bestimmungsmerkmal für ihn ja das Prinzip der Genossenschaftlichkeit ist (vgl. Kap. 3.3.1.3).

MONTESSORI hingegen wächst als einziges Kind einer Beamtenfamilie auf. Mit Unterstützung der Mutter und teilweise gegen den Widerstand des konservativen Vaters lernt sie früh, sich gegenüber den Ansprüchen ihrer Umgebung zu behaupten. Beispielhaft ist der für ein Mädchen damals ungewöhnliche Entschluß zum Besuch einer naturwissenschaftlich ausgerichteten Sekundarschule sowie vor allem die Tatsache, daß sie trotz zahlreicher Schwierigkeiten zum Medizinstudium zugelassen und im Jahre 1896 zur ersten Ärztin Italiens promoviert wird. Auch MONTESSORI zeichnet sich durch Willensstärke, Selbstsicherheit, Ehrgeiz, einen zähen Willen und unermüdliche Arbeitsamkeit bis in das hohe Alter aus. Insofern lassen sich gewisse Parallelen zwischen der eigenen Entwicklung und ihrem pädagogischen Konzept der Selbsterziehung des Kindes erkennen (vgl. Kap. 2.1.4). Nimmt man ihre Impulsivität, die kosmopolitische Wanderexistenz sowie ein nahezu prophetenhaftes Sendungsbewußtsein hinzu (vgl. LUDWIG 1990, S. 52), zeigt sich MONTESSORI als sehr starke, aktive Persönlichkeit, welche auf bemerkenswerte Weise ihrem Erziehungsideal des beherrschten, selbständig funktionierenden Individuums entspricht (vgl. KRAMER 1989, S. 147).

Diese hier nur angedeuteten, jedoch auffälligen Übereinstimmungen zwischen den Biographien MONTESSORIS und PETERSENS und wesentlichen Grundgedanken ihrer Pädagogik ergeben das Bild zweier konträrer Persönlichkeiten, „die dennoch ihr gemeinsames Interesse am Kind und seiner freien Entwicklung im Rahmen neuer Erziehung verbindet" (LUDWIG 1990, S. 36). Diesen Gemeinsamkeiten und Differenzen ist im folgenden nachzugehen.

4.2 Ansätze zu einem Vergleich der Pädagogik Montessoris und Petersens

Generell wird in der Literatur stärker auf das Gegensätzliche in den Konzeptionen MONTESSORIS und PETERSENS abgehoben, als daß Verbindendes herausgestellt wird. Allerdings fehlen auch nicht die Hinweise auf gewisse Übereinstimmungen, die oft mit einem Plädoyer für prinzipielle Offenheit und gegenseitige Anregung verbunden sind. Vielfach wird die Tatsache einer geistigen Verwandtschaft (vgl. HELMING 1952/53, S. 309) jedoch nur auf ihre anthropologischen Annahmen und die Ablehnung der Alten Schule bezogen, weniger auf pädagogisches Denken und die von ihnen begründete Unterrichtspraxis.

Dabei gilt die MONTESSORI-Pädagogik weithin als reine Individualpädagogik, während der Jena-Plan als ein Sinnbild für Gemeinschaftspädagogik betrachtet wird. Schon im Todesjahr beider Pädagogen stellt Eduard LEHMANN in einem kurzen Beitrag zu ihrem Gedächtnis fest: „Dem *pädagogischen Individualismus* Maria Montessoris steht hier (bei PETERSEN,d. V.) ein *sozialpädagogischer Wille* gegenüber" (LEHMANN 1952, S. 386). Für GUYER wird bei PETERSEN „fast alles der Gruppe überlassen" (GUYER 1952, S. 389), während für MONTESSORI die individuelle Selbsttätigkeit im Zentrum stehe. Auch für Helene HELMING ergibt sich die Freie Arbeit nach dem Jena-Plan von der Gruppe her. Für PETERSEN stehe die individuelle Arbeit im Wert der Gruppenarbeit nach, d.h. „die Einzelarbeit wird ihm nicht zu einem entscheidenden Prinzip. Seine pädagogische Praxis ist von der Gruppe in verschiedenen Formen bestimmt" (HELMING 1965, S. 15). Die Gruppenbildung aber erscheint ihr bei PETERSEN organisierter und künstlicher als bei MONTESSORI, wo sie sich natürlicher ergebe. Gleichwohl können und sollten, so HELMING, die Arbeitsformen des Jena-Plans „in den Grundriß einer Montessori-Schule durchaus eingehen" (ebd., S. 15).

Nach KRATOCHWILS Einschätzung weist der Jena-Plan eine klare sozialpädagogische Akzentuierung auf, während MONTESSORI „zu einseitig individualpädagogisch akzentuiert" (KRATOCHWIL 1992, S. 259). Das Spannungsverhältnis zwischen dem Individuum einerseits sowie Gemeinschaft und objektiver Kultur andererseits werde zwar von beiden Reformpädagogen gesehen, jedoch „nicht in ein ausgewogenes Konzept der Bildungsfaktoren argumentativ integriert" (ebd.). Daher steht für ihn fest, daß PETERSEN die Unterrichtspraxis „trotz seiner Einsicht in die Antinomien von Persönlichkeit und Gemeinschaft, von Individuum und Gesellschaft (...) zu einseitig am Pol der Gemeinschaft orientiert" (ebd., S. 264). MONTESSORI hingegen vernachlässige infolge einer Überbetonung der kindlichen Selbsttätigkeit im Bildungsprozeß „das Moment der Sozialstruktur, der Sozialbeziehungen in seiner Bedeutung für die Bildung des Menschen" (ebd.). Auch MISS-MAHL-MAURER stellt in einer neueren Veröffentlichung fest, daß „bei Petersen im Unterschied zu Maria Montessori das soziale Moment eindeutig im Vordergrund steht" (MISSMAHL-MAURER 1994, S. 67).

Demgegenüber macht Harald LUDWIG in einer sehr differenzierten Arbeit auf das Desiderat eines systematischeren Vergleichs der Pädagogik PETERSENS und MONTESSORIS aufmerksam. In den „Prolegomena zu einem komplexen Forschungsthema" konstatiert er, daß eine gründliche Interpretation ihres Gesamtwerkes die Gemeinsamkeiten und Unterschiede umfassend analysieren und dabei auch die von ihnen initiierte Praxis und posthum erfolgte Weiterentwicklungen reflektieren müsse (vgl. LUDWIG 1990, S. 53). Als Ergebnis dieser Untersuchung könne sich möglicherweise zeigen, „daß die Gemeinsamkeiten der beiden Konzeptionen größer sind als bisher meist angenommen und daß Unterschiede weniger grundsätzlicher Art sind als in unterschiedlichen Akzentuierungen als wichtig angesehener Elemente bestehen, etwa in der Fassung des Verhältnisses von Individuum und Gemeinschaft bzw. Gesellschaft" (ebd., S. 55f).

Damit ist angedeutet, daß MONTESSORI eine keineswegs einseitige Individualpädagogik vertritt, welche etwa die elementaren Aufgaben der sozialen und sittlichen Erziehung vernachlässigt, und daß die Jena-Plan-Pädagogik keine reine Gemeinschaftspädagogik ist, welche die Einzigartigkeit individuellen Entwicklungsgeschehens unberücksichtigt läßt. Vielmehr, so lautet die Hypothese, bleibt in beiden Konzeptionen die Polarität von Individuum und Gemeinschaft prinzipiell gewahrt. Allerdings wird die Konstruktion des didaktischen Triangels jeweils zugunsten einer unmittelbaren, aktiven Begegnung des Kindes mit den Gegenständen neu akzentuiert und der Schüler, nicht das Bildungsgut, zum wichtigsten Ansatzpunkt didaktischer Reflexion erhoben. Dabei wird bei MONTESSORI die Gemeinschaft eher aus allseitig entwickelten Individuen aufgebaut, während sich nach PETERSEN die Individualität stärker aus dem ursprünglichen Eingebundensein in die Gemeinschaft heraus entwickelt. Das Verbindende liegt insbesondere in dem grundlegenden Ethos, welches die Pädagogik PETERSENS und MONTESSORIS bestimmt: „Es ist die Liebe zum Kind, zum heranwachsenden jungen Menschen und das Bewußtsein der Verantwortung für seine Entwicklung zum mündigen, selbständig denkenden und handelnden Menschen in der Hoffnung auf den Aufbau einer humanen Gesellschaft" (ebd., S. 55).

Nachfolgend sollen die wesentlichen Gemeinsamkeiten und Unterschiede in den Konzeptionen MONTESSORIS und PETERSENS anhand der Zentralkategorien *Arbeit* und *Freiheit* einer vergleichenden Analyse unterzogen und an den konkreten Realisierungsformen Freier Arbeit verdeutlicht werden.

4.3 Die pädagogische Bedeutung der Arbeit bei Montessori und Petersen

Nach einem Wort von Hannah ARENDT ist Arbeit „die produktivste, die eigentlich weltbildende Fähigkeit des Menschen" (ARENDT 1960, S. 92), die ihn über alle anderen Lebewesen erhebt. Durch seine Befähigung zur Weltgestaltung, die nur ihm

alleine zukommt, ist der Mensch aber ebenso imstande, aktiv auf seine Selbstverwirklichung hinzuwirken. Auch in diesem Sinne läßt sich Arbeit daher als fundamentaler „Ausdruck menschlicher Größe" (GEISSLER 1969, S. 147) auffassen.
Grundsätzlich erkennen auch PETERSEN und MONTESSORI in der menschlichen Arbeit ein bedeutsames Selbstbildungsmittel. Allerdings läßt sich zwischen einem
überwiegend positiven Arbeitsbegriff bei MONTESSORI und einer eher nüchternen,
durch Pessimismus gekennzeichneten Auffassung bei PETERSEN unterscheiden.
Während Arbeit eine Fundamentalkategorie der pädagogischen Anthropologie
Maria MONTESSORIS darstellt, wird ihr von Peter PETERSEN kein zentraler Stellenwert beigemessen. Bezeichnenderweise wird diese Thematik von ihm unter
der Überschrift „Die Reiche der Lebensnot" (PETERSEN 1962, S. 108ff) abgehan-
delt.

MONTESSORI nimmt, anders als FREUD, der von einer ursprünglichen Arbeits-
unlust des Menschen ausgeht (vgl. JÜHLKE 1980, S. 117), einen angeborenen Arbeitstrieb an, der sich bei den Kindern „aller Völkerschichten der Erde" (MONTES-
SORI 1995, S. 189) zeigt. Da sich der heranwachsende Mensch nur durch seine
spontane Aktivität aufbauen kann, handelt es sich bei der Arbeit um ein anthro-
pologisches Grundphänomen, welches das Kind zum „Baumeister" (dies. 1984,
S. 13), „ Vater " oder „Schöpfer des Menschen" (dies. 1995, S. 45) werden läßt. Zu
seiner harmonischen Entwicklung bedarf es der Interaktion mit einer wachstums-
fördernden natürlichen und sozio-kulturellen Umgebung, wie vice versa der sich
gesund entwickelnde Mensch zur Verbesserung seiner Umwelt beitragen kann.
Das angeborene Streben nach Arbeit dient daher der Lebenserfüllung des einzelnen und ist zugleich „einer der größten Antriebe der Menschheit, der die Gesellschaft auf dem Weg von Fortschritt zu Fortschritt erhält" (dies. 1979, S. 108f).

Die kreative Arbeit des Kindes und das tätige Mitwirken des Erwachsenen an
der Erfüllung des Schöpfungsplanes stellen nach MONTESSORI somit keine polaren
Gegensätze dar, sondern altersspezifische Ausprägungen eines grundlegenden
Strebens. Ihre Unterscheidung zweier Arbeitsbegriffe darf daher nicht verabsolutiert werden, „denn auch der Erwachsene baut noch an sich selbst, und das Kind
ist andererseits schon zu Ansätzen der Werk- und Weltgestaltung fähig" (OSWALD
1970, S. 11). Diesem Arbeitstrieb liegt als psychische Energie die Liebe des Menschen zur Umgebung zugrunde. Nach Ansicht der Pädagogin ist sie eine „höhere
Form der Liebe" (MONTESSORI 1973, S. 37), denn sie „kommt aus der Intelligenz,
und sie baut auf, indem sie liebevoll sieht und beobachtet. Die Eingebung, die das
Kind dazu drängt zu beobachten, ließe sich mit einem Wort Dantes 'intelletto
d'amore (Intelligenz, Schaukraft der Liebe)' nennen" (dies. 1995, S. 109). Diese

Schaukraft stellt nach MONTESSORI die Grundlage für jede Arbeit dar, die der weiteren Humanisierung des Lebens dient.

Somit weist ihr Arbeitsbegriff weit über das zweckrationale Tätigsein hinaus. Arbeit, egal ob körperlicher oder geistiger Natur, ist vielmehr eine anthropologische Notwendigkeit: „Der Mensch würde nicht leben können, ohne krank zu werden, zu degenerieren und zu altern, wenn er keinerlei Arbeit hätte" (dies. 1979, S. 106). Zwar erkennt sie die prinzipielle Notwendigkeit von Erwerbsarbeit, jedoch reiche es nicht aus, Arbeit nur als Mittel zum Zweck anzusehen, denn „wenn wir arbeiten mit diesem Ziel, das nicht das wahre ist, dann schlägt alles zum Schlechten aus" (ebd., S. 105). Entgegen einer solch materialistischen Auffassung geht es ihr um schöpferische Arbeit, die inneren Motiven entspringt, dabei große Energien freisetzt und geeignet ist, der „größte(n) Ausweitung der menschlichen Seele" (ebd., S. 107) zu dienen. In diesem Sinne aber ist Arbeit vor allem als „Instrumentarium einer ununterbrochenen, fortwährenden Schöpfung, einer creatio continua" (GEISSLER 1969, S. 148) aufzufassen, an welcher der Mensch im Auftrag Gottes aktiv partizipiert.

Arbeit ist daher ein grundsätzlich positives Charakteristikum menschlicher Existenz. Negativ sind hingegen ungünstige gesellschaftliche Entwicklungen, in deren Folge die Menschen nur noch unter Druck schaffen „als ob sie Sklaven wären" (MONTESSORI 1979, S. 107) und Arbeit zur „Zwangsarbeit" (dies. 1995, S. 190) wird. Allerdings vertritt MONTESSORI die optimistische Auffassung, daß Arbeit zukünftig wieder aus inneren Quellen angeregt und auf ideelle Ziele hin geleistet wird. Dazu bildet der Respekt vor der unbewußten Entwicklungsarbeit des Kindes jedoch eine wesentliche Voraussetzung, da nur das normalisierte Kind den schöpferischen Erwachsenen hervorbringen kann.

Auch PETERSEN unterscheidet zwischen zwei Grundformen der Arbeit. Neben der des Erwachsenen identifiziert er eine charakteristische Tätigkeitsform des Kindes, welche mit MONTESSORIS Kennzeichnung kindlicher Arbeit weitgehend übereinstimmt. Er erkennt einen „angeborenen Drang zur Selbsttätigkeit" (PETERSEN 1963, S. 141), der sich im Streben nach funktionaler Betätigung der Sinne und Gliedmaßen sowie im starken Bedürfnis nach vielseitigen Lernerfahrungen äußert. PETERSEN spricht von einem „seelischen Kraftzentrum" (ders. 1929, S. 177) - vergleichbar etwa der *Horme* bei MONTESSORI - aus dem heraus sich das spontan tätige Kind unbewußt aufbaut. Diesen Vorgang ordnet er, gleich MONTESSORI, einem „Typus 'kindlicher' Arbeit" (ebd.) zu. Auch er fordert daher eine Schule, die dem Streben des Kindes nach Eigenaktivität Rechnung trägt und seine har-

monische Entwicklung gewährleistet. Im Rückgriff auf MONTESSORIS Begriff biologischer Freiheit verlangt er einen Unterricht in „Ehrfurcht vor dem Leben" (ders.
1963, S. 84), welcher Entwicklungsunterschiede und individuelle Arbeitsrhythmen angemessen berücksichtigt.

An den kindlichen Bildungs- und Schaffensdrang soll die Schule vor allem dadurch anknüpfen, daß sie in den ersten vier Jahrgängen, im Vertrauen auf „die unserer Einwirkung stark entzogenen, aber unseren Mitteln vor allem weit überlege-
nen Eigenkräfte des jungen Menschen" (ders. 1929, S. 178), die Formen des natürlichen Lernens zur Grundlage der Unterrichtsarbeit macht. Auch in bezug auf
diese Vorstellung von der kindlichen Selbstentfaltungskraft bezieht sich PETERSEN
explizit auf MONTESSORIS anthropologische Grundannahmen und hebt in seiner
Schrift „Die Neueuropäische Erziehungsbewegung" entsprechende Passagen aus
ihren Werken optisch hervor (vgl. ders. 1926, S. 77). Beide Pädagogen stimmen
darin überein, daß man „das unbedingte *Recht eines jeden Menschenkindes auf seine Kindheit und seine Jugend* " (ders. 1929, S. 182) anerkennen und seinem Leben
zur vollen Entfaltung verhelfen muß. Aus diesem Grunde steht auch für PETERSEN
die Erziehung letztlich in einem Dienstverhältnis zur „Selbstführung der persön-
lich-geistigen Entwicklung" (ebd., S. 184) auf die Verwirklichung des im Menschen jeweils angelegten Sinn hin.

Von diesem natürlichen Aktivitätsdrang des Kindes hebt PETERSEN die Erwerbsarbeit ab, welche er als „Zweckhandeln unter dem ökonomischen Prinzip"
(ders. 1962, S. 150) definiert. Im Gegensatz zu MONTESSORI sieht er in der Arbeit
des Erwachsenen nicht zunächst die Möglichkeit zur Selbstverwirklichung oder
zur Erfüllung einer *kosmischen Aufgabe*. Vielmehr geht sie seiner Überzeugung
nach vollkommen „gegen die menschliche Natur" (ebd.) und ist somit unerbittli-
ches und unentrinnbares Schicksal. Dies betrifft allerdings nicht nur bestimmte
Berufe, sondern die Erwerbsarbeit als solche. Daher hält PETERSEN allen roman-
tisch gefärbten Vorstellungen besonders innerhalb jugendbewegter Kreise entgegen: *„Arbeit ist Lebensnot"* (ebd., S. 151).

Nach PETERSEN hat jeder Mensch die Möglichkeit, durch schöpferisches Tun
seine persönliche Neigungen zu befriedigen. Und nur in diesem Sinne kommt Arbeit eine positive Bedeutung zu, da kreatives Schaffen einen ganzheitlichen Selbstbildungsprozeß bewirkt und dem Bedürfnis nach Integrität der Person entspricht.
Allerdings sind die Menschen „mehr und mehr der Seele entleerte Zuschauer"
(ebd., S. 116). Selbstverwirklichung durch Arbeit stellt eine Ausnahme dar, da das
Entstehen eines Werkes meist vom Arbeitenden selbst nicht mehr vollständig über-

schaut und kontrolliert werden kann. So bleibt dies für etwa 99% aller Menschen „eine *romantische* Auffassung von der Arbeit, die unfähig ist, Kraftquelle und Lustquelle zu werden" (ebd., S. 122). Der *homo oeconomicus* wird somit in der Regel um seinen Arbeitsertrag gebracht und im Wirtschaftssystem „als Mensch erniedrigt" (ebd., S. 146), denn ökonomisches Handeln führt nach PETERSEN kaum zur Bildung echter, erzieherisch wirksamer Gemeinschaften.

Nicht nur die Bedeutung der Erwerbsarbeit wird von PETERSEN und MONTESSORI unterschiedlich eingeschätzt, sondern auch die Möglichkeit, mit Hilfe von Wissenschaft und Technik zu einem humanen, friedlichen und ökologisch bewußten Zusammenleben der Menschheit beizutragen. Während MONTESSORI die Umgestaltung der Natur als Auftrag an den Menschen bezeichnet, konstatiert PETERSEN, „*daß eine Gemeinschaft besteht zwischen Mensch und Natur wie die zwischen dem Menschen und seinem Mitmenschen*" (ebd., S. 61). Daß eine solche Verbindung zwischen Mensch und Kultur nicht besteht, wird für ihn dadurch evident, daß Kinder in langen Bildungsprozessen erst mühsam an sie herangeführt werden müssen. Als Ergebnis metaphysischer sowie ästhetisch-religiöser Naturbetrachtung zeigt sich für PETERSEN, daß das Menschsein erst durch geistige Gemeinschaft mit der Natur bereichert und „vollendet" (ebd., S. 61) wird.

Dies steht für ihn jedoch im krassen Gegensatz zur Auffassung der Naturwissenschaften, unter deren Einfluß die Natur „in einer engen, geradezu überheblichen Weise in erster Linie als Material zur Gestaltung durch den Menschen" (ders. 1963, S. 28 Anm.) angesehen wird. Für PETERSEN ist der Mensch indes nicht „allmächtiger Beherrscher" (ders. 1962, S. 61) der Welt, sondern muß sich „zur Betrachtung der Natur als Schöpfung bekennen" (ders. 1963, S. 28) und eine neue, sie erhöhende Haltung ihr gegenüber einnehmen. Zwar teilen PETERSEN und MONTESSORI diese Kritik am menschlichen Umgang mit der Natur, jedoch unterscheiden sie sich in ihrer Einschätzung der Kulturleistungen des Menschen: MONTESSORI würdigt seine Errungenschaften und fordert eine „glühende Bewunderung dieser wunderbaren Menschheit" (MONTESSORI 1993, S. 28), wohingegen PETERSEN primär auf die Vergänglichkeit von Kulturobjektivationen sowie ihre Tendenz zu geistiger Erstarrung in „Oberflächenkultur" (PETERSEN 1962, S. 75) abhebt. Nach seiner Überzeugung liegen die „'Urquellen des geistigen Lebens'" (ders. 1963, S. 187) für den Menschen vielmehr in der Natur und ist „Kultur immer das zweite" (ebd.).

Die schöpferischen Möglichkeiten menschlicher Arbeit werden von PETERSEN insgesamt deutlich niedriger eingeschätzt als von MONTESSORI. Für ihn kann Arbeit nur dann eine wichtige Bildungsform im Handlungsfeld Schule sein, wenn sie ausschließlich pädagogischen Zwecken unterstellt ist und eine angemessene Transparenz über die Bedeutung, Ziele und ihren Verlauf hergestellt wird. Sie muß genossenschaftlich organisiert und nach dem Prinzip der Übersummativität effizient sein. Insbesondere aber muß jede Arbeitsgemeinschaft „die Tugend der Liebe sich betätigen lassen" (ders. 1962, S. 126) und ihre erzieherische Kraft entfalten können. Wie MONTESSORI, hält er dabei geistige und manuelle Arbeit für prinzipiell gleichwertig. Entscheidende Voraussetzung ist für ihn, daß jede Arbeit den oben genannten Bedingungen genügt und die elementaren Anforderungen an bildendes und damit pädagogisch gerechtfertigtes Tun erfüllt. Nur in diesem Sinne kann Schule, so PETERSEN, ihrer Aufgabe gerecht werden und durch Arbeit zur Arbeit erziehen (vgl. ders. 1926, S. 108).

Zusammenfassend läßt sich sagen, daß menschliche Arbeit zum Pol der Mühsal (laborare) wie auch zum Gegenpol der sinnhaften Werkgestaltung (operari) neigen kann, so daß sich eine deutliche „Dialektik von Fluch und Segen" (GEISSLER 1969, S. 147; ders. 1984, S. 80) abzeichnet. PETERSENS Haltung ist dabei stärker durch die im Bibelwort Gen. 3,19 zum Ausdruck kommende Auffassung geprägt, nach welcher der Mensch im Schweiße seines Angesichts sein Brot essen soll, während MONTESSORI primär die schöpferischen Möglichkeiten der Arbeit herausstellt. Entscheidend ist, daß beide nur solche Arbeit für pädagogisch bedeutsam halten, von der eine bildende Rückwirkung auf den Menschen ausgeht. Das ist prinzipiell jede Betätigung, welche in der Werkvollendung (perfectio operis) die Vollendung des Arbeitenden (perfectio operantis) einschließt und die von ROGERS treffend mit dem Begriff des „Signifikanten Lernens" (vgl. ROGERS 1977, S. 156ff) bezeichnet wird. Dabei handelt es sich wesentlich um eigeninitiierte, möglichst ganzheitliche, im Verlauf verantwortlich bestimmte und im Ergebnis selbstkontrollierte Arbeit.

Abschließend stellt sich die Frage, ob sich die beiden Pädagogen in die Arbeitsschulbewegung einordnen lassen. Nach HELMING trifft diese Kennzeichnung auf PETERSEN nicht zu und auch MONTESSORI sei, trotz ihrer Vorliebe für den Begriff der Arbeit, nicht im engeren Sinne den Arbeitsschulpädagogen zuzurechnen, sondern eher der Lebensgemeinschaftsschule PETERSENS verwandt (vgl. HELMING 1952/53, S. 309). Vor allem unterscheide sich MONTESSORI stark von der sozialistischen Arbeitsschule sowie dem Ansatz John DEWEYS, da es ihr nicht primär um die Eingliederung junger Menschen in die Arbeitswelt gehe. Eine gewisse Nähe sei allerdings zu KERSCHENSTEINER festzustellen, vor allem wegen seiner Wertschätzung manueller Arbeit und des Lernens durch den konkreten Umgang mit den Gegenständen. Nach SCHULZ-BENESCH hingegen stimmt MONTESSORIS Arbeitsbegriff weder mit dem KERSCHENSTEINERS, noch dem der Produktionsschule oder „mit dem pragmatischen ihrer amerikanischen pädagogischen Zeitgenossen" (SCHULZ[-BENESCH] 1961, S. 62) vollkommen überein und auch für PETERSEN lassen sich offenbar keine eindeutigen Bezüge herstellen (vgl. KLASSEN 1968, S. 53).

Ohne diese Überlegungen im einzelnen vertiefen zu können, ist hier zumindest festzuhalten, daß sich in MONTESSORIS Schriften keine ausführliche Auseinandersetzung mit der Arbeitsschulidee findet. Lediglich in einem 1942 gehaltenen Kursusvortrag geht sie überhaupt einmal intensiver auf andere Pädagogen ein. Hier bezieht sie sich auf die Ansätze DECROLYS, PARKHURSTS und FRÖBELS (vgl. MONTESSORI 1989, S. 161ff), von denen sie sich jedoch vor dem Hintergrund ihres Themas, der Unterrichtsorganisation an MONTESSORI-Schulen, deutlich distanziert. Eine ähnliche Auseinandersetzung MONTESSORIS mit Arbeitsschulpädagogen wie KERSCHENSTEINER oder GAUDIG ist dem Verfasser nicht bekannt.

PETERSENS Verhältnis zur Arbeitsschulpädagogik ist dagegen recht ambivalent. In seinen Ausführungen zur Entstehungsgeschichte des Jena-Plans (vgl. PETERSEN 1980, S. 65ff) würdigt er sie explizit als eine der wichtigsten Strömungen der Schulreformbewegung. Auch erfolgt sein Schulversuch ausdrücklich nach den *Grundsätzen der Arbeits- und Lebensgemeinschaftsschule* (PETERSEN/WOLFF 1925). In einer Gedenkschrift zum 70. Geburtstag Georg KERSCHENSTEINERS, der im übrigen auch zu den gelegentlichen Besuchern der Jenaer Universitätsschule zählt (vgl. WOLFF 1984, S. 38), bezeichnet er dessen Namen als einen, „bei dem Zehntausenden deutscher Pädagogen warm ums Herz wird" (PETERSEN 1924, S. 469) und hebt insbesondere auf seinen pädagogischen Arbeitsbegriff ab. So stellt PETERSEN die Verdienste der Arbeitsschule wiederholt heraus, während er sich andererseits immer wieder von ihrer Unterrichtspraxis distanziert, da sie seinen weitreichenden Vorstellungen nicht genügt. In mancherlei Hinsicht erblickt er dort „neue Flicken auf alten Schläuchen" (ders. 1963, S. 204).

Dabei differenziert er selbst zwischen zwei grundlegenden Richtungen, denn zum einen meint der Begriff der Arbeitsschule ein unterrichtsmethodisches Prinzip für den Lehrer, „für sein Vorgehen, Stoffe zu gliedern und die Schüler in Arbeit zu setzen" (ders. 1929, S. 179). Dies ist nach PETERSEN die „modernisierte Form des alten gebundenen Klassenunterrichts" und das „Erbe des Herbartianismus und ihrer Formalstufentheorie" (ebd.). Davon grenzt er eine Form der Arbeitsschule ab, welche die Schüler „wirklich frei arbeiten ließ" und echte Tätigkeit individueller Selbste erwartet. Hier erhielt die Kindergruppe wirklich das volle

Recht der Mitbestimmung der Arbeitsstoffe, der Arbeitsformen und des Arbeits-
ablaufs" (ebd.). Daß für PETERSEN nur die letztgenannte Form ihre Berechtigung
in den *Schulen Neuer Erziehung* hat, muß nicht nochmals betont werden, denn erst
durch ein solches Arbeitsprinzip erfolgt „eine wirkliche Gemeinschaftsgesinnung
und sittliche Nebenwirkung der Arbeit" (I. SCHNEIDER 1933, S. 593).

Folgt man, trotz der solchen Typologisierungsversuchen inhärenten Problematik, SCHEIBNERS Unterscheidung vier arbeitsschulischer Idealtypen (vgl.
SCHEIBNER 1929, S. 23ff), lassen sich die Freiarbeit-Konzeptionen PETERSENS und
MONTESSORIS zwar ansatzweise zuordnen, wenngleich auch in ihrem Wesen längst
nicht hinreichend erfassen. SCHEIBNER differenziert zwischen Schulen mit wirt-
schaftlicher Bedarfsarbeit, Schulen mit handwerklich gerichteter Arbeit, Schulen
mit schultümlicher Werktätigkeit und Schulen mit freier geistiger Arbeit.

Das Bildungsideal der Produktionsschule im Sinne BLONSKIYS ist nach
SCHEIBNER der „sozial brauchbare Mensch" (ebd., S. 24). Unter Arbeit wird daher
primär Erwerbsarbeit zur Erzielung eines ökonomischen Nutzens verstanden. Bei
der zweiten Form handelt es sich um die bürgerliche Richtung der Arbeitsschule,
als deren Hauptvertreter er KERSCHENSTEINER nennt. Charakteristisches Kennzeichen sei der fachliche Arbeitsunterricht in Schülerwerkstätten, dem eine starke
Bildungswirkung zugesprochen werde. Die von KERSCHENSTEINER im Zuge der
Auseinandersetzung mit GAUDIG später vorgenommene Erweiterung seines Arbeitsbegriffes bleibt bei SCHEIBNER allerdings unberücksichtigt. Für die Vertreter
der dritten Richtung ist die Entfaltung der kindlichen Schöpferkraft im Kunst- und
Werkunterricht vorrangig. Der Bildungswert des gestaltenden Schaffens wird so
hoch eingeschätzt, daß Kreativität zum strukturierenden Prinzip der gesamten
Unterrichtsarbeit erhoben wird.

Als vierten Typus führt SCHEIBNER die freie geistige Arbeit im Sinne GAUDIGS
und seines Kreises an. Hier sieht man im Schüler den „geistigen Arbeiter" (ebd.,
S. 27), der sich in eigentätigen Arbeitsprozessen selbst bildet. Demnach geht es
keineswegs ausschließlich um manuelle Betätigung: „Als Arbeit in der Auffassung
eines bestimmten eigenartigen Tätigkeitsgefüges, gekennzeichnet durch Planmä-
ßigkeit, Wegbewußtheit, Zielstrebigkeit, kann auch ein im Geistigen sich bewe-
gender Unterricht verlaufen" (ebd.). Damit ist aber ein enger Zusammenhang zwischen den Vorstellungen GAUDIGS und KERSCHENSTEINERS pädagogischem Begriff
der Arbeit gegeben, den letzterer in den späteren, erheblich erweiterten Auflagen
seiner Schrift „Begriff der Arbeitsschule" (vgl. KERSCHENSTEINER 1959, S. 29ff)
entfaltet.

Nach dem bislang Ausgeführten ist es am ehesten dieser Arbeitsbegriff, der sich auch bei PETERSEN und MONTESSORI findet. Übereinstimmend halten sie eine Arbeit dann für pädagogisch wertvoll, wenn sie über die eigenaktive, manuelle oder geistige Auseinandersetzung mit den Gegenständen einen Stoff zum geistigen Besitz werden läßt und dadurch eine bildende Rückwirkung auf den arbeitenden Menschen hat. Bekanntlich gilt nach KERSCHENSTEINER: „*'Bildungswert hat jede Arbeit, die in ihren objektiven Gestaltungen der Vollendungstendenz gehorcht und damit in stetem Selbstprüfungsvollzug immer mehr zur sachlichen Einstellung zu führen imstande ist.'* Jede solche Arbeit ist Arbeit im pädagogischen Sinne" (ebd., S. 51), da sie über die Sachlichkeit zur Sittlichkeit führt. Eine solche Haltung aber fordern auch MONTESSORI und PETERSEN, wenn sie explizit die Beachtung der gegenständlichen Welt in ihrer Eigengesetzlichkeit und ihrem Eigenwert anmahnen.

Auf der Ebene der Unterrichtspraxis gehen jedoch beide weit über die Bemühungen der Arbeitsschulpädagogen hinaus, die nach PETERSEN zu sehr der *Alten Schule* verhaftet bleiben und ihre hohen Ansprüche hinsichtlich der Befreiung des Kindes nicht wirklich einlösen. Auch dort bleibt meist, wie im traditionellen Unterricht, „das Arbeitserlebnis verkürzt um das, was gerade seine bildende Wirkung begründet: um die *Freiheit* im arbeitenden Handeln!" (SCHEIBNER 1926, S. 96).

4.4 Die pädagogische Bedeutung der Freiheit bei Montessori und Petersen

MONTESSORI und PETERSEN betrachten die Frage nach der menschlichen Freiheit in erster Linie als eine praktisch-pädagogische Aufgabe, die im Hinblick auf die konkreten Freiräume heranwachsender Menschen zu lösen ist. Dabei verschließen sie sich jedoch keineswegs dem philosophischen Kernproblem der sittlichen Freiheit, welches von PETERSEN (vgl. 1931, S. 120ff; 1962, S. 89ff; 1984, S. 229ff) stärker als von MONTESSORI auch systematisch reflektiert wird. PETERSEN differenziert im Anschluß an HERBART zwischen der Idee reiner Sittlichkeit als Reflexionsgegenstand des Ethikers und einem „lebendigen Freiheitsbegriff" (ders. 1931, S. 120), den der Erziehungswissenschaftler in der menschlichen Lebenswirklichkeit untersuchen muß. In diesem Sinne unterscheidet auch MONTESSORI zwischen einem negativen Freiheitsverständnis (Freiheit von etwas), welches im pädagogischen Kontext die Unabhängigkeit des Kindes vom repressiven Zwang durch den

Erwachsenen bezeichnet (vgl. MONTESSORI 1973, S. 52), sowie einem positiven (Freiheit zu etwas) Freiheitsbegriff, der sich auf die Entwicklung des Menschen zur freien, sittlichen Persönlichkeit bezieht.

Angemessene Entwicklungsfreiheit soll nach MONTESSORI die ungehinderte Entfaltung des jungen Menschen ermöglichen: „Die freie Individualität ist die Grundlage für alles. Ohne diese Freiheit ist eine vollständige Entwicklung der Personalität unmöglich. Die Freiheit ist die Basis von allem" (ebd.). Somit stellt sie die entscheidende Voraussetzung für den *Normalisationsprozeß* dar, der allerdings nicht den „Schlüssel zur Lösung aller Erziehungsprobleme" (BÖHM 1987) oder „Endzweck" (MONTESSORI 1984, S. 185) aller Bemühungen, sondern vielmehr die Grundbedingung für eine Entwicklung vom Naturgeschöpf zum Vernunftgeschöpf und den Ausgangspunkt für die Erziehung der sittlichen Persönlichkeit bildet (vgl. ebd., S. 184; dies. 1988, S. 25).

Wenn sie in diesem Zusammenhang häufig von der Disziplin des Kindes spricht, so versteht sie darunter keine aufgezwungene Haltung, sondern eine Form aktiver Selbstkontrolle. Es ist die Fähigkeit, auf die *„Stimme der Dinge"* (dies. 1994, S. 95) zu hören und „Herr seiner selbst" (ebd., S. 57) zu sein. Diese Form der Selbstdisziplin gilt ihr ebenso wie PETERSEN, für den erst das Hören auf „die Stimme des Gewissens, den Anruf des wahren Selbst aus seiner Tiefe" (PETERSEN 1931, S. 211) zur Humanität führt, als „geistig-sittliche Leistung des Menschen" (ebd., S. 209). Es wird deutlich, daß es MONTESSORI keineswegs um die bloße Befreiung des Individuums und die völlige Aufhebung von Grenzen geht. Vielmehr berücksichtigt sie gleichermaßen die sachlichen und sozialen Bindungen des Menschen und bedenkt schließlich auch, was oft vergessen wird, die politischen Dimensionen menschlicher Freiheit: Ihr Engagement für die Rechte der Frau, für die sie sich bereits auf einem internationalen Kongreß in Berlin 1896 einsetzt, die Bemühungen um den Weltfrieden, die Förderung des Bewußtseins von der *Einen Welt* und natürlich ihr lebenslanger Einsatz für die sozialen Rechte junger Menschen, der in ihrer Forderung nach einer *„Partei des Kindes"* (MONTESSORI 1989, S. 97) gipfelt, belegen, daß MONTESSORI sich mit der Frage nach der menschlichen Freiheit nicht in einem verengten, individualistischen Verständnis befaßt.

Daher ist die Annahme unzutreffend, MONTESSORIS Leitbild sei alleine das freie Individuum, „weniger der mündige Bürger einer demokratischen Gesellschaft" (NEUHAUS-SIEMON 1996, S. 21; vgl. KOCK 1995, S. 166), da sie Freiheit vornehmlich als Entwicklungsfreiheit, „nicht als Freiheit im politischen Sinne" (ebd.) verstehe. In der Tat reflektiert die Pädagogin die gesellschaftspolitischen

Bezüge der Erziehung. Individuelle Freiheit ist für sie die „notwendige Grundlage der organisierten Gesellschaft" (MONTESSORI 1973, S. 52), weil man „keine wirkliche Gesellschaft erhält, wenn diese nicht aus Individuen gebildet wird" (dies. 1987, S. 5). Andererseits kann sich die freie Individualität nach ihrer Überzeugung nur in einem freiheitlichen Raum entfalten, so daß für MONTESSORI kein Gegensatz, sondern ein wechselseitiges Abhängigkeitsverhältnis von individueller und gesellschaftlicher Freiheit besteht.

MONTESSORI und PETERSEN gehen insofern konform, als beide die Entwicklungsfreiheit des jungen Menschen als Grundbedingung für den Aufbau sittlicher Freiheit erkennen. Da sich, so PETERSEN, die freiheitliche Verfaßtheit des Menschen insbesondere in bewußten Willenshandlungen zeigt, sind dem Heranwachsenden hinreichende Freiräume zu gewähren, in denen er seinen Willen frei betätigen lernt. Wiederholt bezieht er sich dabei auf MONTESSORIS biologischen Freiheitsbegriff und verlangt die Umwandlung der Schule in einen Ort der Freiheit (vgl. PETERSEN 1925, S. 207f; S. 234; S. 278; 1926, S. 67; S. 79; S. 106f; dazu LUDWIG 1990, S. 45), an welchem dem Schüler möglichst wenig abgenommen wird: „Es ist falsch, für ihn alles zu bestimmen und zu planen, statt ihn wählen und entscheiden, bestimmen und mitplanen oder allein oder mit seiner Gruppe entscheiden zu lassen" (PETERSEN 1931, S. 125).

Allerdings kann es auch für PETERSEN keine absolute, sondern stets nur eine relative, individuell erfahrene Freiheit geben (vgl. ebd., S. 123; MONTESSORI 1976, S. 201). Aufgrund unumstößlicher physikalischer oder biologischer Grenzen sowie ökonomischer Abhängigkeiten gehören „Beschränkung und Freiheit nebeneinander" (PETERSEN 1931, S. 123). Selbst die eigene psychische Natur kann sich dem einzelnen widersetzen und ihm zur freiheitsbeschränkenden „Gegenwelt" (ebd., S. 133) werden. Zentrale Aufgabe sittlicher Erziehung ist es daher, den jungen Menschen zur Beherrschung seiner vitalen Impulse anzuleiten und ihm zu einer Form von Selbstdisziplin zu verhelfen, die das Spannungsverhältnis zwischen individuellem Freiheitsbedürfnis und notwendigen Bindungen aushalten läßt. Wahre Freiheit, so steht für PETERSEN fest, kann jedoch nur „durch das Sittengesetz gebundene Freiheit sein" (ders. 1926, S. 101), so daß für ihn, darin besteht Einigkeit mit MONTESSORI, die Phänomene Freiheit und Bindung untrennbar zusammengehören.

Dieser verantwortungsvollen Aufgabe muß sich die Erziehung bewußt stellen, so daß ein reines Wachsenlassen des Kindes nicht zum Maßstab pädagogischen Handelns werden kann. Der Aufbau der Freiheit erfordert vor allem die „*Erweite-*

rung und Bereicherung des kindlich-geistigen Lebens" (ders. 1931, S. 127) durch den Erwerb vielseitiger Kompetenzen. Das Bewußtsein des Könnens, die Verfügbarkeit von Wissen, die Beherrschung von Fähigkeiten und Fertigkeiten sowie die Möglichkeit ihrer gezielten Aktivierung verhelfen dem Menschen zu Unabhängigkeit und im erworbenen Können erlebt er „den *Vorgang der Entstehung von Freiheit*" (ebd., S. 128). Zu diesem Verhältnis von Kompetenz und Freiheit stellt PETERSEN pointiert fest: „So viel einer kann, so viel kann er ins Leben rufen" (ebd., S. 129).

Fassen wir zusammen: Für PETERSEN und MONTESSORI ist der Mensch das auf Freiheit angelegte Wesen und begründet Freiheit die menschliche Würde. In völliger Übereinstimmung rücken beide Pädagogen die konkrete kindliche Existenz in das Zentrum ihrer phänomenologischen Betrachtungen, anstatt die Frage nach dem Wesen menschlicher Freiheit rein spekulativ zu erörtern. Beide erkennen, daß sich Freiheit nicht von alleine im Entwicklungsprozeß einstellt, sondern daß ihre Erlangung dem Menschen aufgegeben ist. Ferner stimmen sie darin überein, daß der junge Mensch diese Aufgabe nur bei angemessener Entwicklungsfreiheit bewältigen kann. Erziehung zur Freiheit setzt daher eine Erziehung in Freiheit voraus, welche allerdings nichts mit Beliebigkeit, Willkür und Grenzenlosigkeit gemeinsam hat. Vielmehr ist für beide Pädagogen die der Vernunft verpflichtete, selbstverantwortete Freiheit des Menschen das Ergebnis seiner reflektierten Entscheidung zu wertbestimmtem Handeln, d. h. einer freiwilligen Orientierung an sachlichen, sozialen und transzendenten Bindungen.

Der Umfang pädagogisch sinnvoller Freiräume ist dabei jeweils nach Maßgabe individueller Freiheitsfähigkeit zu gestalten, so daß auch sittliche Erziehung stets altersgemäße Formen annimmt. MONTESSORI und PETERSEN sind sich aber grundsätzlich darin einig, daß sich die Bildung des sittlichen Willens vor allem in gelebten sozialen Beziehungen vollzieht. Während die *Alte Schule* im Vertrauen auf die gesinnungsbildende Kraft der Kulturgüter und den Wert moralischer Betrachtungen zu äußerlicher Disziplin erzieht und der Entwicklung einer „heteronomen Moral" (ders. 1925, S. 230) Vorschub leistet, werden in den *Schulen Neuer Erziehung* „keine Predigten gehalten" (MONTESSORI 1976, S. 303). Nur gelegentlich erfolgt hier, gleichsam als „moralische Hilfe" (dies. 1987, S. 6), eine verbale Anleitung des Kindes zu Freundlichkeit, Respekt und Hilfsbereitschaft. Die Entfaltung sittlicher Freiheit vervollkommnet sich an MONTESSORI- und PETERSEN-Schulen hingegen in verpflichtenden Situationen, „welche das Erstaunen, die Bewunderung und die Ehrfurcht hervorrufen" (BUYTENDIJK 1952, S. 298). Dort erfahren die Kinder den unmittelbaren Anruf zu Selbstbestimmung und sozialer Verantwortung und werden durch das Eingehen schöpferischer Bindungen zum vernunftbetonten und eigenverantwortlichen Gebrauch der Freiheit angeleitet.

Oberstes Ziel ist dabei für PETERSEN mit demselben umfassenden Anspruch wie für MONTESSORI die Erlangung von sittlicher Autonomie als Selbstgesetzgebung der Vernunft. Einen solchen autonomen Gehorsam (FROMM) erlangt der Mensch jedoch nicht durch grenzenlose Ungebundenheit oder abstraktes Theoretisieren, sondern durch einen „Akt der Bejahung" (FROMM 1986, S. 12) aufgrund eigener Vernunftentscheidungen und Überzeugungen, die sich vor allem auf dem Boden sozialer Beziehungen gewinnen lassen. In diesem Kontext formuliert BUYTENDIJK: „Die vollkommenste Erziehung ist diejenige, in welcher (...) das Leben humanisiert wird und die Sittlichkeit vitalisiert" (BUYTENDIJK 1952, S. 302). Diese Umwandlung vitaler Spontaneität in normatives Handeln erfolgt daher in *Pädagogischen Situationen,* in denen sich gelebte Freiheit in sittliche Freiheit (BUYTENDIJK) verwandeln kann, denn „Freiheit winkt (...) nur am Ende von Lernprozessen, die freies und selbstverantwortliches Handeln zu wagen lehren" (ROTH 1971, S. 398).

Hinsichtlich der Normativität des Handelns stehen MONTESSORI und PETERSEN jedem Wertrelativismus fern, denn ihr ethisches Denken ist eingelagert in den Horizont einer christlichen Gläubigkeit, die bei PETERSEN protestantisch und bei MONTESSORI katholisch ausgeformt ist. Es geht ihnen jedoch weder um die rein metaphysische Begründung der Ethik, noch um eine formale Wertemoral im Sinne des kategorischen Imperativs. Vielmehr zielen beide auf die Aufklärung des Verstandes durch die Vermittlung einer Kenntnis des Guten sowie die Förderung der Gesinnung durch das aktive Tun des Guten. Menschliche Vernunft gilt ihnen daher nicht im Sinne der Aufklärung als die einzige Instanz, welche sittliche Handlungsmaßstäbe entwickelt. Aus der als gut angesehenen Seinsordnung lassen sich nach ihrer Überzeugung ebenfalls Normen ableiten. Diese werden indes nicht unreflektiert aus den Lebenszusammenhängen übernommen, sondern mit Hilfe der Vernunft, die bei MONTESSORI und PETERSEN über die kritische Rationalität hinaus auch das intuitive und wertefühlende Schauen umschließt (vgl. MONTESSORI 1976, S. 305; PETERSEN 1931, S. 131), erfaßt und so erst als Sollensforderung konstituiert.

Nach Ansicht beider ist der Mensch zwar von Natur aus gut, jedoch ist er prinzipiell frei „zu streiten für oder wider Gott" (MONTESSORI 1964, S. 43). Mit seiner Schaukraft verfügt er über eine Instanz, die es ihm noch vor der bewußten Auseinandersetzung mit historischen und kulturspezifischen Wertesystemen ermög-

licht, die großen, übergeschichtlichen und universellen „Gesetze der Menschlichkeit und Vernunft" (FROMM 1986, S. 11; vgl. PETERSEN 1931, S. 79; 1984, S. 229ff)
zu erkennen und für sich zu sittlichen Handlungsnormen zu machen. Es handelt
sich um eine innere Stimme im Menschen, die das Gute, das Wahre, das Schöne
und Heilige intuitiv erfaßt und dem nahekommt, was FROMM als *humanistisches
Gewissen* bezeichnet: „Das humanistische Gewissen gründet sich auf die Tatsache,
daß wir als menschliche Wesen intuitiv wissen, was menschlich und was unmenschlich ist, was das Leben fördert und was es zerstört" (FROMM 1986, S. 12).
Ganz im Sinne MONTESSORIS und PETERSENS kann auch nach Heinrich ROTH das
menschliche Gewissen nur dann „als Instanz der kritischen und kreativen moralischen Selbstbestimmung gelten, wenn es einerseits auf jenem sach- und sozial-
einsichtigen Verhalten aufbaut, das ein rational begründetes Handeln erfordert,
sich aber andererseits auch jenen großen moralischen Imperativen verpflichtet
fühlt, die aus der kritschen Reflexion der Menschheit hervorgegangen sind bzw.
ihr standgehalten haben" (ROTH 1971, S. 434).

MONTESSORI und PETERSEN halten beide eine Kultivierung der Freiheit trotz
vorhandener Beschränkungen und Bindungen für möglich, denn Freiheit ist für sie
in erster Linie „normative Freiheit", d. h. „die menschliche, die Lebensfreiheit, die
christliche Freiheit" (BUYTENDIJK 1990, S. 78), die durch Normen gebunden ist,
aber nicht determiniert. Aus dem antinomischen Spannungsverhältnis von Freiheit
und Bindung heraus begründen sie das Erfordernis einer Stufenfolge kontinuierlich zunehmender, pädagogisch geförderter Freiheit und Selbstbestimmung bei
gleichzeitig verantwortbarer Abnahme von Fremdbestimmung und äußerem
Zwang in der Erziehung. Mit dieser Position entfernen sie sich nicht so weit von
KANT, wie oft angenommen. In neueren Interpretationen seines Freiheitsbegriffes
wird herausgestellt, daß auch für KANT die individuelle Freiheit ohne Bindung,
d. h. eine grenzenlose Freiheit nicht denkbar ist (vgl. CAVALLAR 1996, S. 91; HEL-
LER 1994, S. 55; HENNER 1992, S. 26; S. 41), da der Mensch Herr über die inneren Impulse sein muß, um sich seiner Vernunft bedienen und sittlich handeln zu
können. Folgerichtig verwendet KANT einen Disziplinbegriff, der auf bemerkenswerte Weise an MONTESSORI und PETERSEN erinnert, wenn es da etwa heißt: „'Je
mehr einer sich selbst zwingen kann, desto freier ist er'" (KANT zitiert nach CA-
VALLAR 1996, S. 92).

Die Erziehungsmethode selber sollte für MONTESSORI und PETERSEN eine
möglichst freiheitliche sein. Der Vernunftgebrauch aber, der als besonderes Kennzeichen menschlicher Freiheit gilt, bedarf der Kultivierung und setzt eine Bildung
voraus, die nicht ohne gewisse Einschränkungen zu erlangen ist. Die „Freisetzung

vernünftigen Denkens, begründeten Urteilens und verantworteten Handelns kann", so bemerkt HENNER zutreffend, „gar nicht anders als auf dem Weg der Einführung in bestehende soziale, technische, kulturelle, intellektuelle, oder ethische Errungenschaften geschehen" (HENNER 1992, S. 26). Diese Voraussetzungen dürfen nicht übersehen werden, denn Nicht-Wissen, Nicht-Können, fehlende Kraft und mangelnder Überblick schaffen dauerhafte Abhängigkeiten und schränken die persönliche Freiheit ein. Daher sollte die Erziehung zur Freiheit nach POTTHOFF ein Prozeß sein, „der sich in konzentrisch er weiternden Kreisen erfüllt" (POTTHOFF 1994, S. 68) und zu einem ständigen Zuwachs an Sach-, Sozial- und Selbstkompetenz (ROTH) führt. Erforderliche Begrenzungen sind dabei immer transparent und einsichtig zu machen, damit sie Halt und Sicherheit geben können.

Vor den Gefahren einer falsch verstandenen Freiheit wird besonders im Kontext aktueller ökopädagogischer Ansätze eindringlich gewarnt. So führen etwa nach KLEBER die einseitig anthropozentrische Weltsicht und eine zunehmende Bindungslosigkeit des Menschen zur existentiellen Bedrohung der Lebensgrundlagen. Er fordert daher einen Ausgleich zwischen individuellen Bestrebungen einerseits sowie sozialer Kooperation, Verantwortung für die Schöpfung und reflektierter Rückbindung an die Eigengesetzlichkeit der Mitwelt andererseits. In Anbetracht der gegenwärtigen ökologischen Krise könne es sich die Pädagogik nicht mehr leisten, „eine offene Zukunft zu proklamieren und individuelle Selbstverwirklichung ins Zentrum zu stellen (...). Es reicht auch nicht aus, eine positive, emotionale Bindung für Naturphänomene zu fördern. Wir brauchen endlich eine rational verantwortliche Bindung an das Lebenssystem unseres Planeten" (KLEBER 1995, S. 53).

Dieser Appell belegt, daß zentrale Forderungen MONTESSORIS und PETERSENS nichts an Aktualität eingebüßt haben. Dies gilt in bezug auf ökologische Fragen ebenso wie für ihre Reflexionen über die wechselseitige Abhängigkeit der Menschen voneinander, mit denen sie bereits den heute aktuellen Gedanken der *Einen Welt* vorwegnehmen. In diesem Kontext spricht die Kosmopolitin MONTESSORI von der Menschheit, „für die es nur ein einziges Vaterland gibt: die Welt" (MONTESSORI 1994, S. 6) und die daher „eine einzige Nation" (dies. 1989, S. 83) bildet. Für PETERSEN führt der Weg zur Weltengemeinschaft hingegen über den *„Nationalhumanismus"* (PETERSEN 1925, S. 72; vgl. 1929, S. 188). Darunter versteht er keinen rationalen Internationalismus oder verengten Chauvinismus. Vielmehr entwickelt der Mensch seiner Überzeugung nach über die Liebe zum eigenen Volk eine Liebe zur ganzen Menschheit, denn es „liebt die Menschheit, wer *sein* Volk liebt" (ders. 1926, S. 133). Das pädagogische Denken beider kreist daher um ein Weltethos, dem eine gegenseitige Verantwortlichkeit der Menschen füreinander innewohnt und welches aus einer gelungenen Integration freier Individualität und verantwortlicher Sozialität hervorgeht.

Die entscheidende Parallele ist allerdings in ihrem Verständnis menschlicher Entwicklungsvorgänge zu sehen: MONTESSORI und PETERSEN gehen beide von der Selbstbildungskraft des Menschen aus und sehen diese in einem komplexen Wechselspiel mit den individuellen Anlagen einerseits und den Umweltbedingungen andererseits, so daß sie den Menschen letztlich als Werk der Natur, Werk des Menschen und Werk seiner selbst (Pestalozzi) betrachten. In beiden Konzeptionen ist intentionale Erziehung vornehmlich indirektes Wirken, welches die schöpferische Eigentätigkeit des Kindes unterstützt. Bei PETERSEN orientiert sich pädagogisches Handeln an den Gesetzmäßigkeiten funktionaler Erziehung und wirkt sich über die *Pädagogischen Situationen* aus. Bei MONTESSORI ist es die *Vorbereitete Umgebung,* durch die der Erzieher den kindlichen Entwicklungsprozeß fördert.

Für PETERSEN zielt Bildung auf die Entfaltung individueller Kräfte zu ihrem möglichen Optimum ab. Allerdings macht nicht sie das Eigentliche des Menschseins aus, sondern die Fähigkeit zu wertbestimmtem Handeln. Bildung kommt daher eine Dienstfunktion gegenüber der Erziehung zu, die als alleinige Instanz die Entwicklung der sittlichen Persönlichkeit herbeiführt und die Humanisierung des Menschen bewirkt, indem sie geistige Tugenden in ihm aktualisiert (vgl. PETERSEN 1963, S. 216; 1931, S. 95). Persönlichkeit wird hingegen als die „gemeinschaftserfüllte und -getriebene Individualität" (ders. 1931, S. 87) verstanden, welche sich frei den Zwecken einer geistigen Gemeinschaft unterstellt und aus Nächstenliebe den Mitmenschen dient. Nur auf diesem Wege gelangt die Individualität zur sittlichen Freiheit und wird zur gereiften und erwachsenen Persönlichkeit (vgl. ders. 1962, S. 255).

Auch MONTESSORIS Begriff der Individualität betont die Einzigartigkeit jedes Menschen, während der Persönlichkeitsbegriff stärker seine Gemeinschaftsbezogenheit akzentuiert. Mit PETERSEN verbindet sie weiterhin die Vorstellung, daß es eine „entelechetische Bewegung einer komplex-ganzheitlichen Körper-Seele-Geist-Einheit" (KRATOCHWIL 1992, S. 241) von der Individualität zur sittlichen Persönlichkeit gibt. Allerdings gilt ihr, obschon sie die Termini Erziehung, Bildung und Unterricht nicht immer trennscharf abgrenzt, Bildung als der umfassendere Begriff. Nach ihrem Verständnis bezeichnet er den schöpferischen Persönlichkeitsaufbau des Kindes (ital.: formazione, construzione, creazione), den sie als intrapersonalen, eigenaktiven Konstruktionsprozeß deutet. Erziehung als bewußtes interpersonales Geschehen hingegen hat für sie vor allem eine Dienstfunktion gegenüber diesem Selbstbildungsprozeß. Damit ist ihr Bildungsbegriff umfassender als derjenige PETERSENS und bezeichnet den ganzheitlichen Vorgang individueller Menschwerdung. Erziehung im Sinne einer indirekten Entwicklungshilfe erhält in ihrem pädagogischen Denken jedoch einen geringeren Stellenwert als bei PETERSEN, der Erziehung in erster Linie als eine kosmische Funktion auffaßt.

MONTESSORI und PETERSEN vertreten schließlich unterschiedliche Auffassungen hinsichtlich der Frage, welchen Beitrag eine freiheitliche Erziehungskonzeption zur Entwicklung der Menschheit leisten kann. Diesbezügliche Überlegungen MONTESSORIS zeichnen sich in der Regel durch einen optimistischen und sozialreformerischen Impetus aus, obwohl sie sich der Bedrohungen und Gefahren durchaus bewußt ist. PETERSENS Reflexionen hingegen sind eher sachlich, nüchtern und häufig durch einen starken Pessimismus gekennzeichnet.

MONTESSORI hängt dem Traum von einer neuen, besseren Menschheit in einer friedlichen und gerechten Welt an, die sie auf der Basis *Neuer Erziehung* für realisierbar hält. Schöpfer dieser harmonischen Weltengemeinschaft ist das Kind, denn der gesamte Fortschritt und und „die Vervollkommnung der Menschheit, der Friede unter den Menschen: alles liegt in der Seele des Kindes beschlossen" (dies. 1988, S. 35; vgl. 1993, S. 111). So hält sie ein „großzügigeres und würdigeres Leben als jemals zuvor" (dies. 1993, S. 100) und „eine wunderbare *neue Welt*" (dies. 1966b, S. 94; vgl. 1989, S. 9; S. 13) für prinzipiell möglich. Dazu tragen nach ihrer Überzeugung auch die Fortschritte in Wissenschaft und Technik maßgeblich bei, insofern es den Menschen gelingt, kritisch und verantwortungsbewußt mit den modernen Errungenschaften umzugehen.

Während in den 20er Jahren für PETERSEN noch ein „starker, großer und schöner Glaube an die Zukunft der Völkergemeinschaft" (1926, S. 133) die neue Erziehungsbewegung beseelt, ist seine Einschätzung in der Folgezeit zunehmend von Skepsis geprägt. Wiederholt wendet er sich gegen die Annahme eines moralischen Fortschritts der Menschheit „ungeahnten Ufern zu, gar den Meeren der höchsten Vollkommenheit" (ders. 1962, S. 89; vgl. 1931, S. 108; S. 109), denn den Menschen stellen sich immer wieder die gleichen sittlichen Aufgaben, ohne daß sie dabei besser oder schlechter werden. So ist es für ihn gleichgültig, wer etwas Gutes tut, da Werte unabhängig von Personen bestehen und es stets das Gute schlechthin ist, was in der guten Tat zur Geltung kommt (vgl. ders. 1931, S. 86; 1962, S. 93; 1984, S. 232).

Nach PETERSEN kann es keine allgemeine Höherentwicklung geben, sondern nur die „Entfaltung der sittlichen Kräfte des Einzelnen in der Gemeinschaft und durch die Gemeinschaft, in welcher er lebt" (ders. 1931, S. 107). Schließlich führe jede „ethische Eschatologie" (ebd., S. 108) als Glaube an den letzten Sieg des Guten zu einer unangemessenen Abwertung der Gegenwart und verstelle den Blick für die anstehenden Aufgaben. Ganz im Gegensatz zu MONTESSORI steht PETERSEN daher auch den Möglichkeiten der Wissenschaft skeptisch gegenüber, denn mit ihren Erkenntnissen alleine lasse sich nicht „das goldene Zeitalter" (ders. 1984, S. 18) herbeiführen. Daher gehe es immer nur darum, jeweils das Beste möglich zu machen, „da wir Menschen des absolut Besten niemals fähig sind" (ebd., S. 158).

4.5 Die pädagogische Bedeutung der Freien Arbeit bei Montessori und Petersen

Einleitend ist nochmals festzuhalten, daß die von PETERSEN als Freie Arbeit bezeichnete Unterrichtsform nicht gleichbedeutend ist mit der Freiarbeit nach MONTESSORI. Als freies Beschäftigungsangebot am Sonnabend wird sie anderen „Gemeinschaftsformen" (PETERSEN 1963, S. 111; vgl. 1980, S. 52; vgl. SKIERA 1985, S. 78) wie Feier oder Kreis zugeordnet und nicht explizit unter den Bildungsgrundformen aufgeführt. Unter Freier Arbeit nach dem Jena-Plan sind nachfolgend daher die freien Schüleraktivitäten im Rahmen des Gruppenunterrichtlichen Verfahrens zu verstehen, welche gemäß ihrem pädagogisch-didaktischen Stellenwert das Kernstück der Unterrichtsorganisation nach dem Jena-Plan darstellen.

In beiden Konzeptionen steht der freie Bildungserwerb des Kindes auf der Basis spontaner Selbsttätigkeit im Mittelpunkt, und nicht, wie in der *Alten Schule*, die rein rezeptive Übernahme tradierten Wissens. Daher gilt nach PETERSENS fundamentaler Feststellung: „Aller Unterricht *baut auf der Tätigkeit der Schüler auf*" (PETERSEN 1963, S. 130). Diese wird als Grundbedingung aller sinnerschließenden und Erkenntnis konstituierenden Lernprozesse gesehen und entspricht dem natürlichen Aktivitätsdrang des Kindes, welches sich „schaffend betätigen und schöpferisch konstruktiv arbeiten will" (ebd., S. 188). *Selbst* tätig zu werden bedeutet nach MONTESSORI und PETERSEN, daß der Schüler als ganze Person angesprochen wird, aus inneren Motiven heraus mit Interesse arbeitet, frei und selbstverantwortlich lernt. *Tätigkeit* meint den aktiv handelnden, multisensoriellen Umgang mit den Gegenständen, der besonders auf den frühen Entwicklungsstufen über das konkrete Begreifen zum geistigen Erfassen und zur Konstruktion von Wissen führt. Dazu muß am Anfang aller Bildungsprozesse immer, so bereits

ROUSSEAU, das echte Staunen und ein Ergriffensein durch den Anruf der Sache stehen, denn das „unmittelbare Interesse ist die große und einzige Triebfeder, die sicher und weit führt" (ROUSSEAU 1978, S. 101).

Ziel der *Führung des Unterrichts* (PETERSEN) bzw. *Vorbereitung der Umgebung* (MONTESSORI) ist daher die Bereitstellung einer anregenden, spannungsreichen und kindgerechten Lernwelt, in der sich echte Interessen entwickeln und konstruktiv auswirken können. Die zentrale Veränderung innerhalb des klassischen didaktischen Triangels erfolgt somit an der Verbindungslinie zwischen Kind und Sache. Die Bildungsinhalte werden in der Freien Arbeit nicht durch das Medium des Lehrers vermittelt, sondern in unmittelbarer geistiger Begegnung von den jungen Menschen selbst erschlossen. Der Erwachsene belehrt nicht, sondern initiiert bildungswirksame Kontakte zwischen Schüler und Stoff. Damit gibt er seine traditionelle Hauptaufgabe weitgehend an einen *vorgeordneten* Lern-, Lebens- und Erfahrungsraum ab, der zum eigentlichen „pädagogischen Epizentrum" wird.

Es sei daran erinnert, daß MONTESSORIS umfassendes Verständnis von pädagogischer Umgebung sich nicht auf den Aspekt der Raumgestaltung reduzieren läßt. *Vorbereitete Umgebung* im weiten Sinne meint das Insgesamt der räumlich-zeitlichen, methodisch-didaktischen und personellen Vorstrukturierungen, die jedem Kind ein Maximum an individueller Selbsttätigkeit ermöglichen sollen. In demselben Sinne spricht PETERSEN von der Führung *Pädagogischer Situationen,* „in denen das *volle* Selbst der Schüler in Tätigkeit gesetzt wird. Denn es offenbart sich erst in *echter* Selbsttätigkeit nun eben dieses 'Selbst' des Schülers" (PETERSEN 1963, S. 32). MONTESSORIS engerer Umgebungsbegriff hingegen weist weitreichende Parallelen zu PETERSENS Idee der *Schulwohnstube* auf. Ein wichtiger Unterschied ist jedoch darin zu sehen, daß sie in bezug auf die Raumgestaltung vornehmlich von den Entfaltungsmöglichkeiten des einzelnen Kindes her argumentiert, während PETERSEN vor allem die versittlichenden Wirkungen der *Schulwohnstube* auf das Gruppenleben reflektiert.

Für beide Pädagogen ist die Forderung nach Eigenaktivität der Schüler in ganzheitlichen Lernprozessen eng an die Möglichkeit der freien Wahl zwischen attraktiven Bildungsangeboten rückgebunden. Mit dieser Entscheidungsfreiheit wird dem Kind zugleich stets die Verantwortung für sein Handeln übertragen, so daß gewählte Aufgaben beendet, übernommene Pflichten erfüllt und die Rechte der Gemeinschaft sowie die Eigengesetzlichkeit der Dinge respektiert werden müssen. Vor diesem Hintergrund gehen MONTESSORI und PETERSEN insofern konform, als sie dem Schüler innerhalb eines pädagogisch verantwortbaren Rahmens die *freie Wahl* der *Arbeit,* der *Zeit,* des *Ortes* und der *Sozialform* gewähren. In beiden Konzeptionen Freier Arbeit gilt zudem der Grundsatz *freier Zirkulation,* der ein hohes Maß an physischer Bewegungsfreiheit erlaubt.

Allerdings werden beim Gruppenunterrichtlichen Verfahren mit der Entscheidung für ein Teilgebiet dauerhaftere Bindungen inhaltlicher, zeitlicher und sozialer Art eingegangen als beim materialunterstützten Lernen der jüngeren Schüler. Während sich die Kinder hier innerhalb einer Zeiteinheit frei ihre Aufgaben suchen, gilt die Entscheidung für ein Gruppenarbeitsthema für einen längeren Zeitraum und muß daher weiter vorausschauend getroffen werden. Die individuelle Dosierung des Schwierigkeitsgrades einer Arbeit ist dabei ein stufenübergreifendes Prinzip, welches bei der Materialarbeit seltener der Absprache mit anderen bedarf. In der Gruppenarbeit ist jedoch eine Abstimmung aller Teilgebiete zwingend notwendig, da jedes Kind nach eigenem Vermögen zu einem befriedigenden Gesamtergebnis beitragen soll. Hinsichtlich des Bestimmungsverhältnisses von *Freiheit und Bindung* in der Freien Arbeit lassen sich daher bei MONTESSORI und PETERSEN keine im Grundsatz konträren Auffassungen erkennen, da die genannten Unterschiede sachlogisch und lernpsychologisch begründbar sind.

In beiden Konzeptionen ist die Arbeit mit didaktischem Lernmaterial von zentraler Bedeutung für den kindlichen Selbstbildungsprozeß und so stellen PETERSEN und MONTESSORI nahezu identische Anforderungen an pädagogisch wertvolle *Arbeitsmittel.* Allerdings lassen sich auch hier einige Unterschiede erkennen, denn *erstens* entwickelt PETERSEN im Gegensatz zu MONTESSORI kein eigenes Materialsystem und betont wiederholt, daß er sich auf keinen Hersteller festlege. Eine solche Vorstellung findet sich bei MONTESSORI nicht, allerdings werden auch in der heutigen MONTESSORI-Praxis Lernmaterialien unterschiedlicher Herkunft verwendet. *Zweitens* spielt für PETERSEN, anders als bei MONTESSORI, das sozialerzieherisch bedeutsame Prinzip der quantitativen Materialbegrenzung keine zentrale Rolle, denn offenbar werden die Arbeitsmittel bei ihm „zum großen Teil gemeinschaftlich benutzt" (APELT 1951, S. 33). *Drittens* führt MONTESSORI ihr Material vornehmlich in Einzellektionen ein, PETERSEN hingegen im Einführungskurs für die ganze Gruppe (vgl. ebd., S. 11; S. 18ff; S. 24).

Eine partielle Übereinstimmung ist in bezug auf die materialisierten Inhalte zu erkennen. Für PETERSEN zielen Selbstlernmittel „nicht unmittelbar ab auf die Natur, auf die Wirklichkeit selbst, sondern - sie *stehen im Dienst der Kulturübermittelung,* besonders der Einführung in Techniken mit Richtung auf den Erwerb und die Beherrschung von Kulturgütern" (PETERSEN 1963, S. 188). Sie sind daher in erster Linie „Bildungsmittel, um Ordnung zu schaffen, Funktionen zu üben, Form zu gewinnen" (ebd., S. 190). Auch nach MONTESSORI sind Arbeitsmittel vor allem ein Schlüssel zur Teilhabe an der Kultur. Wenn sie aber etwa mit der *Biologischen Kommode* auch einen Zugang zur Natur eröffnen will, ist sie sich doch wie PETERSEN der sachstrukturellen Grenzen von Lernmaterialien bewußt. Für beide Pädagogen ist die menschliche Erkenntnishaltung gegenüber der Natur eine andere als zur Kultur. Da erstere den eigentlichen Wurzelgrund des Menschen bildet und viel intensiver auf ihn wirkt, seien zwangsläufig auch andere Zugangsweisen zu ihr zu suchen (vgl. MONTESSORI 1993, S. 118ff; PETERSEN 1963, S. 187) und in dieser Hinsicht das Lernen mit Arbeitsmitteln etwa durch die originale Begegnung (ROTH) zu ergänzen bzw. zu ersetzen.

Als *bedeutsame Bildungsformen* nennt PETERSEN neben der (Freien) Arbeit daher insbesondere Gespräch, Spiel und Feier, die er differenziert ausarbeitet und systematisch begründet. Auch bei MONTESSORI findet sich eine solche Methodenvielfalt, die mehr als nur vier „didaktische Grundformen" (KRATOCHWIL 1992, S. 253) umfaßt. Allerdings verstellt die Faszination ihres Materialsystems oft diese Tatsache und läßt manchen Kritiker die MONTESSORI-Methode auf die Individualarbeit mit Selbstlernmitteln reduzieren. Hierdurch wird die Bandbreite der von ihr angeregten und praktizierten, wenn auch nicht systematisch weiterentwickelten Arbeitsformen unzulässig verkürzt. Für beide Pädagogen ist Freie Arbeit mit didaktischem Material vor allem dann bedeutsam, wenn es um den Erwerb von Grundfertigkeiten und Begriffen geht. Je komplexer die Unterrichtsgegenstände werden und je stärker interdisziplinäres Lernen und vernetztes Denken gefragt sind, bei PETERSEN etwa in der Gruppenarbeit und bei MONTESSORI im Rahmen der Kosmischen Erziehung, als desto notwendiger erachten beide die Einbeziehung alternativer Arbeitsformen.

PETERSEN und MONTESSORI verurteilen übereinstimmend die traditionelle Jahrgangsklasse und stellen die *altersgemischte Kindergruppe* als lebenswahre Gemeinschaftsform in den Mittelpunkt des Schul- und Unterrichtslebens. Sie votieren für einen einheitlichen Bildungsweg junger Menschen beiderlei Geschlechts, unterschiedlicher Begabung und sozialer Herkunft. Im Rahmen dieser heterogenen Lebensgemeinschaft soll jedes Kind seine individuellen Fähigkeiten optimal entfalten und sich zu einer humanen, allseitig gebildeten Persönlichkeit entwickeln können. Beide stellen in diesem Kontext die pädagogisch-didaktischen Vorzüge des Altersgefälles in der jahrgangsübergreifenden Gruppe heraus und heben insbesondere auf das Phänomen der gegenseitigen Hilfe unter den Schülern ab.

Eine künstliche Polarisierung von *Individualpädagogik* hier und *Sozialpädagogik* dort läßt sich nicht weiter aufrechterhalten, denn weder erhebt MONTESSORI die Erziehung des einzelnen Kindes, noch PETERSEN die Gemeinschaftserziehung zum Dogma. Von beiden wird die Individualität des Menschen ebenso gesehen wie seine Sozialität, nur geht es bei PETERSEN stärker „durch das Soziale hindurch zum Einzelnen", bei MONTESSORI hingegen „mehr durch den Einzelnen hindurch zum Sozialen" (GUYER 1952, S. 382). Es ist mit Nachdruck festzuhalten, daß sich von argumentativ unterschiedlichen Akzentsetzungen nicht ohne weiteres auf konträre pädagogische Grundüberzeugungen schließen läßt.

So ist zu bedenken, daß MONTESSORI zu Beginn ihrer pädagogischen Tätigkeit vor allem mit Vorschulkindern arbeitet. Zwar setzt sie sich im Zuge der Weiterentwicklung ihrer Konzeption auch mit den erzieherischen Fragen des Grundschul- und Jugendalters auseinander, jedoch befaßt sie sich im Laufe ihres Lebens, besonders im Spätwerk, immer wieder mit dieser frühen und fundamentalen Entwicklungsphase. PETERSEN dagegen ist ausgebildeter und praxiserfahrener Schulpädagoge, der zunächst am Gymnasium unterrichtet und dann Leiter einer Volksschule wird. Sein Hauptinteresse gilt eindeutig dem älteren Schulkind. Vor dem Hintergrund dieser doch recht unterschiedlichen Blickwinkel auf den heranwachsenden Menschen läßt sich manche Schwerpunktsetzung besser verstehen.

Vor allem ist evident, daß ein Kleinkind andere Bedürfnisse hat als der Sekundarstufenschüler. Sein Streben nach Entwicklung der Sinne und der Motorik verlangt nach individueller Hilfe, so daß MONTESSORI den erzieherischen Fokus eindeutig auf das Individuum und nicht die Gruppe richtet. Mit dieser Einstellung geht PETERSEN durchaus konform, wenn er etwa für die Sinnesausbildung des Kindes „Arbeitsmittel zum individuellen Fortschreiten" (PETERSEN 1980, S. 61) fordert. Die Volksschüler, mit denen er arbeitet, bedürfen jedoch einer andersartigen erzieherischen Hilfe, da ihre Lernbedürfnisse sich von denen des Vorschulkindes deutlich unterscheiden. Zudem sind auf dieser Altersstufe die sachbezogenen Interessen der Kinder in zunehmendem Maße mit gesellschaftlichen Anforderungen in Einklang zu bringen und ist der objektiven Kultur stärker zu ihrem Recht zu verhelfen. Schließlich sind hier viele Lernaufgaben so komplex, daß sie sich alleine nur schwer bewältigen lassen. Zu dem wachsenden Wunsch der Kinder nach Gruppenbildung kommt daher immer mehr auch die Zweckmäßigkeit der Kooperation, denn das „Studieren und Nachdenken", so MONTESSORI, „rufen nach der Gruppe" (MONTESSORI 1966a, S. 128).

Hinsichtlich der konkreten Gestalt Freier Arbeit läßt sich daher sagen, daß die

Freiarbeit im Sinne MONTESSORIS in erster Linie auf das einzelne Kind hin orga-
nisierte Entwicklungshilfe ist, in der Praxis jedoch starke gemeinschaftsfördernde
Momente aufweist und prinzipiell offen ist für das Einmünden in Gruppenarbeit.
Auch das Gruppenunterrichtliche Verfahren stellt, selbst wenn der Terminus anderes suggeriert, eine höchst individualisierende Arbeitsform dar, welche persönlichen Interessen, Neigungen und Lernbedürfnissen der Kinder im Rahmen eines
größeren Gemeinschaftsvorhabens Rechnung trägt. Ihr besonderes Kennzeichen
ist im Gegensatz zur Freiarbeit nach MONTESSORI „die Vielseitigkeit der Blick-
richtung, die aber doch ein Zentrum hat. Eine Vielzahl von Teilprojekten um ein
Hauptprojekt" (WOLFRUM 1958, S. 74).

Vor dem Hintergrund der deutschen Geschichte hat PETERSENS Führerbegriff
weithin zu Irritationen geführt, während der MONTESSORI-Pädagogik oft unterstellt
wird, sie komme ohne Pädagogen aus. Aber auch im Hinblick auf die Frage nach
der Funktion des *Neuen Erziehers* zeigt sich mehr Gemeinsames als Trennendes.
Für beide Pädagogen stellen *Demut, Liebe* und *Dienst* die zentralen Kategorien
dar, mit denen sich sein pädagogisches Ethos kennzeichnen läßt. Im Vertrauen auf
die schöpferische Selbstbildungskraft des Kindes sieht er sich nicht als Baumeister der kindlichen Persönlichkeit, sondern gleicht eher einem „fürsorglich hegen-
den Gärtner" (WOLFF 1984, S. 37), der den Anspruch aufgibt, Bildung und Sittlichkeit mit Hilfe seiner Unterrichtskunst gleichsam eintrichtern zu wollen. Zwar
fordert MONTESSORI bekanntlich, der Erzieher solle „passiv werden, damit das
Kind aktiv werden kann" (MONTESSORI 1988, S. 21). Jedoch stellt es für beide Pädagogen unbestritten das oberste Ziel dar, dem Kind „zur Autonomie, zur Freiheit,
zu *seinem* Menschentum zu verhelfen" (PETERSEN 1931, S. 169). Dies macht aber
eine angemessene Balance zwischen Führung und Wachsenlassen erforderlich, so
daß der Erzieher stets das Überflüssige vermeiden und das Notwendige tun soll
(vgl. MONTESSORI 1994, S. 180).

MONTESSORI spricht bevorzugt von der *Leiterin*, deren anspruchsvolle Aufgabe es ist, die Entwicklung junger Menschen zu leiten und ihnen zur Unabhängigkeit zu verhelfen. Sie verpflichtet sich aus pädagogischer Liebe heraus zum Dienst
am Kind und versteht sich als Dienerin des kindlichen Geistes (vgl. dies. 1984,
S. 253; 1988, S. 21; 1989, S. 109; 1994, S. 182; 1995, S. 157). Weniger bekannt
ist die Tatsache, daß auch MONTESSORI in diesem Zusammenhang explizit den Begriff der Führung verwendet. Die Leiterin müsse „eine sichere und erfahrene Führerin" sein, eine „wahre Führerin auf dem Lebensweg" (dies. 1994, S. 179; vgl.
S. 182) der Kinder. Dabei geht es keineswegs um die Anleitung zu irrationalem
Gehorsam und Unterordnung. Vielmehr könne nur eine geistig reife, sittliche Per-

sönlichkeit junge Menschen führen, denn: „Nicht wer Sinn für große Autorität hat, sondern wer Sinn für große Verantwortlichkeit hat, ist Führer" (dies. 1984, S. 236).

Der Umfang pädagogischer Autorität wird daher stets durch das Maß kindlicher Erziehungsbedürftigkeit bestimmt, so daß die Leiterin letztlich „am stolzesten sein (kann), wenn sie gar nicht mehr nötig ist" (dies. 1989, S. 105). Entgegen einer allzu einseitigen Interpretation des *Vom Kinde aus,* wie sie für die Frühphase der Reformpädagogik charakteristisch ist, macht MONTESSORI mit Nachdruck geltend, daß Erwachsene und Kinder zwar gleichwertig, aber nicht gleich seien: „Die Erzieherin muß höherstehen, nicht nur ein Kamerad sein", denn junge Menschen „brauchen einen würdigen, reifen Menschen" (ebd., S. 108), der ihnen Orientierung gibt und eine Stütze ist. Dieser Mensch muß mit seiner ganzen Persönlichkeit präsent sein, d. h. er „muß seine Gegenwart das Kind spüren lassen, das sucht; sich verbergen dem, das gefunden hat" (ebd., S. 110).

In gleicher Weise ist für PETERSEN das Ethos des Erziehers von der Liebe zum Kind getragen (vgl. PETERSEN 1962, S. 273f; 1963, S. 21; S. 50) und auch er sieht den Gruppenleiter im „Dienst an der Entfaltung menschlichen Lebens" (ders. 1962, S. 274), d. h. an der Vergeistigung und Freiwerdung Heranwachsender. Erstes Gebot ist für ihn der Respekt vor der kindlichen Individualität, „die Achtung vor dem Eigenen, der 'Sendung' des Menschenkindes" (ders. 1931, S. 158) und seine optimale Förderung gemäß individuellen Möglichkeiten. Da sich der Mensch nicht monadenhaft entwickelt, sondern jeder in seiner Einzigartigkeit die Bedingung für die Entwicklung des anderen darstellt, gilt PETERSEN *„das Du konstitutiv für die Entfaltung und Vollendung des Ich "* (ebd., S. 85). Daher bedarf der Heranwachsende eines geistig reiferen Menschen, der seine Entwicklung zur freien Persönlichkeit unterstützt und begleitet. Ein Mensch, der sich in besonderem Maße zur Erfüllung dieser Aufgabe berufen fühlt, ist der professionelle Erzieher und Lehrer, der somit auch in den Schulen *Neuer Erziehung* nicht überflüssig ist, sondern geradezu „konstitutiv für seine Gruppe" (ders. 1963, S. 22).

Systematischer als MONTESSORI befaßt sich PETERSEN mit dem Verhältnis von intentionaler Erziehung zur Zielbestimmung sittlicher Freiheit. Da jeder erzieherischen Einflußnahme ein gewisser Zwang innewohnt, kleidet er diese *praktische Aporie der Erziehungswissenschaft* (vgl. ders. 1931, S. 114ff) in folgende Frage: „Womit kann ich es verantworten, mich zum Diener der die Menschengemeinschaft durchwaltenden Erziehung zu machen oder machen zu lassen? Womit kann ich es verantworten, alsdann die 'Führung' anderer Menschen zu übernehmen, andere zu bestimmen, ihnen 'Aufgaben' zu setzen, sie bewußt zu machen, Macht, ja

Zwang über sie auszuüben, ihnen 'Gesetze' vorzuschreiben, ihre 'Freiheit' zu beschränken, sie zu determinieren?" (ebd., S. 118). Die Antwort besteht für PETERSEN im Einklang mit MONTESSORI darin, daß pädagogische Führung niemals Selbstzweck sein darf und nur dadurch legitimiert wird, daß sie befreiend wirkt und von begrenzter Dauer ist. Während funktionale Erziehungsvorgänge zeitlich nicht terminierbar sind, endet die Notwendigkeit der pädagogischen Führung etwa mit Ende des zweiten Lebensjahrzehnts (vgl. ders. 1931b, S. 62).

Auch für PETERSEN ist der Erzieher vor allem der „behutsame Diener der Natur" (ders. 1962, S. 86) und seine Autorität, darin besteht ebenfalls Übereinstimmung, beruht nicht auf Macht, sondern auf persönlichen Eigenschaften und Fähigkeiten, seinem höheren Grad an Vergeistigung und Versittlichung. Stete Selbsterziehung wird ihm zur höchsten Pflicht, denn: „Niemand kann führen, der sich nicht selber zu führen vermag" (ders. 1926, S. 130; vgl. 1931, S. 151). Jeder Mißbrauch dieser Autorität ist hingegen eine Quelle des Bösen. Da der Erzieher am besten die Lernziele und Bildungsinhalte sowie geeignete Methoden zu ihrer Erschließung überblickt, bleibt er nach wie vor „Hüter der Ordnung" und „Quelle des Wissens" (ders. 1963, S. 123). Allerdings sei angemerkt, daß in den *Pädagogischen Situationen* des Jena-Plans auch ein älteres Kind, insofern es besonders begabt ist und „höhere Geistigkeit bekundet" (ders. 1963, S. 22; vgl. 1980, S. 19f), temporär zum Führer einer Schülergruppe werden kann.

Somit muß der Erzieher nach PETERSEN und MONTESSORI auch in freien Lernsituationen „Führer sein im Vollsinne des Wortes" (ders. 1926, S. 130). Freie Arbeit wird daher nicht dem Zufall überlassen, sondern bedarf des angemessenen Arrangements, soll sie einen substantiellen Beitrag zur Menschwerdung leisten. In beiden Konzeptionen liegt dabei das Schwergewicht einer *Führung des Unterrichts* auf der Anbahnung bildungswirksamer Kontakte zwischen Kind und Sache sowie erziehungsrelevanter Begegnungen zwischen den Menschen. *Führung im Unterricht* hingegen meint die indirekte, formale Leitung der selbsttätigen Arbeit auf ein in jeder Beziehung gutes Ziel hin. Die direkte stoffliche Belehrung kann dadurch zurücktreten, daß PETERSEN mit der Elementargrammatik und MONTESSORI in Einführungslektionen die Voraussetzungen für die wirklich Freie Arbeit schaffen. Die grundsätzliche Aufgabe des Erziehers besteht daher darin, so läßt sich zusammenfassend sagen, „den arbeitenden Schüler zu leiten, ihm 'Hilfe zur Selbsthilfe' zu geben" (APELT 1951, S. 10). Erfüllt er die von beiden Pädagogen übereinstimmend formulierten Anforderungen an eine situationsgemäße Leitung, die sowohl Momente stärkerer Führung wie auch des Gewährens beinhalten kann, wird er, nach einem Diktum PETERSENS, „zu einem Anwalt und zum Vormund der

Kinder" (PETERSEN 1925, S. 40). Freie Arbeit im Sinne MONTESSORIS und PETER-
SENS unterscheidet sich daher, faßt man ihre gemeinsamen Merkmale zusammen,
in vielerlei Hinsicht von anderen Unterrichtsformen und einigen aktuellen Versuchen mit Freiarbeit:

> Freie Arbeit ist kein methodisches Einsprengsel, sondern bestimmendes
> Unterrichtsprinzip, dem eine fundamentale, anthropologisch begründete Struktur-
> veränderung des pädagogischen Bezuges zugrundeliegt. Sie kann nur gelingen,
> wenn der Erzieher bereit und fähig ist, im Vertrauen auf die kindliche Selbstbil-
> dungskraft passiver zu werden, damit das Kind aktiver werden kann. Der ur-
> sprüngliche Drang nach Selbsttätigkeit wird zum Ausgangspunkt freier Lernakti-
> vitäten gemacht, bei denen der junge Mensch gemäß den jeweiligen Entwick-
> lungsbedürfnissen und Sachinteressen spontan seine Arbeit wählt. Zugsituationen
> sind dabei entscheidender als Drucksituationen, intrinsische Motivation wichtiger
> als fremdbestimmtes Lernen. Anders als in vielen neueren Ansätzen dient Freie
> Arbeit bei MONTESSORI und PETERSEN nicht in erster Linie dazu, dem Schüler un-
> geliebte Übungsphasen angenehmer zu machen. In einem viel umfassenderen Sin-
> ne und mit weitaus höherem Anspruch stellt sie eine Form der Selbst- und Welt-
> begegnung dar, welche die freie geistige Auseinandersetzung mit den Bildungsin-
> halten und deren selbständige Erschließung ermöglicht.

Das bedeutet, daß das Kind weitgehend unabhängig vom Lehrer, jedoch stets
nach Maßgabe seiner Fähigkeiten, eigene Lernprozesse initiiert, plant, organisiert,
durchführt und bewertet. Der Erwerb dieser Fähigkeiten stellt wiederum das Ergebnis fundamentaler Lernvorgänge dar, in deren Verlauf es zu einem kontinuierlichen Zuwachs an Kompetenzen und einer Erweiterung der Freiheitsfähigkeit
kommt. Gefördert wird diese Entwicklung durch das Prinzip der freien Wahl der
Arbeit, der Zeit, des Ortes, der Bewegung und der Sozialform, die in dieser Kon-
stellation und in demselben Umfang wie bei PETERSEN und MONTESSORI wohl in
kaum einer anderen Unterrichtskonzeption gegeben sein dürfte. Diese Wahlfreiheit gibt dem Kind die Möglichkeit, sich zum jeweils günstigsten Zeitpunkt für eine besonders bildende Arbeit zu entscheiden. Freie Arbeit fördert daher, ungeachtet aller Begabungsunterschiede, den optimalen Bildungsgewinn jedes einzelnen,
da sie im Gegensatz zum Frontalunterricht nicht an einem fiktiven Leistungsdurchschnitt orientiert ist, der oft zu Über- bzw. Unterforderung einzelner führt.

Somit erweist sich Freie Arbeit als besonders kindgerechte Unterrichtsform,
die den menschlichen Bedürfnissen nach Bewegung, Kommunikation und Abwechslung Rechnung trägt sowie individuellen Lerntypen und Arbeitsrhythmen in

hohem Maße gerecht wird. Desweiteren hält Freie Arbeit im Sinne PETERSENS und MONTESSORIS, wiederum stärker als der Klassenunterricht, die Spannung von menschlicher Individualität und Sozialität einerseits sowie von aktiven und kontemplativen Momenten andererseits. Das Kind wird stärker ganzheitlich wahrgenommen und nicht primär als Schüler, es wird als personales Wesen gesehen und allseitig gefördert. Parallel zur steten Zunahme inhaltlicher, methodischer, zeitlicher und sozialer Freiheiten erfolgt die Ausdehnung der kindlichen Selbstverantwortlichkeit für das eigene Tun. Mit entsprechendem erzieherischen Beistand wird es zunehmend befähigt, Rechenschaft über seine Arbeit abzugeben und die zwischenmenschlichen Beziehungen in der Gruppe verantwortlich zu gestalten. In diesem Sinne läßt sich Freie Arbeit als umfassende „Hilfe zur reflektierten Selbstbindung des jungen Menschen an Normen und Werte" (LUDWIG 1995, S. 36) verstehen.

Freie Arbeit im Sinne PETERSENS und MONTESSORIS erweist sich daher als Pädagogik der Mitmenschlichkeit (SKIERA), d. h. als eine humane, kind- und sachgerechte Unterrichtsform, welche den jungen Menschen auf seinem Weg zur Selbstverwirklichung in sozialer Verantwortung umfassend fördert. Es konnte gezeigt werden, daß in beiden Ansätzen ein angemessenes Gleichgewicht von Führung und Wachsenlassen, Individuum und Gemeinschaft, subjektiven Bedürfnissen des Kindes und objektiven Anforderungen der Kultur, Freiheit und Bindung, Aktion und Kontemplation hergestellt wird. Beide unterstützen die eigentätige Aneignung von Kenntnissen, Fähigkeiten und Fertigkeiten sowie den Erwerb bedeutsamer Planungskompetenzen und Arbeitstechniken. Vor diesem Hintergrund läßt sich völlig zu Recht konstatieren: „Arbeit in Freiheit ist die Vorschule für Menschwerden und Lebensreife" (BUYTENDIJK 1990, S. 78).

Eine komparative Analyse der Freien Arbeit bei MONTESSORI und PETERSEN ergibt, daß insgesamt das Gemeinsame gegenüber dem Gegensätzlichen überwiegt. Formale und inhaltliche Differenzen lassen sich vor allem auf spezifische Akzente in den theoretischen Begründungszusammenhängen zurückführen, die zu einem wesentlichen Teil auf den unterschiedlichen Arbeits- und Forschungsschwerpunkten MONTESSORIS und PETERSENS beruhen. In der konkreten Unterrichtspraxis und deren Fortentwicklung ist jedoch eine deutliche Annäherung ihrer Ansätze sichtbar. Diese Tendenz wird dadurch begünstigt, daß sich vor allem der Jena-Plan als Ausgangsrahmen versteht, der sich unter Berücksichtigung gegebener Rahmenbedingungen und heute besonders in Form einer reflektierten Reaktualisierung gestalten läßt. Daß eine grundsätzliche Vereinbarkeit beider Ansätze besteht, zeigt sich nicht zuletzt am Beispiel der Grundschul-Richtlinien NRW, in deren gültiger Fassung sich unterrichtspraktische Anregungen PETERSENS ebenso niedergeschlagen haben wie anthropologische Grundannahmen MONTESSORIS (vgl. MAYER 1984; OSWALD 1986; WITENBRUCH 1987).

In diesem Kontext ist anzumerken, daß „PETERSEN unter den deutschen Reformpädagogen und Universitätslehrern der zwanziger Jahre derjenige war, der sich mit Person und Werk Maria MONTESSORIS am intensivsten vertraut gemacht hatte" (LUDWIG 1990, S. 40). Er erweist sich als Kenner ihrer Schriften wie auch ihrer Erziehungspraxis, besucht er doch wiederholt MONTESSORI-Einrichtungen in Deutschland und Dänemark. Verschiedentlich kommt es sogar zu persönlichen Begegnungen zwischen ihnen (vgl. M. AURIN 1986), da sich beide der 1921 in Calais gegründeten *New Education Fellowship* (Weltbund für Erneuerung der Erziehung) eng verbunden fühlen und mehrfach auf internationalen Konferenzen des Bundes als Referenten in Erscheinung treten; so PETERSEN 1927 in Locarno, MONTESSORI 1929 in Helsingör (Dänemark) und 1932 in Nizza.

Die von MONTESSORI empfangenen Anregungen schlagen sich in seinen Schriften und der von ihm begründeten Unterrichtspraxis nieder, denn PETERSEN greift zumindest in den Anfängen des Jenaer Schulversuches stark auf MONTESSORI zurück und knüpft an einige ihrer Vorarbeiten an (vgl. LUDWIG 1990, S. 47). Erst um 1930 setzt, vermutlich unter dem Eindruck des in Deutschland ausgetragenen MONTESSORI-FRÖBEL-Streites, ein deutlicher Umschwung in seiner Einstellung ein. Dies zeigt sich nunmehr, nach anfänglicher Wertschätzung der MONTESSORI-Materialien (vgl. PETERSEN 1926, S. 79ff; S. 106f; 1963, S. 182ff), in seiner Kritik an ihrer vermeintlichen Starrheit (vgl. ders. 1931, S. 180f). Legt PETERSEN vor allem in seiner Schrift „Die Neueuropäische Erziehungsbewegung" (vgl. ders. 1926, S. 74ff) seine Einstellung zur MONTESSORI-Pädagogik ausführlich dar, gibt es in bezug auf das umgekehrte Verhältnis leider keine vergleichbar aufschlußreichen Quellen.

Die durch ihre geistige Verwandtschaft gegebene Möglichkeit, wesentliche Elemente beider Konzeptionen fruchtbar miteinander in Verbindung zu setzen, ist nicht nur theoretisch denkbar und wünschenswert, sondern wird bereits seit den Anfängen des Jenaer Schulversuches praktisch vollzogen. Walter GUYER etwa spricht von einer „eigentümlichen Kombination der *Montessoripraxis* mit anderen modernen Bestrebungen" (GUYER 1952, S. 379) in der Unterrichtswirklichkeit der PETERSEN-Schulen. Auch der PETERSEN-Kenner Skiera stellt fest, daß in deutschen und niederländischen Jena-Plan-Schulen die Hauptmerkmale des ursprünglichen Konzeptes ebenso zu finden sind, wie eine Öffnung gegenüber anderen, integrier baren Reformansätzen. Dazu gehöre vor allem die Einbeziehung der Arbeit mit MONTESSORI-Material (vgl. SKIERA 1993, S. 46f; KLASSEN/SKIERA [Hg.] 1993, S. 73; S. 114; PETER-PETERSEN-SCHULE [Hg.] 1996, S. 4).

So ist für das Kollegium der Kölner Peter-Petersen-Schule an der Mühlheimer Freiheit die Freie Arbeit keineswegs ausschließlich an ein bestimmtes Konzept rückgebunden (vgl. SKIERA 1993, S. 47). Ein Bericht über die Grund- und Hauptschule Steinau-Ulmbach macht deutlich, wie sich Freiarbeit nach MONTESSORI, Freie Arbeit in der Tradition des Jena-Plans und andere Unterrichtsformen sinnvoll integrieren lassen (vgl. WILLFÜHR 1994, S. 126ff). Projektarbeit steht dabei im Zentrum eines fachübergreifenden Kernunterrichts, der etwa die Hälfte der Unterrichtszeit beansprucht. Jahrgangsgemischte Gruppen bearbeiten hier umfassende Problemstellungen in sechswöchigen Epochen, wobei die Sozialformen frei gewählt werden und sich weitere Arbeitsformen wie Fachunterricht oder Freie Arbeit um diesen Kern herumgruppieren.

Auch Protokolle zur Geschichte (1952-1967) der PETERSEN-Schule Am Rosenmaar in Köln belegen, wie individuelle Freiarbeit mit Arbeitsmitteln in Unter-, Mittel- und Obergruppe sowie epochenartige Gruppenarbeiten zu sachunterrichtlichen Themen sinnvoll aufeinander bezogen werden können. Der Gruppenunterricht der Unterstufe ist dabei, wie in Jena, stark gesamtunterrichtlich orientiert. Hier dominieren freies Unterrichtsgespräch, kleinere Beobachtungsaufgaben und Berichte im Kreis, wobei die Themen möglichst der kindlichen Lebenswelt entnommen sein sollten (vgl. KUMETAT 1987, S. 42ff). In der Freien Arbeit der Untergruppe wird zur Aneignung der Kulturtechniken unter anderem auch MONTESSORI-Material benutzt (vgl. ebd., S. 57). Dies entspricht ganz dem Anliegen PETERSENS, der die Selbstlernmittel MONTESSORIS als wertvolle Hilfen beim Erwerb der Elementarkenntnisse ansieht. Dieser vollzieht sich, so PETERSEN, „zum weitaus größten Teile auf dem Wege des individuellen Lernens" (PETERSEN 1929, S. 184).

In der Darstellung seiner anfänglichen Versuche mit Freiarbeit im Sinne MONTESSORIS berichtet Günter SCHULZ-BENESCH von einem 14-jährigen Jungen, der infolge des Umzuges seiner Familie in die erste Düsseldorfer Freiarbeit-Klasse kommt. Der Lehrer ist sehr überrascht, weil der Schüler sich problemlos in diese Arbeitsform hineinfindet: „Es stellte sich heraus, daß er aus einer Hamburger Jenaplan-Schule gekommen war!" (SCHULZ-BENESCH 1984, S. 107). Auch dieses Beispiel illustriert, daß sich die Unterrichtspraxis der PETERSEN- und MONTESSORI-Schulen nicht so sehr voneinander unterscheidet, wie oft angenommen wird. Die erwähnte Offenheit für pädagogische Anregungen trifft aber nicht nur auf die

Jena-Plan-Schulen zu. Schon früh fordert SCHULZ-BENESCH die Einführung des arbeitsteiligen Gruppenunterrichts in den oberen Klassen der Volksschulen, die nach MONTESSORI-Prinzipien arbeiten (vgl. SCHULZ-BENESCH 1964, S. 84). So stellt bis heute das Bemühen um eine altersgemäße Realisierung Freier Arbeit in Anlehnung an Gruppenarbeit und Projekt eine Daueraufgabe vieler Sekundarschulen dar, welche den pädagogischen Grundsätzen Maria MONTESSORIS verpflichtet sind.

Exemplarisch läßt sich die Fallstudie einer Kölner MONTESSORI-Hauptschule anführen, die sich um die Integration verschiedener reformpädagogischer Impulse bemüht. Ihr erklärtes Ziel ist eine „Kombination der Montessori-Pädagogik mit wesentlichen Erkenntnissen Peter Petersens" (KUMETAT 1985, S. 106; vgl. S. 16; S. 21). Dabei sieht ein *Wochenarbeitsplan* den sinnvollen Wechsel der Aktivitäten vor. Während des täglichen Kernunterrichts in der Mitte des Vormittages etwa lernen die Schüler individuell oder arbeiten gemeinsam an umfassenden Epochalthemen. Der zeitliche Umfang solcher Vorhaben liegt bei zwei bis drei Wochen in den ersten Klassen und steigt bis zum 10. Schuljahr weiter an. Bemerkenswert ist KUMETATS Feststellung, daß diese Gruppenarbeit für Unterstufenschüler meist noch eine Überforderung darstellt und sich die Einzelarbeit mit MONTESSORI-Material als altersgemäßere Lernform erweist (vgl. ebd., S. 21). Auf den höheren Stufen trägt die Epochenarbeit jedoch projektartige Züge und zeichnet sich durch ihren Realitätsbezug sowie Handlungs- und Produktorientierung aus.

Damit ist ein Weg vorgezeichnet, den die Freie Arbeit als bedeutsame unterrichtsmethodische Konzeption beschreiten kann, um auf allen Altersstufen eine adäquate Form selbsttätiger Arbeit in Freiheit zu ermöglichen: Von der eher individuellen Materialarbeit zur gemeinschaftlichen Bewältigung realitätsnaher, den ganzen Menschen beanspruchender und bildender Projektaufgaben. Dabei bietet die Freiarbeit im Sinne MONTESSORIS besonders dem jüngeren Kind bis in die höheren Grundschulklassen hinein eine wichtige Hilfe zur allseitigen Entwicklung seiner Anlagen. Mit zunehmendem Alter kommt jedoch dem arbeitsteiligen Gruppenvorhaben eine wachsende Bedeutung zu, da hier jeder Schüler zur Bewältigung umfassender Gemeinschaftsaufgaben beiträgt und damit der soziale Aspekt stärker in den Mittelpunkt rückt. Diese Möglichkeit einer Weiterentwicklung Freier Arbeit zur angemessenen Unterrichtsform für die Sekundarstufe wird bereits von MONTESSORI skizziert und gefordert, von PETERSEN jedoch differenzierter ausgearbeitet und realisiert. Allerdings kann die individuelle Freiarbeit auch in den höheren Klassen ihren wichtigen Stellenwert beibehalten, indem sie Freiräume für die Bearbeitung spezieller Themen und besonderer Interessen einzelner Schüler bereitstellt. Darko HEIMBRING etwa zeigt in dieser Hinsicht interessante Perspektiven für längere Phasen Freier Arbeit im Leistungskurs der Sekundarstufe II auf, die in hohem Maße das intensive, vertiefte Studium exemplarisch ausgewählter Inhalte ermöglichen (vgl. HEIMBRING 1992).

Kritische Bestandsaufnahmen erbringen den Befund, daß junge Menschen heute mit Hilfe traditioneller Unterrichtsverfahren offenbar nur unzureichend auf das Leben vorbereitet werden. Da heißt es etwa: „Detailwissen und Spezialkenntnisse reichen nicht mehr aus, um den zukünftigen Anforderungen im *Studium* und darüber hinaus im *Beruf* gerecht zu werden. Gefordert werden Planungs-, Methoden-, Entscheidungs- und Sozialkompetenz im Sinne problemlösenden Verhaltens als grundlegende, notwendige Qualifikationen" (LANDESINSTITUT [Hg.] 1995, S. 5). Andererseits liegt nach Ansicht mancher Kritiker auf unserer Gesellschaft „eine beängstigende Option auf den Vorruhestand. Nicht Wissen fehlt uns, unser größter Mangel liegt in der geringen Lust am Handeln" (KAHL 1996, S. 64). In diesem Zusammenhang wird völlig zu Recht beklagt, daß Kinder heute von einer Informationsflut geradezu erdrückt werden, während die Möglichkeiten zum tätigen Handeln, zur Verarbeitung und Anwendung von Wissen, zur Lösung von Problemen, zur Erprobung von Ideen und zu eigener Bewährung weiter abnehmen.

Schule kann und muß sich diesen Herausforderungen stellen und umdenken. In diesem Zusammenhang konnte gezeigt werden, daß Freie Arbeit im Sinne MONTESSORIS und PETERSENS in besonderem Maße das eigentätige, selbstverantwortete Lernen der Schüler fördert und dazu geeignet ist, die Menschen zu stärken und die Sachen zu klären (v. HENTIG).

> *„Ich glaube, daß es in einem tieferen Sinne gerade den Intentionen der Gro-*
> *ßen unter den Schulpädagogen unseres Jahrhunderts entspricht, wenn man*
> *von ihnen nicht nur das mit Mut Geschaffene, sondern auch den Mut zum*
> *Schaffen übernimmt und ihnen so nachfolgt um der Kinder willen"*
> (SCHULZ-BENESCH 1964, S. 54).

5. Zur Frage der Gegenwartsbedeutung Freier Arbeit

Zu Recht weist RÖBE auf die „Janusköpfigkeit" (E. RÖBE 1991, S. 13) der aktuellen Diskussion um die Weiterentwicklung der Schule hin. Der Blick reformwilli-
ger Pädagogen und Bildungspolitiker ist einerseits auf die zukünftige Gestalt eines Bildungswesens gerichtet, welches den Anforderungen des kommenden Jahrhunderts gerecht werden kann. Andererseits ist eine verstärkte Rückbesinnung auf
die historische Epoche der Reformpädagogik zu verzeichnen. Vielen gilt sie als
wesentlicher Bezugspunkt der schulpädagogischen Diskussion, da sie offenkundig eine Fülle von Impulsen für drängende bildungstheoretische Fragen bereithält.
Möglicherweise gibt es „kaum einen Aspekt der aktuellen methodisch-didaktischen Diskussion, dessen geschichtliche Wurzeln nicht bis in die Epoche der Reformpädagogischen Bewegung reicht" (KLASSEN/SKIERA [Hg.] 1993, S. VII). Vor
allem erleben diejenigen Ansätze eine Renaissance, welche heute dem vielschich-
tigen Oberbegriff des Offenen Unterrichts (vgl. VAN DICK 1991) bzw. des Beweglichen Unterrichts (vgl. WINKEL 1993b) subsumiert werden. Darunter wird die
Freie Arbeit besonders intensiv diskutiert, wie sich an der Flut allgemein- und
fachdidaktischer Publikationen zu diesem Thema zeigt. Als wesentliche Gründe
für diese Entwicklung, deren Ende noch nicht absehbar ist, lassen sich nicht zuletzt die zentralen gesellschaftlichen Veränderungen der letzten Jahrzehnte anführen.

Die Regelschule hat, so die Kritiker, mit den vielgestaltigen Entwicklungen in
unserer Gesellschaft nur bedingt Schritt gehalten. Als wesentliche Faktoren für die
nachhaltigen Veränderungen der Lebenswelten Kinder und Jugendlicher, welche
nach Ansicht vieler zum Nachdenken über eine grundlegende Bildungsreform
zwingen, lassen sich etwa die zunehmende Pluralisierung der Lebensformen und
sozialen Beziehungen, die Internationalisierung der Verhältnisse, die Entwicklungen im Bereich neuer Technologien, die ökologische Bedrohung und eine tiefgreifende Erosion traditioneller Werte (vgl. BILDUNGSKOMMISSION NRW 1995,
S. 24ff) nennen. Mit der Pluralität kindlicher Lebensformen geht eine zunehmende Heterogenität der Schülerschaft einher, die sich bei den Lernanfängern u. a. in

der unterschiedlichen Verfügbarkeit schulisch relevanter Vorkenntnisse äußert. Dazu trägt das verschiedene Ausmaß vorschulischer Anregung und Förderung der Schüler ebenso bei wie der stark angewachsene Anteil von Kindern ausländischer Arbeitnehmer oder die sich seit den 70er Jahren verstärkenden Bemühungen um die Integration behinderter Kinder. Die Schüler in den Eingangsklassen der Grundschulen divergieren heute teilweise erheblich in bezug auf Lernvoraussetzungen und Lernbereitschaft.

Wenn man dieser Verschiedenheit der Köpfe (HERBART) gerecht werden will, können die genannten Entwicklungen nicht ohne tiefgreifende Auswirkungen auf die Gestaltung der Primarstufe bleiben. Der zentrale Auftrag der Grundschule ist in einer institutionalisierten Hilfestellung bei der aktiven Personwerdung des Kindes durch die Vermittlung grundlegender Bildung zu sehen (vgl. WITTENBRUCH 1995, S. 165ff). Angesichts der Heterogenität der Schülerschaft müssen daher individuelle Lernangebote gemacht werden, welche den Kindern angemessene Freiräume für die eigenverantwortliche Steuerung von Bildungsprozessen gewähren. In diesem Sinne gilt die Innere Differenzierung als ein besonders bedeutsamer „Auftrag der Grundschule" (LICHTENSTEIN-ROTHER 1982). Trotz eines breiten Konsens über die Notwendigkeit solcher Maßnahmen stoßen entsprechende Bemühungen in der Praxis oft an Grenzen, da die Entwicklung und Begleitung individueller Förderprogramme für viele schlichtweg eine Überforderung darstellt und Lehrer dabei oftmals resignieren (vgl. KNAB 1983, S. 57; KRICHBAUM 1995, S. 127ff). Aus diesem Grunde hat sich die Innere Differenzierung in der gewünschten Form bis heute nicht vollständig durchsetzen können. Daneben läßt sich jedoch auch fragen, ob zeitlich begrenzte Phasen binnendifferenzierter und zieldifferenter Arbeit im Rahmen eines ansonsten lehrerzentrierten Unterrichts überhaupt eine ausreichende Antwort auf die oben skizzierte Problemlage darstellen können.

Da Schüler möglicherweise selber am gezieltesten die ihrer Individuallage gemässen Lernangebote wählen und somit das Problem der *optimalen Passung* am ehesten zu lösen vermögen, empfehlen die Grundschulrichtlinien vieler Bundesländer Freie Arbeit als besonders geeignete Form der Differenzierung, gewissermaßen als „Hochform differenzierender und individualisierender Arbeitsverfahren" (MAYER 1992, S. 42). Nach einer zentralen Forderung der Richtlinien sind den Grundschülern vielfältige Aktivitäten anzubieten, welche ihrem Tätigkeits- und Bewegungsdrang entgegenkommen, soziale Koedukation ermöglichen und zur Kooperation anregen. Dabei sollen sie Freiräume erhalten für kreatives und entdeckendes Lernen sowie die zunehmend eigenverantwortliche Steuerung ihrer

Lernprozesse. Vom Lehrer geplante Differenzierungsmaßnahmen sind um geeignete Arbeitsformen zu ergänzen, welche die grundlegenden Ziele „auf unterschiedlichem Niveau, in unterschiedlichen Zeiten und auf unterschiedlichen Wegen" (KULTUSMINISTERIUM NRW [Hg.] 1991, S. 14) erreichen lassen. In dieser Hinsicht aber erweise sich Freie Arbeit als besonders adäquate Unterrichtsform.

Damit zeichnet sich die nachhaltige Wirkung und aktuelle Bedeutung der Pädagogik Maria MONTESSORIS und Peter PETERSENS ab. Die Hochkonjunktur Freier Arbeit und die steigende Nachfrage nach Selbstlernmitteln, die Einführung neuer Zeugnisformen oder die bald mögliche Einrichtung jahrgangsübergreifender Lerngruppen können in erheblichem Maße auf ihren Einfluß und die langjährige Bewährung ihrer Praxis zurückgeführt werden, ohne daß sie immer namentlich mit neuen Reformimpulsen assoziiert werden.

Allerdings, so ist an dieser Stelle anzumerken, sollte diese konstruktive Anregung eine wechselseitige sein. Daher wird es gegenwärtig zur wichtigen Aufgabe, die Grundideen MONTESSORIS und PETERSENS mit Blick auf die Schaffung der kindgerechten, humanen Schule des 21. Jahrhunderts weiterzudenken. Wenn die Regelschule verstärkt Teilelemente dieser Konzeptionen aufgreift, sollten auch die MONTESSORI- und PETERSEN-Schulen mit anderen Strömungen und fachdidaktischen Entwicklungen im offenen Dialog bleiben und sich gegenüber fruchtbaren Impulsen nicht verschließen. Aus heutiger Sicht erscheint daher weder „eine unkritische Verherrlichung noch eine globale Ablehnung" (NEUHAUS-SIEMON 1996, S. 23) historischer Freiarbeit-Modelle angebracht. Abschließend ist daher nochmals nach den besonderen Möglichkeiten und Grenzen einer *aufgeklärten* Freien Arbeit zu fragen.

5.1 Möglichkeiten der Freien Arbeit

Im Hinblick auf einen strukturierenden Legitimationsrahmen für die Forderung nach selbsttätigem Lernen der Schüler im Rahmen Freier Arbeit läßt sich an BÖNSCH anschließen, der vier wesentliche Begründungen identifiziert. Der Terminus Freiarbeit dient ihm dabei als Oberbegriff für die Konzeptionen des Wahldifferenzierten Unterrichts, der Freien Arbeit, der Wochenplan- und Projektarbeit. Diese Formen stellen für ihn zentrale Momente schulischen Lernens neben einem in jeder Hinsicht qualifizierten lehrerorientierten Unterricht dar. Im einzelnen führt er Gründe bildungstheoretischer, unterrichtstheoretischer, lerntheoretischer und sozialerzieherischer Art an, die im folgenden kurz skizziert werden sollen (vgl. BÖNSCH 1991, S. 62).

Bildungstheoretische Gründe

In besonderer Weise sei Freiarbeit geeignet, die zur aufgeklärten Erschließung der Welt und der Entwicklung kritischer Handlungskompetenz notwendigen Lernprozesse anzubahnen. Diese nicht-klassengebundene Arbeitsform ermögliche den Aufbau individueller Erkenntnisweisen und erlaube es Schülern, die Verantwortung für ihre eigene Bildungsarbeit zu übernehmen. Indem sie das Lernen zur eigenen Sache machen, gelinge es, das persönliche, „sehr genuine Verhältnis zu den Problemen der Welt, das Wissen über sie und über menschliche Objektivationen zu konstituieren" (ebd.). Als zukunftsoffenes Wesen sei der Mensch prinzipiell auf solche nicht-festlegenden Lernbahnen angelegt, so daß Freiarbeit als besonders adäquate Unterrichtsform gelten dürfe. Eine so verstandene, freie geistige und nicht über den Lehrer auf eingefahrenen methodischen Bahnen vermittelte Auseinandersetzung des Kindes mit der Welt ist nachgerade, wie in dieser Arbeit gezeigt werden konnte, das wesentliche Anliegen Peter PETERSENS und Maria MONTESSORIS.

Unterrichtstheoretische Gründe

Angesichts der nach wie vor uneingeschränkten Dominanz des Frontalunterrichts ist es nach BÖNSCH mehr als wahrscheinlich, daß die Lernprozesse der Schüler „nur teilweise vollständig synchron zum abgehaltenen Unterricht laufen" (ebd.). Äußerliche Aufmerksamkeitsgesten sind, wie bereits PETERSEN und MONTESSORI erkennen, kein Indiz für echte Bildungsvorgänge. Diese werden infolge der Ausrichtung des lehrerzentrierten Unterrichts an einem fiktiven Leistungsdurchschnitt oft sogar erheblich behindert. Entgegen dieser Gefahr einer Kumulation von Halbwissen läßt sich in der Freiarbeit optimal an den sachstrukturellen Entwicklungsstand jedes Kindes anschliessen. Das Prinzip der Wahlfreiheit, die entspanntere, druckfreie Lernatmosphäre und die Eigentätigkeit der Schüler greifen dabei konstruktiv ineinander und begünstigen eine Konzentrationssteigerung sowie größere Lerneffizienz. Dabei ist es eine Erfahrungstatsache, daß Freie Arbeit keineswegs zur generellen Ablehnung des Klassenunterrichts führt. Bei einer angemessenen Balance der Arbeitsformen zeigen Schüler oft sogar erhöhte Bereitschaft, in gewissem Umfang einem straff geführten Fachunterricht zu folgen.

Lerntheoretische Gründe

Wenn Lernen von der modernen Kognitionspsychologie als ein Vorgang aufgefaßt wird, in dem der Lernende einzelne Sachverhalte und komplexe Wissensbestände aktiv konstruiert, sind dazu in der Schule angemessene Anlässe und Voraussetzungen bereitzustellen. Auf den unteren Stufen kann die Freie Arbeit mit Selbstlernmaterial solche eigentätigen Lernprozesse unterstützen, da sich „elementare Begriffe am besten im Umgang mit Gegenständen bilden" (GEISSLER 1984, S. 77). Die immanente Möglichkeit der Selbstkontrolle fördert zugleich in hohem Maße die Entwicklung von Erfolgszuversicht. In den oberen Klassen ist Unterricht so zu organisieren, daß die Schüler jenseits allen schablonenhaften Denkens und gleichtaktigen Lernens die je individuelle Konstruktion komplexerer, abstrakter Gegenstände vornehmen können. Darüber hinaus bedürfen junge Menschen der gezielten Hilfe bei der Entwicklung geeigneter Lernstrategien und Arbeitstechniken. In der Freien Arbeit im Sinne MONTESSORIS oder PETERSENS lassen sich viele solcher Schlüsselqualifikationen erwerben, die für das gesamte weitere Leben relevant sein können. Im Anschluß an MAYER sind dies beispielsweise Leistungsbereitschaft, Zielstrebigkeit, Verantwortlichkeit, Planungskompetenz, die Fähigkeit zu vernetztem und problemlösendem Denken sowie zur Beschaffung und Auswertung von Informationen, der sachgerechte Umgang mit Kommunikations- und Darstellungstechniken sowie schließlich ein hohes Maß an Kreativität und kritischer Reflexivität (vgl. MAYER 1992, S. 47).

Sozialerzieherische Gründe

Es würde wesentlich zu kurz greifen, Freie Arbeit nur von der Zielvorstellung der Individualisierung schulischen Lernens her zu begründen. Ihre besonderen Möglichkeiten weisen gleichermaßen auf den Erziehungsauftrag der Schule, denn die zwischenmenschlichen Beziehungen kommen hier viel stärker zum Tragen als in anderen Unterrichtsformen. In dieser Beziehung hebt BÖNSCH besonders auf die Förderung von Empathiefähigkeit und Solidarität, Hilfsbereitschaft und Kooperation sowie die Entwicklung von Rücksichtnahme und Toleranz ab (vgl. BÖNSCH 1991, S. 62). Dies sind Eigenschaften und Persönlichkeitsmerkmale, die auch von MONTESSORI und PETERSEN schon in aller Deutlichkeit gefordert werden. Angesichts der zahlreicheren Anlässe zu sozialem Lernen und sozialer Integration schreibt MEIER der Freien Arbeit daher zu Recht eine „weit über andere Unterrichtskonzepte und Arbeitsformen hinausgehende soziale Potenz" (MEIER 1995, S. 60) zu.

Legt man den hier referierten Überlegungen BÖNSCHS die Zieltrias der Sach-, Selbst- und Sozialkompetenz nach Heinrich ROTH zugrunde, läßt sich erkennen, daß im Rahmen der Freien Arbeit alle drei Dimensionen in besonderem Maße gefördert werden. Über die sozialerzieherische Wirksamkeit dieser Unterrichtsform und die Möglichkeit intensiver Sachbegegnung hinaus ist gewöhnlich eine sehr individuelle Betreuung durch den Lehrer gewährleistet. Dadurch lernt dieser das einzelne Kind in seinem Arbeits- und Sozialverhalten intensiver kennen und kann seinen Lern- und Entwicklungsfortschritt gezielter unterstützen. Auf der Grundlage der von ihm gegebenen Rückmeldungen, infolge der intensiveren Sozialkontakte und durch den aktiven, unmittelbaren Umgang des Schülers mit den Unterrichtsgegenständen sind vielfältige Gelegenheiten zur Selbsterfahrung und Selbstbewährung gegeben. Diese aber münden letztlich in zunehmende Selbstkompetenz. In diesem Sinne heißt es bei ROTH: „Selbstkompetenz im Sinne freier und effektiver Selbstbestimmung und mündige ität im Sinne kritischer und kreativer Autonomie setzen Sachkompetenz und Sozialkompetenz voraus" (ROTH 1971, S. 389).

5.2 Vorbehalte gegenüber der Freien Arbeit

Wie bereits ausgeführt (vgl. Kap. 2.3.5; Kap. 3.3.4), werden gegenüber der Freien Arbeit verschiedene Bedenken geltend gemacht. Einerseits betreffen diese, im Horizont der jüngeren gesellschaftlichen Entwicklungen, ihre gegenwärtigen Realisierungsformen. Andererseits handelt es sich um Vorbehalte grundsätzlicher Natur.

Daß eine völlige Individualisierung der Schularbeit auf sämtlichen Altersstufen weder kind- noch sachgerecht ist, erkennen auch PETERSEN und MONTESSORI. Manche Schüler sind nicht in der Lage, Lernprozesse vollkommen selbständig zu gestalten, so daß sie lenkender und strukturierender Hilfen bedürfen. Andererseits lassen sich viele Inhalte nur in der Gruppe angemessen erarbeiten. Aus diesen Gründen legen sich die beiden Pädagogen keineswegs auf nur eine Form der Freien Arbeit fest, sondern votieren für eine Vielfalt freiheitlicher Lernformen, zu denen die Einzelarbeit ebenso zählt wie das gemeinsame Vorhaben. Trotz dieses begrenzten Stellenwertes des individuellen Lernens in den historischen Konzeptionen werden gegenwärtig Sinn und Wirksamkeit Freier Arbeit auch in diesem eingeschränkten Umfang noch in Frage gestellt.

Neueren Untersuchungen zufolge bringen viele Schüler weder die Bereitschaft noch die Fähigkeit zu eigeninitiiertem Lernen mit und haben daher wenig gegen die Vorherrschaft des Frontalunterrichts einzuwenden (vgl. LANGEFELD 1988, S. 53). Dieses Bild konsumorientierter, lethargischer und generell schulunlustiger Kinder wird vielfach mit den Entwicklungen in der Medienlandschaft in Verbindung gebracht. Infolge eines ständig zunehmenden *Lebens aus zweiter Hand*, welches den Reformpädagogen in diesem Ausmaß noch unbekannt war, entsprechen die fernsehtrainierten Schüler von heute immer weniger dem Idealbild aufgeschlossener und lernwilliger Kinder, ohne welche die Freie Arbeit sich nach LANGEFELD jedoch leicht von der effektiven Unterrichtsform zur „sozialpädagogische(n) Flankierungsmaßnahme" (ebd., S. 50) entwickeln kann. Da die Kinder hier stärker auf sich selbst verwiesen sind, drohen Mißbrauch der Freiheit, willkürliche Selbstbeschäftigung, einseitige Aufgabenwahl und wenig sinnvolle Nutzung der Zeit. Dies führe zu einer Benachteiligung lernschwacher Schüler und zur unbeabsichtigten Vergrößerung der Leistungsunterschiede. Darüber hinaus verstärke Freie Arbeit möglicherweise die heute vorherrschenden individualistischen Tendenzen, begünstige die weitere Ausprägung von Konsumhaltung und „Zapper-Mentalität", d. h. der Freude vieler junger Menschen daran, wahllos mit der Fernbedienung zwischen den Fernsehkanälen hin- und herzuschalten, und leiste der Entwicklung einer vom Lustprinzip regierten Arbeitshaltung und Lebenseinstellung Vorschub.

Kompensierte Freie Arbeit zu Beginn dieses Jahrhunderts das durch allgemeine Wohnsituation und Unterrichtsorganisation bedingte Defizit an Gelegenheit zu individueller Betätigung, gewinnt sie infolge der veränderten Problemlage heute einen anderen Stellenwert. Gegenwärtig laufe sie eher Gefahr, die Vereinzelung egozentrischer, kontaktschwacher Kinder zu verstärken und somit zur „Assimilation von Unterrichtssituationen an die Sozialisationsbedingungen der Mediengesellschaft" (ebd., S. 48) beizutragen. Offensichtlich trifft es zu, daß immer größere Zahlen verhaltensauffälliger und konzentrationsschwacher Schüler Probleme mit eigentätigem Lernen haben. Da Selbständigkeit das Ergebnis pädagogisch unterstützter Lernprozesse ist und nicht deren Voraussetzung, darf Freie Arbeit demnach nicht leichtfertig zum Ausgangspunkt von Reformbestrebungen gemacht und bei anfänglichem Mißlingen voreilig wieder aufgegeben werden. Vielmehr ist sie, heute vermutlich stärker als je zuvor, eine sehr anspruchsvolle Gemeinschaftsaufgabe für Lehrer und Schüler, die allen Beteiligten ein ernsthaftes Bemühen und Ausdauer abverlangt.

Zur bedeutsamen Aufgabe des Erwachsenen wird dabei die Herstellung eines angemessenen Gleichgewichts von Führung und Freigabe, ohne welches die Freie

Arbeit nicht gelingen kann. Unter heutigen Bedingungen macht dies einige Korrekturen an den ursprünglichen Entwürfen der Reformpädagogen erforderlich. So weist etwa ODENBACH darauf hin, „daß gerade das nahtlose Anpassen der Aufgaben an die individuelle Begabung, vielleicht sogar an Neigung und Interessen, der Erziehung zur Selbstbildung widersprechen *kann*" (ODENBACH 1963, S. 44). Deshalb müsse der Lehrer dafür sorgen, daß sich jedes Kind Aufgaben wählt, die ein hinreichendes Anregungspotential enthalten. Darüber hinaus sind offenkundig aber auch die Größe der Lerngruppe oder der Lenkungsgrad bei der Anleitung kindlicher Aktivitäten den jeweiligen Verhältnissen anzupassen (vgl. HOLTSTIEGE 1995a, S. 105).

Geboten ist das Bemühen um eine zeitgemäße Umsetzung klassischer Freiarbeitsmodelle, da der unaufgeklärte Rekurs auf historische Reformansätze und deren unkritische Projektion auf das heutige Schulwesen wenig hilfreich erscheinen. Vielmehr sind diese Konzeptionen mit neueren Forschungsergebnissen sowie den gesellschaftlichen Entwicklungen zu konfrontieren und gegebenenfalls im Hinblick auf heutige Bedingungen zu ergänzen, zu modifizieren oder zu kompensieren. Dies beinhaltet auch eine konstruktiv-kritische Auseinandersetzung mit den Möglichkeiten der neuen Medien (vgl. KLEINSCHROTH 1996), insbesondere dem Lernen mit dem Computer. Als geradezu paradigmatisch darf in dieser Hinsicht jedoch das Prinzip der Altersmischung gelten, da sich die Lerngruppenstruktur angesichts veränderter Kindheitsbedingungen nicht mehr unbedingt an reformpädagogischen Maßstäben ausrichten läßt. Ein pädagogisch sinnvolles Bildungsgefälle, welches die Verfaßtheit der heutigen Schülerschaft in Rechnung stellt, ist mancherorts bereits bei der Zusammenlegung zweier Altersstufen gegeben, so daß eine angemessene Berücksichtigung der jeweiligen örtlichen Gegebenheiten im Hinblick auf die Bildung jahrgangsgemischter Lerngruppen heute als zwingend notwendig erscheint.

Die *grundsätzlichen* Vorbehalte gegenüber dieser Unterrichtsform sind in jüngeren Publikationen meist mit der Frage verknüpft, wie frei die Freie Arbeit eigentlich sei (vgl. CLAUSSEN 1993; HELLER 1994; LADENTHIN 1992; RUMPF 1991). Daß die dort vorgetragenen Bedenken sich nicht immer explizit auf eine spezifische Freiarbeit-Konzeption beziehen, erst recht nicht auf die qualifizierte Unterrichtspraxis in der Tradition MONTESSORIS oder PETERSENS, erschwert die differenzierte und kritische Auseinandersetzung mit ihnen erheblich. Freie Arbeitsformen unterscheiden sich ja, wie gezeigt wurde (Kap. 1), in bezug auf ihre theoretische Begründung und die praktische Realisierung mitunter sehr stark.

Nach Ansicht mancher Kritiker ist Freie Arbeit eine „besonders raffinierte Form von Manipulation der Schüler durch den Lehrer" (AHLRING 1995, S. 238) mit Hilfe zwar attraktiver, jedoch extrem vorstrukturierter und die Lernwege festlegender Arbeitsmittel. Das kleinschrittige Abarbeiten von Aufgaben durch unreflektierten Nachvollzug vorbestimmter Handlungsmuster reduziere Freie Arbeit indes zur „materialdifferenzierenden Kulturtechnikenübung" (KAISER 1992, S. 100). In Anlehnung an ROTHS Differenzierung qualitativ unterschiedlicher Denkstufen fragt daher HEUERMANN, inwieweit diese Arbeitsform dazu beiträgt, die Entwicklung des produktiven Denkens der Schüler zu fördern. In ihrer Analyse bezieht sie sich allerdings ausschließlich auf Unterrichtsbeispiele, in denen der Arbeitsverlauf durch umfangreiche Pflichtprogramme straff vorgegeben ist, so daß sich hier wohl kaum von Freier Arbeit sprechen läßt. Da eine solche Lehrerzentrierung die Entwicklung von Selbständigkeit behindert, bemerkt die Autorin jedoch zutreffend: „Starre Wochenpläne machen aus der Freiarbeit einen programmierten Unterricht" (HEUERMANN 1993, S. 41).

Freie Arbeit muß daher über die Aneignung und Einübung formaler Fertigkeiten hinausweisen, denn oberstes Ziel bleibt stets die Förderung produktiver, ganzheitlicher Lernprozesse. Dabei kommt dem materialunterstützten Erwerb der Kulturtechniken allerdings eine nicht zu unterschätzende Bedeutung zu. Mathematische und sprachliche Kompetenzen stellen wichtige Werkzeuge zur Entschlüsselung und Darstellung von Wirklichkeit dar, so daß ihre Verfügbarkeit allem weiteren geistigen Fortschritt zugrundeliegt. Das schließt aber nicht aus, daß Freie Arbeit sich auf höheren Stufen der kognitiven Entwicklung stärker an die Kreativität des kindlichen Geistes wendet und Einsicht in größere Zusammenhänge vermittelt. Grundbedingungen für die jeweils angemessene Realisierung Freier Arbeit sind demnach die allmähliche Reduzierung von Pflichtanteilen, steigende Angebote an komplexen und gemeinsam zu bewältigenden Aufgaben sowie die zunehmende Mitbestimmung der Schüler in methodisch-didaktischen Fragen, wie dies im Anschluß an die Hierarchisierung freier Arbeitsformen nach HELLER und WEDEKIND (vgl. Kap. 1) angedeutet wurde.

Bei der Wahl geeigneter Arbeitsmaterialien sind stets sachimmanente und vom kognitiven Entwicklungsstand der Kinder her begründete Grenzen zu berücksichtigen. Materialimmanente Fehlerkontrolle und weitgehend vorbestimmte Arbeitswege sind in Lernbereichen wie Arithmetik oder Grammatik sinnvoller als etwa bei der Bearbeitung sachunterrichtlicher Themen, da es in erstgenannten häufiger um die Entscheidung zwischen ja/nein oder richtig/falsch geht und weniger um eine Vielfalt möglicher Optionen. Grundsätzlich sind sie daher auf Situationen zu beschränken, in denen sie Selbständigkeit fördern und nicht hemmen. Daß die Arbeit mit Selbstlernmitteln aber auch in höheren Klassen noch geistig anspruchsvoll und damit pädagogisch legitim sein kann, belegen etwa Versuche, die Schüler selbst in die Entwicklung geeigneter Lernmaterialien einzubeziehen (vgl. SCHIESTL 1991, S. 26f). Neuere Kriterienkataloge zur Beurteilung von Arbeitsmitteln erheben jedoch zum entscheidenden Gradmesser ihrer Eignung, ob sie durch offene Aufgabenstellungen auch zu innovativen Sachbegegnungen anregen, gemeinschaftliche Arbeitssequenzen ermöglichen und den Aufbau individueller Lernstrategien initiieren (vgl. SPITTA 1991, S. 20f).

Die Freiheit der Schüler wird indes auch durch eine übermäßig vorstrukturierte Lernumgebung eingeschränkt. Wenn von ihnen lediglich die Einfügung in vorgegebene Inhalte, Sozial- und Arbeitsformen erwartet wird, kann Selbstbestimmung nicht gelingen. Dies gilt besonders dann, wenn junge Menschen nicht zum kritischen Hinterfragen des Gegebenen aufgefordert werden und Grenzen „nicht argumentativ, sondern organisatorisch, nicht explizit begründet, sondern im Vollzug durchgesetzt werden" (LADENTHIN 1992, S. 5). An die Stelle einer stark vorschreibenden Umgebung, die es entgegen der Vermutung LADENTHINS in der von ihm angedeuteten Form bei MONTESSORI gar nicht gibt, setzt dieser die Idee der gestalteten Umgebung. Der Begriff bezeichnet einen im gemeinsamen Prozeß von Schüler und Lehrer zu schaffenden, veränderbaren und stets rational begründbaren Lern- und Lebensraum. Eine „richtige" Freiarbeitkonzeption läßt nach dieser Auffassung den Schülern in bezug auf Ziel, Methode oder Wahl der Arbeitsmaterialien Freiheit, fordert sie jedoch stets zur Begründung und Verantwortung ihres Tuns auf (vgl. ebd., S. 7).

RUMPFS Verständnis von freier geistiger Arbeit intendiert das völlige Sprengen traditioneller methodischer Fesseln und ein Verlassen eingefahrener Denkbahnen. In seiner Vision einer zukünftigen Schule wendet er sich gegen frühzeitig planierte didaktische Wege und fordert eine direkte Begegnung mit den Gegenständen jenseits der Schulbuchebene, ein Erproben innovativer Zugangswege sowie den Mut zum Perspektivwechsel gegenüber der Sache. Seiner Ansicht nach ist Freie Arbeit die Chance zur Befreiung vom „Erledigungszwang, vom Konkurrenzzwang, vom Benotungszwang - Freiheit auch von der Fixierung auf eine einzige Art, sich auf die Welt und ihre Vielgestaltigkeit und Unbekanntheit einzulassen" (RUMPF 1991, S. 8). Die Befreiung des Lehrers von Selbstbeschränkungen, vor allem von der eigenen „Schere im Kopf", gilt ihm dabei als wesentliche Voraussetzung. Damit geht RUMPF weit über herkömmliche Freiarbeitmodelle hinaus, ohne jedoch konkrete und praktikable Realisierungsmöglichkeiten aufzuzeigen.

Die Diskussion um die Freie Arbeit zeigt, daß manche Ansätze weit von den ursprünglichen Intentionen der Reformpädagogen entfernt sind. Manche Autoren betrachten sie als beliebig einsetzbares methodisches Versatzstück und instrumentalisieren diese Arbeitsform zur Steigerung von Übungsintensität und Unterrichtseffizienz. Andere versteigen sich in theoretisch durchaus reizvolle, aus der Sicht des Praktikers jedoch eher unrealistische Erwartungen. Von ihnen wird der freiheitliche Charakter der Freien Arbeit am stärksten in Frage gestellt. Es ist in diesem Zusammenhang allerdings nochmals zu betonen, daß es in den Konzeptionen MONTESSORIS und PETERSENS weder um eine unangemessene Fixierung der Schüler auf inhaltlich-strukturelle Vorgegebenheiten geht, noch um das antipädagogische Freilassen noch Unselbständiger. Freie Arbeit im Sinne dieser beiden Pädagogen zielt vielmehr auf die Hinführung junger Menschen zum verantwortlichen Gebrauch von Freiheit.

Mit Freiheit ist dabei nicht gemeint, daß die Schüler arbeiten oder auch nicht. Sie ist eine Freiheit der Wahl zwischen Optionen, die mit zunehmender Entscheidungskompetenz auszuweiten ist. Kennzeichnet Arbeit ohne Freiheit einen äußerlich bleibenden Lernprozeß, führt Freiheit ohne Arbeit zu einer irrigen Auffassung von Emanzipation und Mündigkeit, da erst der „Halt in Verfügbarem Handlungsspielräume öffnet" (LANDESINSTITUT [Hg.] 1993, S. 41). Schüler tun daher in der Freien Arbeit nicht, was sie wollen, sondern gestalten nach Maßgabe ihrer Freiheitsfähigkeit eigene Lernprozesse mit und gelangen sukzessive zu weitgehend selbstbestimmter Arbeit. Freie Arbeit versucht somit ständig das pädagogische Paradox zu lösen, „die Schüler zum sinnvollen Gebrauch ihrer Freiheit aufzufordern, wobei die Art der Aufforderung hierzu das Ziel, nämlich frei zu handeln, nicht außer Kraft setzen darf" (LADENTHIN 1992, S. 5).

In bezug auf die Ausgangsfrage danach, wie frei die Freie Arbeit sei, ist keine eindeutige und befriedigende Antwort zu geben. Freiheit und Bindung sind in einem dynamischen Spannungsverhältnis aufeinander bezogen, wobei der Grad der vom Kind erreichten Selbständigkeit als Parameter für das jeweilige Bestimmungsverhältnis dieser beiden Größen gilt. Einige der referierten Vorbehalte treffen auf bestimmte Ansätze gegenwärtiger Freiarbeitspraxis zu, welche sich Teilaspekte historischer Konzeptionen herausgreifen, ohne ihre anthropologischen Grundlagen mitzubedenken. In bezug auf die pädagogischen Intentionen MONTESSORIS und PETERSENS konnte allerdings gezeigt werden, daß beide die Entwicklung des jungen Menschen durch Selbsttätigkeit zu Selbständigkeit und Freiheit fördern und diesen Weg möglichst freiheitlich gestalten wollen: Personale, materielle und strukturelle Dimensionen der pädagogisch gestalteten Umgebung sollen

den Heranwachsenden nicht unnötig binden, sondern stets in seiner Gesamtentwicklung voranbringen.

5.3 Abschluß und Ausblick

Unter dem Stichwort der „didaktischen Wiedervereinigung" (vgl. BASTIAN 1993)
werden gegenwärtig die Möglichkeiten und Grenzen einer Integration von Freier
Arbeit und Projektunterricht erörtert. In beiden Konzeptionen wird das Kind als
selbständig lernendes Subjekt aufgefaßt, so daß weniger die Tradierung von Faktenwissen durch den Lehrer im Mittelpunkt steht, als vielmehr der „Aufbau von
Denkstrukturen in Verbindung mit Handlungsprozessen" (GUDJONS 1993, S. 63)
der Schüler. In gewisser Weise wollen beide im Rahmen eines „planvollen Handelns aus ganzem Herzen, das in einer sozialen Umgebung stattfindet" (KILPAT-
RICK 1935, S. 162), so KILPATRICK in seiner Bestimmung der Projektidee, die Erziehung des selbständig denkenden und sozial verantwortlich handelnden Menschen. Die sozialisationstheoretischen, lern- und motivationspsychologischen sowie handlungstheoretischen und kognitionspsychologischen Aspekte, die GUD-
JONS zur theoretischen Fundierung des Projektunterrichts referiert (vgl. GUDJONS
1993, S. 48ff), entsprechen in ihrem Insgesamt daher weitgehend dem allgemein
in bezug auf die Freie Arbeit angeführten Begründungszusammenhang.

Die Projektmethode zeichnet sich besonders durch die gemeinsame Planung
komplexer Aufgaben, ihre arbeitsteilige Bewältigung und die kritische Reflexion
der Arbeitsprozesse aus, so daß sie insgesamt stärker problemorientiert, hand-
lungs- und produktbezogen ist als die Freie Arbeit (vgl. BASTIAN/GUDJONS [Hg.]
1993; 1994; DEWEY/KILPATRICK 1935; EMER/HORST/OHLY 1994; FREY 1993). Daher wird sie häufig als die längerfristige Perspektive etwa in dem Sinne betrachtet, daß in der individuellen Freiarbeit diejenigen Arbeitskompetenzen erworben
werden, welche für die Durchführung größerer Gemeinschaftsvorhaben voraus-
zusetzen sind. Das Gruppenunterrichtliche Verfahren bei PETERSEN stellt eine stark
gemeinschaftsbezogene Form Freier Arbeit dar, welche zahlreiche Parallelen zur
Projektarbeit aufweist. Weitreichende Übereinstimmungen lassen sich etwa hinsichtlich der Verlaufsstruktur grösserer Arbeitsvorhaben sowie ihrer grundlegenden Charakteristika (vgl. GUDJONS 1994, S. 16ff; Frey 1984, S. 13) belegen. Allerdings finden sich die gesellschaftspolitischen Bezüge des Projektgedankens in der
Gruppenarbeit nach dem Jena-Plan nicht in dieser ausgeprägten Form.

Gegenwärtig läßt sich in der reformorientierten Schulpraxis ein gewisser „Trend zur Konvergenz" (KRIEGER 1994, S. 204) ausmachen, d. h. eine Tendenz zur Adaption von Teilelementen aus verschiedenen pädagogischen Traditionen mit der Zielvorstellung einer „integrierten Reformpädagogik" (vgl. POTTHOFF 1994b, S. 131). Dabei ist WINKELS Warnung vor den „Irrwegen" einer Reaktualisierung reformpädagogischer Schulkonzepte durchaus ernst zu nehmen: Unter „Rosinen-klauberei" versteht er den verengten, praktizistischen Zugang zu solchen Ansät-zen, der oft zur Amputation der zugrundeliegenden Anthropologie führt. „Karus-sellfahren" bezeichnet das wechselnde Ausprobieren jeweils aktueller Konzepte und „Dogmenkolportage" meint eine geradezu sektiererische Abschottung einzel-ner Pädagogen. Bei einer Rückbesinnung auf historische Reformmodelle sei da-her im Einzelfall sorgfältig zu prüfen, welche Elemente sich pädagogisch sinnvoll verknüpfen lassen. Dies setze selbstredend ein angemessenes Verständnis des jeweiligen Begründungszusammenhanges voraus (vgl. WINKEL [Hg.] 1993, S. 121ff).

In bezug auf Freiarbeit, Gruppenunterrichtliches Verfahren und Projektarbeit erscheint eine gegenseitige Ergänzung jedoch sinnvoll und realistisch. Aufgrund verschiedener Verbindungslinien zwischen Freier Arbeit und Projekt stellt ihre Be-ziehung ein „Kontinuum im Sinne zunehmender Kompetenzen" (BASTIAN 1993, S. 8) auf der inhaltlichen, arbeitsmethodischen und sozialen Ebene dar, wie es im Eingangskapitel dieser Arbeit skizziert wurde. Die Integration beider Unterrichts-formen läßt sich als „qualitativ neuer Schritt zur Weiterentwicklung der Schulre-form" (ebd., S. 9) daher unter der Prämisse apostrophieren, daß eine beständige Ausweitung der Freiheit des Schülers verfolgt wird. Dazu muß die gezielte Aus-bildung wichtiger Arbeitstechniken und Problemlösestrategien möglichst schon im Elementarbereich einsetzen, so daß diese Schlüsselqualifikationen auf den hö-heren Stufen umfassend zum Tragen kommen können. Der Gruppenunterricht im Sinne PETERSENS wie auch der Wahldifferenzierte Unterricht (vgl. SCHITTKO 1976) sind in dieser Beziehung wichtige Zwischenschritte, durch den individuelle Lern-prozesse in einen größeren Rahmen eingeordnet werden und das soziale Moment stärker in den Vordergrund rückt.

Die allmähliche, altersangemessene Weiterführung individueller Freiarbeit hin zu projektartigen Unterrichtsformen ist bereits, wie an der Krefelder Maria-Montessori-Gesamtschule, in großem Umfang und bis in die Sekundarstufe II hin-ein praxiserprobt (vgl. HEIMBRING 1992; JORDAN 1989; KREUZBERGER 1994; MEI-STERJAHN-KNEBEL 1995; ORTLING 1982; 1983; 1989; 1993). Damit ist die irrige Auffassung widerlegt, Freie Arbeit an MONTESSORI-Sekundarschulen sei im wesentlichen „Arbeitsblätterunterricht" (POTTHOFF 1994b, S. 63). In begrenztem Umfang liegen zur Integration dieser Arbeitsformen, neben den Berichten von PETERSEN und seinen Mitarbeitern, auch neuere Praxiserfahrungen aus der Spur der Jena-Plan-Pädagogik vor (vgl. KUMETAT 1987; MAYER 1992; MEYER [Hg.] 1991; SATTLER 1994). Allerdings ist der hier skizzierte Entwicklungsprozeß wohl nie als endgültig abgeschlossen zu betrachten, da sich Theorie und Praxis Freier Arbeit per definitionem für Weiterentwicklung und Formenvielfalt offenhalten müssen.

Die immer umfangreichere Ratgeberliteratur bietet eine Vielzahl hilfreicher Erfahrungsberichte und praxiserprobter Anregungen zur Einführung Freier Arbeit an sämtlichen Schulformen und auf allen Schulstufen (vgl. DEIFEL/ZOBL 1994; KLEINERT 1993; KRATZER 1991; V. WEDEL-WOLFF 1995). Teilweise nehmen sie die Form regelrechter *Checklisten* an, welche vor allem die Möglichkeiten zur Umgestaltung von Klassenräumen sowie Aspekte der Stundenplanerstellung oder der Bewertungsverfahren thematisieren. Die zentralen Fragen kreisen jedoch stets um den Aufbau eines Grundinventars an didaktischem Material, welches allgemein als *conditio sine qua non* für die selbsttätige Arbeit der Schüler angesehen wird. Neben der Vorstellung von MONTESSORI-Materialien und anderen im Handel erhältlichen oder selbstgefertigten Arbeitsmitteln reichen diese Praxishilfen bis hin zur Bereitstellung von Bastelanleitungen und Kopiervorlagen (vgl. FISGUS/KRAFT 1994; GEILEN 1990; GESSLEIN/LIPPERT 1987; HAINSTOCK 1973; G. ZIMMERMANN 1994).

Ein grundsätzlicher Konsens besteht, folgt man diesen Berichten, hinsichtlich der Auffassung, daß sich Freie Arbeit nicht unvermittelt und gleichsam *von oben* aufoktroyieren läßt. Vielmehr sei von Lehrern und Schülern gemeinsam nach einem gleitenden Einstieg in immer freiere Formen des Arbeitens zu suchen, denn „Kopfsprünge in Freie Arbeit sind so gefährlich wie Sprünge in unbekannte Gewässer!" (KAYSER-SCHÄKEL 1994, S. 24; vgl. LANDESINSTITUT [Hg.] 1993, S. 58ff; SCHULZ-BENESCH 1964, S. 142ff). Nur eine schrittweise Einführung Freier Arbeit in Vorformen wie Lernzirkel oder Wochenplanarbeit lasse durch die sukzessive Ausweitung der Freiräume alle Beteiligten zu immer selbständigerem Lernen gelangen.

So notwendig solche vorentlastenden Anweisungen auch sein mögen, so auffallend wenig wird doch zugleich das Rollenverständnis des Erziehers in der Freien Arbeit thematisiert. Vor allem wird die Frage nach seiner anthropologischen Sicht des Kindes und seiner Bereitschaft zur Aufgabe der traditionellen Dominanz im Klassenraum kaum gestellt. Das von MONTESSORI und PETERSEN geforderte pädagogische Ethos läßt sich indes nicht einfach stillschweigend voraussetzen. Wenn aber mit dem Lehrerverhalten das Gelingen der Freiarbeit steht oder fällt (vgl. BÖNSCH 1980, S. 135), muß sich der Pädagoge besonders vom „Lehrer-Paradigma des 'Immer-schon-auf-alles-vorbereitet-Seins'" (LANDESINSTITUT [Hg.] 1993, S. 51) verabschieden. Freie Arbeit setzt stärker als anderer Unterricht die kritisch-reflexive Entwicklungsfähigkeit sowie eine Form der Selbstverpflichtung voraus, wie sie neuerdings etwa in Gestalt eines „Sokratischen Eides" (vgl. v. HENTIG 1993, S. 258f) angemahnt wird. Hier liegen sowohl in der einschlägigen Literatur als auch in der Lehrerausbildung Versäumnisse vor, welche der freiarbeitswillige Pädagoge kompensieren muß, denn PETERSENS Einschätzung, daß oft mehr Wert auf die Lehreraktivität gelegt wird als auf die Selbsttätigkeit der Schüler, entbehrt auch heute nicht der Aktualität (vgl. PETERSEN 1963, S. 129f).

Die Einführung Freier Arbeit erschöpft sich demnach nicht in der Umgestaltung des Klassenraumes und der gelegentlich bis zum „Materialfetischismus" (STEENBERG 1993, S. 265) gesteigerten Anhäufung von Selbstlernmitteln. Auch ist ihr Sinn nicht erfüllt, wenn sie zum „Karteikarten- und Arbeitsblattunterricht" (KLAFFKE 1993, S. 27) funktionalisiert wird. Sie beginnt vielmehr mit der gründlichen Selbstreflexion des Erziehers sowie der Aneignung eines soliden pädagogisch-didaktischen Grundwissens, ohne die sich mit der Erprobung Freier Arbeit allzu leicht überzogene Erwartungen und falsche Versprechungen verbinden können. Dies endet infolge der sich rasch einstellenden Desillusionierung jedoch nicht selten in einer Reetablierung des Frontalunterrichts (vgl. WINKEL 1993b, S. 14).

Jede Freiarbeitspraxis bedarf zudem der Einordnung in einen klar definierten Sinnhorizont, der zum Zweck der Standortbestimmung innerhalb einer fast unüberschaubaren Freiarbeitspädagogik, welche derzeit recht inflationären Gebrauch von ihrem Zentralbegriff macht, offenzulegen ist. Die stärkere Differenzierung zwischen unterschiedlichen Ansätzen stellt eine besonders dringliche Aufgabe dar. Wenn etwa erklärt wird, daß „materialzentrierte Individualitätspädagogik" (KAISER 1992, S. 101) das soziale Aneinandervorbeileben der Kinder fördert und die Schüleraktivitäten mehrheitlich darin bestehen, durch aggressives Verhalten eigene Probleme zu kompensieren, handelt es sich um eine Einzelbeobachtung und kein generalisierbares Phänomen. Mit Nachdruck ist festzustellen, daß diese Aussage auf die qualifizierte Praxis Freier Arbeit an MONTESSORI- und PETERSEN-Einrichtungen, die dem Verfasser aus zahlreichen Hospitationen bekannt ist, nicht zutrifft. Der Wert nicht trennscharfer Pauschalurteile ist überdies stark anzuzweifeln, da sie ein falsches Licht auf eine bewährte Unterrichtspraxis werfen sowie unreflektierter Kritik Vorschub leisten.

Abschließend ist festzuhalten, daß kein Lehrer mit dem Entschluß zur Einführung Freier Arbeit den „pädagogischen Zauberstab" (LANGEFELD 1988, S. 48) oder die „Wunderwaffe gegen alle Schulnöte" (RUMPF 1991, S. 9) in der Hand hält. Überzogene Erwartungen an diese Unterrichtsform sind ebenso unangebracht wie übertriebene Bedenken. Aus allgemeindidaktischer Sicht stellt Freie Arbeit in ihrer qualifizierten Gestalt jedoch eine bedeutsame Arbeitsform der Primarstufe und, altersgemäß weiterentwickelt, auch der Sekundarstufe dar. Sie leistet ihren spezifischen Beitrag zur Erfüllung des Erziehungs- und Bildungsauftrages der Schule und wird zutreffend als „wichtiges Stück praktischer Schulreform" (BÖNSCH 1991, S. 61) bezeichnet.

Allerdings kann sie keine Universalmethode sein. Wo kommunikative Elemente überwiegen, das Erfassen ethischer und ästhetischer Werte im Vordergrund steht oder das Herstellen größerer Zusammenhänge geboten ist, werden ihre Grenzen erreicht und sind Vortrag, Gespräch, Partnerarbeit oder Gruppenvorhaben angemessenere Arbeitsweisen. Ein Versuch, den gesamten Unterricht als Freie Arbeit zu konzipieren, wäre weder kind- noch sachgerecht. Sinnvoll ist hingegen ein ausgewogenes Verhältnis freier und gebundener, individualisierender und gemeinschaftsorientierter Verfahren, wie man es schon in den Konzeptionen Peter PETERSENS und Maria MONTESSORIS findet. Unterricht muß daher, zusammengefaßt, als ein „mehrdimensionales Spannungsverhältnis unterschiedlicher Formen verstanden und praktiziert werden" (LUDWIG 1993b, S. 20), unter denen der Freien Arbeit jedoch ein zentraler Stellenwert zukommt.

6. LITERATURVERZEICHNIS

6.1 PRIMÄRLITERATUR

Maria Montessori

MONTESSORI, M. (1913): Selbsttätige Erziehung im frühen Kindesalter, Stuttgart 1913

MONTESSORI, M. (1926): Montessori-Erziehung für Schulkinder Bd. I, Stuttgart 1926

MONTESSORI, M. (1928): Mein Handbuch, 2., umgearb. Aufl. Stuttgart 1928

MONTESSORI, M. (1930): The Child in the Church, 2. Aufl. London/Edinburgh 1930

MONTESSORI, M. (1932): Das Zentrum und die Peripherie, in: Böhm, W. (Hg.): Maria Montessori-Texte und Diskussion, Bad Heilbrunn 1971, S. 41-44

MONTESSORI, M. (1938): Die vier Stufen der Erziehung, in: Böhm, W. (Hg.): Maria Montessori. Texte und Diskussion, Bad Heilbrunn 1971, S. 19-24

MONTESSORI, M. (1946): Internationaler Lehrgang (unveröffentl. Vortragsmanuskript), London 1946

MONTESSORI, M. (1951): Das Ministerium für menschliche Entwicklung, in: BÖHM, W. (Hg.): Maria Montessori. Texte und Diskussion, Bad Heilbrunn 1971, S. 14-19

MONTESSORI, M. (1960): Über meine Methode, in: Böhm, W. (Hg.): Maria Montessori - Texte und Diskussion, Bad Heilbrunn 1971, S. 7-11

MONTESSORI, M. (1964): Kinder, die in der Kirche leben, hg. v. H. Helming, Freiburg 1964

MONTESSORI, M. (1966a): Von der Kindheit zur Jugend, Freiburg 1966

MONTESSORI, M. (1966b): Über die Bildung des Menschen, Freiburg 1966

MONTESSORI, M. (1973): Frieden und Erziehung, Freiburg 1973

MONTESSORI, M. (1976): Schule des Kindes, Freiburg 1976

MONTESSORI, M. (1979): Spannungsfeld Kind-Gesellschaft-Welt. Auf dem Wege zu einer „Kosmischen Erziehung", Freiburg 1979

MONTESSORI, M. (1984): Das kreative Kind, 5. Aufl. Freiburg 1984

MONTESSORI, M. (1985): „Die Freiheit muß aufgebaut werden", in: MONTESSORI-WERKBRIEF 23 (1985), H. 4, S. 122f

MONTESSORI, M. (1987): Moralische und soziale Erziehung - 3. Vortrag von Dr. Maria Montessori beim Montessori-Kongreß in Edinburgh 1938, in: DAS KIND H. 1/2 (1987), S. 5-11

MONTESSORI, M. (1988): Grundlagen meiner Pädagogik, bes. u. eingel. v. B. Michael, 7. Aufl. Heidelberg 1988

MONTESSORI, M. (1989): Die Macht der Schwachen, Kleine Schriften Maria Montessoris, Bd. 2, Freiburg 1989

MONTESSORI, M. (1991): Bedeutung des Sinnesmaterials als materialisierte Abstraktion, in: DAS KIND, 2. Halbj. 1991, H. 10, S. 56-59

MONTESSORI, M. (1992): Dem Leben helfen, Kleine Schriften Maria Montessoris, Bd. 3, Freiburg 1992

MONTESSORI, M. (1993): „Kosmische Erziehung", Kleine Schriften Maria Montessoris, Bd. 1, 2. Aufl. Freiburg 1993

MONTESSORI, M. (1994): Die Entdeckung des Kindes, 11. Aufl. Freiburg 1994

MONTESSORI, M. (1995): Kinder sind anders, 10. Aufl. München 1995

MONTESSORI, M. (1995b): Gott und das Kind, Kleine Schriften Maria Montessoris, Bd. 4, Freiburg 1995

Peter Petersen

PETERSEN, P. (1919): Gemeinschaft und freies Menschentum. Die Zielforderungen der neuen Schule, Gotha 1919

PETERSEN, P. (1924): Georg Kerschensteiner, in: HAMBURGER LEHRERZEITUNG 3 (1924), Nr. 29/30, S. 469f

PETERSEN, P. (1925): Innere Schulreform und Neue Erziehung. Gesammelte Reden und Aufsätze, Weimar 1925

PETERSEN, P. (1926): Die Neueuropäische Erziehungsbewegung, Weimar 1926

PETERSEN, P. (1929): Zehn Jahre Lebensgemeinschaftsschule (1919-1929), in: DIE VOLKSSCHULE 25 (1929), H. 4, S. 129-139; H. 5, S. 177-189

PETERSEN, P. (1930): Schulleben und Unterricht einer freien allgemeinen Volksschule nach den Grundsätzen Neuer Erziehung, Weimar 1930

PETERSEN, P. (1931): Der Ursprung der Pädagogik, Berlin/Leipzig 1931

PETERSEN, P. (1931b): Zwang und Autonomie in der sittlichen Erziehung. Die gegenwärtige Lage und die Aufgaben der Moralerziehung, in: DIE VOLKS-SCHULE 27 (1931), H. 2, S. 49-62

PETERSEN, P. (1934a): Pädagogische Grundfragen des Jena-Plans, in: ders. (Hg.): Die Praxis der Schulen nach dem Jena-Plan, Weimar 1934, S. 1-20

PETERSEN, P. (1934b): Die Stufen des Gruppenunterrichts, in: ders. (Hg.): Die Praxis der Schulen nach dem Jena-Plan, Weimar 1934, S. 71-92

PETERSEN, P. (1947): Der Kameradschaftsunterricht und das gruppenunter-richtliche Verfahren nach dem Jenaplan, in: PÄDAGOGIK 2 (1947), H. 2, S. 12-19

PETERSEN, P. (1958): Die Stufen des Gruppenunterrichts, in: ders. u. a.: Grup-penarbeit nach dem Jena-Plan, München 1958, S. 11-27

PETERSEN, P. (1962): Allgemeine Erziehungswissenschaft, Berlin/Leipzig 1924, Reprint Berlin 1962

PETERSEN, P. (1962b): „Grundfragen der Mitmenschlichkeit", in: ders./RIT-TER, G. R.: „Über den Umgang mit Menschen", Bremen 1962, S. 3-8

PETERSEN, P. (1963): Führungslehre des Unterrichts, 7. Aufl. Braunschweig 1963

PETERSEN, P. (1965): Von der Lehrprobe zur Pädagogischen Tatsachenfor-schung, in: ders./Petersen, E.: Die Pädagogische Tatsachenforschung, Pader-born 1965, S. 7-126

PETERSEN, P. (1966): Freiheit und Bindung in der Erziehung, in: MIESKES, H./ MÖLLER, H./TIMM, A.: Peter Petersen. Wirken und Werk, 2. Aufl. Bonn u. a. 1966, S. 14-19

PETERSEN, P. (1973): Pädagogik der Gegenwart, Berlin 1937, Reprint Wein-heim/Basel 1973

PETERSEN, P. (1980): Der Kleine Jena-Plan, 56. -60. Aufl. Weinheim/Basel 1980

PETERSEN, P. (1984): Der Mensch in der Erziehungswirklichkeit, hg. v. E. Pe-tersen, Mühlheim/Ruhr 1954, Reprint Weinheim/Basel 1984

PETERSEN, P./FÖRTSCH, A. (1930): Das gestaltende Schaffen im Schulversuch der Jenaer Universitätsschule 1925-1930, Weimar 1930

PETERSEN, P./WOLFF, H. (1925): Eine Grundschule nach den Grundsätzen der Arbeits- und Lebensgemeinschaftsschule, Weimar 1925

6.2 SEKUNDÄRLITERATUR

AHLRING, I. (1995): Freie Arbeit in der Sekundarstufe I, in: Claussen, C. (Hg.): Handbuch Freie Arbeit. Konzepte und Erfahrungen, Weinheim/Basel 1995, S. 238-253

AKADEMIE FÜR LEHRERFORTBILDUNG DILLINGEN (Hg.) (1994): Freies Arbeiten - Reformpädagogische Impulse für Erziehung und Unterricht in Regelschulen, Donauwörth 1994

APELT, E. (1951): Arbeitsmittel und ihre Verwendung in der neuzeitlichen Erziehung, München 1951

APELT, E. (1954): Gruppenarbeit nach dem Jena-Plan, in: GANZHEITLICHE BILDUNG. MONATSSCHRIFT FÜR NEUZEITLICHE SCHULARBEIT 5 (1954), H. 9, S. 273-278, S. 283-287

ARENDT, H. (1960): Vita Activa - oder Vom tätigen Leben, Stuttgart 1960

AURIN, K. (1956): Das methodische und pädagogische Vorurteil im Streit der Meinungen um die Montessori-Pädagogik, in: Böhm, W. (Hg.): Maria Montessori - Texte und Diskussion, Bad Heilbrunn 1971, S. 129-137

AURIN, M. (1986): Meine Begegnung mit Professor Peter Petersen, in: MONTESSORI-WERKBRIEF 24 (1986), H. 3/4, S. 115f

BARBERA S. J., M. (1919): Die „Kinderhäuser" Montessoris und die „Selbsterziehung", in: Schulz-Benesch, G. (Hg.): Montessori, Wege der Forschung Bd. 200, Darmstadt 1970, S. 44-81

BASTIAN, J. (1993): Freiarbeit und Projektunterricht. Eine didaktische „Wiedervereinigung", in: PÄDAGOGIK H. 10/1993, S. 6-9

BASTIAN, J. (1994): Lehrer im Projektunterricht. Plädoyer für eine profilierte Lehrerrolle in schülerorientierten Lernprozessen, in: ders./Gudjons, H. (Hg.): Das Projektbuch. Theorie - Praxisbeispiele - Erfahrungen, 4. Aufl. Hamburg 1994, S. 28-43

BASTIAN, J./Gudjons, H. (Hg.) (1993): Das Projektbuch II. Über die Projektwoche hinaus. Projektlernen im Fachunterricht, 2. Aufl. Hamburg 1993

BASTIAN, J./Gudjons, H. (Hg.) (1994): Das Projektbuch. Theorie - Praxisbeispiele - Erfahrungen, 4. Aufl. Hamburg 1994

BEHRENDT, F. (1934): Arbeitseinheit „Asien" in der Obergruppe. W. S. 1932/33, in: Petersen, P. (Hg.): Die Praxis der Schulen nach dem Jena-Plan, Weimar 1934, S. 273-287

BENNER, D./KEMPER, H. (1991): Einleitung zur Neuherausgabe des Kleinen
    Jena-Plans, Weinheim/Basel 1991

BILDUNGSKOMMISSION NRW (1995): Zukunft der Bildung - Schule der Zu-
    kunft. Denkschrift der Kommission „Zukunft der Bildung - Schule der Zu-
    kunft" beim Ministerpräsidenten des Landes Nordrhein-Westfalen, Neuwied
    u. a. 1995

BÖHM, W. (1977): Soziale Erziehung in der Montessori-Pädagogik, in: Scheid, P./
    Weidlich, H. (Hg.): Beiträge zur Montessori-Pädagogik 1977, Stuttgart 1977,
    S. 109-121

BÖHM, W. (1987): Der Schlüssel zur Lösung aller Erziehungsprobleme - Anmer-
    kungen zu Montessoris pädagogischem Selbstverständnis, in: DAS KIND
    H. 1/2 1987, S. 12-19

BÖHM, W. (1991): Maria Montessori. Hintergrund und Prinzipien ihres pädago-
    gischen Denkens, 2., unv. Aufl. Bad Heilbrunn 1991

BÖHM, W. u. a. (Hg.) (1994): Schnee vom vergangenen Jahrhundert. Neue Aspek-
    te der Reformpädagogik, 2. Aufl. Würzburg 1994

BÖHM-NIENHAUS, U. (1987): Peter Petersen und Michael Stürmer, in: DEMO-
    KRATISCHE ERZIEHUNG 13 (1987), H. 10, S. 15-17

BÖNSCH, M. (1980): Freies Arbeiten - zu einer neuen (alten) Lernmöglichkeit in
    der Schule, in: Geppert, K./Preuss, E. (Hg.): Selbständiges Lernen. Zur Me-
    thode des Schülers im Unterricht, Bad Heilbrunn 1980, S. 127-136

BÖNSCH, M. (1991): Freiarbeit, in: Comenius-Institut. Evangelische Arbeitsstät-
    te für Erziehungswissenschaft e. V. (Hg.): Freie Arbeit und Religionsunter-
    richt, bearb. v. D. Fischer, Münster 1994, S. 61-67

BORKENHAGEN, H. (1934a): Gruppenarbeit der Obergruppe 1. April 1930 bis
    31. Januar 1931, in: Petersen, P. (Hg.): Die Praxis der Schulen nach dem Je-
    na-Plan, Weimar 1934, S. 92-98

BORKENHAGEN, H. (1934b): Die Leistung der Gruppenarbeit in wöchentlich
    drei Arbeitszeiten der Obergruppe 1933/34, in: Petersen, P. (Hg.): Die Praxis
    der Schulen nach dem Jena-Plan, Weimar 1934, S. 98-114

BUCK, A. (1955): Naturgemäße Erziehung bei Pestalozzi und Montessori. Kriti-
    sche Betrachtung zur psychologischen Pädagogik, in: Schulz-Benesch, G.
    (Hg.): Montessori, Wege der Forschung Bd. 200, Darmstadt 1970, S. 316-340

BUYTENDIJK, F. J. J. (1952): Gelebte Freiheit und sittliche Freiheit im Bewußt-sein des Kindes, in: Schulz-Benesch, G. (Hg.): Montessori, Wege der For-schung Bd. 200, Darmstadt 1970, S. 282-303

BUYTENDIJK, F. J. J. (1990): Erziehung zur Demut, MONTESSORI-WERK-BRIEF 4. Beiheft, Aachen 1990

CAVALLAR, G. (1996): Die Kultivierung von Freiheit trotz Zwang (Kant), in: VIERTELJAHRSSCHRIFT FÜR WISSENSCHAFTLICHE PÄDAGOGIK 72 (1996), H. 1, S. 87-95

CAVEMANN, B. (1965): Pädagogische Situation und pädagogisches Feld, in: Mieskes, H.: Jenaplan - Anruf und Antwort, Oberursel/Taunus 1965, S. 37-66

CLAUSSEN, C. (1993): Wie frei ist Freie Arbeit?, in: GRUNDSCHULE 25 (1993), H. 2, S. 44f

CLAUSSEN, C. (1995): Freie Arbeit als Element eines Konzepts der Öffnung von Schule und Unterricht, in: ders. (Hg.): Handbuch Freie Arbeit. Konzepte und Erfahrungen, Weinheim/Basel 1995

CZERWENKA, K. (1985): Lernen an der Wirklichkeit, in: Maschmann, I./ Oelkers, J. (Hg.): Peter Petersen - Beiträge zur Schulpädagogik und Erzie-hungsphilosophie, Heinsberg 1985, S. 101-119

DEIFEL, G./ZOBL, B. (1994): Hurra! Wir machen Freiarbeit!, in: Haberl, H. (Hg.): Montessori-Pädagogik - Beiträge zu Theorie und Praxis, Wien 1994, S. 221-240

DEITERS, H. (1947): Kritische bemerkungen zum gruppenunterrichtlichen ver-fahren nach dem Jenaplan, in: PÄDAGOGIK 2 (1947), H. 3, S. 29-32

DERNBACH, R. (1991): Montessori-Schule: Kompromisse in der Montessori-Praxis, die den Erfolg beeinträchtigen, in: MONTESSORI-WERKBRIEF 29 (1991), H. 3/4, S. 137-146

DEWEY, J./DEWEY, E. (1915): Freiheit und Persönlichkeit, in: Schulz-Benesch, G. (Hg.): Montessori, Wege der Forschung Bd. 200, Darmstadt 1970, S. 28-43

DEWEY, J./KILPATRICK, W. H. (1935): Der Projekt-Plan. Grundlegung und Praxis, hg. v. P. Petersen, Weimar 1935

DICHGANS, J. (1994): Die Plastizität des Nervensystems. Konsequenzen für die Pädagogik, in: ZEITSCHRIFT FÜR PÄDAGOGIK 49 (1994), H. 2, S. 229-246

DIETRICH, Th. (1958): Peter Petersen - Leben und Werk, Frankfurt u. a. o. J. (1958)

DIETRICH, Th. (1991): Zeitgebundene und fortwirkende Grundauffassungen der Jena-Plan-Pädagogik, in: Hofmann, K. (Hg.): Peter Petersen und die Reformpädagogik. Beiträge einer Fachkonferenz vom 20. -23. November 1989, Fernuniversität Hagen 1991, S. 133-149

DIETRICH, Th. (1993): Lernen als individueller und kooperativer Prozeß in der Jenaplan-Pädagogik, in: Retter, H. (Hg.): Jenaplan-Pädagogik als Chance - Kindgerechte Schulpraxis im Zeichen europäischer Verständigung, Bad Heilbrunn 1993, S. 65-74

DIETRICH, Th. (1995): Die Pädagogik Peter Petersens. Der Jena-Plan: Beispiel einer humanen Schule, 6., verb. u. erw. Aufl. Bad Heilbrunn 1995

DÖPP-VORWALD, H. (1969): Die Erziehungslehre Peter Petersens, 2., erw. Aufl. Wuppertal u. a. 1969

DUMKE, D. (Hg.) (1991): Integrativer Unterricht - Gemeinsames Lernen von Behinderten und Nichtbehinderten, Weinheim 1991

EIERDANZ, J. (1987): Wir wollen gehorchen lernen! - Peter Petersen und der „Jena-Plan", in: DEMOKRATISCHE ERZIEHUNG 13 (1987), H. 3, S. 16-21

ELSNER, H. (1970): Eine Schule ohne Klingel, in: MONTESSORI-WERK-BRIEF H. 24 (1970), S. 9-19

ELSNER, H. (1989): Jeder hat das Recht, er selbst zu sein, in: Oswald, P./Schulz-Benesch, G. (Hg.): Grundgedanken der Montessori-Pädagogik, 9. Aufl. Freiburg 1989, S. 139-150

EMER, W./HORST, U./OHLY, K. P. (Hg.) (1994): Wie im richtigen Leben ... Projektunterricht für die Sekundarstufe II. Arbeitsmaterialien aus dem Bielefelder Oberstufen-Kolleg 29, 2. Aufl. Bielefeld 1994

ESSER, B./WILDE, Ch. (1989): Montessori-Schulen - Zu Grundlagen und pädagogischer Praxis, Reinbek bei Hamburg 1989

FÄHMEL, I. (1981): Zur Struktur schulischen Unterrichts nach Maria Montessori, Frankfurt/M./Bern 1981

FAUST-SIEHL, G. (1995): Lernzirkel - Themenbezogene Freiarbeit im wahldifferenzierten Unterricht, in: Claussen, C. (Hg.): Handbuch Freie Arbeit. Konzepte und Erfahrungen, Weinheim/Basel 1995, S. 24-31

FISCHER, K. (1964): Das vorgeschriebene Pensum und die Gestalt der Freiheit in der Montessori-Schule, in: MONTESSORI-WERKBRIEF, H. 4 (1964), S. 5-10

FISCHER, R. (1982): Lernen im non-direktiven Unterricht. Eine Felduntersuchung am Beispiel der Montessori-Pädagogik, Frankfurt/M./Bern 1982

FISCHER, R. (1992): Empirische Ergebnisse der Montessori-Pädagogik, in: Helming, H.: Montessori-Pädagogik, 14., erw. Aufl. Freiburg 1992, S. 187-203

FISCHER, R. (1996): Forschungsergebnisse zum Phänomen der sensiblen Phasen, in: MONTESSORI 34 (1996), H. 3/4, S. 104-116

FISGUS, Ch./KRAFT, G. (1994): „Hilf mir, es selbst zu tun!" - Montessori-Pädagogik in der Regelschule, 1. Aufl. Donauwörth 1994

FÖRTSCH, A. (1930): Arbeitspläne unserer Gruppen, in: Petersen, P.: Schulleben und Unterricht einer freien allgemeinen Volksschule nach den Grundsätzen Neuer Erziehung, Weimar 1930, S. 147-152

FREIDHOFF, P. (1991): Pensenbuch und Wortgutachten, in: Akademie für Lehrerfortbildung Dillingen (Hg.): Materialgeleitetes Lernen. Elemente der Montessori-Pädagogik in der Regelschule - Grundschulstufe, München 1991, S. 159-165

FREINET, C. (1979): Die moderne französische Schule, 2., verb. Aufl. Paderborn 1979

FREY, K. (1984): Die Projektmethode, 2. Aufl. Weinheim/Basel 1984

FROMM, E. (1976): Haben oder Sein. Die seelischen Grundlagen einer neuen Gesellschaft, Stuttgart 1976

FROMM, E. (1986): Über den Ungehorsam, 2. Aufl. München 1986

FUCHS, B. (1989): Montessoris Theorie und Methode der frühkindlichen Erziehung, in: dies./Harth-Peter, W. (Hg.): Alternativen frühkindlicher Erziehung. Von Rousseau zu Montessori, Würzburg 1989, S. 103-119

GEILEN, H. (1990): Vom Greifen zum Begreifen. Alltägliche Gegenstände als sinnvolles Spielzeug für Kinder, Aachen 1990

GEISSLER, E. E. (1969): Erziehungsmittel, 3. Aufl. Bad Heilbrunn 1969

GEISSLER, E. E. (1984): Die Schule - Theorien, Modelle, Kritik, Stuttgart 1984

GERHARDS, K. (1927): Zur Beurteilung der Montessori-Pädagogik, in: Schulz-Benesch, G. (Hg.): Montessori, Wege der Forschung Bd. 200, Darmstadt 1970, S. 155-184

GERICKE, R. (1934): Der Kreis (Stand Anfang Juli 1933), in: Petersen, P. (Hg.): Die Praxis der Schulen nach dem Jena-Plan, Weimar 1934, S. 122-127

GESSLEIN, I./LIPPERT, H. (1987): Schule macht Spaß. Eine Sammlung von Lernmaterialien für den individualisierenden Unterricht, Würzburg 1987

GÖHLICH, H. D. M. (1993): Die pädagogische Umgebung. Eine Geschichte des Schulraums seit dem Mittelalter, Weinheim 1993

GÖTZ, M. (1996): Der Jena-Plan - ein reaktualisiertes Schulmodell mit einer problematischen Erblast, in: DAS KIND, 2. Halbj. 1996, H. 20, S. 39-53

GROSS, E. (Hg.) (1992): Freies Arbeiten in weiterführenden Schulen, Donauwörth 1992

GROSS, E. (1992): Freies Arbeiten: ein Begriff, der in fast keinem (schulpädagogischen) Wörterbuch steht, in: ders. (Hg.): Freies Arbeiten in weiterführenden Schulen, Donauwörth 1992, S. 56-72

GUDJONS, H. (1993): Projektunterricht begründen - Sozialisationstheoretische und lernpsychologische Argumente, in: Bastian, J./ders. (Hg.): Das Projektbuch II. Über die Projektwoche hinaus. Projektlernen im Fachunterricht, 2. Aufl. Hamburg 1993, S. 48-64

GUDJONS, H. (1994): Was ist Projektunterricht?, in: Bastian, J./ders. (Hg.): Das Projektbuch. Theorie - Praxisbeispiele - Erfahrungen, 4. Aufl. Hamburg 1994, S. 14-27

GÜNNIGMANN, M. (1979): Montessori-Pädagogik in Deutschland. Bericht über die Entwicklung nach 1945, Freiburg 1979

GUYER, W. (1952): Wie wir lernen. Versuch einer Grundlegung, Erlenbach-Zürich o. J. (1952)

HAINSTOCK, E. G. (1973): Montessori zu Hause. Die Schuljahre, Freiburg 1973

HARTH-PETER, W. (1996): Das „Prinzip Freiheit" in der Pädagogik Maria Montessoris, in: VIERTELJAHRESSCHRIFT FÜR WISSENSCHAFTLICHE PÄDAGOGIK, 72 (1996), H. 1, S. 96-104

HECKER, H./MUCHOW, M. (1927): Friedrich Fröbel und Maria Montessori, Leipzig 1927

HEILAND, H. (1994): Maria Montessori, 4. Aufl. Reinbek bei Hamburg 1994

HEIMBRING, D. (1992): Montessori-Pädagogik und naturwissenschaftlicher Unterricht, 2., unv. Aufl. Aachen 1992

HEINRICHSHOFEN, H. (1958): Die Praxis der Gruppenarbeit in der Mittelgruppe, in: Petersen, P. u. a.: Gruppenarbeit nach dem Jenaplan, München 1958, S. 28-47

HEINTZE, K. (1965): Das Kleinkind innerhalb der Jenaer Erziehungswissenschaft, in: Mieskes, H.: Jenaplan - Anruf und Antwort, Oberursel/Taunus 1965, S. 163-180

HEISS-MEISSNER, A. (1991): Wochenplan-Unterricht - mehr als nur eine Vorstufe zur Freien Arbeit, in: Akademie für Lehrerfortbildung Dillingen (Hg.): Materialgeleitetes Lernen. Elemente der Montessori-Pädagogik in der Regelschule - Grundschulstufe, München 1991, S. 114-131

HEITKÄMPER, P. (Hg.): Mehr Lust auf Schule. Ein Handbuch für innovativen und gehirngerechten Unterricht, Paderborn 1995

HELLBRÜGGE, Th. (1984): Unser Montessori-Modell, Frankfurt/M. 1984

HELLBRÜGGE, Th./Montessori, Mario sen. (Hg.) (1978): Die Montessori-Pädagogik und das behinderte Kind. Referate und Ergebnisse des 18. Internationalen Montessori-Kongresses (München 4. -8. Juli 1977), München 1978

HELLER, A. (1994): Wie frei ist Freie Arbeit?, in: MONTESSORI 32 (1994), H. 2, S. 54-66

HELMING, H. (1952/53): Das Spezifische in der Montessori-Pädagogik, in: Schulz-Benesch, G. (Hg.): Montessori, Wege der Forschung Bd. 200, Darmstadt 1970, S. 304-315

HELMING, H. (1959): Spiel im Kinderhaus, in: MITTEILUNGEN DER DEUTSCHEN MONTESSORI-GESELLSCHAFT 7 (1959), H. 1, S. 8f

HELMING, H. (1965): „Zum Stil der katholischen Schule heute", in: MONTESSORI-WERKBRIEF H. 7 (1965), S. 14-19

HELMING, H. (1987): Montessori-Pädagogik, 12. Aufl. Freiburg 1987

HENNER, G. (1992): Prinzip Freiheit - freie Arbeit in der aktuellen Erziehungswirklichkeit mit der Montessori-Pädagogik, in: DAS KIND 1. Halbj. 1992, H. 11, S. 25-43

HENTIG, H. v. (1993): Die Schule neu denken, München/Wien 1993

HERZOG, H. (1993): Schöne heile WOPL-Welt?, in: Claussen, C. u. a.: Wochenplan- und Freiarbeit, Braunschweig 1993, S. 31-40

HESSEN, S. (1926): Fröbel und Montessori. Versuch einer philosophischen Theorie des Spiels, in: DIE ERZIEHUNG H. 1 (1926), S. 65-99

HEUERMANN, U. (1993): Produktives Denken in der Freiarbeit? Eine kritische Anfrage, in: DIE GRUNDSCHULZEITSCHRIFT 7 (1993), H. 62, S. 40-42

HOFMANN, K. (Hg.) (1991): Peter Petersen und die Reformpädagogik. Beiträge einer Fachkonferenz vom 20. -23. November 1989, Fernuniversität Hagen 1991

HOLTSTIEGE, H. (1982): Sensible Phasen im Jugendalter und Impulse zu Konkretionen für die Sekundarstufen I und II, in: ORIENTIERUNG - SCHRIFTENREIHE ZUR LEHRERFORTBILDUNG, H. 8, Aachen o. J. (1982), S. 29-44

HOLTSTIEGE, H. (1987): Maria Montessoris Neue Pädagogik. Prinzip Freiheit - Freie Arbeit, Freiburg 1987

HOLTSTIEGE, H. (1991): Erzieher in der Montessori-Pädagogik. Bedeutung - Aufgaben - Probleme, Freiburg 1991

HOLTSTIEGE, H. (1994): Modell Montessori - Grundsätze und aktuelle Geltung der Montessori-Pädagogik, 7., veränd. Aufl. Freiburg 1994

HOLTSTIEGE, H. (1995a): Das Prinzip der Altersmischung in Montessori-Schulen, in: MONTESSORI 33 (1995), H. 3/4, S. 102-107

HOLTSTIEGE, H. (1995b): Montessoris Schweige-Lektion und die Stille-Übungen in der Gegenwartsliteratur, in: ENGAGEMENT - ZEITSCHRIFT FÜR ERZIEHUNG UND SCHULE, H. 4/1995, S. 279-290

HOLTZ, A. (1994): Montessori-Pädagogik und Sprachförderung, Ulm/Münster 1994

HOLTZ, A. (1996): Zur Entwicklungs- und Neuropsychologie der sensiblen Phasen, in: MONTESSORI 34 (1996), H. 3/4, S. 117-128

HOMACK, K. (1934a): Das erste Schuljahr im Schul- und Unterrichtsleben der Untergruppe 1930-1933, in: Petersen, P. (Hg.): Die Praxis der Schulen nach dem Jena-Plan, Weimar 1934, S. 21-35

HOMACK, K. (1934b): Einführung in das Material der Untergruppe, in: Petersen, P. (Hg.): Die Praxis der Schulen nach dem Jena-Plan, Weimar 1934, S. 36-40

HÜHOLDT, J. (1995): Wunderland des Lernens. Lernbiologie, Lernmethodik, Lerntechnik. 10., neubearb. Aufl. Bochum 1995

IMELMAN, J. D./MEIJER, W. A. J. (1991): Das Verhältnis von Theorie und Praxis Petersenscher Erziehungsvorstellungen unter sich wandelnden Rezeptionsbedingungen, in: Hofmann, K. (Hg.): Peter Petersen und die Reformpädagogik. Beiträge einer Fachkonferenz vom 20. -23. November 1989, Fernuniversität Hagen 1991, S. 31-41

IMS Integrative Montessori-Schule Münsterland e. V. (Hg.) (1988): Gemeinsam leben lernen. Konzept für eine Schule der Sekundarstufe I. Stand: März 1988, Borken 1988

IMS Integrative Montessori-Schule Münsterland e. V. (Hg.) (1995): Integrative Montessori-Grundschule Borken. Erfahrungen auf einem 10-jährigen Weg, Borken 1995

JONES, I. (1987): Möglichkeiten und Grenzen der Montessori-Pädagogik - Das Jugenderziehungskonzept der Maria Montessori in der Sekundarstufe I, Frankfurt/M. u. a. 1987

JORDAN, H. J. (1971): Warum schicken Eltern ihre Kinder in die Montessori-Schule?, in: MONTESSORI-WERKBRIEF H. 26 (1971), S. 13-20

JORDAN, H. J. (1989): Was ist ein Montessori-Lyzeum?, in: Oswald, P./Schulz-Benesch, G. (Hg.): Grundgedanken der Montessori-Pädagogik, 9., erw. Aufl. Freiburg 1989, S. 154-161

JÜHLKE, K. J. (1980): Montessori und Freud. Versuch einer Verhältnisbestimmung von Montessori-Pädagogik und pädagogisch relevanten Konzeptionen der Psychoanalyse Freudscher Tradition, Diss. Münster 1980

JÜRGENS, U. (1993): Differenzierung durch freie Arbeit - Utopie oder Wirklichkeit?, in: Claussen, C. u. a.: Wochenplan- und Freiarbeit, Braunschweig 1993, S. 46-53

KAHL, R. (1996): Hardware-Fetischismus, in: PÄDAGOGIK H. 4/1996, S. 64

KAISER, A. (1992): Das Konzept „Freie Arbeit" im Spannungsfeld zwischen Materialdifferenzierung und Projektlernen. Kritische Anmerkungen zu Problemen neuerer grundschulpädagogischer Reformbestrebungen, in: Comenius-Institut. Evangelische Arbeitsstätte für Erziehungswissenschaft e. V. (Hg.): Freie Arbeit und Religionsunterricht, bearb. v. D. Fischer, Münster 1994, S. 99-102

KASSNER, P. (1989): Peter Petersen - die Negierung der Vernunft?, in: DIE DEUTSCHE SCHULE 81 (1989), H. 1, S. 117-132

KASSNER, P./SCHEUERL, H. (1984): Rückblick auf Peter Petersen, sein pädagogisches Denken und Handeln, in: ZEITSCHRIFT FÜR PÄDAGOGIK 30
(1984), H. 5, S. 647-661

KAYSER, A./SCHÄKEL, L. (1994): Kinder und Lehrer lernen: Freie Arbeit,
6. Aufl. Frankfurt/M. 1994

KEIM, W. (1989): Peter Petersens Rolle im Nationalsozialismus und die bundes-
deutsche Erziehungswissenschaft, in: DIE DEUTSCHE SCHULE 81 (1989),
H. 1, S. 133-145

KERSCHENSTEINER, G. (1959): Begriff der Arbeitsschule, 13., unv. Aufl. München 1959

KILPATRICK, W. H. (1935): Die Projektmethode. Die Anwendung des zweck-
vollen Handelns im pädagogischen Prozeß, in: Dewey, J./ders.: Der Projekt-
Plan. Grundlegung und Praxis, hg. v. P. Petersen, Weimar 1935, S. 161-179

KLAFFKE, Th. (1993): „Sag dem Kind nichts, was es nicht selbst finden kann ..."
- Über die Notwendigkeit, Freie Arbeit und Projektunterricht zu verbinden, in:
PÄDAGOGIK H. 10/1993, S. 25-29

KLASSEN, Th. (1968): Die Bildungsgrundformen Gespräch, Spiel, Arbeit und
Feier im Jena-Plan Peter Petersens, Diss. Univ. Münster 1968

KLASSEN, Th. (1975): Der Erzieher als Material. Zur Funktion des Lehrers in der
Montessoripädagogik, in: PÄDAGOGISCHE RUNDSCHAU 29 (1975), H. 7,
S. 591-600

KLASSEN, Th. (1991): Die Jenaplan-Renaissance in der Bundesrepublik
Deutschland - Anmerkungen zur Problematik der inneren Schulreform, in:
Schmutzer, E. (Hg.): Reformpädagogik in Jena. Peter Petersens Werk und an-
dere reformpädagogische Bestrebungen damals und heute, Jena 1991,
S. 99-103

KLASSEN, Th./Skiera, E. (Hg.) (1993): Handbuch der reformpädagogischen und
alternativen Schulen in Europa, 2., erw. u. akt. Aufl. Baltmannsweiler 1993

KLEBER, E. W. (1995): Freiheit und Bindung - gebundene Freie Arbeit, in: Claussen, C. (Hg.): Handbuch Freie Arbeit. Konzepte und Erfahrungen, Wein-
heim/Basel 1995, S. 48-53

KLEIN, H. (1995): Tagesablauf im Kinderhaus, in: Schmutzler, H. J.: Montessori-Pädagogik im Elementarbereich, 4. Aufl. Hamm 1995, S. 13f

KLEINERT, I. (1993): Mein Weg zur Freiarbeit, in: Claussen, C. u. a.: Wochen-plan- und Freiarbeit, Braunschweig 1993, S. 7-22

KLEINSCHROTH, R. (1996): Neues Lernen mit dem Computer, Reinbek bei Hamburg 1996

KLINKE, E. (1985): Die Peter-Petersen-Schule in Köln-Höhenhaus, Am Rosen-maar, in: Skiera, E. (Hg.): Schule ohne Klassen. Gemeinsam lernen und leben - Das Beispiel Jenaplan, Heinsberg 1985, S. 112-146

KLOSTERMANN, H. L. (1927): Ausgangspunkt und Zielsetzung der frühkind-lichen Entwicklung bei Fröbel und Montessori, in: DIE ERZIEHUNG 2 (1927), S. 395-414

KLUGE, B. (1992): Peter Petersen. Lebenslauf und Lebensgeschichte. Auf dem Weg zu einer Biographie, Heinsberg 1992

KNAB, D. (1983): Differenzierung - ein pädagogisches Prinzip?, in: ENGAGE-MENT. ZEITSCHRIFT FÜR ERZIEHUNG UND SCHULE, H. 2/1983, S. 57-62

KOCK, R. (1995): Die Reform der laizistischen Schule bei Célestin Freinet. Eine Methode befreiender Volksbildung, Frankfurt/M. u. a. 1995

KOSSE, W. (1964): Echtheit als Ethos des Jenaplans, in: LEBENDIGE SCHULE 19 (1964), H. 6, S. 247-252

KOSSE, W. (1967): Erziehung und Lebenssinn. Untersuchungen zur Erziehungs-metaphysik Peter Petersens, Oberursel/Taunus 1967

KRAMER, R. (1989): Maria Montessori - Leben und Werk einer großen Frau, München 1989

KRATOCHWIL, L. (1992): Pädagogisches Handeln bei Hugo Gaudig, Maria Montessori und Peter Petersen, 1. Aufl. Donauwörth 1992

KRATZER, U. (1991): Der Einstieg in die Freiarbeit, in: Akademie für Lehrerfort-bildung Dillingen (Hg.): Materialgeleitetes Lernen. Elemente der Montessori-Pädagogik in der Regelschule - Grundschulstufe, München 1991, S. 110-113

KRAUSE, M. (1988): Die Pädagogik Maria Montessoris - Ein Ausweg aus der Problematik koedukativer Erziehung?, in: Giesche, S./Sachse, D.: Frauen ver-ändern Lernen, Kiel 1988, S. 94-98

KREUZBERGER, N. (1994): Montessori-Pädagogik in der Grundschule und Se-kundarstufe, 2., überarb. Aufl. Bonn 1994

KRICHBAUM, G. (1995): Innere Differenzierung, in: Wittenbruch, W. (Hg.): Das pädagogische Profil der Grundschule. Impulse für die Weiterentwicklung der Grundschule, 3., erw. Aufl. Heinsberg 1995, S. 119-137

KRIEGER, C. G. (1994): Mut zur Freiarbeit. Praxis und Theorie des freien Arbeitens für die Sekundarstufe, Baltmannsweiler 1994

KÜKELHAUS, H./ZUR LIPPE, R. (1994): Entfaltung der Sinne. Ein „Erfahrungsfeld" zur Bewegung und Besinnung, Frankfurt/M. 1994

KULTUSMINISTER DES LANDES NORDRHEIN-WESTFALEN (Hg.) (1991): Richtlinien und Lehrpläne für die Grundschule in Nordrhein-Westfalen: Mathematik, 1. Aufl. Düsseldorf 1985, hier: unv. Nachdruck 1991

KUMETAT, H. (1985): Hauptschule Ferdinandstraße. Fallstudie über eine humane Schule, Heinsberg 1985

KUMETAT, H. (1987): Peter-Petersen-Schule am Rosenmaar. Ihre Geschichte von 1952-1967, Heinsberg 1987

LADENTHIN, V. (1992): Wie frei ist freie Arbeit?, in: 5 BIS 10 SCHULMAGAZIN, München 1992, H. 11, S. 4-7

LANDESINSTITUT FÜR SCHULE UND WEITERBILDUNG (Hg.) (1993): Freiarbeit in der Sekundarstufe I, 3. Aufl. Soest 1993

LANDESINSTITUT FÜR SCHULE UND WEITERBILDUNG (Hg.) (1995): Fachübergreifendes Lernen - Gymnasium (Sekundarstufe 1), 1. Aufl. Soest 1995

LANGEFELD, J. (1988): Nachdenken über Freiarbeit, in: PÄDAGOGIK-UNTERRICHT 8 (1988) H. 2/3, S. 48-60

LANGEN, M. (1986): Wochenplanarbeit, Freie Arbeit. Zu den Empfehlungen der neuen Richtlinien für die Grundschule in NW, in: KATHOLISCHE BILDUNG 87 (1986), H. 2, S. 103-112

LASSAHN, R. (1978): Montessori-Pädagogik im Lichte neuer Forschung, in: PÄDAGOGISCHE RUNDSCHAU 32 (1978), H. 6, S. 480-491

LEHMANN, E. (1952): Peter Petersen und Maria Montessori - Zum Gedächtnis, in: DIE SCHULWARTE. MONATSSCHRIFT FÜR UNTERRICHT UND ERZIEHUNG, 5 (1952), S. 385-387

LICHTENSTEIN-ROTHER, I. (1982): Innere Differenzierung - ein Auftrag der Grundschule, in: GRUNDSCHULE 14 (1982), H. 1, S. 14f

LUDWIG, H. (1984): Zur Bedeutung von Ethik und Ethos für die Pädagogik - Gedanken zum 100. Geburtstag von Peter Petersen (1884-1952), in: KATHOLI-
SCHE BILDUNG 85 (1984), H. 12, S. 649-659

LUDWIG, H. (1985): Montessori-Pädagogik und interkulturelle Erziehung - The-
sen zur Eignung der Montessori-Pädagogik für die Förderung und Integration
von Ausländerkindern, in: MONTESSORI-WERKBRIEF 23 (1985), H. 1/2,
S. 34-41

LUDWIG, H. (1990): Peter Petersen und Maria Montessori. Prolegomena zu einem komplexen Forschungsthema, in: MONTESSORI-WERKBRIEF 28
(1990), H. 1/2, S. 34-60

LUDWIG, H. (1992a): „Kosmische Erziehung" - Zum Ansatz einer ökologisch
orientierten Schulpädagogik und Didaktik bei Maria Montessori, in: MON-
TESSORI-WERKBRIEF 30 (1992), H. 1/2, S. 14-34

LUDWIG, H. (1992b): Peter Petersen und Friedrich Fröbel. Aspekte zu Petersens
Umgang mit der pädagogischen Tradition, in: Rülcker, T./Kassner, P. (Hg.):
Peter Petersen: Antimoderne als Fortschritt? Erziehungswissenschaftliche
Theorie und pädagogische Praxis vor den Herausforderungen ihrer Zeit,
Sonderdruck Frankfurt/M. u. a. 1992, S. 87-123

LUDWIG, H. (1993a): Entstehung und Entwicklung der modernen Ganztags-
schule in Deutschland, 2. Bde., Köln u. a. 1993

LUDWIG, H. (1993b): Freiarbeit im Grundschulunterricht - Möglichkeiten und
Grenzen in allgemeindidaktischer Sicht, in: MONTESSORI 31 (1993), H. 1,
S. 4-23

LUDWIG, H. (1995): Zur Pädagogik der Sekundarschule, in: Bennack, J. (Hg.):
Taschenbuch Sekundarschule, Baltmannsweiler 1995, S. 36-43

LUDWIG, H. (1996): Die Montessori-Schule, in: Seyfarth-Stubenrauch, M./
Skiera, E. (Hg.): Reformpädagogik und Schulreform in Europa. Grundlagen,
Geschichte, Aktualität, Bd. 2: Schulkonzeptionen und Länderstudien, Ho-
hengehren 1996, S. 237-252

LÜTGERT, W. (1993): Reformpädagogik und Schulalltag heute, in: Winkel, R.
(Hg.): Reformpädagogik konkret, 1. Aufl. Hamburg 1993, S. 121-131

MALSON, L./ITARD, J./MANNONI, O. (1972): Die wilden Kinder, Frankfurt/M.
1972

MASCHMANN, I./OELKERS, J. (1985): Einleitung: Petersens Pädagogik als Problem, in: dies. (Hg.): Peter Petersen - Beiträge zur Schulpädagogik und Erziehungsphilosophie, Heinsberg 1985, S. 9-23

MASKUS, R. (1964): Gemeinschaft und Erziehung bei Peter Petersen, in: LEBENDIGE SCHULE 19 (1964), H. 6, S. 235-240

MAYER, W. G. (1984): Neue Bestrebungen zur Jenaplan-Pädagogik, in: Klassen, Th. F./Skiera, E. (Hg.): Pädagogik der Mitmenschlichkeit. Beiträge zum Petersen-Jahr 1984, Heinsberg 1984, S. 63-97

MAYER, W. G. (1992): Freie Arbeit in der Primarstufe und in der Sekundarstufe bis zum Abitur, Heinsberg 1992

MAYER-BEHRENS, H. (1987): Grundschule - Haus für Kinder. Vom Klassenraum zur Lernlandschaft, Heinsberg 1987

MEIER, R. (1995): Allgemeindidaktische, fächerübergreifende Aspekte der Freien Arbeit, in: Claussen, C. (Hg.): Handbuch Freie Arbeit. Konzepte und Erfahrungen, Weinheim/Basel 1995, S. 59-75

MEISTERJAHN-KNEBEL, G. (1995): Montessori-Pädagogik und Bildungsreform im Schulwesen der Sekundarstufe - Dargestellt am Beispiel der Bischöflichen Maria-Montessori-Gesamtschule Krefeld, Frankfurt/M. u. a. 1995

MEYER, P. (Hg.) (1991): Freies Arbeiten in Sekundarschulen - Praxisberichte, Impulse, Reflexionen. Lesehefte zur Jenaplan-Pädagogik H. 15, Heinsberg 1991

MIESKES, H. (1966a): Peter Petersen und unsere Zeit, in: ders./Möller, H./Timm, A.: Peter Petersen. Wirken und Werk, 2., wesentl. erw. Aufl. Bonn u. a. 1966, S. 20-38

MIESKES, H. (1966b): Die pädagogische Welt des Jenaplans, in: ders./Möller, H./ Timm, A.: Peter Petersen. Wirken und Werk, 2., wesentl. erw. Aufl. Bonn u. a. 1966, S. 39-74

MIESKES, H. (1966c): Jenaplan und Schulreform, Oberursel/Taunus 1966

MILLER, J. K. (1989): Anmerkung zur Gruppenführung, in: MONTESSORI-WERKBRIEF 27 (1989), H. 1/2, S. 13-18

MISSMAHL-MAURER, S. (1994): Maria Montessori. Neuere Untersuchungen zur Aktualität und Modernität ihres pädagogischen Denkens, Frankfurt/M. u. a. 1994

MÖNKS, F. J. (1993): Montessori-Pädagogik und Begabtenförderung, in: Haberl, H. (Hg.): Montessori und die Defizite der Regelschule, Wien 1993, S. 126-138

MONTESSORI, Mario (1989): Erziehung zum Menschen. Montessori-Pädagogik heute, Frankfurt/M. 1989

MONTESSORI-VEREINIGUNG e. V. SITZ AACHEN (1992): Montessori-Material, Bd. 1: Materialien für den Bereich Kinderhaus, Verlag Nienhuis Montessori International, 3. Aufl. Zelhem 1992

MONTESSORI-VEREINIGUNG e. V. SITZ AACHEN (1992): Montessori-Material, Bd. 2: Materialien für den Bereich Sprache, Verlag Nienhuis Montessori International, 2. Aufl. Zelhem 1992

MONTESSORI-VEREINIGUNG e. V. SITZ AACHEN (1992): Montessori-Material, Bd. 3: Materialien für den Bereich Mathematik, Verlag Nienhuis Montessori International, 3. Aufl. Zelhem 1992

MOORMANN, A. (1989): Beobachtung und der Unterrichtende, in: MONTESSORI-WERKBRIEF 27 (1989), H. 1/2, S. 19-25

MUCHOW, M. (1927): Allgemeine Würdigung des Montessorischen Versuchs. Kritik der Hauptforderungen Montessoris und ihrer praktischen Durchführung im System des Kinderhauses, in: Schulz-Benesch, G. (Hg.): Montessori, Wege der Forschung Bd. 200, Darmstadt 1970, S. 111-154

MÜLLER-Petersen, E. (1965): Die Methoden der Pädagogischen Tatsachenforschung, in: Petersen, P./dies.: Die Pädagogische Tatsachenforschung, Paderborn 1965, S. 129-257

NAUCK, A. (1934): Wie die U3 gebildet wurde. Das erste Vierteljahr in einer neugebildeten Untergruppe, in: Petersen, P. (Hg.): Die Praxis der Schulen nach dem Jena-Plan, Weimar 1934, S. 239-256

NEUHAUS-SIEMON, E. (1996): Reformpädagogik und offener Unterricht. Reformpädagogische Modelle als Vorbilder für die heutige Grundschule?, in: GRUNDSCHULE H. 6/1996, S. 19-24

NEUMANN-PEICHERT, E. (1934): Typische Arbeitsverläufe in der Untergruppe, in: Petersen, P. (Hg.): Die Praxis der Schulen nach dem Jena-Plan, Weimar 1934, S. 256-261

ODENBACH, K. (1963): Studien zur Didaktik der Gegenwart, 2. Aufl. Braunschweig 1963

OELKERS, J. (1985): Petersen und die Reformpädagogik, in: Maschmann, I./ders. (Hg.): Peter Petersen - Beiträge zur Schulpädagogik und Erziehungsphilosophie, Heinsberg 1985, S. 55-99

OELKERS, J. (1992): Reformpädagogik. Eine kritische Dogmengeschichte, 2. Aufl. Weinheim/München 1992

ORTLING, P. (1982): Wie läßt sich die Freiarbeit in der Sekundarstufe verwirklichen?, in: ORIENTIERUNG - SCHRIFTENREIHE ZUR LEHRERFORTBILDUNG, H. 8, Aachen o. J. (1982), S. 45-50

ORTLING, P. (1983): Montessori in der gymnasialen Oberstufe, in: MONTESSORI-WERKBRIEF 21 (1983), H. 3/4, S. 80-81

ORTLING, P. (1989): Bischöfliche Maria-Montessori-Gesamtschule in Krefeld, in: MONTESSORI-WERKBRIEF 27 (1989) H. 3, S. 83-97

ORTLING, P. (1993): Maria Montessori und die nach ihr benannten Schulen, in: Winkel, R. (Hg.): Reformpädagogik konkret, 1. Aufl. Hamburg 1993, S. 17-33

OSWALD, P. (1958): Das Kind im Werke Maria Montessoris, Mülheim/Ruhr 1958

OSWALD, P. (1968): Menschenbildung als Anliegen Montessoris, in: PÄDAGOGIK HEUTE 1 (1968), H. 1, S. 58-67

OSWALD, P. (1970): Die Anthropologie Maria Montessoris, Münster 1970

OSWALD, P. (1973): Zu Fragen sittlicher Erziehung, in: MONTESSORI-WERKBRIEF H. 30 (1973), S. 4-6

OSWALD, P. (1974): Sittliche Erziehung bei Maria Montessori, in: MONTESSORI-WERKBRIEF H. 37/38 (1974), S. 15-21

OSWALD, P. (1983): Der Freiheitsbegriff bei Maria Montessori, in: MONTESSORI-WERKBRIEF 21 (1983), H. 3/4, S. 59-67

OSWALD, P. (1986): Richtlinien für die Grundschule in Nordrhein-Westfalen und die pädagogischen Konzeptionen von P. Petersen und M. Montessori, in: MONTESSORI-WERKBRIEF 24 (1986), H. 1, S. 14-24

OSWALD, P. (1991): Der anthropologische Ansatz der Erziehungskonzeption Montessoris, in: MONTESSORI-WERKBRIEF 29 (1991), H. 1, S. 3-11

OSWALD, P./Schulz-Benesch, G. (Hg.) (1983): Grundgedanken der Montessori-Pädagogik, 7. Aufl. Freiburg 1983

OTTO, B. (1963): Ausgewählte Pädagogische Schriften, Paderborn 1963

PETER-PETERSEN-SCHULE KÖLN-PORZ (Hg.) (1996): Unser Schulprogramm, o. O. o. J. (Köln 1996)

PICKENHAIN, L. (1995): Neuro- und verhaltenswissenschaftliche Grundlagen der aktiven Selbstentwicklung des Kindes - zu den wissenschaftlichen Grundlagen der Montessori-Pädagogik, in: DAS KIND, 2. Halbj. 1995, H. 18, S. 57-78

PORTMANN, A. (1969): Biologische Fragmente zu einer Lehre vom Menschen, 3., erw. Aufl. Basel/Stuttgart 1969

POTTHOFF, W. (1994): Von der klassischen Reformpädagogik zu heutigen Schulinnovationen, in: Akademie für Lehrerfortbildung Dillingen (Hg.) (1994): Freies Arbeiten - Reformpädagogische Impulse für Erziehung und Unterricht in Regelschulen, Donauwörth 1994, S. 65-78

POTTHOFF, W. (1994b): Freies Lernen - Verantwortliches Handeln, 2., überarb. u. aktual. Aufl. Freiburg 1994

PRIOR, H. (1985): Die 'Führungslehre des Unterrichts' in heutiger Sicht, in: Maschmann, I./Oelkers, J. (Hg.): Peter Petersen - Beiträge zur Schulpädagogik und Erziehungsphilosophie, Heinsberg 1985, S. 145-167

REIGBERT, R. (1930): Ein Versuch mit dem Gesamtunterricht der Obergruppe der Universitätsschule, in: Petersen, P.: Schulleben und Unterricht einer freien allgemeinen Volksschule nach den Grundsätzen Neuer Erziehung, Weimar 1930, S. 160-181

RETTER, H. (1993): Reformpädagogische Impulse für die Veränderung von Schule im Zeichen eines europäischen Annäherungsprozesses, in: ders. (Hg.): Jenaplan-Pädagogik als Chance - Kindgerechte Schulpraxis im Zeichen europäischer Verständigung, Bad Heilbrunn 1993, S. 9-30

RICHLY, R. (1995): Das Verhältnis von Freiheit und Bindung in der Bildungstheorie Peter Petersens, Frankfurt/M. u. a. 1995

RÖBE, E. (1991): Reformpädagogische Impulse für die Weiterentwicklung der Regelschule, in: Akademie für Lehrerfortbildung Dillingen (Hg.): Materialgeleitetes Lernen. Elemente der Montessori-Pädagogik in der Regelschule - Grundschulstufe, München 1991, S. 13-38

RÖBE, H. (1991): Das Klassenzimmer als Lern-, Lebens- und Handlungsraum: der Schulraum als Träger pädagogischer Aufgaben und Ziele, in: Akademie für Lehrerfortbildung Dillingen (Hg.): Materialgeleitetes Lernen. Elemente der Montessori-Pädagogik in der Regelschule - Grundschulstufe, München 1991, S. 137-152

ROEDER, I. (1967): Führungsfragen in der pädagogischen Situation des Kreises, Paderborn 1967

ROGERS, C. R. (1977): Lernen in Freiheit. Zur Bildungsreform in Schule und Universität, München 1977

ROTH, H. (1971): Pädagogische Anthropologie, Bd. II Entwicklung und Erziehung, Hannover u. a. 1971

ROUSSEAU, J. J. (1978): Emil oder Über die Erziehung, 4. Aufl. Paderborn 1978

RÜDIGER, G. (1990): Freiarbeit in der Grundschule, in: DAS KIND 1. Halbj. 1990, H. 7, S. 24-39

RUMPF, H. (1991): Was ist frei an der Freien Arbeit?, in: PÄDAGOGIK H. 6/1991, S. 6-9

RUTT, Th. (1983): Petersenschule heute, Heinsberg 1983

RUTT, Th. (1991): Das Interesse der Erziehungswissenschaft, insbesondere der Schulpädagogik an Peter Petersen, in: Hofmann, K. (Hg.): Peter Petersen und die Reformpädagogik. Beiträge einer Fachkonferenz vom 20. -23. November 1989, Fernuniversität Hagen 1991, S. 5-30

SALZMANN, Ch. (1984): Schule und Schulleben aus der Sicht Peter Petersens - Der Jena-Plan und das Problem seiner Reaktualisierung, in: PÄDAGOGISCHE RUNDSCHAU 38 (1984), H. 3, S. 333-353

SATTLER, H. (1994): Freies Lernen in einer Peter-Petersen-Schule, in: Akademie für Lehrerfortbildung Dillingen (Hg.) (1994): Freies Arbeiten-Reformpädagogische Impulse für Erziehung und Unterricht in Regelschulen, Donauwörth 1994, S. 145-155

SCHEIBE, W. (1969): Berthold Otto: Gesamtunterricht. Eine Interpretation, Weinheim u. a. 1969

SCHEIBNER, O. (1926): Die didaktischen Prinzipien der Freitätigkeit und der Arbeit, in: Reble, A. (Hg.): Die Arbeitsschule. Texte zur Arbeitsschulbewegung, Bad Heilbrunn 1963, S. 90-102

SCHEIBNER, O. (1929): Die typischen Ausprägungen des Arbeitsschulgedankens, in: Reble, A. (Hg.): Die Arbeitsschule. Texte zur Arbeitsschulbewegung, Bad Heilbrunn 1963, S. 23-28

SCHEUERL, H. (1954): Das Spiel. Untersuchungen über sein Wesen, seine pädagogischen Möglichkeiten und Grenzen, Weinheim/Basel 1954

SCHIESTL, P. (1991): Warum eigentlich nicht? Kinder erfinden ihre Übungsmaterialien selbst, in: DIE GRUNDSCHULZEITSCHRIFT 5 (1991), H. 41, S. 26f

SCHITTKO, K. (1976): Wahldifferenzierter Unterricht und Lernmaterialien. Funktionen, Strukturen und Einsatz von Lernmaterialien, in: Bönsch, M. (Hg.): Funktionen und Formen von Lernmaterialien: Theorieentwickelnde Beiträge und praktische Beispiele, Ravensburg 1976, S. 49-69

SCHMUTZLER, H. J. (1975): Spiel, Phantasie und Arbeit bei Fröbel und Montessori, Diss. PH Münster 1975

SCHMUTZLER, H. J. (1976): Montessoris Verrat am Kinde - statt Spiel nur Arbeit?, in: MONTESSORI-WERKBRIEF H. 43/44 (1976), S. 3-14

SCHMUTZLER, H. J. (1993): Freiarbeit in der Montessori-Pädagogik, 3., veränd. Aufl. Hamm 1993

SCHMUTZLER, H. J. (1994): Fröbel und Montessori, 2. Aufl. Freiburg 1994

SCHNEIDER, I. (1933): Der Bildungsgedanke im Jena-Plan, in: SCHULREFORM. PÄDAGOGISCHE MONATSSCHRIFT 12 (1933), H. 12, S. 585-596

SCHNEIDER, W. (1936): Unterrichtsführung im Gruppenunterrichtlichen Verfahren, Weimar 1936

SCHOBBE, G./WEYERHÄUSER, E. (1995): Mathematik und Freie Arbeit, in: Claussen, C. (Hg.): Handbuch Freie Arbeit. Konzepte und Erfahrungen, Weinheim/Basel 1995, S. 122-134

SCHULZ(-BENESCH), G. (1961): Der Streit um Montessori. Kritische Nachforschungen zum Werk einer Katholischen Pädagogin von Weltruf, Freiburg 1961

SCHULZ-BENESCH, G. (1964): Zum Stil katholischer Schule heute, München 1964

SCHULZ-BENESCH, G. (Hg.) (1970): Montessori, Wege der Forschung Bd. 200, Darmstadt 1970

SCHULZ-BENESCH, G. (1977a): Über Reden und Schriften Montessoris, in: MONTESSORI-WERKBRIEF H. 47/48 (1977), S. 45-59

SCHULZ-BENESCH, G. (1977b): Zur Vorgeschichte der ersten Montessori-Schule in Düsseldorf nach 1945, in: MONTESSORI-WERKBRIEF H. 47/48 (1977), S. 5-7

SCHULZ-BENESCH, G. (1980): Montessori, Erträge der Forschung Bd. 129, Darmstadt 1980

SCHULZ-BENESCH, G. (1982): Skizzen zum Bild der Montessori-Grundschule, in: MONTESSORI-WERKBRIEF 20 (1982), H. 2/3, S. 55-62

SCHULZ-BENESCH, G. (1982b): Was macht eine Montessori-Sekundarschule aus?, in: MONTESSORI-WERKRBRIEF 20 (1982), H. 4, S. 126-127

SCHULZ-BENESCH, G. (1984): Über „Freiarbeit" im Sinne Montessoris, in: MONTESSORI-WERKBRIEF 22 (1984), H. 3/4, S. 97-115

SCHULZ-BENESCH, G. (1993): Montessori und Unterricht - Erwähnungen und Erwägungen über „Freiarbeit" im Sinne Montessoris, in: Haberl, H. (Hg.): Montessori und die Defizite der Regelschule, Freiburg 1993, S. 45-64

SCHWERDT, Th. (1933): Neuzeitlicher Unterricht. Analytische Didaktik in klassischen Unterrichtsbeispielen, Paderborn 1933

SCHWERDT, Th. (1952): Kritische Didaktik in klassischen Unterrichtsbeispielen, 8. Aufl. Paderborn 1952

SEGUIN, E. (1912): Die Idiotie und ihre Behandlung nach physiologischer Methode, hg. v. S. Krenberger, Wien 1912

SESEMANN, H. (1933): Die Vergesellschaftung von Kindern in der Unterrichtsarbeit (Zum Problem des spontanen Verhaltens) - Beiträge zur Sozialpsychologie auf Grund von Beobachtungen an Kindern nach dem Besuch der Jenaer Montessori- und Universitätsgrundschule (1928), Osterwieck/Harz 1933

SEYFARTH-STUBENRAUCH, M. (1987): Das Dilemma der Petersen Pädagogik, in: DEMOKRATISCHE ERZIEHUNG 13 (1987), H. 11, S. 16-20

SEYFARTH-STUBENRAUCH, M. (1991): Die bildungstheoretische Bedeutung der Jena-Plan-Pädagogik für die aktuelle Schuldiskussion im Lichte neuerer Ansätze zu einer kritischen Petersen-Rezeption, in: Hofmann, K. (Hg.): Peter Petersen und die Reformpädagogik. Beiträge einer Fachkonferenz vom 20. - 23. November 1989, Fernuniversität Hagen 1991, S. 171-181

SKIERA, E. (1985): Die kindgerechte Schule als Ort bildender Begegnung mit der Welt - Versuch einer anthropologisch-pädagogischen Begründung, in: ders. (Hg.): Schule ohne Klassen. Gemeinsam lernen und leben - Das Beispiel Jenaplan, Heinsberg 1985, S. 12-88

SKIERA, E. (1991): Peter Petersens politisch-pädagogisches Denken in der Zeit des Nationalsozialismus. Versuch einer texthermeneutischen Kritik, in: Hofmann, K. (Hg.): Peter Petersen und die Reformpädagogik. Beiträge einer Fachkonferenz vom 20. -23. November 1989, Fernuniversität Hagen 1991, S. 81-94

SKIERA, E. (1993): Peter Petersen und die Jenaplanschulen: Unterricht und Erziehung aus dem Geist der Europäischen Reformpädagogik, in: Winkel, R. (Hg.): Reformpädagogik konkret, Hamburg 1993, S. 35-50

SLOTTA, G. (1962): Die pädagogische Tatsachenforschung Peter und Else Petersens, Weinheim 1962

SPITTA, G. (1991): Wenn schon gekaufte - dann gute Arbeitsmittel, in: DIE GRUNDSCHULZEITSCHRIFT 5 (1991), H. 41, S. 20f

SPRANGER, E. (1927): Einleitung zu „Friedrich Fröbel und Maria Montessori", in: Schulz-Benesch, G. (Hg.): Montessori, Wege der Forschung Bd. 200, Darmstadt 1970, S. 106-110

STACH, R. (1984): Helfendes Lernen, in: ders./Mayer, W. G./Meyer, P. (1984): Zusammen lernen - zusammen leben. Eine praxisbezogene Einführung in die Pädagogik Peter Petersens, Heinsberg 1984, S. 128-134

STACH, R. (1987): Die Lebensgemeinschaftsschule - Eine Einführung, in: ders. (Hg.): Lebensgemeinschaftsschule - Theorie und Praxis. Lesehefte zur Jenaplan-Pädagogik H. 1, Heinsberg 1987, S. 4-8

STANDING, E. M. (o. J.): Maria Montessori - Leben und Werk, Frankfurt/M. o. J.

STAPPERT, H. (1988): Freie Arbeit und Pädagogikunterricht, in: DER PÄDAGOGIK-UNTERRICHT 8 (1988), H. 2/3, S. 1f

STEENBERG, U. (1993): Kompromiß oder Wagnis? - Gedanken zur Montessori-Pädagogik am Gymnasium, in: Haberl, H. (Hg.): Montessori und die Defizite der Regelschule, Freiburg 1993, S. 265-271

STROTZKA, I./WEINHÄUPL, W. (1993): Montessori-Pädagogik in österreichischen Grundschulen, in: Haberl, H. (Hg.): Montessori und die Defizite der Regelschule, Freiburg 1993, S. 192-226

STUDEMUND, H. J. (1990): Erfahrungen mit der Aufnahme von Elementen der Montessori-Pädagogik in die Ausbildung von Sekundarstufenlehrern im Studienseminar, in: DAS KIND, 1. Halbj. 1990, H. 7, S. 70-78

SUFFENPLAN, W. (1973): Motivationsdynamik und Aktivitätsrhythmik in Frei-arbeitssituation, 1. Teil, in: MONTESSORI-WERKBRIEF H. 33/34 (1973), S. 25-31

SUFFENPLAN, W. (1975): Untersuchungen zur Makroperiodik von Lernakti-vitäten bei Neun- bis Elfjährigen in einer Schulsituation mit freier Arbeits-wahl, Diss. Univ. Köln 1975

SUFFENPLAN, W. (1977): Die sensiblen Perioden im Lichte neuer Untersuchun-gen zur Aktivtätsentfaltung in freier Spiel- und Arbeitssituation, in: MONTESSORI-WERKBRIEF H. 47/48 (1977), S. 25-44

THOM, W. (1994): Lernzirkel allgemein, in: Akademie für Lehrerfortbildung Dil-lingen (Hg.) (1994): Freies Arbeiten - Reformpädagogische Impulse für Er-ziehung und Unterricht in Regelschulen, Donauwörth 1994, S. 430f

TIELKES, M. (1987): Die Sensibilitäten des Jugendalters, in: Holtstiege, H.: Ma-ria Montessoris Neue Pädagogik. Prinzip Freiheit - Freie Arbeit, Freiburg 1987, S. 115-127

VAN DER ZANDEN, H. (1993): Eine Schule für Europa - Gemeinschaftsgedan-ke und Menschenbild in der Jenaplan-Schule heute, in: Retter, H. (Hg.): Je-naplan-Pädagogik als Chance - Kindgerechte Schulpraxis im Zeichen euro-päischer Verständigung, Bad Heilbrunn 1993, S. 31-42

VAN DICK, L. (1991): Freiarbeit - Offener Unterricht - Projektunterricht - Han-delnder Unterricht - Praktisches Lernen. Versuch einer Synopse, in: PÄD-AGOGIK H. 6/1991, S. 31-34

VAN EWIJK, N. (1982): Eigene Herstellung von Arbeitsmaterial, in: ORIEN-TIERUNG - SCHRIFTENREIHE ZUR LEHRERFORTBILDUNG, H. 8, Aachen o. J. (1982), S. 61-66

VAN EWIJK, N. (1986/1988): Entwicklungsmaterial. Formgebung, Herstellung und Bewertung von Lernmitteln für den Montessori-Unterricht, Amsterdam 1986/Münster 1988

VAUPEL, D. (1993): Wer Auswählen gelernt hat, will dann auch mitbestimmen ... - Wochenplan, Freie Arbeit und Projektunterricht integrieren, in: PÄDAGO-GIK H. 10/1993, S. 20-23

VESTER, F. (1978): Denken, Lernen, Vergessen, 1. Aufl. München 1978

VREUGDENHIL, K. (1993): Moderner Unterricht und die Realität der Jenaplan-Schule, in: Retter, H. (Hg.): Jenaplan-Pädagogik als Chance - Kindgerechte Schulpraxis im Zeichen europäischer Verständigung, Bad Heilbrunn 1993, S. 57-64

WAGENSCHEIN, M. (1966): Zum Begriff des Exemplarischen Lehrens, 7./8. Aufl. Weinheim 1966

WEDEL-WOLFF, A. v. (1995): Schritte zur Freiarbeit, in: Claussen, C. (Hg.): Handbuch Freie Arbeit. Konzepte und Erfahrungen, Weinheim/Basel 1995, S. 157-163

WEDEKIND, Ch. (1995): Freiheitsgrade von Freiarbeitsformen, in: MONTES-SORI 33 (1995), H. 3/4, S. 108-115

WEINSTOCK, H. (1963): Alles vom Kinde aus! Die naturalistische Pädagogik Maria Montessoris, in: ders.: Erziehung ohne Illusionen. Auf der Suche nach pädagogischen Grundsätzen, Heidelberg 1963, S. 23-50

WENZEL, A. (1983): Freiarbeit in der Grundschule. Modelle, Berichte und Beispiele, Bad Heilbrunn 1983

WERNICKE, W. (1934): Vier Jahre Grundschule in Anlehnung an den Jena-Plan in der Evangelischen Mädchen-Volksschule in Wittenberge, in: Petersen, P. (Hg.): Die Praxis der Schulen nach dem Jena-Plan, Weimar 1934, S. 211-225

WIESCHKE-MAASS, M. (1968): Verhalten und Arbeitsweise von vier Schulneulingen in der Gruppengemeinschaft, Paderborn 1968

WILLFÜHR, K. (1994): Grund- und Hauptschule Steinau-Ulmbach Versuchsschule nach dem Jenaplan, in: Bönsch, M.: Die beste Schule für mein Kind, Freiburg 1994, S. 125-136

WILLS, Ch. (1996): Das vorauseilende Gehirn. Die Evolution der menschlichen Sonderstellung, Frankfurt/M. 1996

WILMS, H. (1974): Der Lehrer in der Montessori-Schule heute, in: MONTES-SORI-WERKBRIEF H. 37/38 (1974), S. 48-55

WINKEL, R. (Hg.) (1993a): Reformpädagogik konkret, 1. Aufl. Hamburg 1993

WINKEL, R. (1993b): Offener oder Beweglicher Unterricht?, in: GRUND-SCHULE H. 2/1993, S. 12-14

WITTENBRUCH, W. (1987): Auf der Suche nach den geistigen Vätern ... Anmerkungen zu einem Aufsatz von Paul Oswald und zur Entwicklung der überarbeiteten Richtlinien für die Grundschule in Nordrhein-Westfalen, in: MONTESSORI-WERKBRIEF 25 (1987), H. 1/2, S. 84-95

WITTENBRUCH, W. (1995): Das pädagogische Profil der Grundschule, in: ders. (Hg.): Das pädagogische Profil der Grundschule. Impulse für die Weiterentwicklung der Grundschule, 3., erw. Aufl. Heinsberg 1995, S. 165-209

WITTENBRUCH, W./WERRES, W. (Hg.) (1991): Innenansichten von Grundschulen. Berichte - Portraits - Untersuchungen zu katholischen Grundschulen, Weinheim 1991

WOLFF, H. (1984): Anmerkungen zur Entstehungsgeschichte des Jenaplanes, in: Klassen, Th. F./Skiera, E. (Hg.): Pädagogik der Mitmenschlichkeit. Beiträge zum Petersen-Jahr 1984, Heinsberg 1984, S. 33-42

WOLFRUM, E. (1958): Zur Praxis der Gruppenarbeit in der Obergruppe (6., 7. -8. Schuljahr) Richtpunkte und Gestaltungsmomente, in: Petersen, P. u. a.: Gruppenarbeit nach dem Jenaplan, München 1958, S. 48-79

ZIMMERMANN, G. (1994): Das ist Freiarbeit. Spiele und Materialien für die Sekundarstufe, 2. Aufl. Donauwörth 1994

ZIMMERMANN, H. D. (1994): Freies Arbeiten, in: Akademie für Lehrerfortbildung Dillingen (Hg.) (1994): Freies Arbeiten. Reformpädagogische Impulse für Erziehung und Unterricht in Regelschulen, Donauwörth 1994, S. 79-95

7. INDEX

7.1 Personenindex

Der Personenindex enthält sämtliche Namen aus dem Hauptteil der Arbeit und der Literaturliste. Die Namen Maria Montessoris und Peter Petersens sind nicht in dieses Register aufgenommen. Sie erscheinen so häufig im Text, daß es wenig sinnvoll ist, auf alle vorkommenden Stellen zu verweisen.

7.2 Sachindex

Impulse der Reformpädagogik

herausgegeben von Prof. Dr. Harald Ludwig
(Westfälische Wilhelms-Universität Münster)

Reinhard Fischer; Michael Klein-Landeck;
Harald Ludwig (Hrsg.)
**Die "Kosmische Erziehung" Maria
Montessoris**
Erträge der Jahrestagung 1998 der
Montessori-Vereinigung und weitere Beiträge

Zunehmend wird sich die Menschheit ihrer weltweiten Einheit bewußt, aber auch der globalen Gefahren durch rücksichtsloses Ausbeuten der Natur oder durch selbst geschaffene furchtbare Waffen. Sicherung des Friedens, Gewinnung eines neuen Verhältnisses des Menschen zur Natur, Förderung des interkulturellen und interreligiösen Dialogs, Bemühen um eine weltweite Moral der Solidarität, Eröffnung von Sinn- und Zukunftsperspektiven – dies sind zentrale Menschheitsaufgaben, zu denen die Pädagogik Maria Montessoris mit ihrem umfassenden Konzept einer "Kosmischen Erziehung" von der frühesten Kindheit bis zum Erwachsenenalter beizutragen versucht. Was zeichnet dieses Erziehungskonzept aus? Wie können die Überlegungen Maria Montessoris auf die gegenwärtige Lebenswelt der Kinder und Jugendlichen übertragen werden? Welche Konsequenzen ergeben sich daraus für die Erziehung in Familie, Kindergarten und Schule?
Auf solche Fragen versuchen die Beiträge des vorliegenden Bandes Antworten zu geben. Im Horizont heutiger Auffassungen von Menschen und Kosmos in naturwissenschaftlicher, ökologischer und theologischer Sicht werden die Grundlagen der Konzeption einer "Kosmischen Erziehung" bei Maria Montessori aspektreich entfaltet und konkrete Möglichkeiten in Erziehung und Unterricht aufgezeigt, sie mit jungen Menschen heute zu verwirklichen.
Bd. 2, 1999, 352 S., 39,80 DM, br., ISBN 3-8258-4040-9

Reinhard Fischer; Peter Heitkämper;
Harald Ludwig (bearbeitet im Auftrag der
Montessori-Vereinigung)
**Erziehung zum Frieden für Eine Welt –
Der Beitrag der Montessori-Pädagogik**
Der vorliegende Band 3 der Reihe befasst sich mit dem Problemkreis von Frieden und Erziehung. Die Menschheit ist heute zwar auf dem Wege, zu einer globalen Einheit zusammenzuwachsen. Gleichwohl bleibt der Friede ein stets bedrohtes Gut. Was kann Erziehung dazu beitragen, Frieden sicherer zu machen? Ist sie dazu überhaupt in der Lage? Welche erzieherischen Wege kann man

beschreiten? Solchen Fragen hat sich die italienische Ärztin und Pädagogin Maria Montessori (1870–1952), die nach dem Zweiten Weltkrieg mehrfach für den Friedensnobelpreis vorgeschlagen wurde, in ihrer Pädagogik intensiv gewidmet. Unermüdlich setzte sie sich vor allem in den 30er Jahren für den Frieden ein. Montessori fordert eine Strukturveränderung der Erziehung, einen Perspektivenwechsel des Erwachsenen in seinem Verhältnis zum Kind. In dieser Hinsicht verbindet sie vieles mit dem polnischen Reformpädagogen, Arzt und Schriftsteller Janusz Korczak, der 1972 posthum mit dem Friedenspreis des Deutschen Buchhandels ausgezeichnet wurde.
Die Beiträge des vorliegenden Bandes befassen sich vor allem mit Montessoris friedenserzieherischem Konzept, arbeiten dessen Impulse für die heutige Friedenserziehung in Theorie und Praxis heraus und stellen sie in den Horizont aktueller Ansätze der Friedenserziehung. Aleksander Lewin, der Mitarbeiter Korczaks in den Jahren 1937–1939 im Waisenhaus "Dom Sierot" und heutige Leiter der polnischen Korczak-Forschung, läßt zusätzlich in seinem Beitrag eindrucksvoll Erinnerungen an den "Pestalozzi von Warschau" und seine auf Frieden gerichtete Erziehung lebendig werden.
Bd. 3, 2000, 248 S., 39,80 DM, br., ISBN 3-8258-4706-3

Walburga Henry (Hrsg.)
Reformpädagogik und Sachunterricht
Die "Kosmische Erziehung" ist ein wesentliches Element der Montessori-Pädagogik. Bislang aber fehlte eine gründliche empirische Forschungsarbeit über die Praxis dieses besonderen pädagogischen und didaktischen Ansatzes. Die Fallstudie über das sachunterrichtliche Lernen einschließlich der "Kosmischen Erziehung" an der Integrativen Montessori-Schule in Borken schließt diese Lücke. Im Mittelpunkt der Untersuchung steht die "dichte Beschreibung" und Interpretation zahlreicher Lernsituationen. Darüber hinaus wird das theoretische Bezugssystem dargestellt, auf dem die Lern- und Lehrpraxis des sachunterrichtlichen Lernens basiert. Förderlichen Bedingungen, Strukturen und Lernformen der Praxis des Sachunterrichts werden beschrieben und analysiert. So entsteht ein dichtes Bild der Unterrichtspraxis und der Atmosphäre in der Schule. Weiterer Bestandteil der Arbeit ist die Diskussion des Verhältnisses von aktueller Sachunterrichtsdidaktik und "Kosmischer Erziehung", dabei wird auf aktuelle, vor allem konstruktivistische Theorien Bezug genommen. Die Autorin kommt dabei zu dem Schluß, daß die "Kosmische Erziehung" ein nach wie vor aktuelles Konzept sachunterrichtlichen Lernens ist. Durch seine große Praxisnähe und seine klare sprachliche Gestaltung ist der Band nicht nur für Theoreti-

LIT Verlag Münster – Hamburg – Berlin – London
Bestellungen über:
Grevener Str. 179 48159 Münster
Tel.: 0251 – 23 50 91 – Fax: 0251 – 23 19 72
e-Mail: lit@lit-verlag.de – http://www.lit-verlag.de
Preise: unv. PE

ker von Interesse, vielmehr kann er auch für in der Praxis tätige Pädagogen Hilfe und Anregung sein.

Bd. 4, Herbst 2001, 184 S., 29,80 DM, br.,
ISBN 3-8258-4715-2

Harald Ludwig; Christian Fischer; Reinhard Fischer (Hrsg.)
Leistungserziehung und Montessori-Pädagogik
Chancen und Probleme der Leistungsförderung in einer kinderorientierten Pädagogik herausgegeben im Auftrag der Montessori-Vereinigung e. V. Der vorliegende Band 5 der Reihe befasst sich mit den gegenwärtig viel diskutierten Fragen von Leistungserziehung und Leistungsbeurteilung im Bildungswesen. Wird unser Erziehungs- und Bildungswesen den Erfordernissen einer leistungsorientierten Gesellschaft noch hinreichend gerecht? Welches Verständnis von Leistung und Leistungsbeurteilung haben Pädagoginnen und Pädagogen? Welche Möglichkeiten einer Erziehung zur Leistung gibt es? Kann und muss sie schon im Vorschulalter einsetzen? Können neue Formen der Leistungsbeurteilung in der Schule hilfreich sein?
Auf diese und andere Fragen versuchen die Autoren dieses Buches in Theorie und Praxis Antwort zu geben und dabei Anregungen der Pädagogik Maria Montessoris für unsere heutigen Aufgaben in Kindergarten und Schule fruchtbar zu machen.
Bd. 5, 2001, 272 S., 39,80 DM, br., ISBN 3-8258-5233-4

Walburga Henry
Sachunterrichtliches Lernen in der Montessori-Pädagogik
Eine Fallstudie über die Integrative Montessori-Schule Borken
Die "Kosmische Erziehung" ist ein wesentliches Element der Montessori-Pädagogik. Die vorliegende empirische Forschungsarbeit über die Integrative Montessori-Schule in Borken zeigt die Praxis dieses besonderen pädagogischen und didaktischen Ansatzes auf. Im Mittelpunkt der Untersuchung steht die "dichte Beschreibung" und Interpretation zahlreicher Lernsituationen. Darüber hinaus wird das theoretische Bezugssystem dargestellt, auf dem die Lern- und Lehrpraxis des sachunterrichtlichen Lernens basiert. Förderlichen Bedingungen, Strukturen und Lernformen der Praxis des Sachunterrichts werden beschrieben und analysiert. So entsteht ein dichtes Bild der Unterrichtspraxis und der Atmosphäre in der Schule. Weiterer Bestandteil der Arbeit ist die Diskussion des Verhältnisses von aktueller Sachunterrichtsdidaktik und "Kosmischer Erziehung", dabei wird auf aktuelle, vor allem konstruktivistische Theorien Bezug genom-

men. Die Autorin kommt dabei zu dem Schluß, daß die "Kosmische Erziehung" ein nach wie vor aktuelles Konzept sachunterrichtlichen Lernens ist.
Bd. 6, 2001, 296 S., 39,80 DM, br., ISBN 3-8258-5330-6

Harald Ludwig; Christian Fischer; Reinhard Fischer (Hrsg.)
Montessori-Pädagogik in Deutschland
Rückblick – Aktualität – Zukunftsperspektiven: 40 Jahre Montessori-Vereinigung e. V.
Bd. 7, Herbst 2001, 304 S., 39,80 DM, br., ISBN 3-8258-5746-8

Texte zur Theorie und Geschichte der Bildung

herausgegeben von
Friedhelm Brüggen
(Westfälische Wilhelms-Universität Münster),
Karl-Franz Göstemeyer
(Humboldt Universität Berlin)
und Petra Korte (Universität Braunschweig)

Dietmar Engfer
Werteerziehung im öffentlichen Schulwesen?
Zwischen Ideologie und Desorientierung
Einfluß zu nehmen auf die Entwicklung von jungen Menschen, ihnen dadurch einen *wert*vollen Auftakt in die Freiheit der Selbstverantwortung zu ermöglichen, das ist sicher unbestritten das Ziel einer Erziehung in Elternhaus und Schule. Der Weg dazu wird immer häufiger mit dem schillernden Begriff der Werteerziehung beschrieben, der jedoch über Festreden, Richtlinien und Lehrpläne hinaus bald in den Erziehungsnebel der Praxis eines öffentlichen Schulwesens führt. Demgegenüber untersucht der Verfasser drei erfolgreiche inhomogene Schulerziehungskonzepte, die in die Lebensentwürfe ihrer Schülerinnen und Schüler eingingen. Dazu zählt die auf die marxistisch-leninistische Weltanschauung gegründete öffentliche Schule der DDR, die mit dem Untergang ihres ideologischen Staates ins Dunkel der Geschichte gestellt wurde, ohne ihre wertebezogene Erziehung vorurteilslos zu beleuchten. Ebenso blieb bisher der Erziehungserfolg der weltweiten anthroposophisch fundierten Waldorfschulbewegung zwischen pädagogischer Bewunderung und ständigem Indoktrinationsverdacht ungeklärt. Auch die auf christlicher Basis stehenden Schulen werden in einer pluralistischen Gesellschaft, die im Kruzifix nicht mehr ihre Grundlage symbolisiert sieht und im Religionsunterricht ein Relikt ausmacht,

LIT Verlag Münster – Hamburg – Berlin – London
Bestellungen über:
Grevener Str. 179 48159 Münster
Tel.: 0251 – 23 50 91 – Fax: 0251 – 23 19 72
e-Mail: lit@lit-verlag.de – http://www.lit-verlag.de

Preise: unv. PE

theoretischen Produktionen der Philosophie und Wissenschaftstheorie bezeichnen eine *Krise der wissenschaftlichen Vernunft.*

Angesichts ihres "apokalyptischen Soges" gilt es, den Weg sowie die Risiken und Chancen dieser Errungenschaft auszuloten, die unsere Zivilisation antreibt. Eine "Arbeit am Logos" erscheint dringlicher denn je. Wie nachhaltig eine philosophische und gesellschaftliche Reflexion von Zielen und Zwecken das Machen des Machbaren begleiten, und, womöglich, zunehmend steuern kann: hiervon wird abhängen, ob und inwiefern unsere Lebensverhältnisse noch das Produkt menschlicher Arbeit und Kooperation, inwieweit sie *Kultur* sein werden. Das szientifische Wissen muß, individuell und für alle, auf *Bildung* hin entwickelt werden.
Bd. 17, 2000, 264 S., 49,80 DM, br., ISBN 3-8258-4967-8

Roland Baecker
Reformpädagogische Praxis
Eine lern- und bildungstheoretische Auseinandersetzung über deren Möglichkeiten und Grenzen: dargestellt am Beispiel neuerer "Argumentationsfiguren" in der Erziehungswissenschaft
Dem "Offenen Unterricht" und der "Community Education" – zwei Argumentationsfiguren, die in der Auseinandersetzung um reformpädagogische Vorstellungen häufig bemüht werden – liegt die Idee einer "pädagogischen Haltung" als konzeptionelle Basis für Lehr-Lern-Prozesse zugrunde.
Das Konstrukt einer "pädagogischen Haltung" verhindert einen differenzierten Blick auf die realen Bedingungen, theoretischen Grundlagen und praktischen Möglichkeiten, selbstbestimmte und sich selbst organisierende Subjekte auszubilden.
Das empirische Subjekt als reflexives, aktives und intentionales Wesen anthropologisch zu setzen und daraus die Konsequenz abzuleiten, selbstbestimmte und -organisierte Lernprozesse als das adäquate methodische Vermittlungsprinzip auszuweisen, ist nicht begründbar. Menschen sind als zu vernünftiger Selbstbestimmung fähige Wesen zu begreifen, d. h. sie sind prinzipiell in der Lage, vernünftige Selbstbestimmung bzw. Subjektivität (und damit sich selbst bildende Subjekte) auszubilden. Diese Subjektivität herzustellen, ist die Aufgabe von Bildungsprozessen: "Als Individuum ist der Mensch nur potentiell Subjekt, aktuell erst als Resultat der Bildung." Die unhinterfragte Setzung einer anthropologisch bedingten Subjektivität sowie die Förderung dieser durch selbstbestimmte und selbstorganisierte Lernprozesse bildet im Individuum dagegen tendenziell eine Fähigkeit zur 'schrankenlosen Lernbereitschaft' und bloßen Anpassung an die gesellschaftlich-funktionalen Prozesse aus. – Diese Form von Subjektivität, reduziert das Individuum auf eine "Selbstbe-
hauptung ohne Selbst" und konterkariert damit letztlich die konzeptionellen Zielvorstellungen von Offenem Unterricht und Community Education.
Bd. 18, 2000, 360 S., 49,80 DM, br., ISBN 3-8258-4911-2

Günter Dresselhaus
Weiterbildung in Deutschland
Entwicklungen und Herausforderungen am Beispiel des Zweiten Bildungsweges in Nordrhein-Westfalen
Weiterbildung ist ein zentrales Thema dieser Jahre. Viele beklagen die Qualität von Weiterbildung, aber kaum jemand weiß, wie sie verbessert werden kann. Dieses Arbeitsbuch beschäftigt sich mit den neuen Herausforderungen und mit den sich wandelnden Aufgaben, die angesichts der Dimensionen und Geschwindigkeiten von Veränderungen in unserer Gesellschaft künftig mehr oder weniger massiv an Einrichtungen des Zweiten Bildungsweges gestellt werden.
Der Autor beleuchtet zunächst die Entwicklungsgeschichte des ZBW in Deutschland, um hernach eine Bestandsaufnahme der jüngeren Entwicklung nach dem Zweiten Weltkrieg in Nordrhein-Westfalen vorzunehmen.
Bd. 19, 2001, 176 S., 29,80 DM, br., ISBN 3-8258-5552-x

Günter Dresselhaus
Pädagogische Qualitätsentwicklung
Der Zweite Bildungsweg: Vorbild für neue Wege?
Dieses Buch von Günter Dresselhaus ist die Nachfolgestudie zu seinem Werk "Weiterbildung in Deutschland – Entwicklungen und Herausforderungen am Beispiel des Zweiten Bildungswegs in Nordrhein-Westfalen". Es beschäftigt sich im Wesentlichen mit den Herausforderungen, die künftig in noch stärkerem Maße an die einzelnen Schulen gestellt werden, sowie mit der interessanten Frage, warum im Rahmen einer erweiterten Selbstständigkeit von Schule dem Zweiten Bildungsweg eine Vorbildfunktion zukommen könnte. Im Zentrum der systematischen Darstellung stehen die Themen: Stärkere Eigenverantwortung von Schule, Schule als lernende Organisation, Evaluation – Zu ihrer Bedeutung für die innerschulische Entwicklung, Selbstorganisiertes Lernen.
Die Arbeit dürfte all denjenigen wertvolle Einsichten und praktische Hilfen bieten, die einmal erfahren möchten, mit welchen Instrumenten man im Zweiten Bildungsweg versucht, den Herausforderungen einer erweiterten Selbstständigkeit von Schule zu begegnen.
Bd. 20, Herbst 2001, 320 S., 49,80 DM, br., ISBN 3-8258-5717-4

LIT Verlag Münster – Hamburg – Berlin – London
Bestellungen über:
Grevener Str. 179 48159 Münster
Tel.: 0251 – 23 50 91 – Fax: 0251 – 23 19 72
e-Mail: lit@lit-verlag.de – http://www.lit-verlag.de

Preise: unv. PE

zunehmend kritisiert. Das hier vorgetragene wissenschaftliche Plädoyer gilt einer weltanschaulich pluralen Edukation, die nicht länger die Erziehungskongruenz der öffentlichen Schulen zum Ziel hat, für die aber dennoch ein kulturbezogener Konsens im unaufgebbaren gesellschaftlichen Dissens grundlegend ist.
Bd. 12, 1999, 432 S., 69,80 DM, br., ISBN 3-8258-4157-x

Stefan Meißner
Vom Schulstreit zum Marchtaler Plan
Die Wurzeln eines Erziehungs- und Bildungsplans in der südwestdeutschen Kirchen-, Gesellschafts- und Schulgeschichte der Jahre 1945–1967
Gegenwärtig ist im Schulwesen der Bundesrepublik Deutschland vieles in Bewegung gekommen. Die fortschreitende Computerisierung, Vernetzung und Beschleunigung in der Informationsgesellschaft der letzten Jahre haben ein Nachdenken über die angemessene Bildung des Menschen ausgelöst, das sich im Schulbetrieb in angestrengter und mitunter hektischer Betriebsamkeit Ausdruck verschafft. Angesichts des raschen Wandels von gesellschaftlichen Normen und Plausibilitäten in den letzten fünfzig Jahren, der sich unter anderem in einem schwindenden Ansehen der großen christlichen Kirchen auswirkt, stellt sich für konfessionell geprägte christliche Schulen die Frage nach einer angemessenen und zeitunmittelbaren Umsetzung ihres Bildungsauftrags. Die vorliegende Studie versucht an diese Frage eine Annäherung am Beispiel der katholischen Bekenntnisschulen in (Süd-) Württemberg. Die Um- und Aufbrüche in diesem Segment des Schulwesens kulminieren in den Bemühungen um den "Marchtaler Plan", den Erziehungs- und Bildungsplan für katholische Freien Schulen in der Diözese Rottenburg-Stuttgart. Das Ziel dieser Studie, die methodisch "gegen den Trend" bewußt die Verlangsamung sucht, ist es, nachdem dogmatisch orientierte Modelle konfessionell geprägter Schule im sogenannten "Schulstreit" gescheitert sind, die Optionen, die mit dem Konzept des "Marchtaler Plans" verbunden sind, in den Horizont der Schulgeschichte des ausgehenden zwanzigsten Jahrhunderts zu rücken. Aus dem historischen Vergleich können Euphorie und Verunsicherung in der Gegenwart korrigiert werden.
Bd. 14, 2000, 272 S., 49,80 DM, br., ISBN 3-8258-4524-9

Ilse Bürmann; Monika Fiegert; Petra Korte (Hrsg.)
Zeitalter der Aufklärung – Zeitalter der Pädagogik
Zu den Ambivalenzen einer Epoche. Mit Beiträgen von Ernst Cloer, Monika Fiegert, Alfred Langewand, Jürgen Oelkers,

Horst G. Pöhlmann und Jörg Ruhloff
In sechs Beiträgen Ambivalenzen der Aufklärungspädagogik darzustellen ist das Ziel des vorliegenden Tagungsbandes. Indem die Spannungen und Polaritäten zwischen Verstandesaufklärung und traditioneller Lebensform, individueller Freiheit und gesellschaftlichen Zwängen, magischen Welterklärungen und kritischer Vernunft, Animalität und Vernunftfähigkeit zu immer neuen Klärungsversuchen herausfordern, stellt sich Aufklärung als ein unabgeschlossener Prozeß dar.
Bd. 15, 2000, 150 S., 39,80 DM, br., ISBN 3-8258-4548-6

Marion Wagner (Hrsg.)
Wozu kirchliche Schulen?
Profile, Probleme und Projekte: Ein Beitrag zur aktuellen Bildungsdiskussion
Kirchliche Schulen sehen sich einer steigenden Nachfrage gegenüber. Diese Tatsache kann für die kirchlichen Schulen kein Grund sein, sich zufrieden zurückzulehnen, sondern gibt ihnen vielmehr Anlaß, sich der Frage nach dem unterscheidend Anderen der kirchlichen Schule zu stellen. Hanna Renate Laurien, Eckhard Nordhofen, Manfred Baldus, Volker Ladenthin, Klaus Mertes SJ und Marion Wagner beantworten die Frage aus bildungspolitischer, pädagogischer, theologisch-kirchlicher und juristischer Sicht. Doris Sennekamp macht deutlich, warum Eltern für ihr Kind eine kirchliche Schule wählen. Frido Pflüger SJ und Rüdiger Kaldewey zeigen stellvertretend für viele, wie sich die von ihnen geleiteten Schulen den Herausforderungen der Zeit stellen.
Bd. 16, 2001, 184 S., 29,80 DM, br., ISBN 3-8258-4880-9

Volker Steenblock
Arbeit am Logos
Aufstieg und Krise der wissenschaftlichen Vernunft
Mit dem *Logos*, dem argumentativen und auf Gründe gestützten Denken, beginnt der lange Prozeß der ihrer selbst bewußten kulturellen Arbeit von Philosophie und Wissenschaft. Durch den Aufstieg der modernen Wissenschaften steht der Logos heute im Zeichen der wissenschaftlichen Vernunft. Was wir von der Welt zu wissen glauben, ist von ihren Ergebnissen, und was wir für vernünftig halten, ist von ihrem Denkstil entscheidend geprägt.
Wissenschaftliche Vernunft zu entwickeln, hieß aber für den Menschen zugleich – und heißt es gerade heute: einen Tiger zu reiten. Die wissenschaftlich-technische Revolution setzt zivilisatorische Prozesse in Gang, denen wir viel verdanken, die aber auch eine Lawine ausgelöst haben, deren mitreißender Kraft wir heute mehr denn je ausgesetzt sind. Globale Probleme, "Grenzen des Wachstums" und deren Widerhall in den

LIT Verlag Münster – Hamburg – Berlin – London
Bestellungen über:
Grevener Str. 179 48159 Münster
Tel.: 0251 – 23 50 91 – Fax: 0251 – 23 19 72
e-Mail: lit@lit-verlag.de – http://www.lit-verlag.de
Preise: unv. PE